List Taschenbücher der Wissenschaft
Erziehungswissenschaft

LIST

Erziehung in der Klassengesellschaft
Band 1661 ■ ■ ■

Doris Leupold, Mai 72

Die Reihe *Erziehungswissenschaft* wird herausgegeben von Hans-Jochen Gamm

In dieser erziehungswissenschaftlichen Reihe sind Themen geplant, die auf den bisher als gesichert geltenden pädagogischen Fundus teilweise verzichten und die weißen Flecke auf der Landkarte unserer scheinbaren erzieherischen Gewißheiten markieren. Inzwischen hat sich nämlich herumgesprochen, daß Theorie und Praxis derzeitiger pädagogischer Verhältnisse einen kläglichen und selbst kulturpolitisch höchst beunruhigenden Rückstand erreichen. Die Diskussion um Kreativität, Innovation, Emanzipation, Chancengleichheit und Gesamtschule bieten nur wenige herausgehobene Stellen einer durchgehend verunsicherten Bildungstheorie, die den sozialen Veränderungen nicht länger standhält.
In der Reihe kommen Autoren zu Wort, deren leitendes Interesse von der Absicht konkreter Schulreform bestimmt ist. Sie befassen sich daher auch mit Themen, die im bisherigen Wissenschaftsbetrieb unseres Faches weithin unberücksichtigt blieben. Die Relevanz einer Fragestellung muß vielleicht erst unter dem Gesichtspunkt prinzipieller Veränderbarkeit der pädagogischen Umstände begriffen werden, ehe sich die Perspektive auf Schulreform eröffnet. Die Verfasser wollen durch Schreiben lernen, schreibend die eigene Praxis reflektieren und damit in die Wissenschaft zurückholen. Gerade dadurch sind die einzelnen Bände als Studientexte charakterisiert: sie ermutigen auch die Studenten, lernend zu schreiben und schreibend zu lernen.

Erziehung in der Klassengesellschaft

Einführung in die Soziologie der Erziehung

*Von Johannes Beck, Manfred Clemenz,
Franz Heinisch, Ernest Jouhy,
Werner Markert, Hermann Müller,
Alfred Pressel*

List Verlag München

Originalausgabe

ISBN 3 471 61661 6

1971 · 28. Tausend

Printed in Germany. Schrift: Baskerville-Antiqua
Druck: Presse-Druck, Augsburg. Bindearbeit: Klotz, Augsburg

Der vorliegende Band, von Mitarbeitern der Abteilung für Erziehungswissenschaften an der Frankfurter Universität erstellt, greift das Problem der Schulreform zentral auf. Mit der Frage nach den erzieherischen Veränderungsmöglichkeiten in einer Klassengesellschaft werden soziale Kräfte und Mechanismen bezeichnet. Sie sollten den zentralen Platz in einer Soziologie der Erziehung einnehmen, um damit Studenten die Möglichkeit zu bieten, Schule im Sinne eines Kraftfeldes zu verstehen und entsprechend zu beeinflussen. Die pädagogische Expertenrolle wird dadurch eingeübt.

Darmstadt, im Juni 1970 Hans-Jochen Gamm

Inhaltsverzeichnis

Einleitung

Die ihrem Gegenstand angemessene Analyse gegenwärtiger sozialer Verhältnisse führt notwendig zur Einsicht in den Klassencharakter dieser Gesellschaft. Damit kann eine Einführung in die Soziologie der Erziehung weder auf der Grundlage ahistorisch formalisierter Begriffe noch von einem unverbindlichen Pluralismus wissenschaftstheoretischer Ansätze her konzipiert werden.

In den Beiträgen dieses Bandes wird versucht, verschiedene zentrale erziehungswissenschaftliche Fragen im Kontext der Klassengesellschaft zu präzisieren. Gemeinsam ist ihnen die Intention, historisch kritische Analyse konkreter gesellschaftlicher Verhältnisse samt ihren ideologischen Konsequenzen mit Folgerungen für emanzipatorische Praxis zu verbinden.

In den Beiträgen sichtbar werdende Kontroversen sind zum Teil im nicht zufälligen Fehlen theoretisch fundierter empirischer Forschungen zum Stand des dialektischen Verhältnisses von Produktivkräften und Produktionsverhältnissen begründet und der notorischen Vernachlässigung kritischer Untersuchungen zum Veränderungspotential im Ausbildungsbereich der bestehenden Gesellschaft. Andererseits können auch aus übereinstimmenden Befunden verschiedene Strategien politisch-emanzipatorischer Veränderung abgeleitet werden, je nachdem wie die Entwicklung der konkreten Machtverhältnisse und Bewußtseinsprozesse eingeschätzt wird und die konkrete Situation derer ist, die in dieser Praxis stehen.

Die »Thesen zu emanzipatorischer Erziehung« und die »Thesen zur Lehrerausbildung« sind in der Diskussion solcher theoretischer und praktischer Fragen entstanden; gewählt wurden jeweils die Formulierungen, die geeignet sind, weitergehende Überlegungen zu provozieren. Das trifft auch auf einen Teil der Beiträge zu.

Indem also die Artikel des Buches als Versuche zu verstehen sind, die Ausgangslage und einige Ansatzpunkte emanzipatorischer Praxis zu klären, dienen sie konkreten pädagogisch-politischen Absichten:

Die Studenten, mit denen wir zusammenarbeiten – meist zukünftige Lehrer – befinden sich in einer schwierigen Situation. Sie sollen in wenigen Semesterwochenstunden Verhältnisse diskutieren, denen sie bis vor einigen Monaten als Schüler ausgeliefert waren, es als Studenten noch sind und als Lehrer bald wieder sein werden. Der affirmative Charakter der autoritären Lernprozesse, in denen Schüler, Studenten und Lehrer in der Regel stehen, macht es diesen schwer, ein kritisches Bewußtsein über sie zu entwickeln und ihre konkrete Veränderung selbst in die Hand zu nehmen. Erschwerend kommt dazu, daß den Studenten dieser Zusammenhang im Rahmen der Lehrerbildung meist in einem weit zurückgedrängten sozialwissenschaftlichen Studium »erfahrbar« gemacht werden muß, dessen einzige Motivation häufig Prüfungsordnungen sind.

Diese Tatsache gehört selber zu den Gegenständen soziologischer Reflexion über den Zusammenhang von Ausbildung und gesellschaftlichem Interesse.

Die didaktische Absicht einer Einführung in die Soziologie der Erziehung, die ihre »Adressaten« in den Prozeß emanzipatorischer Selbstreflexion einbeziehen will, ist demnach zunächst auf die *Entwicklung kritischen Problembewußtseins* gerichtet.

Kritisches Problembewußtsein ist im Bereich der Soziologie der Erziehung nicht an beliebigen Fragestellungen zu entwickeln, sondern muß an der materiellen Erfahrung und am Interesse der am Lernprozeß Beteiligten festgemacht werden.

Diese Aufarbeitung der Erfahrung wird nur von den Betroffenen selber in Arbeitsgruppen, Seminaren und in praktischer Arbeit geleistet werden können.

Materialien, die dabei helfen können, liegen nur in sehr

umfangreichen Studien oder verstreuten, oft schwer zugänglichen Aufsätzen vor. Durch ihren meist objektivistischen und defensiven Argumentationsstil kommen sie außerdem der erklärten Absicht, Problembewußtsein zu entwickeln, nur selten entgegen.
Der vorliegende Band soll ein Beitrag zur Beseitigung dieses Mangels sein. Im ersten Teil wird der grundlegende politische Zusammenhang von Ökonomie, Bildung und Interesse im Kapitalismus untersucht und am Beispiel des Bildungsbegriffes, der Wissenschafts- und Bildungspolitik, der Schulreform und der Sozialisation mit seinen pädagogisch-politischen Konsequenzen diskutiert. Im zweiten Teil werden dann drei Schulfächer (»Sozialkunde, Arbeitslehre und Heimatkunde«) untersucht, die fast ausschließlich sozialwissenschaftliche Fragestellungen zum Inhalt haben. Außerdem geht es um Funktion und Möglichkeiten der Lehrer in der Klassengesellschaft, die zumindest in die Lage versetzt werden müssen, organisatorische und didaktische Konzeptionen von Schule und Unterricht ideologiekritisch zu beurteilen und entsprechend politisch umzusetzen.
Das im Anhang aufgenommene Vorlesungsskript von Martin R. Vogel (Universität Frankfurt/M.) ermöglicht eine kurze Einführung in die Problematik kritischer Theorie der Gesellschaft und der Erziehung.
Die daran anschließenden Literaturhinweise dienen der weitergehenden Beschäftigung mit dem Wissenschaftsbegriff in der Soziologie.
Der an mehreren Stellen dieses Bandes zitierte Vortrag des hessischen Kultusministers, Ludwig von Friedeburg, ist hier in leicht gekürzter Fassung abgedruckt. Die Bedeutung dieses Textes liegt darin, daß wohl zum erstenmal von einem Kultusminister in der BRD der Zweck der Schule nicht in der Anpassung, sondern in der Demokratisierung von Schule und Gesellschaft gesehen wird, die nicht von oben angeordnet werden kann. Ob solche Aufforderung zur Demokratisierung mehr sein kann als ein demokratisches Alibi der herrschenden Schulpolitik, wird sich zeigen, wenn sie von Lehrern und Schülern ernst genommen wird.
Den Studenten des Seminars für Soziologie der Erziehung der Universität Frankfurt, dem Herausgeber dieser Reihe,

Hans-Jochen Gamm, und dem Cheflektor des Paul List Verlages, Horst Ferle, haben wir für die Aufforderung zu diesem Band und für kritische Unterstützung zu danken.
Die Autoren dieses Bandes lehren Soziologie der Erziehung an der Universität Frankfurt am Main.

Frankfurt am Main, im Juni 1970 Die Autoren

I. Teil. Erziehung und Bildung im Kapitalismus

Werner Markert
Dialektik des bürgerlichen Bildungsbegriffes

I. Erziehung und gesellschaftliche Interessen

Die ökonomische Bedingtheit des pädagogischen Denkens und aller formulierten Erziehungskonzeptionen zu erhellen, deren Inhalte aus der konkreten Situation einer Gesellschaft abzuleiten, kennzeichnet die Aufgabe dieses Beitrags. Zu erkennen, daß die historischen Bildungstheorien und Gesellschaftkonzeptionen nur aus ihrem Stellenwert einer spezifischen Gesellchsaft zu verstehen sind, sich nicht auf pädagogische Kategorien mit Allgemeinheitsanspruch gründen (z. B. »Elementarbildung«, »allgemeine Menschenbildung«, Erziehung zur »Mündigkeit« u. a.), läßt den ideologischen Charakter einer postulierten pädagogischen Autonomie deutlich werden. Erst in der Vermittlung der bildungstheoretischen und erziehungskonzeptionellen Ansätze mit der Struktur der Gesellschaft kann das Erkenntnisinteresse einer ideologiekritischen Erziehungswissenschaft liegen, als »reine« Pädagogik wird sie zur Apologie einer jeden Gesellschaft. Die Interessen der herrschenden Klassen wären, das hätte dieser Beitrag zu leisten, aufzudecken in dem Erziehungsverständnis des angepaßten pädagogischen Denkens. Könnte z. B. in Lockes *gentleman*-Erziehung, Pestalozzis *Elementarbildung*, Schleiermachers *Gemeinschafts*-Erziehung dialektisch deren ambivalenter Charakter ventiliert werden: progressiv im Interesse des gesamtgesellschaftlichen Fortschritts als antifeudale Bildungsprinzipien oder Erziehungskonzeptionen, ideologisch in der Fixierung auf das Interesse einer bestimmten Gesellschaftsschicht, des Bürgertums, ließe sich die gesellschaftliche Bedingtheit allen pädagogischen Denkens nachweisen. Die bildungspolitischen Konzeptionen könnten dann einer ideologiekritischen Analyse unterworfen, zugleich aber auf ihren fortschrittlichen Gehalt für bestimmte soziale Schichten geprüft werden.[1]

II. Bildungstheorien und Erziehungskonzeptionen im Frühkapitalismus

Die apologetische, herrschaftsstabilisierende Funktion, die Bildung und Erziehung haben kann, läßt sich bei John Locke, dem Philosophen des frühen englischen Bürgertums, exemplarisch aufweisen. Locke, Interpret der bürgerlichen Interessen im England des 17. Jahrhunderts als einer bereits sich konstituierenden »Eigentumsmarktgesellschaft« (Macpherson), erscheint in seinen philosophischen und pädagogischen Schriften als Vertreter eben jener Schicht, die, sich von feudalen Zunftordnungen, von einem starren Merkantilsystem emanzipierend, die produktive Funktion des Eigentums im nationalen wie im individuellen Interesse erkannte. Deren dem gesellschaftlichen Fortschritt wie dem nationalen Wohlstand dienendes produktives Handeln als vernünftig zu charakterisieren, ihre gesellschaftliche Machtstellung theoretisch zu legitimieren, kann als die primäre Aufgabe seines Werkes gesehen werden.
Seine Rechtfertigung erfährt dieses Gesellschaftssystem in den Gesellschaftskonzeptionen und Erziehungsvorstellungen der bürgerlichen Autoren jener Zeit. Ihr Denken, so kann exemplarisch bei John Locke gezeigt werden, ist streng verhaftet den herrschenden gesellschaftlichen Vorstellungen und ökonomischen Interessen ihrer Epoche. Jene Schichtungskriterien vor allem, die die Klassengesellschaft begründen, Besitz und Nicht-Besitz an Produktionsmitteln, werden von Locke als natürliche Merkmale gesellschaftlicher Differenzierung verbrämt. Die Arbeiterklasse ist somit jene soziale Gruppe, die in Wirklichkeit kein vollwertiges Mitglied der bürgerlichen Gesellschaft sein kann. Die Proletarier gelten nicht als Staatsbürger, da sie kein materielles Eigentum besitzen: das gewährte Wahlrecht kann nur von den besitzenden Schichten ausgeübt werden. Die Armen

sind ein disponibles Reservoir menschlicher Arbeitskraft, das der Nation jeder Zeit zur Verfügung steht. Mit dem Lohn, der die physische Reproduktion der Arbeiter und ihrer Familien sichern soll, ist jeder weitere Anspruch abgegolten, da die verkaufte Arbeit dann Eigentum des Käufers ist, der sich das Produkt dieser Arbeit nun ganz aneignen kann. Dieses Verhältnis wird von Locke nirgends problematisiert, entspricht es doch seiner Vorstellung von der naturgegebenen Verteilung der Vernunft.

In Lockes beiden Gesellschaftskonzeptionen[1a] erscheint bereits die Projektion des bürgerlichen Gesellschaftszustandes seiner Zeit: geht er doch davon aus, daß im Naturzustand alle Menschen unterschiedslos gleich gewesen sind, sie sich erst im Rahmen der gesellschaftlichen Entwicklung differenzierten, in diesem Prozeß sich die Klasse der Vernünftigen, rationell Handelnden, produktiven Besitzbürger heranbildete. Ihren Status, besonders ihr Eigentum, rechtlich zu sichern, markiert die Ursache für die Konstituierung der bürgerlichen Gesellschaft.

In seiner anderen Konzeption erschien die Gesellschaft vom Naturzustand an differenziert in zwei Klassen, die sich im Grad der Vernunft unterscheiden: jene, die arbeiten und akkumulieren, und jene, die arbeiten, zum zu leben. Am Grade ihrer Vernunft und ihrer gesellschaftlichen Produktivität kann somit die Klassenzugehörigkeit der Subjekte gemessen werden.

Stehen auch beide Konzeptionen bei Locke unvermittelt nebeneinander, so sind sie doch ableitbar aus dem Klassencharakter des bestehenden bürgerlichen Staates. Beide Auffassungen Lockes vom Naturzustand entsprechen demnach dem herrschenden bürgerlichen Gesellschaftsverständnis: formal sind im bestehenden Gesellschaftssystem alle Menschen gleich, substantiell besteht indessen eine Ungleichheit der Rechte, die sich aus der ungleichen Verteilung der Vernunft ableitet. Die Akkumulation der privaten Gewinne kann somit als vernünftig, die Klassengesellschaft als gerechtes soziales System legitimiert werden.

Sofern in der bürgerlichen Gesellschaft den Arbeitern die notwendigen Subsistenzmittel mit ihrem Lohn gezahlt werden, kann das Eigentumsrecht als ein natürliches Gesetz betrachtet werden. Die Naturrechtsregel, die die Grenzen für Akkumulation und Verwendung des Eigentums setzt, besagt, daß sich niemand unbeschränkt Privatbesitz aneignen darf, damit den anderen Gesellschaftsmitgliedern noch genug zum Leben übrigbleibt; zum anderen, daß jeder nur so viel Konsumtionsmittel zu seinem Eigentum machen darf, wie er für die Reproduktion seines Lebens verbraucht, damit kein Gut verdirbt. Könnte dieses Prinzip für rein agrarische Gesellschaften einseitige Konzentration an Boden und Konsumgütern verhindern, für eine industrielle Marktgesellschaft mit ausgeprägtem Geldverkehr bedeutet es keine Egalisierungsnorm für privaten Besitz an Geld und Produktionsmitteln. Somit muß auch dieses »Naturgesetz« als Projektion bürgerlicher Interessen interpretiert werden: eine solche Regel kann die Akkumulation privaten Eigentums nicht verwehren, bedingt doch dessen produktive Verwendung erst den ökonomischen Fortschritt des kapitalistischen Systems.

Auf der Basis dieser Gesellschaftskonzeption müssen Lokkes »Gedanken zur Erziehung«, sein pädagogisches Hauptwerk, gesehen werden. Den unteren Schichten können seine Erziehungsgedanken kaum gelten, denn »der größte Teil der Menschheit . . . kann nicht der Leitung durch das Gesetz der Natur oder der Vernunft überlassen werden; er ist unfähig, aus diesen Gesetzen Verhaltensmaßregeln abzuleiten. Denn der sicherste und einzige Weg, Tagelöhner und Händler, Jungfern und Milchmädchen . . . zu tätigem Gehorsam anzuhalten, besteht darin, ihnen klare Gebote zu geben. Der größte Teil der Menschheit kann nicht wissen und muß daher glauben.«[2] Erziehungskonzeptionen für die untere Klasse zu entwickeln, deren gesellschaftliche Funktion von Locke allein als Faktor Arbeitskraft definiert wird, ist überflüssig; Staat und Gesellschaft haben lediglich für ihre Disziplinierung zu sorgen.

Die Erziehung, die Locke für den *gentleman* postuliert, meint primär nicht Wissensvermittlung, sondern eine kulturell anerkannte Befähigung zu bürgerlicher Lebensweise: »Was jeder gentleman (dem überhaupt die Erziehung seines Sohnes am Herzen liegt) für diesen anstrebt, ist, abgesehen von dem Erbteil, das er ihm hinterläßt, meines Er-

achtens in folgenden vier Dingen enthalten: Tugend, Lebensklugheit, Lebensart und Kenntnisse.«[3]
Das bürgerliche Individuum, so muß man diesen Satz interpretieren, ist nach Locke bereits im Besitz der notwendigen Vernunft. Enthüllt sich hier einerseits ein großes Mißtrauen Lockes gegenüber den schulischen Erziehungspraktiken, muß sein Bildungsbegriff dennoch frappieren: weder Elemente des späteren deutschen Humanismus noch der französischen Nationalerziehung als spezifisch bürgerliche Bildungsprinzipien finden sich bei Locke. Im bürgerlichen Sozialisationsprozeß selbst wird der englische *gentleman* die Normen seiner Klasse erlernen: die Erziehungskonzeption eines Autors, der, von der Gültigkeit und der Verpflichtung der bürgerlichen Kultur überzeugt, deren Vernünftigkeit keinen Moment anzweifelt. In der bestehenden moralischen Ordnung wird den Kindern aus dem, was in der Gesellschaft Lob und Tadel findet, das »richtige« Verhalten eines *gentleman* erkennbar. Zusätzliche Wissensaneignung ist kaum notwendig: die bürgerliche Mündigkeit ist identisch mit der Mündigkeit des Warenbesitzers.
Erst an letzter Stelle folgen daher die »Kenntnisse«. Diese, resümiert Locke, »müssen sein, aber erst in zweiter Linie und bedeutenderen Zielen untergeordnet. Such dir jemand«, rät er dem bürgerlichen Vater für die Erziehung seines Sohnes, »der es versteht, seine Sitten mit Umsicht zu bilden; gib ihn einem Mann in die Hände, wo du soweit wie möglich seine Unschuld bewahren, das Gute in ihm hegen und pflegen und irgendwelche schlechten Neigungen auf sanfte Weise bessern und ausrotten und ihm gute Gewohnheiten einpflanzen kannst. Das ist die Hauptsache, und wenn dafür gesorgt ist, können Kenntnisse hinzukommen, und zwar, wie ich meine, ohne großen Aufwand durch Methoden, die man noch überlegen kann.«[4] Lockes antiinstitutionelle Einstellung wird hier nochmals bestätigt: ein öffentliches Schulsystem hält er nicht für notwendig. Die unteren Klassen brauchen ohnehin keine Erziehung, der heranwachsende *gentleman* internalisiert im bürgerlichen Sozialisierungsprozeß die Normen bürgerlicher Tugend und Lebensart. Korrekturen können dann einem Hauslehrer überlassen bleiben. Notwendig an Kenntnissen ist letztlich nur die

»kaufmännische Buchführung«. Sie »ist zwar keine Wissenschaft, die einem gentleman vielleicht zu einem Vermögen verhelfen kann; aber vielleicht gibt es nichts Nützlicheres und Zweckmäßigeres, ihm den Besitz seines Vermögens zu erhalten.«[5]
Lockes Erziehungskonzeption, pragmatisch auf die gesellschaftlichen Interessen des englischen Bürgertums gerichtet, stellt sich als unverbrämte Klassenerziehung dar. Im bloßen Reproduzieren der Bedürfnise einer bestimmten Klasse verzerrt sich hier ein vorgebliches Bildungsprinzip, das *gentleman*-Ideal, zum pragmatischen Anpassungspostulat an vorgegebene Herrschaftsinteressen. Wenn Röhrs eine »pädagogisch verwandte Grundüberzeugung« zwischen Locke und Rousseau konstruiert[6], dann enthüllt sich in den Ansätzen seiner »geisteswissenschaftlichen« Pädagogik jenes ideologische Moment, das zur Konfrontation eines Bildungsprinzips mit seiner gesellschaftlichen Relevanz nicht in der Lage ist; er vermag nicht einmal in den massiv klassenzentrierten Passagen des Lockeschen Textes den strukturellen Widerspruch zur deutschen geisteswissenschaftlichen Pädagogik zu erkennen, die immerhin noch die Autonomie des gebildeten Subjekts von gesellschaftlichen Zwängen postulierte. Selbst Lockes Tugend-Begriff verweist derart nachdrücklich auf gesellschaftliche Anpassung, daß in der Charakterisierung seiner Erziehungskonzeption als »lebenspraktische Einstellung« selbst die Ideologie sich manifestiert. Ein stringenter Beweis für die generelle Unfähigkeit der geisteswissenschaftlichen Pädagogik, bildungstheoretische Ansätze und konkrete Erziehungskonzeptionen in ihrem gesellschaftlichen Stellenwert zu erkennen.
Inwieweit die von Röhrs postulierte »gemeinsame pädagogische Grundüberzeugung« zwischen Locke und Rousseau die Inhalte ihres Denkens trifft, wäre nun konkret zu prüfen. Schon die gesellschaftliche Situation, in der Rousseau seine pädagogischen Gedanken entwickelt, entspricht nicht dem England der Lockeschen Epoche. Frankreich muß selbst in der Mitte des 18. Jahrhunderts noch vorwiegend als Agrarland charakterisiert werden. Merkantilistisches Denken in den ökonomischen Bereichen entsprach den Interessen des absolutistischen Staates; Industrialisierung und private

Akkumulation hätten die herrschende Stellung von Adel und Geistlichkeit nur unterminiert. So befand sich fast die Hälfte des Bodens in den Händen von etwa 27 000 der insgesamt 25 Millionen Bewohner Frankreichs. Diese herrschende Schicht war zudem abgabenfrei, okkupierte alle politische Macht und politischen Rechte, gab schließlich die eminente Steuerlast des Feudalstaates an die Bauern und Handwerker weiter. Weder rationelle landwirtschaftliche Produktion noch industrielle Massenproduktion waren wie im England Lockes Merkmale einer dynamischen Wirtschaftsentwicklung; die sozio-strukturellen Merkmale der englischen Gesellschaft, starkes, selbstbewußtes Bürgertum, anwachsendes Proletariat, standen im Frankreich Rousseaus erst in Ansätzen der Entwicklung. Erstarkt ist vor allem in den Städten das französische Kleinbürgertum, das, obwohl antifeudal, dennoch kein expliziter Vertreter dynamischer bürgerlich-kapitalistischer Interessen gewesen ist. Ihr bescheidenes Privateigentum zu schützen, bei gleichzeitiger Ablehnung kapitalistischer Konkurrenzwirtschaft, gilt als ihre wesentliche politische Intention. Rousseau gilt, analysiert man seine verschiedenen politischen, pädagogischen und ökonomischen Schriften, im Grunde als Vertreter dieses französischen Kleinbürgertums.

Im *contrat social* entwirft er das Modell eines republikanischen Kleinstaates, in dem alle Bürger sich an der Verwirklichung des »Gemeinwohls« beteiligen, an der Gesetzgebung und Rechtsprechung gleichermaßen mitwirken, der schließlich die Klein-Eigentümer gegen kapitalistische Konkurrenz- und Monopolisierungstendenzen schützt: »Kein Staatsbürger (darf) so reich werden, um sich einen anderen kaufen zu können, noch so arm sein, um sich verkaufen zu müssen.«[7] Nur bei gleicher und gerechter Verteilung des Eigentums ist eine vernünftige Gesellschaftsordnung möglich. Hier wird die jakobinische Verfassung des Jahres 1793 bereits vorweggenommen.

Mit Lockes Konzeption ist dieser Ansatz kaum noch zu vergleichen. Dieser, Apologet und Vertreter bürgerlich-kapitalistischer Interessen, der in der privaten Akkumulation die Bedingung für gesellschaftlichen Fortschritt und nationalen Wohlstand erblickt, erkennt nur dem »vernünftigen«

Bürgertum Rechte und Pflichten in der bürgerlichen Gesellschaft zu. Die vernünftige Gesellschaftskonzeption Rousseaus besteht dagegen sowohl in der formalen wie substantiellen Gleichheit aller Staatsbürger. Im »allgemeinen Willen« kulminiert für Rousseau der freie und allgemeine politische Konsensus aller Individuen; dieser kann freilich nur in einer von Privilegien befreiten, nicht dem kapitalistischen Konkurrenzprinzip gehorchenden Gesellschaft verwirklicht werden. Wer demnach in der vernünftigen Gesellschaft der gerechten Regierung gehorcht, gehorcht sich selbst und ist frei. In der Republik erst sind sowohl egoistischer Eigennutz wie feudales Standesdenken ausgeschlossen. Vernunft und Tugend sind identisch mit dem Interesse der Gesamtheit; Erziehung zur Vernunft und Tugend sind somit die wesentlichen Inhalte seiner Nationalerziehung, nicht Merkmale der privilegierten besitzbürgerlichen Klasse wie bei Locke.

Dennoch könnte man, formal betrachtet, einen widersprechenden Ansatz in Rousseaus Denken konstatieren: dem *Emil*, einem Zögling, der unberührt von gesellschaftlichen Zwängen in einer pädagogischen Provinz aufwächst, keiner anderen Macht als seinem Selbst, seiner inneren Natur konfrontiert, steht eine starke Betonung der Gemeinschaftserziehung in Rousseaus Nationalerziehung entgegen, die die Individuen zwingend an die *volonté générale* bindet. Dennoch ist dieser Widerspruch nur ein äußerer, formaler. Sein individualpädagogischer Ansatz kann ohne seinen konkreten gesellschaftlichen Stellenwert, als Vorbereitung der Heranwachsenden auf die Republik, nicht gesehen werden. Seine emotionalen Formulierungen im *Emil* könnten, für sich genommen, Rousseau als konservativen Pädagogen charakterisieren: »O Mensch! Beschränke dein Dasein auf das Innere deiner selbst und du wirst nicht mehr elend sein. Bleibe an der Stelle, die die Natur dir in der Kette der Wesen anweist, und nichts wird dich aus ihr heraustreten lassen; sträube dich nicht gegen das harte Gesetz der Notwendigkeit und erschöpfe, um ihm widerstehen zu wollen, nicht Kräfte, die dir der Himmel nicht gegeben hat . . . Deine Freiheit, deine Macht erstrecken sich nur so weit wie deine natürlichen Kräfte und nicht darüber hinaus . . . Die

Gesellschaft hat den Menschen schwächer gemacht, nicht allein dadurch, daß sie ihm das Recht nahm, das er über seine eigenen Kräfte hatte, sondern vor allem dadurch, daß sie ihm diese unzulänglich machte.«[8] Bezogen auf solche Passagen vor allem hat die geisteswissenschaftliche Pädagogik Rousseau zum *Kulturkritiker*, zum Zivilisationsfeind umstilisiert.

Die Menschen im Erziehungsprozeß mit den ewigen Grundgesetzen der Natur zu versöhnen, das Bildungsprinzip der bürgerlichen, deutschen Pädagogik, rekurriert gleichermaßen auf Rousseau: »Da unsere Kinder der Neigung unseres Herzens überlassen sind, ohne daß etwas sie entstellt oder verdirbt, bekommen sie keine äußerliche oder künstliche Gestalt, sondern bewahren genau die ihres ursprünglichen Charakters; täglich entwickelt sich dieser Charakter rückhaltlos vor unseren Augen, und wir können die Bewegungen der Natur bis in ihre geheimsten Grundsätze hinein erforschen.«[9]

Diese Formulierungen Rousseaus sind nur zu verstehen in ihrem gesellschaftlichen Kontext: als antifeudales Bildungsprinzip. In der bestehenden Feudalgesellschaft kann »natürliche Menschenbildung« keine allgemein-menschliche Norm, sondern nur antithetisches Prinzip zur herrschenden unfreien Standesbildung sein. Rousseau reflektiert diesen Zusammenhang im *Emil* selbst, ein Faktum, das die geisteswissenschaftliche Pädagogik offenbar nicht zur Kenntnis nahm: »Der Arme«, so argumentiert er, »braucht keine Erziehung, sie wird durch seinen Stand erzwungen«; er erfährt nicht die Verfehlungen der feudalen Standesbildung, er besitzt bereits die Voraussetzungen für das Leben in der Republik, der solidarischen Versöhnung der Menschen in der *volonté générale*. »Umgekehrt ist die Erziehung, die der Reiche durch seinen Stand erhält, sowohl für ihn selbst wie für die Gesellschaft am wenigsten passend. Im übrigen muß die natürliche Erziehung einen Menschen tauglich machen für alle menschlichen Situationen; nur ist es weniger vernünftig, einen Armen für den Reichtum als einen Reichen für die Armut zu erziehen, denn nach dem Zahlenverhältnis zwischen beiden Ständen gibt es mehr Verarmte als Emporkömmlinge. Wählen wir also einen Reichen; wir

werden wenigstens sicher sein, einen Menschen mehr gebildet zu haben, während ein Armer durch sich selbst ein Mensch werden kann. Aus dem gleichen Grund wird es mir nicht leid tun, daß Emil von adliger Herkunft ist. Immer wird es ein dem Vorurteil entrissenes Opfer sein.«[10]
Rousseau muß sich in der noch stabilen Feudalgesellschaft darauf beschränken, negative Bildungsprinzipien zu formulieren, die sich gegen Adel und Großbourgeoisie gleichermaßen richteten. Daraus eine allgemeine Zivilisationsfeindlichkeit Rousseaus zu konstruieren, geht völlig an der konkreten gesellschaftlichen Relevanz seines Denkens vorbei. Dialektisch entwickelt er die Ursachen für den bestehenden schlechten Zustand der Gesellschaft; er ist kein genereller Feind gesellschaftlicher Institutionen, sondern der bestehenden, die Unfreiheit prolongierenden. Die Ursache aller gesellschaftlichen Ungleichheit liegt für ihn in der geschichtlichen Verbindung von Eigentum und Arbeitsteilung. Im Naturzustand der Selbstversorgung kannte man keine Herrschaft von Menschen über Menschen; erst nach Differenzierung der menschlichen Fähigkeiten bei gleichzeitiger privater Usurpation des Bodens wurde soziale Ungleichheit unter den Menschen gesetzt; die Herrschenden schufen sich Gesetze zur Stabilisierung ihrer Positionen: die Unantastbarkeit des privaten Eigentums war von nun an Bedingung aller gesellschaftlichen Konflikte. Nicht der Gesellschaftsprozeß selbst, die Formen arbeitsteiliger Kooperation, vielmehr die private Eigentumsaneignung und Herrschaftsausübung sind Voraussetzung für die Unterschiede unter den Menschen und die schlechten Zustände in der bestehenden Gesellschaft. »Mit einem Wort: Konkurrenz und Rivalität auf der einen Seite, Interessengegensätze auf der anderen, und immer der versteckte Wunsch, seinen Vorteil auf Kosten der anderen zu erlangen; alle diese Übel sind die erste Wirkung des Eigentums und die untrennbaren Begleiterscheinungen der entstehenden Ungleichheit.«[11] Die gesellschaftlichen Ursachen für die Übel in der feudalen Gesellschaft aufzudecken, dies kann primär als Erkenntnisinteresse seiner Bildungsprinzipien gelten. Erst in der Demokratie, der kleinbürgerlichen Republik, sind die gesellschaftlichen Widersprüche weitgehend aufge-

hoben, sie kommt dem Naturzustand am nächsten: »Diejenigen, deren Vermögen oder Talente weniger in einem Mißverhältnis standen und die sich am wenigsten vom Naturzustand entfernt hatten, behielten gemeinsam die höchste Verwaltung und bildeten die Demokratie.«[12]
Der oft zitierte, aber falsche Ausspruch Rousseaus: *Retour à la nature* kann somit nur interpretiert werden als Tendenzbegriff. Das von Rousseau entworfene Demokratieverständnis ist jener Gesellschaftszustand, der dem Naturzustand am ehesten gleicht: gerechte Verteilung des Eigentums, Herrschaft des *Gesamtwillens*, nur funktionelle Differenzierung der Fähigkeiten. Der vorgeblich ambivalente Ansatz Rousseaus ist nur aus dessen gesellschaftlichem Stellenwert zu erklären: in seinem Bildungsverständnis korrespondieren notwendig ein individualpädagogischer Ansatz, als negativ zu verstehende *natürliche* Erziehung, und ein kollektives Erziehungsverständnis, das die bürgerlichen Qualitäten einer Republik, die allgemeinen Bedingungen zur Verwirklichung des demokratischen Gesamtwillens allen Bürgern vermitteln soll.[13]

III. Erziehungskonzeptionen der Französischen Revolution

Im Frankreich der Revolutionszeit müssen Bildung und Erziehung einem konkreten Bedürfnis der Gesellschaft entspringen, einer sich verbürgerlichenden Gesellschaft die adäquate Qualifikationsstruktur verschaffen. Ökonomisch setzt die Revolutionierung der alten Feudalstruktur die Interessen der kapitalistischen Unternehmer frei von allen zünftlerischen und merkantilistischen Zwängen, der politischen Emanzipation der Staatsbürger folgt die der besitzenden Bourgeoisie. Im aufklärerischen Fortschrittsoptimismus, in der Idealisierung des Industriealisierungsprozesses[14], schlägt sich theoretisch das Interesse kapitalistischer Wirtschaftsdynamik nieder. Die Parolen der revolutionären Klassen, Freiheit, Gleichheit, Brüderlichkeit, gewinnen daraus freilich ihren spezifisch bürgerlichen Inhalt; *Freiheit:* primär private Verfügungsgewalt des bürgerlichen Wirtschaftssubjektes über sein Eigentum, *Gleichheit:* formales staatsbürgerliches Recht als Gleichheit aller Individuen vor dem Gesetz, das primär der Erhaltung des bürgerlichen Eigentumsinteresses dient, *Brüderlichkeit:* im kollektiven Pathos nationaler Verbundenheit als Resultat gemeinsamer antifeudaler Interessen. Politisch konsolidiert sich dieser Prozeß mit dem Verbot aller radikalsozialistischen Bewegungen[15], der darauf folgenden Restaurierung einer monarchistisch-absolutistischen Staatsform als Garant bürgerlich-kapitalistischer Interessen unter Napoleon. Dem bereits 1791 erfolgten Verbot von Arbeiterberufsvereinigungen korrespondierte die Legalisierung privater Verfügung über angeeignetes Kapital. Staatsgewalt und Bürgertum bildeten im nachrevolutionären Frankreich schnell eine anti-sozialistische Koalition. Mit der Verwirklichung politisch-institutioneller und gesellschaftlich-ökonomischer Bedingungen kapitalistischer Produktion war das Interesse des Bürgertums an der Revolution geschwunden. Im bürgerlich-monarchistischen Nationalstaat waren die Voraussetzungen freien Wirtschaftens gesetzt: administrative Zentralisierung der zuvor ständisch zersplitterten Territorien, Beseitigung der Binnenzölle, leistungsfähige Verkehrswege, einheitliches Geldwesen, einheitliches Schulsystem führen zu dynamisch steigender Warenproduktion, deren Verteilung nach den Gesetzen von Angebot und Nachfrage über den freien Markt die Reinvestition erzielter Profite als rationales wirtschaftliches Handeln legitimierte.

In der bürgerlichen Gesellschaft entwickelte sich in logischer Konsequenz ein neues Schichtungsprinzip: die Besitzer freier Verfügungs- und Nutzungsgewalt über die verfügbaren Produktionsmittel konstituieren sich zu einer Klasse mit einem einheitlichen objektiven Interesse, nämlich Sicherung der gegebenen freien Verfügung über privates Eigentum. Die im Antagonismus zum Bürgertum stehende Klasse rekrutiert sich aus jenen Staatsbürgern, die lediglich Verfügungsgewalt über ihren Körper besitzen: ihre gesellschaftliche Stellung definiert sich aus dem Zwang zum Verkauf ihrer Arbeitskraft. Für Frankreich ist daneben noch typisch eine starke Mittelschicht, bestehend aus Kleinbauern und Handwerkern, die politisch sich den bürgerlichen Zwangskategorien Ruhe und Ordnung unterwerfen. Eine substan-

tielle Befreiung aller Individuen war im nachrevolutionären Frankreich nicht erfolgt.
Bildungspolitisches Korrelat des kapitalistischen Konsolidierungsprozesses ist die Realisierung eines einheitlichen Schulsystems. Beziehen sich auch die gesellschaftlichen Inhalte des aufklärerischen Freiheitsbegriffes primär auf private Verfügungsgewalt, setzen sie doch zugleich die politischen Inhalte staatsbürgerlicher Freiheit und Gleichheit. Ein genereller Ausschluß der unteren Schichten von sanktionierten Freiheits- und Gleichheitsrechten wäre jetzt nur mit direktem Zwang möglich; die ökonomische Notwendigkeit einer einheitlichen Wissensqualifizierung für alle Industrie-Arbeiter verbot deren Ausschluß von vorhandenen Bildungseinrichtungen, deren systematischer Ausbau schuf vielmehr die Bedingung für disziplinierte Arbeitsorganisation. Schulreformpläne, Lehrplanentwürfe, Forderung nach allgemeiner systematischer Volksbildung werden Bestandteil einer Erziehungskonzeption, die zugleich die formale Chancengleichheit der Bildung verheißt. In einer leistungsorientierten Gesellschaft könne jedes Individuum, so verkündet die bürgerliche Ideologie, über die notwendige Bildungsqualifikation in gesellschaftliche Herrschaftspositionen aufsteigen; faktisch aber reklamiert das Besitzbürgertum das akademische Bildungsprivileg für sich und seine Nachkommen. Die bestehende Ungleichheit der Eigentumsverteilung verhindert den allgemeinen Zugang zur weiterführenden Schulbildung. Die Struktur des Bildungssystems selbst reproduziert das bestehende soziale Klassenverhältnis.[16]
Bildungsplanung indessen, Systematisierung der Bildungsangebote nach klassenspezifischen Kriterien und Vereinheitlichung des Bildungssystems in einer Nation, wird zum Äquivalent der ökonomischen und politischen Zentralisation. Bürgerlich-kapitalistische Interessen primär, nicht das idealistische Motiv einer »allgemeinen Menschenbildung«, sind Voraussetzung und Ursache planerischer Erziehungskonzeptionen. Würde die Bourgeoisie nämlich ihre postulierten politischen Prinzipien realisieren, Freiheit, Gleichheit und Brüderlichkeit als materielle Grundlagen einer egalitären Gesellschaft begreifen, führte das zum Abbau

ihrer gesellschaftlichen Herrschaftspositionen, zur Aufhebung ihrer gesellschaftlichen Privilegierung. Die bestehende soziale Ungleichheit über ein freies Bildungssystem zu korrigieren wird somit zur Intention der französischen Aufklärer. Vor allem in den Erziehungsprogrammen aus den Revolutionsjahren kann man diese bürgerlich-reformerischen Tendenzen ablesen. *Condorcet*, der fortschrittsoptimistische Aufklärer[17], entwirft sein Erziehungsprogramm unter den genannten reformerischen Kriterien. »Allen Angehörigen des Menschengeschlechts die Mittel darzubieten, daß sie für Bedürfnisse sorgen und ihr Wohlergehen sicherstellen können, daß sie ihre Rechte kennenzulernen und auszuüben, ihre Pflichten zu begreifen und zu erfüllen vermögen; jedem die Gelegenheit zu verschaffen, daß er seine berufliche Geschicklichkeit vervollkommnen und die Fähigkeit zur Ausübung sozialer Positionen erwerben kann, zu denen berufen zu werden er das Recht hat, daß er das ganze Ausmaß seiner Talente zu entfalten imstande ist; und durch dies alles unter den Bürgern eine tatsächliche Gleichheit herzustellen und die durch das Gesetz zuerkannte politische Gleichheit zu einer wirklichen zu machen; das muß das erste Ziel eines nationalen Unterrichtswesens sein; und für ein solches Sorge zu tragen, ist unter diesem Gesichtspunkt für die öffentliche Gewalt ein Gebot der Gerechtigkeit.«[18]
Die Kriterien bürgerlich-demokratischen Denkens, politische, ökonomische und pädagogische Qualifizierung aller Gesellschaftsmitglieder, erscheinen als Voraussetzung einer nachrevolutionären Erziehungskonzeption. Erziehung, im Feudalismus weitgehend noch kollektive Sozialisation der Menschen durch den Stand, in den sie hineingeboren sind, postuliert nun die allgemeine Wesensgleichheit und Bildsamkeit aller Individuen. Das neue soziale Schichtungssystem, die spezifische Form kapitalistischer Arbeitsteilung indessen bilden Faktoren, die die Chancen zur individuellen Vervollkommnung aller Menschen entscheidend beeinflussen: »In dem Maße, wie sich die Manufakturen vervollkommnen, werden die Arbeitsvorgänge in ihnen immer mehr unterteilt, wobei sie unaufhörlich dahin treiben, jedem einzelnen nur eine rein mechanische und auf eine kleine Zahl von Bewegungen beschränkte Arbeit zuzuwei-

sen, eine Arbeit, die er besser und schneller ausführt, aber eben dadurch, daß er diese seine Hantierungen rein gewohnheitsmäßig nur verrichtet und dabei jede Tätigkeit seines Geistes fast ganz zum Erliegen kommt. So wäre die Vervollkommnung der mechanischen Künste für einen Teil der Menschheit eine Ursache des Stumpfsinns, . . . (sie) . . . würde in jeder Nation eine Menschenklasse entstehen lassen, die unfähig wäre, sich über die gröbsten Interessen zu erheben; sie würde eine demütigende Ungleichheit mit sich bringen und einen Keim gefährlicher Unruhen, wenn nicht ein umfassenderer Unterricht den Individuen gerade dieser Klasse ein Hilfsmittel böte gegen die unausbleibliche Wirkung der Einförmigkeit ihrer täglichen Beschäftigungen. Der Vorteil, den man den Städten durch die Sekundarschulen zu gewähren scheint, ist also nur ein neues Mittel, die Gleichheit vollkommen zu gestalten.«[19]
Erziehung als Kompensationsmöglichkeit gesellschaftlicher Differenzierung, allgemeiner Unterricht zur Disziplinierung der unteren Klassen, das meint, genuin bürgerlich, Condorcets Erziehungsplan. Daß die Arbeitsteilung, notwendige Folge industrieller Entwicklung, im kapitalistischen System zur Bildung zweier antagonistischer Klassen führt, derer, die den industriellen Prozeß in ihrem privaten Interesse bestimmen, und derer, die nur ihre Arbeitskraft zu verkaufen haben, daß nicht so sehr ein Quantum an allgemeiner Bildung als der Besitz oder Nicht-Besitz von Produktionsmitteln die eine, an Mitgliedern größte Klasse zu mechanistisch-stumpfsinniger Arbeit lebenslang verdammt, wird von Condorcet nicht mehr strukturell vermittelt wie noch von Rousseau: für diesen konnte gesellschaftliche Klassenbildung und beruflich fixierte arbeitsteilige Differenzierung nur in einer Gesellschaft gleicher Eigentumsbesitzer aufgehoben sein.
Condorcet dagegen, mehr Fortschrittsidealist als Rousseau, der gesellschaftliche Struktur und Bewußtsein der Menschen noch dialektisch vermittelt sieht, erhofft von einer dem gesellschaftlichen Fortschritt korrespondierenden allgemeinen Bildung die Nivellierung der bestehenden Klassendifferenzierung: wenn man »den Kindern der armen Klassen« die Chance gebe, »ihre Gaben zu entwickeln«, böte dies

»ein Mittel, jene Ungleichheit zu mindern, die aus dem Unterschied des Besitzes stammt, die Klassen, die dieser Unterschied zu scheiden strebt, miteinander zu vermischen.« Wer sich intensiv, auch als Mitglied der unteren Klasse, um persönliche Weiterbildung bemüht, kann auch in der besitzindividualistischen Gesellschaft seiner Klassenlage individuell sich entziehen, sogar dem ungebildeten Besitzbürger überlegen sein: »Der Vorzug, reich geboren zu sein, wird aufgehoben durch die Gleichheit, ja die Überlegenheit an Bildung, um die sich natürlicherweise diejenigen bemühen sollten, die einen Grund mehr dafür haben, eine solche anzustreben.«[20] Die gesellschaftliche Bedingtheit der sozialen Situation eines Individuums, die von individueller Erkenntnis und Qualifikation unabhängig besteht, ja deren Ausbildung weitgehend determiniert, bereits im Lockeschen klassenzentrierten Erziehungsverständnis pragmatisch erkannt, von Rousseau dialektisch abgeleitet, wird vom fortschrittsoptimistischen Condorcet, der im bürgerlichen Unternehmer noch den Initiator und Garanten des ökonomischen Progresses erkennen mußte, idealisiert. Der gesellschaftliche Fortschritt des Industriesystems selbst steuere zu auf die allgemeine Vernünftigkeit der Gattung und Emanzipation der Individuen. »Die, die den Entwicklungsgang dieser Wissenschaften (der Naturwissenschaften, W. M.) verfolgen, sehen die Zeit nahen, wo der praktische Nutzen ihrer Anwendungen ein Maß annehmen wird, das man nicht zu hoffen gewagt hätte, ein Zeitalter, wo der Fortschritt der Naturwissenschaften eine segensreiche Revolution in den mechanischen Künsten hervorrufen wird, und das sicherste Mittel, diese Umwälzung zu beschleunigen, ist das, diese Kenntnisse in allen Klassen der Gesellschaft zu verbreiten und überall bequeme Gelegenheiten zu schaffen, wo man sie auswerten kann.«[21]

Wissenschaft qua primäre gesellschaftliche Produktivkraft erscheint für Condorcet als Bedingung sozialen Fortschritts wie individueller Vervollkommnung; daß die Modi ihrer praktischen Verwertung aber von privaten Interessen bestimmt, nicht zugunsten des gesamtgesellschaftlichen Progresses industriell umgesetzt werden könnten, der Kapitalismus neue gesellschaftliche Widersprüche produziert, erscheint seinem Denken noch nicht als reale Möglichkeit. Verbunden mit der systematischen Verbreitung der neuen Kenntnisse – über eine allgemeine Volksbildung auch an die Erwachsenen – kommt der industrielle Fortschritt allen Bürgern zu; sofern sich Produktivkräfte und Stand der Produktionsmittel, insbesondere die wissenschaftliche Qualifikation der Individuen, in gleicher Progression entwickeln, befindet sich die bürgerliche Gesellschaft im Zustand des Gleichgewichts, der Harmonie: »So ist der Fortschritt der moralischen und der naturwissenschaftlichen Disziplinen notwendig, damit die Gesellschaft eine Stufe dauernden Wohlstandes erreichen kann.«[22] Die Kriterien bürgerlicher Sozialschichtung, Eigentum und Wissensqualifikation, erweisen sich im aufklärerischen Denken Condorcets als objektiv notwendig, um sich einmal von den feudalen Repressionen und Bindungen zu befreien, zugleich aber den Progreß des neuen Industriesystems zu garantieren. Ihm gelingt es dabei nicht, die Notwendigkeit einer bürgerlichen Elite für den sozialen Fortschritt als Bedingung nur einer bestimmten gesellschaftlichen Situation, nämlich zur ökonomischen Überwindung des feudalen Bedarfsdeckungssystems, zu erkennen. Die Hierarchie der bürgerlichen Gesellschaft stellt er nicht in Frage, die postulierte Organisation des staatlichen Erziehungssystems verdoppelt so die bestehende Sozialstruktur. Idealistische Wissenschaftsgläubigkeit und der Glaube an die objektiv noch notwendige private Kapitalakkumulation verstellen Condorcet den Blick für den strukturbedingten Antagonismus des kapitalistischen Systems. Erziehung als Prinzip massenhafter Aufklärung regrediert somit zum liberalen Kompensationsphänomen. Die Utopie einer freien und harmonischen Gesellschaft wirkt, konfrontiert man sie mit seiner Gesellschafts- und Erziehungskonzeption, aufgesetzt, da er keinen praktischen Weg weist, wie das bürgerliche Schichtungssystem politisch aufzulösen sei; sie ist der Traum des unreflektierten begriffslosen Fortschrittsoptimismus der Revolutionsjahre: »Es wird, daran zweifle ich nicht, eine Zeit kommen, wo von der Obrigkeit eingesetzte gelehrte Gesellschaften überflüssig, ja darüber hinaus gefährlich sein werden, wo selbst jede öffentliche Unterrichtsanstalt unnütz

werden wird. Das wird jene Zeit sein, wo man keinen allgemein verbreiteten Irrtum mehr wird fürchten müssen; wo alle Beweggründe, die das Interesse und die Leidenschaften anrufen, ihren Einfluß eingebüßt haben werden, wo die Aufklärung gleichermaßen auf alle Orte desselben Staatsgebiets und in allen Klassen der Gesellschaft sich ausgebildet haben wird; wo alle Wissenschaften und ihre Anwendungen ebenso vom Joch allen Aberglaubens und von dem Gift falscher Doktrinen befreit sein werden; wo jeder Mensch endlich in seinem eigenen Wissen, in der Geradheit seines Geistes die hinreichenden Waffen finden wird, alle Listen betrügerischer Irrlehren zurückzuweisen. Aber diese Zeit ist noch fern, unsere Aufgabe sollte es sein, sie vorzubereiten, ihren Anbruch zu beschleunigen; indem wir uns anschicken, diese neuen Einrichtungen zu schaffen, haben wir uns unausweichlich damit befaßt, ohne Unterlaß jenen glücklichen Augenblick schneller herbeizuführen, in dem sie sich erübrigen werden.«[23]
Die Überwindung des linearen, idealistischen Fortschrittsdenkens der französischen Aufklärer in einer dialektischen Gesellschaftstheorie erst kennzeichnet den Ansatz des wissenschaftlichen Sozialismus.

IV. Bildung und Erziehung bei Karl Marx

Karl Marx, der in der Mitte des 19. Jahrhunderts mit einem entwickelten kapitalistischen Wirtschaftssystem in England, Frankreich und Deutschland die gesellschaftlich produktive Tendenz der privaten Kapitalakkumulation in Form hochspezialisierter betrieblicher Arbeitsteilung und industrieller Massenproduktion[24] vorfand, vermochte zugleich jedoch die sozialen Folgen des entwickelten *Manchester-Liberalismus* zu beobachten: körperliche und geistige Verelendung des englischen Industrieproletariats. Dort kamen die Prinzipien der klassischen bürgerlichen Gesellschaftsstrukturen zu ihrer konkreten Entfaltung; Unternehmer und Grundbesitzer bildeten die herrschende Klasse eines liberal funktionierenden Wirtschaftssystems im bürgerlich-monarchistischen Staat, in dem die unteren Klassen weder politische noch private Grundrechte beanspruchen konnten; von politischer Beteiligung waren sie ebenso ausgeschlossen wie von den Möglichkeiten elementarer Bildung.[25] Lockes klassenzentrierte Erziehungskonzeption, die die armen Schichten von allen Bildungsmöglichkeiten trennte, war gesellschaftlich weitgehend sanktioniert. Erziehung als Mittel zur sozialen Nivellierung der bestehenden Klassengegensätze oder Eigentumsdifferenzierungen, wesentliches Prinzip in Condorcets Erziehungsprogramm, besaß gesellschaftlich keine Relevanz. Die elementaren Kenntnisse, die die Arbeiter zur disziplinierten Arbeit benötigten, waren reduziert auf die notwendigsten Grundlagen des Rechnens, Lesens und Schreibens in einem institutionell kaum ausgebauten Schulsystem.[26] Die egalitär-demokratischen Postulate der Aufklärung, inhaltliche Realisierung von Freiheit, Gleichheit und Brüderlichkeit konnten von einem herrschaftsstabilen wirtschaftlichen Konkurrenzsystem nicht gewährt werden: uneingeschränkte private Akkumulation und dynamischer ökonomischer Progreß bildeten die Grundlagen eines Gesellschaftssystems, in dem soziale Gleichheit und kollektive Solidarität dysfunktionale, systemstörende Momente sein mußten.

Marx' Vermittlung von privater Verfügungsgewalt über Eigentum und dem System gesellschaftlicher Arbeitsteilung als strukturbedingende Determinanten der kapitalistischen Gesellschaftsordnung rekurriert wieder auf den gesellschaftskritischen Ansatz der französischen Materialisten und Frühsozialisten. Diese sind adäquate Vorläufer seiner dialektischen Theorie.

Bildung, im bürgerlich-aufklärerischen Verständnis Prinzip individueller Qualifizierung und Bewußtseinsveränderung, das erkennt Marx, bezieht ihren Stellenwert im Kapitalismus wesentlich aus dessen gesellschaftlicher Struktur, bestimmt vom objektiven Antagonismus zweier Klassen: der Produktionsmittelbesitzer und der Proletarier. Jene bildeten in ihrem gemeinsamen Kampf gegen den Feudalismus ihre gemeinsamen Interessen, freie Verfügung über privates Eigentum, freier Markt und Konkurrenzwirtschaft, Verstädterung und ausgebaute Verkehrswege, mit einheitlichen puritanisch-disziplinierten Verhaltensmustern aus[27], zugleich auch das Bewußtsein der gemeinsamen Klassenlage. Im privaten Konkurrenzkampf jedoch, notwendiges Prinzip des kapitalistischen Systems, »stehen sie selbst einander wieder ... feindlich gegenüber«.[28]

Gleichermaßen vollzieht sich die Klassenbildung des Proletariats, das im kollektiven Interessengegensatz gegen die kapitalistischen Produktionsmittelbesitzer steht. Beiden, Kapitalisten und Proletariern, werden die Bedingungen ihrer privaten Existenz von ihrer Klassenlage vorgeschrieben, selbst subjektive Erkenntnis läßt sie die Normen, nach denen sie ihr Leben reproduzieren, nicht frei verändern. Der Kapitalist muß bei Strafe des wirtschaftlichen Ruins auf Kosten der Proletarier akkumulieren, der Arbeiter kann seine soziale Lage nur mit der Aufhebung der bestehenden Klassenstruktur verändern. Bildungsprinzipien und Erziehungskonzeptionen müssen daher im Kapitalismus zunächst in ihren klassenspezifischen Inhalten erkannt, die Relevanz ihrer abstrakt-idealistischen Inhalte, wie *Mündigkeit* des Individuums und *allgemeine Menschenbildung*, an der Struktur der konkreten Gesellschaft gemessen werden. Die Befreiung von der vorgegebenen Klassenlage kann erst nach Aufhebung der antagonistischen Klassen selbst erfolgen. Diese haben sich gegen die Individuen verselbständigt, »so daß diese ihre Lebensbedingungen prädestiniert vorfinden, von der Klasse ihre Lebensstellung und damit ihre persönliche Entwicklung angewiesen bekommen, unter sie subsumiert werden. Dies ist dieselbe Erscheinung wie die Subsumtion der einzelnen Individuen unter die Teilung der Arbeit und kann nur durch die Aufhebung des Privateigentums und der Arbeit selbst beseitigt werden.«[28]

Im Kapitalismus, der geschichtlich bislang höchsten Form der Vergesellschaftung, findet sich die ausgeprägteste Form der Vereinheitlichung des Einzelbewußtseins zum Klassenbewußtsein. Besonders im Proletariat bildet sich durch die gleiche objektive Klassenlage eine Annäherung, ja weitgehende Identität des Bewußtseins der einzelnen *ouvriers* heraus. Beide Klassen indessen, die besitzende und besitzlose, befinden sich im Zustand der Entfremdung von der menschlichen Natur. Den Rousseauschen Gedanken vom

wahren, von Zivilisationseinflüssen unbeeinflußten Menschen, in dem die menschliche Natur zu ihrer Selbstvollendung gelangt ist, konfrontiert Marx den Zustand höchster menschlicher Selbstentfremdung im Kapitalismus: die Individuen erscheinen als Charaktermasken ihrer je spezifischen Klassenlage, gewinnen ihre gesellschaftliche Bestimmung nur über ihren Warencharakter im Kapitalismus. Die besitzende Klasse indessen »fühlt sich in dieser Entfremdung wohl und bestätigt, weiß die Entfremdung als ihre eigene Macht, und besitzt in ihr den Schein einer menschlichen Existenz«[29], da sie die herrschenden gesellschaftlichen Vorstellungen, Ideen und Interessen als die ihren erkennt: besitzindividualistischer Charakter des Eigentums, anlagebedingte Ungleichheit der Menschen, private Akkumulation des Mehrwerts als Garant ökonomischen Fortschritts werden dem privilegierten Bürgertum zu gesellschaftlichen Naturkonstanten.
Das Proletariat dagegen »fühlt sich in der Entfremdung vernichtet, erblickt in ihr ihre Ohnmacht und die Wirklichkeit einer unmenschlichen Existenz«; als ausgebeutetes Wirtschaftsobjekt, politisch rechtloser Untertan, von menschlicher Selbstverwirklichung ausgeschlossen. Über egalitäre Erziehungskonzeptionen kann dies Klassenverhältnis nicht aufgehoben werden, Bildung als praxisferner, unpolitischer Bewußtseinsprozeß nicht einziges Prinzip menschlicher und gesellschaftlicher Emanzipation sein. Erst mit der Umwälzung der gesellschaftlichen Struktur, die das Klassenverhältnis und die Entfremdung der Individuen untereinander und zur Gesellschaft aufhebt, ist die Chance zur individuellen Selbstverwirklichung allen Individuen in einer freien Assoziation gegeben; Bildung kann wesentlicher Faktor der Aufklärung über den wahren Zustand der entfremdeten Gesellschaft sein, nicht aber eigene revolutionäre Kraft. Die Revolution selbst als bewußter politischer Akt des Proletariats ist Negation des bestehenden schlechten Gesellschaftszustandes und Befreiung der Subjekte von der Verdinglichung als depravierte Existenz zugleich. Gesellschaftlich markiert sie den Moment, in dem die Dynamik der kapitalistischen Produktivkräfte, höchster Entwicklungsstand der industriellen Technologie, Zentrali-

sierung der Produktion und »des menschlichen Wissens, knowledge, als unmittelbare Produktivkraft«[30], im offenbaren Widerspruch steht zur gegebenen Organisation der Produktionsmittel, die auf privater Akkumulation des gesellschaftlich geschaffenen Mehrwerts beruht: die spezifische kapitalistische Form der Produktion, private Aneignung des gesellschaftlich produzierten Mehrwerts ist nicht mehr Bedingung des industriellen Fortschritts wie im Frühkapitalismus, sondern Ursache wirtschaftlicher Krisen und gesellschaftlicher Unruhen: »In der Entwicklung der Produktivkräfte tritt eine Stufe ein, auf welcher Produktionsmittel und Verkehrsmittel hervorgerufen werden, welche unter den bestehenden Verhältnissen nur Unheil anrichten, welche keine Produktionskräfte mehr sind, sondern Destruktionskräfte (Maschinerien und Geld) und was damit zusammenhängt, daß eine Klasse hervorgerufen wird, welche alle Lasten der Gesellschaft zu tragen hat, ohne ihre Vorteile zu genießen, welche aus der Gesellschaft herausgedrängt in den entscheidenden Gegensatz zu allen anderen Klassen forciert wird.«[31]
Nur die Aufhebung der Klassengesellschaft vermag die Individuen von der kapitalistischen Form der Arbeitsteilung, dem verdinglichten Bewußtsein entfremdeter Wirtschaftsobjekte zu befreien, bietet allen Individuen die Chance – statt der Zufälligkeit der bisherigen persönlichen Freiheit – unter den Bedingungen allseitiger Kooperation und Kommunikation den Widerspruch zwischen besonderen und gemeinsamen Interessen zu beseitigen. Jetzt erst können die Subjekte die Totalität ihrer individuellen Fähigkeiten und Möglichkeiten entfalten, werden Kunst und Zivilisation, Bildung und Erziehung nicht mehr zu Instrumenten einer herrschenden Klasse, sondern bieten die Bedingungen und Chancen zur wahren Selbstverwirklichung der Menschen. Mit der totalen Entfaltung der gesellschaftlichen Produktivkräfte ist die radikale Befreiung der Menschen von institutionellen Repressionen und unbegriffenen Ideologien zu erlangen. In der materialistischen Dialektik erst sind der gesellschaftskritisch-naturwüchsige Ansatz Rousseaus und der aufklärerische Fortschrittsidealismus Condorcets vermittelt.

Die Menschen, deren Dasein gesellschaftliche Tätigkeit ist, eignen sich ihr Wesen auf allseitige Weise an; nur über die Auseinandersetzung mit der Natur, der individuellen und solidarischen Kommunikation aller mit allen können sich die sinnlichen und geistigen Fähigkeiten bilden. Im Zustand gesellschaftlicher Entfremdung bleiben die Chancen für die allseitige Emanzipation der Subjekte verschüttet. Erst »die Aufhebung des Privateigentums ist daher die vollständige Emanzipation aller menschlichen Sinne und Eigenschaften«.[32]

Bedeutet die Aufhebung des Privateigentums zugleich die Aufhebung der kapitalistischen Form der Arbeitsteilung zweier antagonistischer Klassen, muß dennoch das Phänomen selbst für die kommunistische Gesellschaft noch problematisch sein: Ist der Mensch nur »frei« außerhalb des »Reichs der Notwendigkeit«, auch qua gesellschaftlich notwendiger Arbeit, oder können in der Organisation des Produktionsprozesses selbst Bedingungen für die »vollständige Emanzipation« der menschlichen Eigenschaften gegeben sein; Marx reflektiert das Problem dialektisch: gemessen an der Lohnarbeit als organisierte Zwangsarbeit vollzieht sich die menschliche Selbstverwirklichung im *Reich der Freiheit,* als Aufhebung organisierten Arbeitszwanges. Nach Aufhebung der anarchischen Marktgesetze, Produktion von gesellschaftlich notwendigen Gebrauchswerten statt kapitalistischer Tauschwerte, vernünftiger Organisation des Produktionsprozesses im Interesse gesamtgesellschaftlichen Fortschritts, nicht privater Akkumulation und »Reduktion der notwendigen Arbeit der Gesellschaft zu einem Minimum, der dann die künstlerische, wissenschaftliche etc. Ausbildung der Individuen durch die für sie alle freigewordene Zeit und geschaffenen Mittel entspricht«[33], kann allgemeine Emanzipation aller Individuen erst realisiert werden.

Beide Momente, Selbstverwirklichung als reale Freiheit von irrationalen institutionellen Zwängen als zugleich rationale Lenkung der gesellschaftlich notwendigen Institutionen, sind miteinander vermittelt. »Es gilt doppelt, von dieser gegenständlichen Arbeit, und was damit zusammenhängt, der Arbeit, die sich noch nicht die Bedingun-

gen, subjektive und objektive, geschaffen hat, damit die Arbeit travail attractif, Selbstverwirklichung des Individuums sei, was keineswegs meint, daß sie bloßer Spaß sei, bloßes amusement, wie Fourier es sehr grisettenmäßig naiv auffaßt. Wirklich freies Arbeiten, z. B. Komponieren, ist grade zugleich verdammter Ernst, intensivste Anstrengung. Die Arbeit der materiellen Produktion kann diesen Charakter nur erhalten, dadurch daß 1) ihr gesellschaftlicher Charakter gesetzt ist, nicht Anstrengungen des Menschen als bestimmt dressierter Naturakt, sondern als Subjekt, das in dem Produktionsprozeß nicht in bloß natürlicher, naturwüchsiger Form, sondern als alle Naturkräfte regelnde Tätigkeit erscheint.«[34]
Zur vollen Entfaltung seiner Fähigkeiten und Möglichkeiten muß jeder Mensch zur Lenkung des Produktionsprozesses in der Lage, also mit den Kriterien industrieller Arbeit, sofern im Kommunismus noch gesellschaftlich notwendig, vertraut sein. Dann erst vermag er den industriellen Produktionsprozeß zu bestimmen, nicht dessen bloßer Agent zu sein. »In dieser Umwandlung ist es weder die unmittelbare Arbeit, die der Mensch selbst verrichtet, noch die Zeit, die er arbeitet, sondern die Aneignung seiner eigenen Produktivkraft, sein Verständnis der Natur und Beherrschung derselben durch sein Dasein als gesellschaftlicher Körper, in einem Wort die Entwicklung des gesellschaftlichen Individuums, die als der große Grundpfeiler der Produktion und des Reichtums erscheint.«[35]
In der klassenlosen Gesellschaft erst entwickelt sich der einzelne zum selbstbewußten Gattungswesen; nicht nur über seine materielle Tätigkeit, im instrumentellen Handeln, ebenso in seinem eigenen Dasein als kommunizierendes Wesen, im kommunikativen Handeln, das selbst gesellschaftliche Tätigkeit ist, produziert er als bewußt handelndes Individuum das eigene wie das gesellschaftliche Sein, die Selbstbefreiung der menschlichen Gattung.
Jetzt erst gewinnen die bürgerlichen Bildungsprinzipien, *Elementarbildung* und *Gemeinschaftserziehung*, in einer Gesellschaft, in der es strukturbedingte Widersprüche nicht mehr geben kann, ihre substantielle Relevanz. Bildung

und Erziehung können jetzt erst Medien individueller Bewußtseinsbildung und kollektiver Qualifizierung für die »absolute Disponibilität« der einzelnen »für wechselnde Arbeitserfordernisse« sein, um »das total entwickelte Individuum« nicht zum »Träger einer gesellschaftlichen Detailfunktion« im arbeitsteiligen Produktionsprozeß zu depravieren.[36] Ein solcher Bildungsbegriff, der seine Inhalte aus dem Zustand einer je konkreten Gesellschaft gewinnt, muß dem etablierten Bürgertum als »subversiv« gelten[37], stellt er doch die Legitimation ihrer ökonomischen Herrschaftpositionen radikal in Frage. Marx kommentiert im »Kommunistischen Manifest«: »Wie für den Bourgeois das Aufhören des Klasseneigentums das Aufhören der Produktion selbst ist, so ist für ihn das Aufhören der Klassenbildung identisch mit dem Aufhören der Bildung überhaupt. Die Bildung, deren Verlust er bedauert, ist für die enorme Mehrzahl die Heranbildung zur Maschine.«[38] Die bürgerlichen Bildungskonzeptionen, selbst noch bei Condorcet, entlarven sich vor dem Hintergrund der Marxschen Theorie als Anpassungsinstrumente für die untere Klasse an die Interessen des Kapitalismus. Bildungsprinzipien können inhaltlich in der kapitalistischen Gesellschaft nurmehr als subversive, als konsequente Erziehung zum Sozialismus begriffen werden, d. h. isoliert von gesellschaftstheoretischen Implikationen nicht mehr als geistiges Disziplinierungsmittel für das noch nicht integrierte Bewußtsein der arbeitenden Klasse sein.

V. Autonomie der Pädagogik oder kritische Sozialwissenschaft

Ein kritischer Bildungsbegriff hätte nun die Bedingungen zu reflektieren, unter denen individuelle und kollektive Emanzipation im Kapitalismus zu realisieren wäre: eben nur in der kollektiven Aktion der unteren Klasse, die mit der Aufhebung der Bedingungen der eigenen Existenz zugleich die Bedingungen zu schaffen hat, für die Aufhebung der Ausbeutung der Menschen durch die Menschen. Könnte dieses Bildungsverständnis, aus dem Rousseauschen

Denken abgeleitet, die adäquate Vermittlung seines individualpädagogischen Ansatzes im *Emil* und seiner Gesellschaftskritik in den *Preisschriften* leisten, die individualpädagogischen Elemente seines Denkens als notwendiges Korrelat seiner politischen und ökonomischen Schriften deuten, einer kritischen Pädagogik Kriterien dafür liefern, in der notwendigen Einheit von individualpädagogischem und gesellschaftskritischem Ansatz ihr erkenntnistheoretisches Interesse zu formulieren, muß die Verabsolutierung des individualistisch-mittelständischen Denkens in der bürgerlichen Pädagogik des 19. Jahrhunderts als notwendige Bedingung der gesellschaftlichen und politischen Entwicklung betrachtet werden: die Pädagogik wird dem wirtschaftlich prosperierenden Bürgertum zum ideologischen Schleier, besagt sie doch, daß der isolierten Theorie nach die Gleichheit der Chancen für alle Menschen im individuellen Erziehungsprozeß gegeben, mit der *allgemeinen Menschenbildung* auch allseitige Entfaltung aller Individuen gesetzt sei. Mit der Verabsolutierung des bürgerlichen Bildungsbegriffes entlarvt die Pädagogik ihren wahren Charakter: Apologie der bestehenden, besitzindividualistisch strukturierten Gesellschaft. Freilich kommt für die Entwicklung der Pädagogik in Deutschland ein wesentliches Element hinzu: die Rückständigkeit der ökonomischen Zustände, erst partiell entwickelte kapitalintensive Produktion bei noch überwiegend handwerklichem Gewerbe zu Beginn des 19. Jahrhunderts, ein zersplittertes, politisch unmündiges Bürgertum, keine Grundlage zur Bildung eines einheitlichen, antifeudalen Klassenbewußtseins des Bürgertums, geschweige denn des Proletariats, eine gesellschaftliche Situation, die nicht vergleichbar ist mit der des zeitgenössischen Frankreichs oder Englands. Auf der Basis dieses noch wesentlich feudalen Interessen unterworfenen Staates mit wenig ausgeprägten Klassenkonflikten muß die Entwicklung der pädagogischen Theorie, jene spezifisch idealistische Rezeption der Erziehungsgedanken Rousseaus oder Condorcets, verstanden werden. Die Tendenzen gesellschaftlicher Anpassung beherrschen nun die ehemals kritisch-aufklärerischen Inhalte der antifeudalen Bildungsprinzipien aus dem Frankreich des 18. Jahrhunderts.

Im Denken Pestalozzis zumal zeigt sich diese noch unausgeprägte Ambivalenz; der politische Stellenwert, den seine Pädagogik zweifellos besitzt, kann nur abgeleitet ermittelt werden.[39] Bereits in seinem Verständnis der *Elementarbildung*, für Rousseau ein wesentlich anti-feudales Bildungsprinzip, lassen sich neben dem kritischen noch deutlich handwerklich-feudale Elemente seines Gesellschaftsbildes erkennen: »Die Elementarbildung ist wider die Welt und all das Pfuschen in Gottes Werk, sie wirkt diesem bösen Zustand der Dinge mit Kraft entgegen; indem sie die Erhebung unserer Natur zum Gefühl unsrer innern Würde, zum Gefühl alles Göttlichen und Heiligen, das sie in sich selbst trägt, zu ihrem festen, unabänderlichen Zweck hat, ruft sie im ganzen Umfang sowohl ihrer intellektuellen als ihrer sittlichen Bildungsmittel innerer Wahrheit und innerer Kraft. Sie ruft allenthalben Unschuld, Frömmigkeit, Harmonie und häuslichen Sinn, sie ruft allenthalben Erhebung über das Gemeine, Alltägliche, Gewohnte, das in beiden Rücksichten geschieht, sie ruft allenthalben Erhebung über den Sinn der Welt über allen Schwindel ihrer Scheinhöhe und über die Irrwege ihrer dunklen Abgründe.«[40]

Primär das Interesse an Versittlichung der sozialen Zustände, ein christlich-ethisches Motiv, nicht so sehr die Intention der Veränderung der bestehenden unfreien Gesellschaftsstrukturen und nichtemanzipierten Bewußtseinslagen der im Feudalismus lebenden Menschen, artikuliert sich als wesentliches Prinzip seiner *Elementarbildung*. Durch das Bewußtsein der Menschen, als *sittliche Bildung*, nicht mit kritischer Analyse der bestehenden Gesellschaft, mit dem pädagogischen Ansatz an der *Individuallage* der Menschen, nicht als ideologiekritischer Motor eines kollektiven Emanzipationsprozesses von den irrationalen Bindungen und Autoritäten des Feudalismus erhofft er die Realisierung einer besseren Welt, die Versöhnung der individuellen Existenz mit den ewigen, göttlichen Naturgesetzen. Er argumentiert: »Die Unterordnung aller Zwecke und aller Mittel der ästhetischen, der Kunst- und Berufsbildung des Menschen unter die Zwecke und die Mittel der intellektuellen Bildung ... (ist) ... nicht eine vom Willen des Menschen eingelenkte, willkürliche Erziehungsmaßregel, sondern als ewige Grundlage unsrer Natur von Gott selber gegeben. So wie die ästhetische, Kunst- und Berufsbildung oder eine jede von ihnen dem Zweck der allgemeinen Menschenbildung, der inneren wahren Veredlung unserer Natur entsprechen soll, so müssen ihre Mittel mit den Mitteln der sittlichen und intellektuellen Bildung unseres Geschlechts in vollendeter Harmonie stehen.«[41]

Die »allgemeine Menschenbildung« in »vollendeter Harmonie« vollzieht sich gesellschaftsstrukturell betrachtet im konfliktlosen Raum eines wahrhaft sittlichen häuslichen Familienverhältnisses, die familiare Primärgruppe wird zum Synonym des harmonischen Gesellschaftszustandes. Begreift auch *Rang* den Ansatz Pestalozzis als »naturrechtlichen Anspruch mit politischen Konsequenzen«, da das allgemeine »Recht auf Bildung« in der Französischen Revolution zu den Menschenrechten deklariert wurde, so fehlten Pestalozzis Kategorien doch die spezifisch bürgerliche Dimension des Dynamischen, Ökonomischen, konsequent Antifeudalen. Sein Prinzip der Elementar*bildung* als »allgemeine Menschenbildung« meint nicht die politische Emanzipation der Menschen aus ihren feudalen Bindungen, initiiert nicht den gesamtgesellschaftlichen Fortschritt durch Freisetzung ökonomischer Konkurrenz und marktorientierten Äquivalenten-Tausch, fügt die Menschen, indem sie an ihrer *Individuallage* ansetzt und bloß zum sittlichen Handeln erziehen will, nahtlos in das bestehende Feudalsystem ein.

»Das Bedürfnis der Zeit ruft heute jeden edlen Mann, herrsche er als König auf dem Thron, diene er für das Volk dem König, sitze er als Edelmann in seinem Eigentum und unter den Seinen, lebe er durch bürgerliche Tätigkeit in Verbindung mit seinem Volk, sei er von Gottes wegen ihr Lehrer und Tröster, baue er das Land, umgeben mit Söhnen und Töchtern, mit Knechten und Mägden, in Wohlstand und Ehre, oder sitze er verborgen in der niedersten Hütte, nur seinem Weib, seinen Kindern und seinen Nachbarn als ein edler Mann bekannt, ihm und allen Edlen ruft der Zustand der Welt heute zu, wie es seit Jahrhunderten nie geschehen: Was der Staat und alle seine Einrichtungen für die Volkskultur nicht tun und nicht tun können, das müssen wir tun ... Wir müssen unsre Kinder besser und kraftvoller erziehen, als sie bisher erzogen wurden.«[42] Ein sozialpädagogisches Motiv letztlich, Selbsthilfe der verschiedenen Stände als Versittlichungstendenz des gesamten Volkes, nicht Freisetzung bürgerlichen Erwerbsdenkens, Voraussetzung des Industrialisierungsprozesses, der alleine, auch durch den neuen Klassenantagonismus hindurch, die Voraussetzung böte, die feudale Standeshierarchie und die Armut der unteren Schichten zu beseitigen, bezeichnet die ökonomische und politische Folgenlosigkeit seiner pädagogischen Theorie. Erhellt wird, daß die idealistische Pädagogik, die ihre Begriffe um die Dimension des Ökonomischen kürzt, letztlich zur Anpassung an die je gegebene Gesellschaftsordnung erzieht.

Selbst mit der postulierten *Naturgemäßheit* der individuellen Erziehung, nach *Rang* zentrales »Kriterium von Pestalozzis Gesellschaftskritik«[43], die die prinzipielle Gültigkeit des pädagogischen Ansatzes an der *Individuallage* der Menschen in Frage stelle, gewinnt sein Denken noch keine ökonomisch fundierte, gesellschaftskritische Dimension: nur in der dialektischen Vermittlung von Gesellschaftsstruktur und Bewußtsein der Menschen, das zu verändern einzig über den Abbau bestehender Herrschaftsstrukturen möglich ist, Bildungsprinzipien demnach nur dann eine gesellschaftspraktische Relevanz gewinnen, wenn sie diesen Reflexionsprozeß leisten, in der Mündigkeit der Subjekte nicht allein den nach bürgerlichen Normen sittlich handelnden einzelnen sehen, die Menschen nicht zum reibungslosen Funktionieren anpassen, ihnen im Erziehungsprozeß vielmehr die Kriterien zur rationalen Auseinandersetzung mit der Gesellschaft liefern, dies hätte Pädagogik als integrierte Disziplin einer kritischen Sozialwissenschaft zu reflektieren. Pestalozzis grundlegende Begriffe, *»allgemeine Menschenbildung, Elementarbildung, Naturgemäßheit* der Erziehung«, nach *Rang* kaschierte pädagogische Grundbegriffe, die inhaltlich stets auf Politisches verweisen, besitzen freilich nie jene gesellschaftskritische Substanz, die sie im dialektischen Denken Rousseaus noch enthielten. Pestalozzi, um die explizit antifeudalen Momente seiner Pädagogik verkürzt, wird zum Vorläufer der geisteswissenschaftlichen Pädagogik, die die späte Dynamik des Industrialisierungsprozesses in Deutschland, die entstehenden kapitalistischen Widersprüche bis zur Weimarer Republik in Kriterien normativ-erzieherischen Denkens beschreibt, die versittlichenden Elemente der traditionellen bürgerlichen Kultur zum Richtpunkt allen pädagogischen qua gesellschaftlichen Handelns macht.

Pestalozzis in Ansätzen noch immer antifeudale Kategorien werden in der geisteswissenschaftlichen Pädagogik zu Grundbegriffen, zu naturhaften Wesenheiten, die, um die politischen Implikationen des aufklärerischen Naturrechtsdenkens gekürzt, bei Spranger, Nohl, Litt, Flitner u. a. im gesellschaftsfernen *pädagogischen* Bezug zwischen Erzieher und Zögling die einzige Chance für die Realisierung der *Mündigkeit* der Menschen in der kapitalistischen Tausch- und Konkurrenzgesellschaft sehen: im Rückzug auf die »machtgeschützte Innerlichkeit« meint das deutsche Bürgertum die sittliche Substanz bürgerlicher Tugend, die »Eigentlichkeit« des menschlichen »Wesens« zu bewahren.[44]

Der Rückzug auf das individuell zu bildende Ich, dem die Objektivationen der tradierten Kultur, lebendig gemacht im Erziehungsprozeß, zum Zentrum seines Handelns, seiner »Gestaltwerdung« sich ausformen, markiert Gesellschaftliches: Reflex des politisch unmündigen, wirtschaftlich stagnierenden Bildungsbürgertums auf die gesellschaftlichen Konflikte der dynamischen Entwicklung des Kapitalismus. Die gesellschaftlich relevanten Momente des frühbürgerlichen Bildungsverständnisses werden aus den Grundbegriffen der geisteswissenschaftlichen Pädagogik eliminiert, auf das »Individuell-Persönliche eines Zöglings« sistiert:

Ohne diese »Einstellung von Locke und Rousseau . . . wäre das wahre Wesen der Pädagogik nie zutage gekommen. . . . Was kann aus dem einzelnen zur Erziehung dargebotenen Subjekte werden? Das sei die wahre pädagogische Frage, die dem Begriff der Pädagogik entspreche. Wenn man das interpretiert, so heißt das: stand die Pädagogik bis dahin im Dienste objektiver Aufgaben, wo das Individuum nur der an sich unwesentliche Träger solcher objektiven Ziele war, wie Staat, Kirche, Wissenschaft, Stand und Beruf, so nahm sie jetzt zum ersten Mal mit vollem Bewußtsein der Tragweite einen radikalen Wechsel des Blickpunktes vor und stellte sich in das Individuum und sein subjektives Leben.«[45] Der »radikale Wechsel« freilich, im theoretischen Ansatz bei Locke und Rousseau ein wesentliches antifeudales Element, basiert nicht auf einem rein geistig-individuellen Akt, sondern entstammt, wie aufgezeigt wurde, primär einem klassenspezifischen Interesse: für Locke gelten die Kriterien vernunftgerechter Emanzipation nur für das besitzende Individuum, den *gentleman*, für Rousseau kann Individuation nur als konsequent antifeudale und antikapitalistische Erziehung zugleich sich realisieren.

Erziehungswissenschaft, die ihr erkenntnistheoretisches Interesse an der Mündigkeit und allseitigen Entfaltung der Individuen hat, muß die Strukturen der bestehenden Gesellschaft an diesem Anspruch messen, kann nur als dialektisch mit soziologischer Erkenntnis vermittelte die objektiven Bedingungen und die subjektiven Erziehungsmittel zur Realisierung der postulierten Emanzipation der Individuen formulieren; gegen eine vorgegeben antagonistische Gesellschaft, in der sich Ausbeutung von Menschen nach wie vor reproduziert[46], kann selbst eine rein aufs Individuum bezogene Erziehung dessen Emanzipation als ökonomische und politische »Mündigkeit« nicht realisieren. Die Flucht der geisteswissenschaftlichen Pädagogik in die Sphäre emotionsgeladener, gesellschaftsferner, konfliktgeschützter Innerlichkeit, die inhaltliche Reduktion der Begriffe Gesellschaft, Subjekt, Klasse, Unternehmer und Arbeiter in die um politische und ökonomische Inhalte gereinigten Termini: *Nation, lebendiger Mensch, Gemeinschaft* und *Volksgenosse* (Spranger, Nohl) charakterisiert die ideologischen Implikationen dieses Denkens; hier reproduziert sich die Angst des mittelständischen Bildungsbürgertums vor den gesellschaftlichen Konflikten und politischen Krisen des anarchischen Kapitalismus. »Erweckung« tradierter kultureller Werte in homogenen »Gemeinschaften«, Rückzug in ein gesellschaftsfernes Refugium der falschen Solidarität und Innerlichkeit muß die Individuen um so intensiver den gegebenen gesellschaftlichen Zwängen anpassen, sie politisch dem ausliefern, der Gemeinschaft und Gemeinwohl mit »Ruhe« und »Ordnung« gleichsetzt.[47] Wahre Gemeinschaft als konkrete Solidarität, so zeichnet Marx den Zustand der klassenlosen Gesellschaft, kann nur mit realisierter substantieller Gleichheit der Individuen, befreit vom heteronomen Zwang kapitalistischer Entfremdung und rigider Arbeitsteilung sich konstituieren.

Im Autonomieanspruch der geisteswissenschaftlichen Pädagogik wird dieses Problem, die Dialektik von Gesellschaft und Erziehung, zwar erkannt, doch nicht als konkreter Vermittlungsprozeß, vielmehr als nicht aufhebbare Antinomie verewigt: »Das vieldeutige Kampfwort Autonomie kann nicht den Sinn haben, den Erzieher selbst über die bildenden Gehalte entscheiden zu lassen, noch weniger den Sinn, der ihm manchmal unterlegt worden ist, es sollen diese Gehalte selbst autonom vom Individuum oder vom Mensch aus begründet werden ... Dafür hat der Erzieher eine Verantwortung, die ihm nicht abgenommen werden darf, wenn er nicht die erziehende Autorität verlieren soll. Die Selbständigkeit des Erziehers, der eben nicht bloßes Werkzeug der bildenden Gemeinschaften ist, besteht darin, daß er inmitten der Gemeinschaft selbst entscheiden muß, was an dem traditionellen Gehalt der Mächte echt ist. Das redet nicht dem Subjektivismus das Wort. Der Erzieher greift in das erzieherische Geschehen an begrenzter Stelle ein, und sein Wirken steht in der Gemeinschaft der Erzieher; die Verantwortung für den echten Gehalt entbindet nie von der Verantwortung gegenüber der Zusammenarbeit und gegenüber der »Einheit des Erziehungsgeschäfts«.[48] Das Echte der »bildenden Gehalte« steht gegen die »entartete Konvention«, Pädagogik wird hier zur Ideologie. Selbst die klassenspezifischen Erziehungsgedanken Lockes, auch in ihren spezifisch bürgerlichen Formulierungen zur *Tugend* und *Lebensart*, sind noch von partieller Rationalität. Der »Jargon« der geisteswissenschaftlichen Pädagogik indessen verweist unabsehbar auf die Sprache des Faschismus.[49] Markierte der Autonomie-Anspruch der Pädagogik für Rousseau, Pestalozzi und Schleiermacher[50] noch einen gesellschaftlichen Konflikt: gerichtet gegen den

Absolutheitsanspruch von Kirche und Feudalstaat auch im Bereich der Erziehung, war entscheidendes politisches Moment im Emanzipationskampf des Bürgertums, regredierte die Pädagogik mit dem Anspruch auf Autonomie gegenüber den Sozialwissenschaften zur Apologie für die Herrschaftspositionen des Bürgertums im Kapitalismus; wird die »Erziehungswirklichkeit« reduziert auf den »pädagogischen Bezug« zwischen Erzieher und Zögling, so stabilisiert diese Reduktion eines primär gesellschaftsrelevanten Vermittlungsverhältnisses auf den Freiraum erzieherischer Autonomie die schichtenspezifischen Implikationen, die das postulierte »reine« Erzieher-Zögling-Verhältnis als ideologisch enthüllen.[51] Der wissenschaftstheoretische Anspruch auf Autonomie der Erziehungswissenschaften entlarvt sich als bürgerliche Apologie: nur der bereits privilegierte »Zögling« kann im mittelstandsspezifischen »autonomen« Erziehungsprozeß die postulierte Mündigkeit erlangen. »Mündigkeit« indessen kann im gegebenen System kapitalistischer Interessen nur als kollektive, als bewußter politischer Akt der Unterprivilegierten, interpretiert werden; erst in der emanzipierten Gesellschaft reproduziert sich im Erziehungsprozeß nicht mehr die Anpassung der Heranwachsenden an vorgegebene gesellschaftliche Interessen. Postuliert z. B. auch Bohnsack, zur Verteidigung der pädagogischen Autonomie, daß aus der bestehenden »Dialektik zwischen Pädagogik und Gesellschaft«, »der Fortschritt auf eine realere Demokratie« hin von »der relativen Autonomie der Pädagogik abhängig«[52], der »Erzieher« primär »Anwalt des Zöglings gegenüber den gesellschaftlichen Mächten« sei, »eine solche Erziehung zur Mündigkeit als Kritik und Veränderung des Bestehenden einen Raum relativen Freiseins von der Bevormundung durch das Bestehende, und damit eine relative Autonomie der Pädagogik voraussetze«[53], so verkennt er den Zwangscharakter vorgegebener gesellschaftlicher Normen, die sich, klassenspezifisch strukturiert, bereits im familiaren Sozialisationsprozeß durchsetzen, die Chancen allseitiger individueller Entfaltung der Individuen bereits im Kindesalter objektiv begrenzen.

Daraus kann für den Stellenwert der Erziehung in der antagonistischen Gesellschaft nur resultieren, daß sie politisches Mittel im kollektiven Kampf um Veränderung der gesellschaftlichen Strukturen sein kann. Bohnsack gilt dies jedoch als Pervertierung des wahren pädagogischen Anspruchs: »Das Problem besteht nun darin, daß sich eine Gruppe von Kritikern der pädagogischen Autonomie, die sich für den gesellschaftlichen Fortschritt besonders engagiert hat, nicht damit zufriedengibt, Mündigkeit als Fähigkeit zur Kritik und Überwindung bestehender sozialer Ungerechtigkeiten, etwa der wirtschaftlichen Ausbeutung einer Gesellschaftsgruppe durch eine andere, anzustreben – dieses würde prinzipiell durchaus in den Rahmen der pädagogischen Autonomie fallen, ja diese fordern und voraussetzen. Diese Kritiker wollen vielmehr eine ganz spezifische Gesellschaftsordnung . . . mit Hilfe der Pädagogik durchsetzen. Mit dem Verfahren solcher ›kleiner Minderheiten‹ ist dann in der Tat der Boden der Pädagogik verlassen. Denn Erziehung wird hier nur noch eingesetzt als Werkzeug, und das Kind wird benutzt als Mittel zum Erreichen des politischen Programms.«[54]

Dann bestehe die Gefahr, »andere Menschen nicht als Selbstzweck, sondern als bloßes Mittel zu benutzen und die Kinder im Namen einer zukünftigen Freiheit in ihrer Gegenwart zu entmündigen«.[55]

Daß die Kinder indessen mit ihrem Eintritt in die Schule nicht mehr »Selbstzweck« sind, bereits gesellschaftlich präformierte Charakterstrukturen aufweisen, die Institution Schule selbst in ihrer Arbeit Reflex bestehender gesellschaftlicher Interessen ist[56], verweist Bohnsacks Ansatz in den Bereich der Apologie. Rückriem reflektiert diesen Zusammenhang gleichsam als Antwort auf Bohnsacks Bedenken: »Eine Autonomie in diesem Sinne (als ›Unabhängigkeit von der gesellschaftlichen Bedingtheit‹, W. M.) gibt es nicht, und kann es prinzipiell nicht geben. Sinnvollerweise kann sich die Autonomieproblematik daher nur an der Frage entzünden, ob die Möglichkeit einer ›progressiven‹ Entfaltung der erzieherischen Praxis gegeben ist oder durch die auf Erhaltung des status quo gerichteten Interessen der herrschenden Schichten eingeengt oder unterdrückt wird. Das aber bedeutet, daß die ›Autonomie‹ der Erziehung

keine gesellschaftlich neutrale oder gar antigesellschaftliche, sondern eine gesellschaftskritische Kategorie ist.«[57] Er fragt: »Was wäre eine bloß postulierte Autonomie wert, die auf ihre Verwirklichung verzichtete und die erzieherische Praxis widerstandslos den Interessen und der Machtausübung bestehender Herrschaftsverhältnisse überläßt, weil sie sich scheut, die erzieherische Praxis zu ›politisieren‹?«[58]
Pädagogik hätte demnach, den gesellschaftskritischen Ansatz Rousseaus in ihrer Theorie und Praxis reflektierend, Mündigkeit der Subjekte wieder als gesellschaftskritische Kategorie zu bestimmen. Sie hätte dann, im Rahmen einer kritischen Sozialwissenschaft, die Zwänge zu enthüllen, die in der gegebenen Gesellschaft die kollektive Realisierung individueller Mündigkeit verhindern, Bedingungen vorzubereiten, die im Rahmen politischen Handelns die Chancen gesellschaftlicher Emanzipation für die Unterprivilegierten konkretisieren, mit der Kategorie des objektiv Möglichen Tendenzen aufzuweisen, die die Richtung des gesellschaftlichen Fortschritts und Inhalt der emanzipierten Gesellschaft definieren.
Pädagogik als integrierte Disziplin kritischer Sozialwissenschaft wäre »subversives« Element (Koneffke) im bestehenden repressiven Erziehungsprozeß, hätte »in der heranwachsenden Generation das Potential gesellschaftlicher Veränderung hervorzubringen«[59], müßte als »Erziehung zum Sozialismus«[60] die humanistisch-aufklärerischen Implikationen des klassischen Bildungsbegriffs gegen politisch-bürokratische Verhärtung bewahren, mit dem Umwälzungsprozeß der antagonistischen Gesellschaft die Kriterien setzen, die die Chancen allseitiger Entfaltung der individuellen Möglichkeiten in der emanzipierten Gesellschaft garantieren, die vollzogene Aufhebung der Ausbeutung des Menschen durch den Menschen sichern. In der bestehenden Gesellschaft, in der die Chancen kollektiver Emanzipationsprozesse noch nicht politisch realisierbar sind, kann eine kritische Erziehungswissenschaft als Sozialwissenschaft ihre Inhalte nur als deren bestimmte Negation verstehen, primär die Herrschaftsstrukturen in den bestehenden Institutionen enthüllen.

Manfred Clemenz
Technik, Wissenschaft und Bildung im organisierten Kapitalismus

I.

»Die Subjekte der zukünftigen Geschichte – und das werden in nächster Zukunft vor allem die Vereinigten Staaten, die Sowjetunion, Japan und, wie wir hoffen, auch Europa sein – werden sich weitgehend durch ihre Wissenschaftspolitik konstituieren«.[1] Diese These von Radnitzky und Andersson erscheint ebenso plausibel wie provokativ. Provokativ, weil offensichtlich die Existenz von Individuen und Gesellschaften zunehmend durch den Stand von Wissenschaft und Technik geprägt wird. Provokativ, weil nicht mehr das wirtschaftliche und militärische Potential im traditionellen Sinne über das Schicksal einer Gesellschaft entscheiden sollen, sondern primär der in staatliche Regie genommene wissenschaftliche Fortschritt.
Die von Radnitzky und Andersson angesprochene Konstitutionsproblematik ist zwangsläufig auf den Gesamtkomplex wissenschaftlich-technischen Fortschritts bezogen. In diesem erweiterten Kontext impliziert sie eine Fragestellung, die mittlerweile zu einem Prüfstein gesamtgesellschaftlicher Analyse geworden ist: in welchem Maße ist wissenschaftlich-technischer Fortschritt heute nicht nur ein den politischen und ökonomischen Prozessen »exogenes« Datum, sondern eine Produktivkraft, die Struktur und Verlauf dieser Prozesse determiniert und so möglicherweise eine Neuformulierung exponierter sozialwissenschaftlicher Kategorien wie Gleichgewicht, Krise, Wachstum etc. erfordert.
Es hat nicht an Versuchen gefehlt, die Problematik des institutionalisierten Fortschritts (worunter neben privater und öffentlicher Großforschung und ihrer Anwendung

staatliche Wissenschafts- und Bildungspolitik verstanden werden sollen) im Rahmen gesamtgesellschaftlicher Theorien zu verarbeiten. Schumpeter etwa gelangt zu dem Schluß, daß durch den zur »Routinesache« gewordenen Fortschritt das kapitalistische System zerstört und in ein sozialistisches System transformiert wird. Der Unternehmer, von dem die Bourgeoisie (und damit, Schumpeter zufolge, der Kapitalismus) abhängt, verliert seine Funktion als Initiator des ökonomischen und technischen Fortschritts. An seine Stelle tritt die »vollkommen bürokratisierte industrielle Rieseneinheit«[1a]. Schelsky, in Anschluß an Ellul, leitet aus dem institutionalisierten Fortschritt das System eines »technischen Staates« ab, in dem praktisch alle traditionell *politischen* Entscheidungen durch wissenschaftlich-technische »Sachzwänge« abgelöst werden.[2] Beide Ansätze leiden freilich darunter, daß die Problematik institutionalisierten Fortschritts entschärft wird. Institutionalisierter Fortschritt wird als interessenneutraler, gleichsam automatischer Prozeß der Systemtransformation verstanden, ohne daß die Möglichkeit einer Akkumulation von politischem und ökonomischem Krisenpotential in Betracht gezogen wird.

Umgekehrt haben u. a. Aron und Perroux gerade die Stabilität kapitalistischer Strukturen im Kontext institutionalisierten Fortschritts nachzuweisen versucht. Im Zentrum dieser Untersuchungen steht die Fähigkeit der kapitalistischen Systeme — die charakterisiert werden durch Privateigentum und ökonomische Konkurrenz –, sich bei relativ stetigem Wachstum ohne systemgefährdende ökonomische Krisen zu reproduzieren.

Zwei Faktoren bedingen Aron zufolge die Stabilität kapitalistischer Strukturen. Erstens »schafft jede Produktion automatisch eine der Produktion gleichwertige Kaufkraft«[2a]. Unter der Voraussetzung, daß – entgegen der Marxschen Annahme – keine »Akkumulation von Reichtum auf der einen Seite und von Armut auf der anderen Seite« stattfindet[3], kann die steigende Produktionskapazität durch steigenden Massenkonsum ausgelastet werden. Diese Voraussetzung sieht Aron durch die Erhebungen von Schumpeter, Colin Clark u. a. gegeben, die einen zumindest gleichbleibenden Anteil der Löhne und Gehälter am Volkseinkommen konstatieren. Zweitens nimmt Aron an, daß eine Reihe von Wachstumsfaktoren unvermindert wirksam sind. Die wichtigsten sind: (1) die Verbreitung ökonomisch-rationaler Verhaltensweisen, (2) wissenschaftlicher Fortschritt, (3) ein expandierendes Bildungssystem und (4) die Verfügbarkeit von großen Kapitalmengen, die Investitionen ohne »extreme Opfer« der Bevölkerung ermöglichen[3a].

Im Mittelpunkt der Perrouxschen Stabilitätsthese steht die Konzeption der »antreibenden Wirtschaftseinheit«. Die Entstehung neuer Industrien oder industrieller »Entwicklungszonen« bringt neue Güter bzw. Dienstleistungen auf den Markt oder ermöglicht ihre Produktion zu niedrigeren Kosten. Die daraus resultierenden »Extraprofite« sind der Motor der wirtschaftlichen Entwicklung. Auch Perroux hält die Gefahr struktureller Überproduktion bzw. Unterkonsumtion trotz dieser Extraprofite für gering (obwohl er temporäre »Gleichgewichtsstörungen« als wahrscheinlich betrachtet). Perroux nimmt nämlich eine steigende Zuwachsrate des Konsums bei sinkender Zuwachsrate des Kapitals an. Diese Annahme beruht allerdings primär auf Indizien: (1) Erhöhung der Lohnquote durch gewerkschaftliche Aktivität, (2) der Konsum der »neuen Mittelklasse«, (3) progressive Besteuerung und (4) genauere Bedarfs- und Absatzkalkulationen[4].

Den stabilitätstheoretischen Annahmen von Aron und Perroux ist gemeinsam, daß wissenschaftlich-technischer Fortschritt faktisch als exogenes Datum behandelt wird. Innerhalb des theoretischen Rahmens der klassischen Nationalökonomie (das zeigt sich pointiert etwa an Arons Rekurs auf das Saysche Theorem einer gleichsam prästabilierten Harmonie von Produktion und Nachfrage) wird institutionalisierter Fortschritt additiv den Produktionsfaktoren Arbeit und Kapital hinzugefügt, ohne daß nach den Konsequenzen für die Beziehungen zwischen Produktion und Nachfrage und für die Zusammensetzung des Volkseinkommens gefragt wird. Zudem haben neuere empirische Untersuchungen gezeigt, daß das von Aron, Perroux u. a. unterstellte langfristige ökonomische Gleichgewicht zumindest problematisch ist, bzw. von noch näher zu bestimmenden Kompensationsmöglichkeiten abhängig ist. So hat etwa

Gleitze für die BRD (1950–1966) gezeigt, daß sich die Masseneinkommen knapp verfünffacht, der Privatverbrauch vervierfacht, die Investitionen dagegen mehr als versechsfacht haben.[4a]

Versteht man, in Anlehnung an Bombach[5], unter technologischem Fortschritt (der seinerseits auf wissenschaftlichem Fortschritt beruht): (1) Verbesserung der Unternehmensstruktur, (2) Typisierung und Standardisierung der Produktion, (3) verbesserte Methoden der Fehler- und Leistungskontrolle, (4) optimale Standortverteilung und Betriebsgröße, (5) Anlagen mit höherer Effizienz bei gleichen Realkosten und (6) verbesserte berufliche Qualifikationen, so ist evident, daß technologischer Fortschritt *höheren Ausstoß bei gleichen oder niedrigeren* (etwa aufgrund von Arbeitskräfteeinsparungen) *Realkosten* bedeutet. Hinzu kommt, daß technologischer Fortschritt typischerweise aus *technischen* Gründen wachsende Produktionskapazitäten impliziert. Nur unter der unrealistischen Voraussetzung vollständiger Konkurrenz wäre technologischer Fortschritt relativ unproblematisch. Innerhalb einer tendenziell oligopolistischen Marktstruktur ermöglicht er jedoch Extraprofite, die im Konsumgütersektor *ceteris paribus* zu keiner entsprechend erhöhten Nachfrage führen. Da aber das Verhältnis von Investitions- und Konsumgüterproduktion jeweils für längere Perioden quantitativ konstant bleibt, löst technologischer Fortschritt ein tendenzielles Zurückbleiben der Konsumbasis gegenüber der Produktionskapazität (speziell der Produktionskapazität von Investitionsgütern) aus. Die Konsequenzen sind entweder mangelhafte Kapazitätsauslastung oder Absatzstockungen.

Erst die Analyse der kompensatorischen Mechanismen und Interventionen, die die Aktualisierung dieser Tendenz in einer manifesten Krise verhindern können, dürfte daher Aufschluß über die ökonomische Stabilität kapitalistischer Gesellschaftssysteme unter den Bedingungen des institutionalisierten Fortschritts geben, wobei Stabilität von der wechselseitigen Regulierung verschiedener gesellschaftlicher Teilsysteme zu erwarten ist. Insbesondere dürfte diese Analyse auch Aufschluß über die effektive politisch-ökonomische Organisationsform der gegenwärtigen hochindustrialisierten kapitalistischen Systeme geben. Der folgenden Untersuchung soll daher axiomatisch die These vom *tendenziellen* Zurückbleiben der Konsumbasis zugrunde gelegt werden, wobei über die Brauchbarkeit des Axioms sowohl seine heuristische Qualität als auch die empirische Überprüfung der abgeleiteten Zusammenhänge (die im Rahmen dieser Arbeit freilich nur andeutungsweise möglich ist) entscheiden.[5a]

Da der Zwang zur Dauerkompensation und -regulierung ökonomische Probleme zugleich zu politischen und sozialen Problemen macht, ist eine sinnvolle Analyse nur mit einem Verfahren möglich, das ökonomische, politische und soziale Sachverhalte in einem systematischen Zusammenhang bringt. Dieser methodische Ansatz kann im Anschluß an die marxistische Tradition als »politische Ökonomie« bezeichnet werden.

II

Das Verfahren der politischen Ökonomie muß sich freilich schon beim ersten Schritt ein Dilemma eingestehen: es beginnt mit einem theoretischen Vatermord. Das Marxsche Modell kapitalistischer Reproduktion, auf das politische Ökonomie sich einige Generationen lang glaubte berufen zu können, ist so brüchig geworden, daß kein Ökonom heute noch ernsthaft damit zu arbeiten wagt.[6] Zwar sind eine Reihe der Marxschen Grundbegriffe und Axiome: organische Zusammensetzung des Kapitals, Mehrwert oder der Gegensatz von gesellschaftlicher Arbeit und privater Aneignung, noch heute heuristisch sinnvoll. Aber der eigentümliche, geradezu schrullenhafte und an frühkapitalistischen Verhältnissen orientierte Charakter, den Marx diesen Theorieelementen durch die Verknüpfung mit den Axiomen seiner Arbeitswertlehre im Rahmen seines Modells aufprägt, unterminiert ihre Anwendbarkeit auf die Phänomene der oligopolistischen und monopolistischen Wirtschaftsstruktur. Die Arbeitswertlehre, die paradoxerweise für die von Marx selbst prognostizierte hochzentralisierte Wirtschaft unbrauchbar ist, wurde mittlerweile zum bloßen Glaubensartikel degradiert. Konsequent haben marxistische Theoretiker wie Baran und Sweezy die Arbeitswertlehre sang- und klanglos zu Grabe getragen und operieren statt dessen mit der Produktions- und Verwertungsdynamik der industriellen Großeinheit, dem *Mammutkonzern.*[7]

Trotz dieser offensichtlichen und bekannten Mängel besitzt das Marxsche Modell des kapitalistischen Reproduktionsprozesses *als Modell* (d. h. nicht als empirisch unmittelbar überprüfbarer Satz von Hypothesen) noch immer erheblichen Erkenntniswert.

1. Das Marxsche Modell stellt in relativ übersichtlicher Form die komplexen Produktions- und Verwertungsbedingungen der kapitalistischen Wirtschaft dar. Es gibt somit einen Überblick über die möglichen Krisenzentren und Bruchstellen dieses Systems.

2. Es zeigt die qualitative und quantitative Abhängigkeit der Verwertungsmöglichkeiten des Kapitals, vor allem der Realisierung von Profiten, von einem bestimmten Niveau des Massenkonsums.

3. Es stellt einen dynamischen Zusammenhang her zwischen Produktionsverhältnissen (d. h. der politisch-ökonomischen Struktur), Produktivkräften(d. h. den Produktionsfaktoren Arbeit und Kapital) und den politisch-ökonomischen Entwicklungstendenzen einer Gesellschaft. Dieser Zusammenhang wird von Marx in seiner allgemeinsten Form als die immer schärfere Zuspitzung des Gegensatzes zwischen den beschränkten Verwertungsinteressen des Kapitals und den allgemeinen Interessen der Gesellschaft, zwischen der Anhäufung von Reichtum in den Händen weniger und kollektiver Armut gesehen, die schließlich das System in zyklisch sich erweiternde Krisen treiben. Erst die weltgeschichtliche Aktion des revolutionären Proletariats ist in der Lage, diesen Widerspruch aufzuheben.

Marx war in seinem Modell kapitalistischer Reproduktion von einer Zweiteilung des gesamten Produktionsapparates ausgegangen: einer ersten Abteilung für die Produktion von Investitionsgütern (»Produktionsmittel«) und einer zweiten für die Produktion von Konsumgütern (»Lebensmittel«). Die Gleichgewichtsbedingung für die einfache Reproduktion (d. h. ohne Sparen und ohne über den Verschleiß des Produktionsapparates hinausgehende Netto-Investition) ist dadurch bestimmt, daß der Konsum der Arbeiter und Kapitalisten in der Investitionsgüterabteilung genau dem Teil der Produktion von Konsumgütern gleich sei, der nicht von den Arbeitern und Kapitalisten der zweiten Abteilung verzehrt wird. Umgekehrt muß genau für diesen Konsumanteil der ersten Abteilung die zweite Abteilung von der ersten Investitionsgüter erwerben.[8]

Bei erweiterter Reproduktion, d. h. der Aufteilung des kapitalistischen Mehrwerts in einen konsumierten und einen zusätzlich investierten Teil, tritt eine Komplizierung der Gleichgewichtsbedingung ein. Vor allem müssen jetzt die *Gesamt*investitionen beider Abteilungen entsprechend einer dem individuellen Kapitalisten verständlicherweise unbekannten Gleichgewichtsrelation aufeinander abgestimmt sein, ebenso müssen die Lohnsummen in beiden Abteilungen entsprechend dieser Relation erhöht werden, Bedingungen, die unter den Verhältnissen der *Anarchie* kapitalistischer Produktion nicht erfüllt werden können. Diese Zusammenhänge erklären den Charakter der kapitalistischen Wirtschaft als institutionalisierter *Dauerkrise,* die nur durch die gezielte ökonomische Intervention des Staates vor dem Umschlag in manifeste ökonomische Katastrophen bewahrt werden kann.

Aufgrund der – mittlerweile auch von marxistischen Forschern kritisierten — Annahme, daß ausschließlich Arbeit Mehrwert (und damit Profit) schafft, gelangt Marx zu den für seine Theorie typischen Krisenmodellen: der langfristigen Krise infolge des tendenziellen Falls der Profitrate und den kurzfristigen, partiell kompensierbaren »Realisierungskrisen«. In beiden Fällen geht Marx von einer hypothetischen Konkurrenzsituation aus: der kapitalistische Wettbewerb erfordert permanente Neuinvestitionen zum Zwecke der Verbilligung der Produktion und der Erhaltung der Konkurrenzfähigkeit. Damit erhöht sich die »organische Zusammensetzung« des investierten Gesamtkapitals, d. h. der Kapitalanteil steigt, der Arbeitsanteil sinkt. Die Konsequenzen sind – unter den Voraussetzungen der Marxschen Wertlehre – langfristiges Sinken der Unternehmerprofite und Unterkonsumtionskrisen.

An diesem Punkt ist das Marxsche Modell allerdings am Ende seiner heuristischen und empirischen Brauchbarkeit angelangt. Um nur einige der Faktoren zu nennen, die im Marxschen Modell nicht *systematisch* berücksichtigt werden: Der technologische Fortschritt eröffnet, entsprechende Absatz- und Verwertungsmöglichkeiten vorausgesetzt, neue Quellen kapitalistischer Mehrwertschöpfung, die eher ein tendenzielles Steigen als ein tendenzielles Fallen der Profitrate zu Folge haben; die Entstehung neuer *unproduktiver* Berufs- und Bevölkerungsschichten, die mit Verteilungs- und Verwaltungsaufgaben betraut sind, erweitern sowohl durch eigenen Konsum als auch durch die Manipulation des Konsums der anderen den inneren Markt des Systems; dasselbe gilt für Transferleistungen des Staates und Rüstungsproduktion; unberücksichtigt bleiben schließlich auch die Möglichkeiten von Absatz und Investitionen im Ausland.[9] Insbesondere die Dynamik des technologischen Fortschritts brachte Wachstumsmöglichkeiten des ökonomischen Systems, die im Marxschen Modell nicht vorgesehen waren. Obwohl Ursachen, Struktur und Konsequenzen technologischen Fortschritts analytisch bisher kaum erschlossen sind, so daß Abramovitz mit Recht von technologischem Fortschritt als einem »measure of our ignorance« spricht[10], haben eine Reihe von Forschern (Denison, Solow, Aukrust u. a.) versucht, wenigstens den Anteil von technologischem Fortschritt am gesamten Wirtschaftswachstum abzuschätzen. Aukrust gelangt für die Zeit zwischen 1954 und 1959 für eine Reihe von Ländern zu folgenden Zahlen: Belgien: Wachstum des Bruttoinlandprodukts 2,3 %, Anteil des technologischen Fortschritts 1,6 %, Frankreich: BIP 4,1 %, technologischer Fortschritt 2,8 %, Italien: BIP 5,7 %, technologischer Fortschritt 4,1 %, Deutschland BIP 6,6 %, technologischer Fortschritt 3,5 %, Japan: für die Zeit zwischen 1950 und 1958: BIP 7,9 %, technologischer Fortschritt 3,0 %.[11] Der Anteil des technologischen Fortschritts am Wachstum des BIP wird in diesen Ländern also auf ca. 35–70 % geschätzt.

III

Auf die Problematik der permanenten Produktion und Reproduktion ökonomischer Krisen in kapitalistischen Systemen beziehen sich auch die nachkeynesschen Konjunktur- und Wachstumstheorien. Während Keynes primär die kurzfristigen Stabilisierungsmöglichkeiten durch Nettoinvestitionen und die dadurch induzierten Einkommenssteigerungen untersucht, versuchen Harrod[12] und Domar[13] die langfristigen Bedingungen stabilen Wachstums anzugeben. Dabei hat vor allem Domar die Problematik des Widerspruchs zwischen unkontrolliert expandierenden Investitionen und beschränkten Absatzmöglichkeiten aufgeriffen. Domar konstatiert den »dualistischen« Charakter von Investitionen: Sie erhöhen Einkommen und Gesamtnachfrage, aber auch die Produktionskapazität einer Volkswirtschaft, d. h. sie erzeugen sowohl einen Einkommens- als einen Kapazitätseffekt. Störungsfreies Wachstum ist nur dann möglich, wenn die jeweils neugeschaffene Kapazität gemäß einem in einer bestimmten Volkswirtschaft als »normal« betrachteten Grad der Auslastung ausgenutzt wird. Damit werden permanent neue Investitionen erforderlich.[14]
Stavenhagen hat die Konsequenz des Domarschen Ansatzes auf eine prägnante Formel gebracht: »Es müssen die Investitionen ständig erweitert werden, damit bei der gleichzeitigen ständigen Ausweitung der Produktionskapazität ein Gesamteinkommen vorhanden ist, das eine volle Ausnutzung des immer größer werdenden Kapitalbestandes gewährleistet. Es können somit Störungen nur vermieden werden, wenn der wirtschaftliche Wachstumsprozeß sich ständig und ad infinitum fortsetzt.«[15]
Dies gilt freilich nur, wie bereits skizziert, wenn einer langfristigen Tendenz zu Oligopol- und Monopolprofiten keine entsprechende Erhöhung der Konsumgüternachfrage gegenübersteht. Deshalb muß zunächst Konzentrationsgrad und Marktstruktur der Wirtschaft untersucht werden. Das Phänomen wachsender wirtschaftlicher Konzentration wird heute kaum mehr bestritten. Für die USA stellten Berle und Means bereits 1930 fest, daß etwa die Hälfte des gesamten Kapitalbesitzes (der auf ca. 300 000 Unternehmen

verteilt war) auf die 200 größten Firmen entfiel.[16] Die Konzentration hat sich mittlerweile weiter erhöht.[17] Perroux gibt an, daß sich in den USA heute 45% des gesamten Kapitalbesitzes in den Händen von 135 Unternehmen befinden und fünf Unternehmen 70% der amerikanischen Industrie kontrollieren.[18]

IV

Die oligopolistische Organisations- und Marktstruktur hat zunächst die Form der ökonomischen Konkurrenz grundlegend verändert. Die ökonomischen Großeinheiten nehmen den Preis nicht mehr als vorgegebenes Datum hin, sie sind vielmehr selbst *Preismacher.* Die damit prinzipiell mögliche Preiskonkurrenz zwischen den Großeinheiten wird für die Oligopole in doppelter Hinsicht gefährlich. *Erstens* sind sie aufgrund ihrer hohen fixen Kosten (Kapitalverzinsung, Gehälter, teilweise Löhne etc.) äußerst empfindlich gegen temporäre Reduzierungen ihrer Umsätze und Einkünfte, *zweitens* zwingt die Preisunterbietung eines Großunternehmens in der Regel die anderen, diese Unterbietung mitzumachen. Da es sich bei der oligopolistischen Gesamtgruppe zumeist um gleich oder ähnlich starke Unternehmen (mit der zusätzlichen Gefahr von Koalitionsbildungen) handelt, bringt eine derartige Preiskonkurrenz für die Gruppe nur Verluste und die wenig verlockende Perspektive kollektiven Ruins. Preiskonkurrenz ist innerhalb einer oligopolistisch strukturierten Wirtschaft somit in der Regel, wie Baran und Sweezy feststellen, mit einem »Tabu« belegt.[19] Üblich ist dagegen die *Preisführerschaft* eines Unternehmens (in den USA etwa US Steel oder General Motors), das sich bis zu dem Preis vortastet, der für die oligopolistische Gesamtgruppe maximalen Profit verspricht. Dieser Preis liegt tendenziell in der Nähe des Monopolpreises[20], so daß der Terminus *Monopolkapitalismus* für die Realität des gegenwärtigen kapitalistischen Systems eine gewisse Berechtigung besitzt.
Daß Preiskonkurrenz für die oligopolistischen Großunternehmen atypisch ist, hatte bereits Schumpeter konstatiert.[21]

Nicht gerade »typisch« sind jedoch auch jene Formen der Konkurrenz, die Schumpeter zufolge ins »Lebensmark« der Großunternehmen treffen sollen, nämlich Konkurrenz durch neue Produkte, neue Techniken und neue Organisationstypen. Auch auf diesem Sektor hat sich gezeigt, daß stillschweigende oder explizite Kooperation für die Gesamtgruppe profitabler ist als Konkurrenz.
Die ökonomische Lage der oligopolistischen Gruppen hat zugleich die politische Struktur der kapitalistischen Gesellschaften verändert. Einerseits sind die Oligopole im Interesse der Sicherung ihrer stets prekären Absatz- und Investitionsmöglichkeiten auf eine kapitalfreundliche Politik, gegebenenfalls gezielte wirtschaftliche Interventionen und Stützungsaktionen (spektakulär war in der Bundesrepublik das Beispiel der Krupp-Werke) angewiesen, andererseits ist jede Regierung in einem zumindest noch formaldemokratisch verfaßten Gesellschaftssystem aus Gründen politischer Selbsterhaltung von der Kooperation der Konzerne und Großunternehmen abhängig. Anders ausgedrückt: Die Interessenvertreter der Oligopole können jede Regierung mit der Drohung der Einschränkung ihrer Investitionstätigkeit oder der Verlagerung dieser Investitionen ins Ausland unter Druck setzen. Die von dieser Kooperationsverweigerung unmittelbar Betroffenen wären nämlich in erster Linie die ökonomisch schwächste, dem politischen Stimmengewicht nach aber stärkste Gruppe der Arbeiter und des Mittelstandes.

V

Die Stellung der Gewerkschaften in diesem System wechselseitiger Abhängigkeit von Staat und oligopolistischer Großgruppen läßt sich nicht ohne weiteres verallgemeinern. Zwei Modelle für die weitere Entwicklung der Funktion der Gewerkschaften sind heute jedoch bereits relativ klar ausgeprägt (obwohl sich auch hier Anzeichen für eine konvergente Entwicklung zeigen). Es handelt sich um das Modell der französischen *planification* einerseits, der *konzertierten Aktion* in der BRD andererseits.

Die Ausgangssituation im französischen Modell war eine traditionalistische, durch das Überwiegen von Klein- und Kleinstbetrieben charakterisierte Wirtschaftsstruktur und einer durch die gesellschaftlichen Widersprüche geprägten Bewußtseinsstruktur, d. h. stark klassenkämpferisch orientierte Selbstinterpretation der Gewerkschaften und des überwiegenden Teils der Arbeiterschaft. Die in der IV. Republik begonnene – ironischerweise auch auf Initiative der Gewerkschaften – und von de Gaulle fortgesetzte wirtschaftliche Gesamtplanung (die Elemente von indikativer und Prozeß-Planung enthält[22]) hatte die vorrangige Aufgabe einer Aufholung des ökonomischen Modernisierungsrückstandes und der Disziplinierung der Gewerkschaften im Rahmen der Funktionsbedingungen dieses Planes.

Die französische Version der ökonomischen Gesamtplanung beruhte auf dem bereits angedeuteten Konsensus von Großindustrie und Ministerialbürokratie, während Gewerkschaften, kleinere Unternehmen und häufig auch die Fachminister weitgehend ausgeschaltet waren. Shonfield formuliert eine der Konsequenzen dieser Kooperation privater und staatlicher Spitzenbürokratie: ». . . jedenfalls besteht kein Zweifel daran, daß die Planung, wie sie in Frankreich betrieben wird, den systematischen Einfluß verstärkt hat, den die Großindustrie auf die Wirtschaftspolitik ausübt. Manchmal ist dieser Einfluß ganz offen und deutlich, zum Beispiel als die Investitionspolitik für Stahl nach dem vierten Plan im Jahre 1963 mit Rücksicht auf die Wünsche der Stahlindustrie modifiziert wurde, trotz der kaum verhehlten Bedenken gewisser Beamter«.[23]

Weitere Konsequenzen waren das Zurückbleiben der französischen Löhne hinter dem EWG-Niveau, die Vernachlässigung der Sozialpolitik, insbesondere des Wohnungsbaus (ca. 800 000 Familien lebten noch 1968 in Elendsquartieren) und der Bildungspolitik. Bezeichnend war bei dem System der Planifikation weiterhin, daß die Pläne praktisch ohne das Parlament zustande kamen, das ohne nennenswerten Widerstand die Pläne jeweils post festum ratifizierte.

Dagegen war die Ausgangssituation des deutschen Modells eine sowohl während des Krieges als auch in der Nachkriegszeit radikal modernisierte Wirtschaftsstruktur, verbunden mit einer traditionalistischen Bewußtseinsstruktur, d. h. einem Anknüpfen fast aller relevanten gesellschaftlichen Gruppen einschließlich der Gewerkschaften an ständische und obrigkeitsstaatliche Orientierungs- und Verhaltensmuster.

Die Rezession des Jahres 1966/67, die erstmals einen absoluten Rückgang des Volkseinkommens und, damit verbunden, ein politisch gefährliches Anwachsen rechtsradikaler Tendenzen hervorrief, ließ den bisher nur an die Wand gemalten Teufel des organisierten Kapitalismus: die ökonomisch induzierte Systemkrise, plötzlich zu einem Stück Wirklichkeit werden. Die Exorzitien erfolgten in Gestalt von zwei Institutionen, die sich ohne Schwierigkeiten in die politische Tradition Deutschlands einfügten: der *Großen Koalition* und ihrer wirtschaftspolitischen Ergänzung, der *Konzertierten Aktion*, einschließlich Stabilitätsgesetz und mittelfristiger Finanzplanung, die mittlerweile zu den festen Planungselementen in der BRD gehören. Unter dem Druck der ökonomischen Krise verflüchtigte sich die Planungsfeindlichkeit der deutschen Industrie, und unter dem Verbalradikalismus der Gewerkschaften kam die alte Systemloyalität der deutschen Arbeiterbürokratie zum Vorschein.[24] Für die Unternehmer läßt sich dazu, in Abwandlung einer Formulierung von Marx, sagen, daß sie glaubten, für die freie Wirtschaft zu schwärmen, während sie in Wirklichkeit nur für die Profiterhaltung schwärmten. Für die deutsche Arbeiterschaft erwies sich dagegen die freiwillige Integration in das Programm der Globalsteuerung als ein weiteres Glied einer langen Reihe von Niederlagen.

Die ökonomischen Konsequenzen der *Konzertierten Aktion* zeigen drastisch, was es für die Gewerkschaften bedeutet, sich auf das System kapitalistischer Verwertungsbedingungen festlegen zu lassen. Während die Unternehmereinkommen 1967 um 0,6% sanken, stiegen sie 1968, im ersten Jahr der Globalsteuerung, um 17,8%, die Nettoeinkommen sogar um 22%. Die Bruttolöhne und -gehälter, die 1967 unverändert geblieben waren, stiegen dagegen nur um 6,8%, die Nettolöhne und -gehälter sogar nur um 5,2% (der relativ geringere Anstieg der Nettolöhne und

-gehälter bedeutet, daß die Unternehmer in stärkerem Maße Steuervergünstigungen ausnutzen konnten).[25] Die Ideologie des »Interessenausgleichs« in der »pluralistischen Gesellschaft« bricht schließlich vollends zusammen, wenn man die Entwicklung des Realvermögens betrachtet, die – neben dem Anteil der Löhne und Gehälter am Gesamteinkommen, der unter Berücksichtigung des gestiegenen Anteils von Arbeitnehmern an der Gesamtzahl der Erwerbstätigen in den letzten 15 Jahren bekanntlich erheblich gesunken ist[26] – ein ausgezeichneter Index für die politisch-ökonomischen Machtverhältnisse einer Gesellschaft ist. Während der Anteil der Arbeitnehmer am Realvermögen von 34,7 % (1950) auf 16,1 % (1965) sank, stieg der Anteil der Unternehmer und Selbständigen im selben Zeitraum von 45,7 % auf 47,9 %.[27] Während die Reichen absolut und relativ reicher wurden, verloren Arbeiter und Angestellte mehr als die Hälfte ihres Anteils am gesellschaftlichen Vermögen. Das ist der nüchterne empirische Hintergrund der Sozialrhetorik in der BRD.

Das fundamentale Dilemma, in dem sich die Gewerkschaften heute befinden, läßt sich durch Sozialpolitik einschließlich partieller Mitbestimmung auf lokaler Ebene nicht lösen. Die Alternative scheint eindeutig zu sein: entweder wird das kapitalistische Verwertungssystem, dessen Organisationsform trotz staatlicher Dauerintervention und trotz aller Versuche zentraler Reglementierung anarchisch bleibt, akzeptiert. Dann müssen gleichzeitig alle Konsequenzen einer primär an der Stabilisierung der Profitmöglichkeiten orientierten Investitionspolitik akzeptiert werden, gleichgültig ob es sich dabei um die permanente Verschrottung und Neukonstruktion von Waffensystemen, um die Subventionierung konkursreifer Branchen und Unternehmen oder um den Bau von Schulen und Krankenhäusern handelt. Oder aber es wird versucht, Stück für Stück der durch Privateigentum einschließlich seiner Delegationsstrukturen kontrollierten Produktion unter genuin gesellschaftliche Kontrolle zu stellen. Ein *Reformkurs* erscheint heute, angesichts der zunehmenden Verengung des Bewußtseins auf primär technologische Probleme sinnvoller denn je; allerdings muß dabei die Frage beantwortet werden, ob Refor-

men lediglich die »Unebenheiten« des Systems funktional und ad hoc glätten oder ob Reformen auch auf den fetischisierten Strukturrahmen des Systems übergreifen sollen.
Dieser Weg wird freilich kaum irgendwo von den Gewerkschaften in den westlichen kapitalistischen Ländern beschritten. Vielmehr haben die Gewerkschaften – mit einigem Erfolg – versucht, sich systemkonform in die politisch-ökonomischen Verteilergremien auf höchster Ebene zu integrieren. Hier können sie, wie etwa die Angaben über Frankreich und die BRD zeigen, keinen anderen Erfolg verzeichnen als den, ökonomische und politische Garantieerklärungen für die Absicherung der Profit- und Wachstumsrate des Kapitals abzugeben.[28] Jede andere Politik würde, bei gleichzeitiger unbeschränkter Akzeptierung des gegebenen institutionellen Rahmens, Krisen auslösen, deren Opfer in erster Linie die Masse der Lohnabhängigen wäre und deren Folgen auch für die Gewerkschaften ein politisches Vabanquespiel wären. Selbst für die Zeit der Hochkonjunktur sind die Folgen prinzipiell dieselben: Steuern und Löhne können jederzeit auf die Masse der Verbraucher abgewälzt werden.

VI

Die systemdeterminierenden Interessen der oligopolistischen Gruppen und der faktische Kooperationszwang, dem sich die Gewerkschaften aufgrund ihrer Entscheidung für die Zweckrationalität dieses Systems unterworfen haben, hat zu einer entscheidenden Veränderung des Charakters kapitalistischer Demokratien geführt. Das Parlament hat seinen Charakter als »Interessenbörse« verloren und ist zu einem Denkmal des Konkurrenzkapitalismus geworden, das zuweilen dessen reale Existenz fingieren soll. Obschon für alle bisherigen demokratischen Systeme strittig ist, in welchem Maße tatsächlich politische Macht – etwa im Sinne der Lockeschen Konzeption – vom *souveränen Volk* an Parlament und Regierung delegiert wurde, so hat sich in neuerer Zeit dennoch eindeutig eine qualitiative Veränderung vollzogen. Träger der zentralen politischen Entscheidungen sind jetzt nicht mehr Parlament und Regierung, sondern die hinsichtlich der entscheidenden Systemalternativen koalierten Spitzengremien der privaten Verbände (sofern ihre Kooperationsverweigerung gravierende Systemrisiken ententhält), der größeren Parteien und der Staatsbürokratie. Dieser politische Supertrust kann zwar mit Hilfe des ihm anhängenden Apparates öffentliche Diskussion, Reflexion und Kritik nicht schlechthin ausschalten, aber er kann die *Bedingungen* für diese Formen der Kommunikation so manipulieren, daß die politisch relevante Diskussion bestimmter Systemalternativen praktisch blockiert wird. Ob man diesen Sachverhalt – den aus liberaler Sicht etwa auch Dahrendorf konstatiert[29] – dann als Manipulation bezeichnet oder nicht, ist letztlich eine Definitionsfrage. Allerdings setzt diese Kanalisierung der Systemdiskussion wiederum »normale« Verhältnisse voraus, d. h. ein relativ reibungsloses Funktionieren und eine dem jeweiligen Anspruchsniveau der Bevölkerung angemessene Verteilung des Sozialprodukts. Das Parlament hat in diesem System keinesfalls eine bloße Akklamationsfunktion, sondern erfüllt zumindest noch die Rolle einer politischen Werbeabteilung des Systems.[30] Die im Vergleich zum offen autoritären System zweifellos noch vorhandenen demokratischen Elemente des Parlaments können nicht durch eine »Reform« des Parlaments als solchem aktiviert werden, sondern allenfalls – um einen ersten Schritt zu nennen – durch die Demokratisierung der internen Struktur der Verbände und Parteien. – Die düstere Prognose, die Schelsky für den *technischen Staat* stellt, ohne freilich die zugrunde liegenden Transformationsprozesse zu erwähnen, trifft genau den Sachverhalt des organisierten Kapitalismus: er entzieht, ohne formal antidemokratisch zu sein, der Demokratie ihre Substanz.[31] Relativ wirkungslos ist diese Kanalisierung der Systemdiskussion allein gegenüber der theoretisch angeleiteten Reflexion in institutionellen Freiräumen, die den *unmittelbaren* ökonomischen Verwertungszusammenhang entrückter sind als andere Bereiche, in erster Linie Universitäten und Schulen. Diese Freiräume stellen somit eine potentielle und dauernde Gefahr für die Stabilisierung des Status quo dar.

Sie werden aus diesem Grund bevorzugtes Objekt sozialer Disziplinierungs- und Integrationstechniken, für die sich bereits ein Zweig sozialwissenschaftlicher Forschung etabliert hat.

VII

Die Sicherung der Absatz-, Profit- und Investitionsmöglichkeiten im System des organisierten Kapitalismus soll anhand von drei Komplexen diskutiert werden: (1) Auslandsinvestitionen, (2) militärische Ausgaben und (3) Forschungs- und Entwicklungsausgaben. Nicht gesondert diskutiert werden in diesem Kontext das Wachstum der Bevölkerung, Transferleistungen des Staates, das Wachstum privater und staatlicher Bürokratien und die spezielleren Interventionsinstrumente in Krisensituationen. Ihr Zusammenhang mit der Struktur der Produktions- und Verwertungsprobleme ist lockerer als im Falle der erstgenannten Investitionstypen, ihre Stabilisierungsfunktion vermittelter.

1. Der innere Widerspruch kapitalistischer Investitionen, daß sie neue Produktionskapazitäten schaffen, ohne gleichzeitig (d. h. ceteris paribus) eine langfristig ausreichende Konsumbasis zu gewährleisten und so den Zwang zur permanenten Systemregulierung erzeugen, erhält im Falle der Auslandsinvestitionen eine besondere Form. *Erstens:* Zwar kann überschüssiges, im Inland nicht profitversprechend investierbares Kapital profitträchtig ins Ausland umgeleitet werden; die Inlandsnachfrage wird jedoch nur unter den Voraussetzungen erhöht, daß die zurückfließenden Profite entweder über eine Erhöhung der Löhne und Gehälter oder aber über Unternehmergewinne und Dividendenausschüttungen den internen Konsum erhöhen. Die erste Voraussetzung liegt nicht im Interesse des Kapitals, die zweite ist aufgrund der relativ geringen marginalen Konsumquote nicht von großer praktischer Bedeutung. *Zweitens:* Auslandsinvestitionen dürften, wenn sie als *Investitionsregulativ* dienen sollen, den zyklischen Konjunkturverlauf eher verschärfen als dämpfen. Ein Vergleich der amerikanischen

Nettoinvestitionen im Ausland[32] mit den konjunkturellen Schwankungen zeigt nämlich, daß Auslandsinvestitionen gerade dann am höchsten sind, wenn die konjunkturelle Entwicklung ihren Höhepunkt erreicht. Sie sind damit sowohl Indiz als auch kausaler Faktor (unter anderen) für den Umschwung zur konjunkturellen Talfahrt. Kapital fließt also verstärkt in dem Zeitraum ab, in dem es zur Stabilisierung der Konjunktur bereitstehen sollte. Verstärkte Auslandsinvestitionen sind somit in beträchtlichem Maße Ausdruck beginnender pessimistischer Unternehmererwartungen. Das wird u. a. auch durch die verstärkte deutsche Investitionstätigkeit im Ausland seit dem Ende des konjunkturellen Booms von 1966 bestätigt. Abfluß von Kapital während der Rezession verschärft aber gerade den konjunkturellen Ausschlag nach unten.
Während also das Stabilisierungspotential von Auslandsinvestitionen beschränkt ist, bieten sie für das einzelne Unternehmen hervorragende Profitmöglichkeiten, sofern sie in Märkte mit geringerer Konkurrenz und – unter Ausnutzung eines technologischen Vorsprungs – mit erheblichen Kostenvorteilen fließen. So konnten die amerikanischen Unternehmen zwischen 1950 und 1963 bei einer Gesamthöhe der Auslandsinvestitionen von 40,6 Mrd. Dollar (1963) insgesamt 29,4 Mrd. an Erträgen aus Auslandsinvestitionen erwirtschaften. Die Nettoinvestionen betrugen in dieser Zeit dagegen nur 17,3 Mrd., so daß Nettoprofite von ca. 12 Mrd. ins Land flossen. Die Zahlen haben sich mittlerweile noch weiter erhöht: allein 1966 beliefen sich die Erträge aus Auslandsinvestitionen auf 5,5 Mrd.[33]
Die Methoden, diese ökonomischen Interessensphären des amerikanischen Kapitals zu schützen, haben sich seit dem »klassischen« Imperialismus des 19. Jahrhunderts wenig verändert: militärische Bündnisverträge (mit dem Recht, Militärbasen auf den ausländischen Territorien zu errichten), die Unterstützung von feudalen oder militärischen Regimes, solange sie antikommunistisch oder antisozialistisch sind (bzw. die Unterstützung der Machtergreifung derartiger Regimes), schließlich die offene militärische Okkupation »gefährdeter« Territorien (Haiti, Nicaragua, Dominikanische Republik, Vietnam).

Abgesehen von dem politischen Effekt der Etablierung oder Unterstützung derartiger Militär- und Feudalregimes, die Ansätze zur Demokratisierung und Selbstbestimmung auf lange Zeit verhindern, ist der ökonomische Effekt dieser politischen Strukturen besonders für Entwicklungsländer katastrophal. Anstatt für den Aufbau der Industrie verwendet zu werden (der für das ökonomische Wachstum dieser Länder unbedingt erforderlich ist[34]), fließt das ohnehin knappe Kapital dieser Länder entweder in den Aufbau des Militärapparates, in den Agrarsektor, in die Ausbeutung der Rohstoffe[35], in Bodenspekulationen, in die luxuriöse Lebenshaltung einer kleinen herrschenden Schicht oder auf die Konten ausländischer Banken. Der Anteil der Entwicklungsländer am Welthandel fiel aufgrund dieser Entwicklung zwischen 1950 und 1960 von 30% auf 20,4%. Aus demselben Grund lag der Verlust der Entwicklungsländer zwischen 1954 und 1962 infolge fallender Rohstoffpreise (11 Mrd. Dollar) erheblich über dem Zuschuß an Entwicklungshilfe (8 Mrd. Dollar).[36]

2. Da mit Ausnahme der USA alle übrigen kapitalistischen Länder machtpolitisch zweitrangig sind und somit im militärischen und politischen Schlepptau der USA stehen, kann die Bedeutung der Rüstungsausgaben für die Stabilisierung des organisierten Kapitalismus am sinnvollsten im Rahmen des amerikanischen politisch-ökonomischen Systems diskutiert werden. Rüstungsausgaben erfüllen innerhalb dieses Systems primär drei Funktionen: (a) Aufrechterhaltung des internationalen Machtgleichgewichts, (b) Schutz der ökonomischen Interessensphären und (c) Stabilisierung des ökonomischen Wachstums. Da der zweite Aspekt bereits diskutiert wurde, sollen an dieser Stelle primär der erste und dritte Aspekt untersucht werden.

Der erste Aspekt hat in den letzten Jahren eine entscheidende Modifikation erfahren: durch die neuen Waffensysteme ist ein Potential an Zerstörungskraft akkumuliert worden, das eine mehrfache totale Vernichtung des Gegners gewährleisten würde. Durch diese Akkumulation ist der Mechanismus der *Abschreckung* allerdings in eine Krise geraten: er hat aufgehört, als Mittel der Politik zu funktionieren. Die waffentechnische Akkumulation hat statt Sicherheit Unsicherheit produziert, oder, mit den Worten von Herbert F. York und Jerome B. Wiesner, den wissenschaftlichen Beratern der Eisenhower- bzw. Kennedy-Regierung, ausgedrückt: »Seit der Zeit kurz nach dem Zweiten Weltkrieg ist die militärische Macht der USA ständig gestiegen. Im selben Zeitraum hat die nationale Sicherheit der USA schnell und unerbittlich abgenommen.«[37]

Damit ändert sich Struktur und Bedeutung der Rüstungsausgaben. An die Stelle einer primär quantitativen Ausweitung des Vernichtungsapparats tritt die qualitative Verbesserung der Vernichtungsmethoden. Das bedeutet zugleich: Anwachsen der Ausgaben für Forschung und Entwicklung, die sich auf drei Bereiche verteilen: (a) Entwicklung neuer Waffen- und Warnsysteme einschließlich A-, B- und C-Forschung, (b) Grundlagenforschung und (c) sozialwissenschaftliche Forschung (»Konfliktforschung«, »counterinsurgency«-Studien.)[38] Damit wird einerseits der Einfluß von Rüstungsausgaben auf das Beschäftigungs- und Investitionsniveau rückläufig, andererseits wird die mittelbar und unmittelbar *militärisch* verwertbare Forschung noch stärker als bisher zum Motor des wissenschaftlichen und technologischen Fortschritts. Allerdings hat die stärkere Akzentuierung von militärischer Forschung und Entwicklung noch eine andere Konsequenz: der wissenschaftliche und technologische Fortschritt führt zu einem immer schnelleren Veralten der Waffensysteme. Die zunehmende Verwissenschaftlichung des Militärapparates löst somit, hinsichtlich der ökonomischen Stabilisierungsfunktion von Rüstungsausgaben, zwei gegenläufige Tendenzen aus.

Die Veränderungen der Waffentechnik machen eine immer stärkere Orientierung der gesamten staatlichen Forschung an militärisch verwertbaren Objekten im Interesse der politischen Systemerhaltung unvermeidlich. Da in den USA bereits 1964 ca. 57% der Industrieforschung (in der BRD heute wohl noch nicht mehr als 15–20%[39]) und ca. drei Viertel der Universitätsforschung staatlich finanziert wird, dürfte sich dieses militärische Verwertungsinteresse weitgehend auf Industrie und Universitäten übertragen. Zugleich zeigt sich, daß das Pentagon auch an der Grundlagen- und Infrastrukturforschung in den einzelnen Ländern seines Einflußbereiches interessiert ist. So flossen etwa im Jahre 1969 ca. 2,7 Mio. DM Forschungsgelder des Pentagon in wissenschaftliche Institutionen der BRD (12 Hochschulen und vier sonstige wissenschaftliche Einrichtungen), vorläufig noch ein relativ bescheidener Betrag.[40]

Die Veränderung der ökonomischen und technologischen Struktur der Rüstungsausgaben modifiziert zugleich den dritten Aspekt. Durch die Verwissenschaftlichung des Militärapparats infolge der neuen waffentechnischen Situation sinkt insgesamt der *unmittelbare* Einfluß der Rüstungsausgaben auf das Wachstum von Investitionen, Beschäftigung und Verbrauch. So läßt sich etwa seit Ende des Korea-Krieges ein kontinuierliches Fallen des Anteils der Rüstungsausgaben am amerikanischen Bundeshaushalt beobachten, der erst seit Beginn des Vietnam-Krieges wieder eine Aufwärtstendenz zeigt. Gleichzeitig stieg die Arbeitslosenquote: sie hat heute, nach temporärer Reduzierung im Laufe des Vietnam-Krieges, wieder 5% (Mai 1970) erreicht. Die sinkende Tendenz der Rüstungsausgaben darf also nicht als zunehmende Friedfertigkeit des Systems interpretiert werden, sie hat vielmehr technologische Gründe. Konsequenz der neuen Situation ist, daß im selben Maße wie die unmittelbare ökonomische Bedeutung der Rüstungsausgaben für die Stabilisierung des Systems gesunken ist, die Bedeutung dieser Ausgaben für Forschung und Entwicklung und schließlich für den Gesamtkomplex Wissenschaft und Bildung gestiegen ist.

3. Der naive Glaube, das Marxsche Modell sei bereits dadurch widerlegt, daß Wissenschaft und Technik, der sogenannte »dritte Faktor«, zur möglicherweise wichtigsten Produktivkraft geworden ist, beweist nochmals die heuristische Bedeutung des Marxschen Modells. Es zeigt, daß sich der Zusammenhang zwischen der Entwicklung der Produktionskapazität und der Konsumkapazität nur bei Strafe der partiellen Zerstörung beider trennen läßt. Aus dieser Perspektive resultiert, daß die Entwicklung des »dritten Faktors« die Probleme und Widersprüche des organisierten Kapitalismus nicht verringert, sondern verschärft hat. Investitionen in die Technostruktur führen zwar temporär – wie alle Investitionen – zu einer Erhöhung des

Verbrauchs und der Profite (»Einkommenseffekt«), langfristig übertrifft jedoch die Ausweitung der Produktion durch die neuen arbeitssparenden Methoden (»Kapazitätseffekt«) die Erhöhung des Verbrauchs.
Dieser Widerspruch drückt sich gleichzeitig in dem Widerspruch zwischen ökonomischen Einzelinteressen (eines Oligopols oder einer oligopolistischen Gruppe) und dem Interesse des Gesamtsystems aus. Einzelwirtschaftlich ist der technologische Fortschritt ein Faktor, der eine erhebliche Erhöhung des Markt- und Profitanteils der jeweiligen Einheiten auslösen kann. Neue und technisch überlegene Verfahren können nämlich (a) kostensenkend sein, so daß, aufgrund der Tabuierung von Preiskonkurrenz, erhöhte Profite entstehen. Sie können (b) ebenfalls ohne Preissenkungen durch die Produktion qualitativ verbesserter (diese »Verbesserung« kann fiktiv oder echt sein) oder neuer Produkte bestehende Marktanteile erweitern oder ganz neue Märkte erschließen. Allerdings wird dieser zweite Effekt zumindest im Rahmen der oligopolistischen Gruppe zu einem erheblichen Teil durch psychologische Produktdifferenzierung erreicht, ein Verfahren, das für die einzelnen Unternehmen in der Regel den Vorteil der Kostenersparnis besitzt. Investitionen in die Technostruktur sind damit für die einzelne ökonomische Einheit eine der profitträchtigsten Investitionsmöglichkeiten[41], zugleich erhöhen sie jedoch über die Einführung arbeitssparender und kapitalintensiver Verfahren das Krisenpotential der Gesamtwirtschaft. Technologischer Fortschritt löst zunächst eine Tendenz zu einer relativen (u. U. sogar absoluten) Verengung der Konsumbasis aus, die nur durch gleichsam nachwachsende *komplementäre* wie *kompensatorische* Investitionen korrigiert werden kann.
Mit der Verlagerung privatwirtschaftlicher Investitionen auf den technologischen Sektor ist die Privatwirtschaft in zunehmendem Maße auf staatliche Kooperation angewiesen:
a. Es müssen verstärkte Anstrengungen von seiten des Staates unternommen werden, um die wachsende Disparität (pro Zeiteinheit) zwischen Kapazität und effektiver Produktion einerseits, Konsumpotential andererseits, entweder durch zusätzliche Investitionen oder durch Erhöhung des Konsums auszugleichen.

b. Da die Entwicklung der Technostruktur zu einem erheblichen Teil aufwendige und für die Industrie nicht unmittelbar rentable Grundlagenforschung voraussetzt, muß der Staat einen Teil der Forschungs- und Entwicklungsausgaben – die letzlich wieder der Industrie zugute kommen – selbst übernehmen, bzw. Forschungsprojekte der Industrie finanzieren. Dieser Anteil des Staates an der gesamten mittelbaren und unmittelbaren Industrieforschung liegt erheblich über dem explizit ausgewiesenen Finanzierungsanteil des Staates. Mit anderen Worten: Forschung wird gesellschaftlich erarbeitet und finanziert, aber privatwirtschaftlich ausgewertet.
c. Der Staat muß gleichzeitig die für den technologischen Fortschritt erforderlichen infrastrukturellen Investitionen vornehmen. Hier zeigt sich freilich ein Dilemma, das von allen Problemen des sich ständig reproduzierenden und erweiternden Grundwiderspruchs am schärfsten in den Blickpunkt öffentlicher Diskussion und Kritik gerückt ist und das zugleich die glorifizierende Selbstinterpretation *freier Wirtschaft* am nachhaltigsten kompromittiert hat. Infrastruktur-Investitionen (Bildungswesen, Wissenschaft und Forschung, Gesundheitswesen, Verkehrswesen, Wohnungs- und Städtebau, die Sauberhaltung von Luft und Wasser) richten sich nämlich unter den Bedingungen privatwirtschaftlicher Produktion nach den Opportunitätsprinzipien kurzfristiger Systemstabilisierung, wobei der entscheidende restriktive Faktor die Stützungsbedürfnisse des Kapitals sind. Erst wenn die Infrastruktur eindeutig zur Schranke für die Entfaltung der Produktivkräfte wird, entsteht ein Motiv für mittel- und langfristige Infrastrukturplanung. Das wird typischerweise dann der Fall sein, wenn technologischer Fortschritt zum determinierenden Faktor der wirtschaftlichen Entwicklung wird. Damit entsteht eine neue Interessenlage des Kapitals: es ist jetzt an einer langfristigen Koordination und Planung der einzelnen staatlichen Maßnahmen und Eingriffe, vor allem der Rüstungs-, Infrastruktur- und Sozialpolitik interessiert.

VIII

Von dieser Problemstruktur aus läßt sich eine approximative Bestimmung des organisierten Kapitalismus vornehmen. Diese Problemstruktur ist, wie sich gezeigt hat, vor allem dadurch geprägt, daß eine *Tendenz* zu immer stärkerem Zurückbleiben der Konsumbasis gegenüber der Produktionskapazität ausgelöst wird und daß durch die neue Technologie, insbesondere die Waffentechnologie, der Rüstungsapparat einen Teil seiner traditionellen ökonomischen Stabilisierungsfunktion einbüßt (während umgekehrt die Waffentechnologie die Technologie aller anderen Bereiche ebenso stimuliert wie inhaltlich geprägt hat). Andererseits stellt das neue labile und dynamische Gleichgewicht erhöhte Anforderungen an die Systemloyalität der Massen. Sie werden deshalb entsprechend einem scheinbar durch rein »technische« Kriterien bestimmten Verteilerschlüssel am Wachstum des Systems beteiligt. Die neue Situation dürfte primär durch fünf Komplexe bestimmt sein.

1. Die für den Kapitalismus früherer Phasen typischen adhoc-Maßnahmen (antizyklische Geld-, Kredit- und Budgetpolitik, in Zusammenhang mit gezielten Investitionen zur Krisendämpfung) genügen nicht mehr, um das Krisenpotential unter Kontrolle zu halten. Vielmehr müssen jetzt die staatlichen Instanzen kooperativ mit den ökonomisch und politisch wichtigsten Gruppen eine Planung der wirtschaftlichen Entwicklung vornehmen. Diese Planung ist heute typischerweise indikativ, d. h. die Plandaten für das Wachstum des Sozialprodukts, die Investitionsquoten, die Globalquoten für die Verteilung des Sozialprodukts, die Arbeitslosenquoten, die Preisentwicklung und die außenwirtschaftlichen Ziele werden als *Orientierungsdaten*, d. h. ohne Zwangscharakter, festgelegt, wobei allerdings durch definitive Setzung von Plandaten aufgrund staatlicher Aktivität sich teilweise bereits ein Übergang zur Rahmenplanung[42], d. h. zur Programmierung der wirtschaftlichen Entwicklung vollzieht.

2. Infrastruktur-Investitionen müssen in neuen, dem technologischen Fortschritt entsprechenden Dimensionen vorgenommen werden. Die Investitionen müssen gleichzeitig

mittel- und langfristig geplant werden. Ein permanentes Zurückbleiben der Infrastruktur würde nämlich früher oder später den technologischen Fortschritt blockieren. Aufgrund der prinzipiellen Limitation der Mittel sind Zielkonflikte über ihre Verwendung unvermeidbar. Im Interesse der oligopolistischen Gruppen liegen dabei in der Regel diejenigen Investitionen, die sich am unmittelbarsten ökonomisch verwerten lassen: Investitionen für Forschung und Entwicklung, Bildungswesen und Verkehrswesen. Dagegen werden Investitionen für das Gesundheitswesen, Wohnungs- und Städtebau, Altersversorgung, Luft- und Wasserreinigung mit keinem auch nur annähernd vergleichbaren Interessendruck vertreten.

3. Wirtschaftliche Gesamtplanung und systematischer Ausbau der Infrastruktur – weitgehend beschränkt allerdings noch immer auf die Verwertungsinteressen des Kapitals – genügen allein nicht, um das Problem der tendenziell sich verengenden Konsumbasis zu lösen. Vielmehr muß der organisierte Kapitalismus die trotz Gesamtplanung zugunsten einer relativ kleinen privilegierten Schicht wirkende Verteilung von Einkommen und Vermögen immer wieder ad hoc durch Korrekturen des Verteilungsschlüssels zugunsten der Masse der Konsumenten (oder auch nur durch befristete Geschenke) berichtigen. Das ist sowohl aus Gründen der ökonomischen als auch der politischen Systemerhaltung erforderlich. Erhöhter psychischer Verschleiß im Arbeitsprozeß, verbunden mit rückläufigen Arbeitszeiten, ebenso die ständig wachsende Zahl von Individuen, die in Ausbildungs- und Bildungsprozesse integriert sind, machen die Entwicklung von abweichenden, sozialtechnisch nicht vollständig kontrollierbaren Bedürfnissen und Motivationsstrukturen möglich. Wie unter anderem die Motivationen der an der französischen Mai-Rebellion von 1968 Beteiligten zeigen[43], dürften systemgefährdende Krisen hier am ehesten ausgelöst werden. Durch ideologisch geschickt verpackte und gezielt eingesetzte materielle Entschädigungen kann dieses Krisenpotential jedoch weitgehend unter Kontrolle gehalten werden.

4. Systemstabilisierend, obgleich nicht im selben Maße kontrollierbar wie die bisher genannten Faktoren, wirkt auch

das rapide Wachstum der traditionell als »unproduktiv« bezeichneten Schichten: des Verwaltungs- und Verteilungsapparats, in neuerer Zeit auch das Wachstum der staatlichen und privaten Forschungs- und Planungsstäbe. Soweit diese Schichten stabilitäts- und wachstumsrelevante Tätigkeiten ausüben, ist der Terminus »unproduktiv« freilich nicht mehr gerechtfertigt. Durch diese Entwicklung wird eine Verschiebung der Einkommensstruktur ausgelöst: die Vergrößerung der technologisch-bürokratischen Schicht, die tendenziell besser bezahlt wird als die Arbeiterschicht, führt zu einer Verbreiterung der Konsumbasis des Systems. Besondere Bedeutung besitzen innerhalb des Verteilungsapparats die Experten für Konsummanipulation: durch Generierung eines permanenten Konsumdrucks auf alle Schichten werden vor allem die Einkommen der unteren Schichten immer vollständiger für Konsumzwecke verfügbar, was einerseits systemstabilisierend wirkt, andererseits eine weitere Verzerrung der Vermögensstruktur zuungunsten der unteren Schichten hervorrufen muß. Einen Stabilisationseffekt hat auch die schrittweise Reduzierung der Arbeitszeit und die Verschiebung der Relation zwischen gesamter Ausbildungszeit und Produktionszeit des ökonomischen Systems zugunsten der ersteren. Damit kann die durch technologischen Fortschritt induzierte strukturelle Arbeitslosigkeit zumindest bei günstigem Konjunkturverlauf weitgehend aufgefangen werden.

5. Aus diesen Überlegungen kann nicht gefolgert werden, daß die Anarchie der kapitalistischen Produktionsweise überwunden ist. Vielmehr verhindert das Privateigentum an Produktionsmitteln auch weiterhin, daß das gesellschaftliche Gesamtinteresse zur Grundlage der gesellschaftlichen Planung wird. Ebenso verhindert es eine gleichberechtigte und stabile Kooperation zwischen den gesellschaftlichen Gruppen. Die Oligopole werden auch gegen den Gesamtplan und wirtschaftspolitische Vereinbarungen auf die Ausbeutung besonders günstiger Gewinnchancen nicht verzichten.[44] Ebenso werden die Gewerkschaften bei machtpolitisch besonders günstigen Konstellationen Versuche zu einer Veränderung des sozialen Verteilerschlüssels unternehmen. Ökonomische Planung, systemstabilisierende Investitionen

und Verteilerschlüssel des Sozialprodukts richten sich also im Konfliktfall wieder nach der gesellschaftlichen Machtposition und dem damit verbundenen Sanktionsdruck. Die Anarchie kapitalistischer Produktion wiederholt sich auf höherem Niveau, auf der Ebene der konfligierenden organisierten Gruppen und im Rahmen der spezifischen Asymmetrie der ökonomisch-politischen Machtstruktur zugunsten der Eigentümer von Produktionsmitteln.
Damit wird auch die Frage nach dem Klassenverhältnis im organisierten Kapitalismus beantwortet. Das Klassenverhältnis im Sinne politischer Ökonomie wird in kapitalistischen Gesellschaften weder durch ein *spezifisches* Verhältnis unmittelbarer Macht- und Gewaltausübung einer Klasse über die andere (etwa durch Verfügung über den Apparat physischer Gewaltsamkeit) noch durch ein *spezifisches* Ausbeutungsverhältnis (etwa die Ausbeutung einer Klasse bis zum Existenzminimum) definiert, sondern durch die aufgrund der Verfügung über die Produktionsmittel gegebenen strategischen Vorteile ökonomischer und politischer Natur, die die Möglichkeit und reale Perpetuierung von Ausbeutung gewährleisten. Ausbeutung heißt in diesem Zusammenhang die Verschaffung von Vorteilen aufgrund ökonomisch begründeter Macht. Die Konzeption von der »Disparität der Lebensbereiche«, die sich allerdings kumulativ zuungunsten der Lohnabhängigen auswirkt[45], stellt keine Alternative zur Klassenkonzeption dar, sondern ist ein Beispiel von Ausbeutung im Rahmen der Klassengesellschaft.
Das in diesem Zusammenhang häufig vorgebrachte Argument, die wachsende Managerkontrolle habe die Ziele des Kapitalismus verändert, ist kaum stichhaltig. Erstens geht dieses Argument nicht auf die ökonomischen Eigengesetzlichkeiten kapitalistischer Produktion ein. Zweitens haben differenzierte Untersuchungen der Unternehmenspolitik gezeigt, daß auch bei Managerkontrolle neben hohen Managereinkünften Profitmaximierung, Erhaltung der Konkurrenzfähigkeit und Wachstum dominierende Unternehmensziele bleiben.[46] In ihrer Untersuchung über Formen und Ausmaß der Managerkontrolle faßt Pross die Argumente gegen eine systemtransformierende Wirkung dieser Form von Kontrolle zusammen: Manager sind sowohl durch

ihre finanziellen Interessen (Gehälter, Tantiemen, Pensionsansprüche, Optionsrechte) als auch durch das Streben nach Sicherung ihrer eigenen Position und ihres Prestiges an die Profitinteressen des Unternehmens gebunden. »Ihre materiellen und immateriellen Interessen sind mit den Profitinteressen des Unternehmens so verknüpft, daß die Verwirklichung jener ganz von der Verfolgung dieser abhängig ist.«[47]

Eine Bedeutung besitzt die Managerkontrolle jedoch für die Zukunft des kapitalistischen Systems: sie hat die Fiktion von der funktionalen Unentbehrlichkeit der Initiative und Verantwortung des Produktionsmittelbesitzers zerstört. Nachdem auch die Fiktion von der Selbststeuerungsfähigkeit des privatwirtschaftlich organisierten ökonomischen Systems kaum noch einen Anwalt findet, sind zwei der zentralen Bastionen der kapitalistischen Ideologie zusammengebrochen. Wie lange die letzte Fiktion des Kapitalismus, die Lehre von der gerechten Verteilung durch kooperative Planung und Steuerung des ökonomischen Prozesses *innerhalb des institutionellen Rahmens von Privateigentum an Produktionsmitteln,* der Konfrontation mit der Realität noch standzuhalten vermag, ist allerdings eine Frage, die sich vorläufig nur spekulativ beantworten läßt.

IX

Investitionen für Wissenschaft und Bildung nehmen, soweit sie systemkonform erfolgen, im organisierten Kapitalismus vorrangige Bedeutung an. Als Teil der Infrastruktur (wobei wissenschaftliche Grundlagenforschung als Element der Infrastruktur verstanden wird) sind sie Voraussetzung dafür, daß technologischer Fortschritt sich entfalten kann. Dabei kann als *interne Konsistenz*[48] des Systems von Wissenschaft und Bildung verstanden werden, daß die Ausbildung von Wissenschaftlern und wissenschaftliche Grundlagenforschung nicht nur dem technologischen System entspricht bzw. eine permanente Verschiebung dieses Niveaus nach oben ermöglicht, sondern auch auf die technologischen Bedürfnisse des Staates und der Industrie

so abgestimmt ist, daß die Produktion von »unproduktivem« Wissen und damit auch die Kosten für die Produktion von Wissen möglichst minimal bleiben.
Externe Konsistenz bezeichnet demgegenüber zunächst einmal die Übereinstimmung des *gesamten* Wissenschafts- und Bildungssystems mit den technologischen Bedürfnissen von Staat und Industrie. Externe Konsistenz – in diesem technologischen Sinne – wird primär durch drei Kriterien näher bestimmt:
1. Die Struktur des Arbeitskräftepotentials muß qualitativ und quantitativ den Einsatz der neuen technischen Verfahren mit möglichst geringen Reibungsverlusten und Engpässen gewährleisten. *Quantitative* Konsistenz bedeutet in diesem Zusammenhang nicht nur die globale Erhöhung der Quote ausgebildeter Techniker, sondern auch die Differenzierung dieser »Produktion« gemäß den Anforderungen bestimmter Produktionssektoren. Die Stagnation, die durch unzureichende Anhebung der *Qualifikationsstruktur* ausgelöst wird, betrifft zunächst die unmittelbaren Interessenten der Verwertung dieser Qualifikationen, in erster Linie die Industrie. Zwar können Engpässe partiell und temporär durch industrieeigene Ausbildungsprozesse kompensiert werden, auf die Dauer wird jedoch ein Zurückbleiben etwa gegenüber der internationalen Konkurrenz sowohl auf dem Binnenmarkt als auch auf den Auslandsmärkten nicht zu vermeiden sein.
2. Die Qualifikationsstruktur der Arbeitskräfte muß so verändert werden, daß eine maximale Ausnutzung dieses Potentials möglich ist, d. h. es muß eine maximale Annäherung der relevanten Verhaltensmuster an die Standards ökonomischer und technischer Rationalität erreicht werden. Was Dahrendorf als einen spezifisch deutschen Modernitätsrückstand betrachtet[49], das ökonomisch und technologisch irrationale Festhalten an traditionellen Loyalitäten, Berufsbildern und Verhaltensmustern, muß durch markt- und systemkonformes Verhalten abgelöst werden. Prototypisch ist der problemlos angepaßte und mobile *organization man.*[50]
Ebenso wichtig ist die Lernfähigkeit des Arbeitskräftepotentials. Angesichts des permanenten technologischen Wan-

dels und des Verschleißes alter Berufsqualafikationen muß Spezialisierung zugleich mit der Fähigkeit zu schneller Anpassung und schnellem Umlernen verbunden sein. Ungelöst bleibt in diesem Zusammenhang die Frage, was zukünftig mit den Arbeitskräften geschieht, die zu schnellem Umlernen nicht fähig sind und so entweder dem Potential der Arbeitslosen hinzugefügt oder in unqualifiziertere Funktionen abgedrängt werden.

3. Die Aufwertung der Qualifikationsstruktur der Arbeitskräfte infolge technologischen Wandels muß von einer Veränderung der Qualifikationen der staatlichen und privaten Organisations- und Managementexperten begleitet sein. Insbesondere wird Vertrautheit mit den modernsten Methoden der Systemkontrolle (elektronische Datenverarbeitung, sozialwissenschaftliche Organisations- und Systemtheorien) erforderlich. In Anlehnung an die Unterscheidung von Michael[51] dürfte das Bildungssystem in Zukunft an der Ausbildung von drei Qualifikationstypen orientiert sein: (a) Eine Spitzengruppe von organisatorischen und technischen Experten mit übergeordneter Entscheidungsbefugnis *(professionals)*. (b) Eine zunehmend breitere Gruppe von flexibel spezialisierten technischen Kadern in ausführender Position *(technicians)*. (c) Eine schrumpfende Gruppe von Arbeitern und Dienstpersonal mit einer technisch orientierten Grundausbildung *(unskilled)*, die in doppelter Hinsicht die Reservearmee des Systems bilden werden: Aus dieser Gruppe rekrutieren sich vorwiegend die Arbeitslosen, deren Quote jeweils durch die Konjunkturschwankungen bestimmt ist, sowie diejenigen, die im Bedarfsfalle für technisch spezialisiertere Funktionen umgeschult werden.

Das Bildungssystem im organisierten Kapitalismus unterliegt – neben dieser primär technologischen Konsistenz – noch in zwei weiteren Beziehungen externen Konsistenzzwängen: der *Optimierung des Kosten-Ertragsverhältnisses* und der *Minimierung systemgefährdender Konsequenzen von Bildung*. Allem Anschein nach sind diese beiden Bedingungen nicht nur miteinander vereinbar, sondern wirken, indem sie sich wechselseitig verstärken, in gleicher Richtung.

Optimierung des Kosten-Ertragsverhältnisses bedeutet in

diesem Zusammenhang, daß die verfügbaren und stets knappen Mittel (die im Rahmen des Staatshaushaltes durch andere systemnotwendige Investitionen beschränkt sind) so eingesetzt werden, daß ein maximaler Bildungs-Output realisiert werden kann. Basis für die Feststellung des Bedarfs und der erforderlichen Mittel sind dabei in der Regel die extrapolierten Bedürfnisse der Industrie und des Staates, einschließlich des Neubedarfs an Ausbildungskräften (*manpower*-Ansatz). Das bedeutet zweierlei: (a) Die Vermittlung von funktional nicht notwendigem oder gar dysfunktionalem Wissen muß auf ein Minimum reduziert werden. (b) Die Leistung der in der Ausbildung stehenden Subjekte muß im Hinblick auf das funktional notwendige Wissen maximiert werden. Diese beiden Zwecke erfüllen die in der BRD diskutierten Pläne einer horizontalen Aufspaltung des Studiums in ein Normalstudium für die zukünftigen technischen Kader und ein Aufbaustudium für die wissenschaftlich Qualifizierten (Wissenschaftsrat), die Limitierung des Studiums nach der Formel x + 1 oder x + 2, d. h. Exmatrikulation nach Minimalstudiendauer plus ein oder zwei Semester Karenzzeit (Wissenschaftsrat), oder einer vertikalen Aufspaltung des Studiums in ein Kurzstudium (sechs Semester) und ein Langstudium (acht bis zehn Semester), wie sie der sogenannte Dahrendorf-Plan vorsieht.[52]

Diese bildungsökonomische Optimierungsbedingung fügt sich bruchlos in die weitere Konsistenzbedingung der Minimierung systemgefährdender Konsequenzen bzw. Maximierung systemstabilisierender Verhaltensmuster ein. Die Ausschaltung von dysfunktionalem, systemkritischem Wissen (gleichgültig ob es sich dabei um Reflexionswissen oder um die Kenntniss kritischer empirischer Sachverhalte handelt) und die Ausschöpfung der intellektuellen Leistungsfähigkeit der Individuen erzieht diese zu Systemloyalität durch geplante und programmierte Ignoranz. Positiv werden durch diese Ausbildung zugleich die Normen technischer Effizienz und Rationalität verinnerlicht und ersetzen tendenziell die traditionellen reflexionsfähigen und reflexionsbedürftigen Legitimationsnormen, die eine kritische Konfrontation von gesellschaftlichen Ansprüchen und gesell-

schaftlicher Realität begünstigten. Die potentielle »Subversivität« des Bildungswesens[53] wird auf diese Weise unterlaufen und affirmativ zugunsten des Systems gewendet. Das gilt freilich wiederum mit der entscheidenden Einschränkung, daß die Systemplanung größere ökonomische Krisen und psychotechnisch nicht mehr manipulierbare Disparitäten der sozialen Entschädigungen vermeiden kann.
Eine weitere systemstabilisierende Konsequenz des in diesem Sinne funktionalisierten Ausbildungssystems ist als Tendenz ebenfalls erkennbar. Die permanente Erweiterung der Produktionskapazität und Erhöhung des Ausstoßes an Konsumgütern erfordert einen Abbau der noch vorhandenen traditionellen Werte puritanischer Sparsamkeit und Genügsamkeit zugunsten einer statusspezifischen Konsumorientierung. Die Prämierung und Verinnerlichung der Standards technischer Effizienz und Rationalität, ganz abgesehen davon, daß sie Kritik und Reflexionsfähigkeit einschränken, führt nicht nur zu einer spezifischen Aufgeschlossenheit gegenüber den Argumenten (bzw. der Vorspiegelung) technischer Perfektion von Konsumgütern, die andererseits für einen Prozeß kontinuierlichen und raschen technischen und psychischen Verhaltens produziert werden. Sie führt gleichzeitig dazu, daß die Verfügung über Konsumgüter zu einem mehr oder weniger dominierenden Kriterium für eine befriedigende Lebensweise und eine gerechte Gesellschaftsordnung wird. Die partiell in die Ausbildung integrierte »Verbrauchererziehung«, der konsumstimulierende, auf voyeuristische Regression abgestellte Pseudo-Hedonismus der Massenmedien und die Manipulationstechniken der großen Konzerne wirken zusammen, um mit dem glücklichen Konsumenten die Leitfigur eines auf die Verwertungsbedürfnisse des Kapitals zugeschnittenen Gesellschaftssystems zu formen.

X

Während die theoretische bildungsökonomische Diskussion heute bereits wieder im Abklingen ist (mit dem Resultat, daß teilweise von einer »Modeerscheinung« Bildungsökonomie gesprochen wird)[54], geht die Diskussion um praktikable Modelle und Methoden der Bildungsplanung unvermindert weiter. – Vier der heute gebräuchlichsten Ansätze zur Bildungsplanung sollen im folgenden kurz skizziert werden, wobei es sich bei den beiden ersten um genuin ökonomische Ansätze, beim dritten um einen seiner Logik nach eher soziologischen Ansatz handelt.

1. *Manpower-Ansatz:* Bildungsplanung orientiert sich im Rahmen dieses Ansatzes am zukünftigen Arbeitskräftebedarf der Wirtschaft, gegebenenfalls auch des Staates. Das Modell von Parnes[55], das der Diskussion an dieser Stelle zugrunde gelegt werden soll, zeichnet sich gegenüber anderen spezielleren Modellen dieses Typs (u. a. von Bombach und Tinbergen) dadurch aus, daß es alle wesentlichen Elemente der spezielleren Modelle in einer relativ gut überschaubaren Konstruktion in sich vereinigt. Praktisch ist das Modell von Parnes, das sich allerdings nur auf den Arbeitskräftebedarf der Wirtschaft bezieht, im Rahmen des Mediterranean Regional Projekt (MRP) verwendet worden, an dem sechs Länder des Mittelmeerraumes beteiligt waren.

Unter Verwendung einer als bekannt vorausgesetzten Wachstumsrate wird das Bruttosozialprodukt der Zielperiode und mittels eines ebenfalls gegebenen Verteilungsschlüssels der Endnachfrage wird die Produktion der einzelnen industriellen Sektoren oder Industriezweige in der Zielperiode festgestellt.

Als nächstes wird mit Hilfe einer parametrischen oder extrapolierten durchschnittlichen Arbeitsproduktivität in jedem Sektor das zukünftige erforderliche Personal errechnet, und zwar jeweils differenziert nach Berufsstrukturen. Damit kann für die gesamte Wirtschaft der Arbeitskräftebedarf in der Zielperiode ermittelt werden. Um zu konkreten Maßnahmen der Bildungsplanung zu gelangen, müssen außerdem noch die zukünftigen Bildungsqualifikationen für jede Berufsgruppe und der Anteil derjenigen, die nach Absolvierung eines Ausbildungsprozesses tatsächlich eine entsprechende Berufsrolle übernehmen, festgestellt werden. Durch Vergleich des extrapolierten Ausbildungs-Outputs (wobei Parnes feste Übergangs- und Abschlußquoten annimmt) mit dem zukünftigen Bedarf, läßt sich dann ermit-

teln, in welchem Maße das bestehende System den zukünftigen Arbeitskräftebedarf befriedigen kann bzw. in welchem Maße es verändert werden muß.
Der Parnessche Manpower-Ansatz beruht wenigstens auf drei Annahmen, deren Gültigkeit zweifelhaft ist und die die praktische Anwendbarkeit des Modells in Frage stellen: Parnes unterstellt, daß (a) keine Substitution zwischen verschiedenen beruflichen Qualifikationen stattfindet; (b) keine Substitution zwischen Arbeit und Kapital stattfindet, so daß bei gegebenem technologischem Niveau nicht statt zusätzlicher Arbeit zusätzliches Kapital investiert werden kann; und (c) die Wachstumsrate bekannt ist. Am problematischsten ist die dritte Annahme. Zum einen besteht in der gegenwärtigen ökonomischen Theorie Unklarheit über die Wirkung des sogenannten dritten oder Residual-Faktors (Wissenschaft, Technologie, Bildung etc.)[56], so daß von dieser Seite kaum präzise Angaben über zukünftiges Wachstum, insbesondere über zukünftige Produktivitätsquoten gemacht werden können. Zum anderen hat die bisherige Diskussion gezeigt, daß technologischer Fortschritt ohne *komplementäre* und *kompensatorische* Investitionen wirtschaftliches Wachstum nicht fördert, sondern bremst, ja mit Sicherheit in Krisen führt. Der Verzicht auf die Analyse dieser Regulierungsmechanismen führt dazu, daß wissenschaftlich nicht begründbare Extrapolationen der Wachstumsrate vorgenommen werden, während der politisch-ökonomische Ansatz zumindest zeigt, daß Angaben über die Wachstumsrate allenfalls über kurze Zeiträume vorgenommen werden können.
2. *Ertragsraten-Ansatz:* Der Ertragsraten-Ansatz[57] hat den unbestreitbaren Vorzug, daß er Aussagen von hohem Präzisionsgrad (bei gleichzeitigem »Informationsgehalt«) erlaubt. Im Rahmen dieses Ansatzes werden zunächst die Einkommensbezieher einer Volkswirtschaft gemäß ihrer formalen Bildung (gemessen in Schul- und Studienjahren) gruppiert. Für diese Gruppen werden mittlere Einkommen festgestellt (Mittelwerte, die nicht nach der realen Verteilung gewichtet werden), und zwar für jede Altersgruppe gesondert. Für die verschiedenen Bildungsgruppen können jetzt Einkommensprofile festgestellt werden, die das ge-

samte Lebenseinkommen umfassen. Diesen Einkommen werden die für jede Bildungsgruppe spezifischen Bildungskosten gegenübergestellt. Die Differenz zwischen gesamtem Aufwand und gesamtem Ertrag wird jetzt in Form eines Zinssatzes ausgedrückt, der, bezogen auf die gesamte Zeit der Erwerbstätigkeit, die Verzinsung bzw. den Ertrag des investierten Kapitals angibt. Die Grundannahmen des Ertragsraten-Ansatzes sind ebenso fragwürdig wie die des Manpower-Ansatzes. Erstens bleibt ungeprüft, wieweit Bildung tatsächlich über das zukünftige Lebenseinkommen entscheidet. Zweitens ist die Verwendung ungewichteter Mittelwerte nur dann zulässig, wenn festgestellt wird, ob die Verteilungshäufigkeiten gleichmäßig um den Mittelwert streuen. Das ist, soviel sich bis heute beurteilen läßt, noch nicht geschehen.
Unklar ist, was mit diesem Ansatz eigentlich erklärt werden soll. Die unterstellte ökonomische Rationalität individueller Bildungsinvestitionen kann nicht einmal als Annäherungswert verwendet werden. Vielmehr hängt die Entscheidung über diese Investitionen von soziologisch zu definierenden Ausgangslagen ab. Das gilt auch für die Verwendung dieses Ansatzes im Rahmen staatlicher Bildungsplanung: die individuellen Entscheidungen über Bildungsinvestitionen etwa bei einer Senkung der Bildungskosten sind zu stark von anderen sozialen Faktoren abhängig, als daß eine Prognose des zu erwartenden Resultates möglich wäre.
3. *Nachfrage-(Konsum-)Ansatz:* Bildung wird im Rahmen dieses Ansatzes – der zur Abgrenzung gegenüber dem Arbeitskräftebedarfs-Ansatz exakt als Konsum-Ansatz zu bezeichnen wäre – weder als Produktionsfaktor noch als Kapitalinvestition, sondern als Konsumgut betrachtet. Dementsprechend gelten die Zielvorstellungen für die Bildungsplanung als primär von »außer- oder überökonomischen Gesichtpunkten«[58] abgeleitet. Grundsätzlich sind zwei Verfahrensweisen möglich. Entweder wird ein bestehender ungeplanter Trend individueller Bildungsnachfrage in die Zukunft projiziert und versucht, das Bildungssystem diesem Trend anzupassen. Der Mangel dieses Verfahrens ist evident: eine genuin politische Zielsetzung wird zugunsten

einer Anpassung an die naturwüchsige Dynamik ungeplanter gesellschaftlicher Prozesse ausgeschaltet. Oder aber es wird versucht, den »Trend« selbst zu planen und das Bildungssystem dann an diese Zielvorstellung anzupassen.
Der jetzt vorliegende Strukturplan des Deutschen Bildungsrates zeigt deutlich die Problematik beider Verfahren innerhalb des gegebenen Systems. Der Strukturplan versucht zunächst einmal beide Verfahren durch die Einführung einer »Untergrenze« und einer »Obergrenze« zu kombinieren. Die Daten der Untergrenze stellen praktisch nur eine Trendextrapolation dar: bei einem weiterhin ungeplanten Trend würde die Zahl der Teilnehmer an Vollzeit-Bildungsgängen über die Schulpflicht hinaus im Jahre 1980 42% betragen (1968: 33%), während die Untergrenze 45% vorsieht. Die Obergrenze geht dagegen von 55% aus. Damit wird allerdings, wie der Bildungsrat selbst konzediert, auch bei Verwirklichung der Obergrenze im Jahre 1980 ein relativer Schulbesuch erreicht, den vergleichbare Industrienationen (Belgien, Japan, Schweden, USA) bereits 1965 entweder erreicht oder aber weit überschritten hatten (USA).[59]
Die auch vom Bildungsrat genannte magische Zahl von 100 Mrd. DM für das gesamte Schul- und Hochschulwesen ist nichts als eine finanztechnische Fata Morgana, hinter der sich das weitere klägliche Nachhinken hinter anderen kapitalistischen Gesellschaften verbirgt. Die Projektionen des Bildungsrates können keinem der von ihm aufgestellten Ziele: Chancengleichheit für alle und internationale Konkurrenzfähigkeit gerecht werden.
Effektive Chancengleichheit für alle, die einzige rationale Zielsetzung der Bildungsplanung, ist nur möglich, wenn Bildung aufhört, Ware zu sein. Dazu genügt es nicht, ihr den Kostenschleier abzustreifen, hinter dem nur noch deutlicher das Gesicht einer auf verhärteter Ungleichheit begründeten Gesellschaft zum Vorschein kommt, einer Gesellschaft, in der die Lebenschancen durch die Struktur der Verfügung über Produktionsmittel bestimmt werden. Chancengleichheit, im Bildungssystem und anderswo, ist nur möglich, wenn die permanent Ungleichheit produzierenden Strukturen selbst verändert werden. Das freilich erlaubt das bestehende gesellschaftliche System nicht: wenn

Bildung sich ernsthaft der Kosten- und Ertragskalkulation entzieht und nur nach individuellen Bedürfnissen und Fähigkeiten verteilt wird, die unverzerrt sind von tradierten Strukturen der Privilegierung, wird sie zur Gefährdung dieses Systems. Die unumgängliche Neuverteilung der gesellschaftlichen Ressourcen würden den Mechanismus einer permanenten staatlichen Subventionierung der kapitalistischen Verwertungsinteressen lahmlegen, Bildung aus dem vergoldeten Käfig der Normen dieses Systems ausbrechen und sich ihre Ziele selbst suchen. Daß Bildung auch im organisierten Kapitalismus in sich noch Momente des Nichtintegrierten, Spontanen, Subversiven aufbewahrt hat, begründet die Hoffnung, daß das von Max Weber prognostizierte »stählerne Gehäuse« einer perfektionierten technischen Zivilisation nicht auf unabsehbare Zeit zur geschlossenen Anstalt wird. Die Widersprüche des gesellschaftlichen Systems übertragen sich unvermindert auf die Bildungsprozesse, die so einen zutiefst ambivalenten Charakter annehmen: die Potenzen von Bildung sollen entfaltet und zugleich unterdrückt werden, die Individuen sollen autonom und zugleich gehorsam sein, sie sollen zu aufgeklärter Loyalität erzogen werden und zugleich ohne Einfluß auf die Entscheidungen der Institutionen bleiben, technische Rationalität soll Mittel und Zweck zugleich sein. Diese Widersprüche treffen das System an seiner schwächsten Stelle: die auf die Ebene technischen Funktionierens und effizienter Anpassung an angebliche Sachzwänge herabgedrückten Legitimationen des Staates sind nämlich exakter und einfacher überprüfbar als die traditionellen demokratisch-naturrechtlichen Legitimationen, für die divergierende Interpretationsmöglichkeiten gleichsam konstitutiv waren. Staat und Gesellschaft stehen so unter permanentem Legitimationszwang und werden gleichzeitig entmythologisiert, ein Prozeß dem sich vermutlich auch der neue Mythos der Sachzwänge auf die Dauer nicht entziehen kann. Das System des organisierten Kapitalismus produziert nicht nur seine Konfliktherde und Bruchstellen: die nur mühsam kontrollierbaren ökonomischen Krisen, die halbkolonialisierten gesellschaftlichen Bereiche am Ende der Prioritätsskala staatlicher Investitionen, das in Regie genommene, in sich widersprüchliche

Bildungssystem, der Widerspruch von ökonomischem Reichtum und individueller Verkümmerung sondern zugleich die Normen, an denen es gemessen wird.
Insbesondere erhält Zweckrationalität, die sich nun auf die Planung und Regulierung des gesellschaftlichen Systems selbst ausgedehnt hat, eine neue Gestalt. Die traditionellen linearen Modelle dezisionistischer Arbeitsteilung zwischen politischer Zieldiskussion, wissenschaftlicher Arbeit und technologischer Umsetzung werden der neuen Situation nicht mehr gerecht. Die für die Regulierung des Systems erforderliche Koordination divergierender Zielvorstellung macht die Diskussion von Zielen nun tendenziell selbst zu einem wissenschaftlichen Prozeß. Ziele müssen über die fortlaufenden Daten des Regulierungsprozesses korrigierbar bleiben. Zweckrationalität und technische Vernunft werden tendenziell mit gesellschaftlicher Praxis zu einem Regelkreis zusammengeschlossen. Nicht die gerechte Gesellschaft, wohl aber der Abbau institutionalisierter Irrationalität kann das Resultat dieses Prozesses sein.
Das bedeutet nicht, wider besseres Wissen auf Fortschritt durch die Entfaltung technologischer Vernunft zu vertrauen. Während Marx annahm, daß die Akkumulation technologisch weitgehend isomorpher Produktionsmittel das Potential für die Sprengung der kapitalistischen Produktionsverhältnisse darstellt, wird hier davon ausgegangen, daß die Akkumulation und *qualitative* Veränderung der Produktionsmittel durch eine sukzessiv auf alle Bereiche der Gesellschaft einschließlich ihres institutionellen Rahmens übergreifende technologische Rationalität die beschränkte Rationalität des kapitalistischen Systems selbst zerstört. Wohin diese Entwicklung führt, wird allerdings nicht von der Eigendynamik der Produktionsmittel bestimmt, sondern von der Praxis handelnder und über die Normen ihres Zusammenlebens kommunizierender Menschen abhängen.

Johannes Beck
Demokratische Schulreform in der Klassengesellschaft?

»Im Zoo öffnete man den Löwenkäfig. Der Löwe dachte, es sei die Freiheit, dabei war es nur der Auslauf.«
Wieslaw Brudzinski

I

Vorbemerkungen: Die Titelfrage erscheint so widersinnig, wie der bezeichnete Tatbestand es ist.
Die pädagogischen Schulreformer wollen ein demokratisches Schulwesen in einer demokratischen Gesellschaft. Die Mächtigen wollen ebenfalls eine Schulreform, die sie demokratisch nennen; allerdings zur Stabilisierung der bestehenden Klassenverhältnisse, von denen sie profitieren und sagen lassen, es gäbe sie nicht mehr.[1] Beide wollen also Schulreform, um entgegengesetzte Ziele zu erreichen. Weil das in der Praxis nicht möglich ist, wird man fragen müssen, was möglich ist und was wirklich gemacht wird. Dabei ist ein Unterschied wichtig: Die Pädagogen wissen ziemlich genau, was sie wollen; die Mächtigen wissen außerdem ziemlich genau, was sie tun. Vor allem aber können sie sehr wirksam sagen, was Pädagogen nicht tun dürfen. Sie haben eben die Macht.[2]
Der Widerspruch wäre zu beheben, wenn die Pädagogen ebenfalls mächtig wären; d. h. wenn sie wüßten, daß sie es im Bündnis mit anderen fortschrittlichen Kräften sein können.
»Die Pädagogen müssen erst noch erkennen, wie weitgehend das Industriesystem von ihnen abhängig ist«[3], stellt J. K. Galbraith etwas idealistisch fest. Leider ist es mit der Abhängigkeit noch immer umgekehrt. Die Mächtigen des Industriesystems haben das erkannt. Aber ihr Profit und ihre Herrschaft sind vom Ausbildungssektor her nur zu sichern, wenn es gelingt, die überwiegende Mehrheit der Bevölkerung auch weiterhin zu gefügigen Sozialpartnern mit paralysiertem Bewußtsein und zu funktionsgehorsamen qualifizierten Fachkräften zu erziehen. Die erste Funktion

wird von der traditionellen Schule noch erfüllt, die zweite nicht mehr. Damit droht der Oberklasse eine Art Profit-Bildungsnotstand. Sie muß deshalb im eigenen materiellen Interesse die Schule reformieren lassen – damit sich nichts ändert. Das ist wenigstens ihre Hoffnung.

Nichts geändert hat sich auch am Zweck der Schulreform, seit es Schulen fürs ›niedere Volk‹ gibt. Für die jungen Leute, schrieb Friedrich II. 1779, »ist es auf dem platten Lande genug, wenn sie ein bißchen Lesen und Schreiben lernen, wissen sie aber zu viel, so laufen sie in die Städte und wollen Secretairs und sowas werden; deshalb muß man auf'n platten Lande den Unterricht der jungen Leute so einrichten, daß sie das Notwendige, was zu ihrem Wissen nötig ist, lernen, aber auch in der Art, daß die Leute nicht aus den Dörfern weglaufen, sondern hübsch dableiben.«[4] Dieser Reformer hätte – fast 200 Jahre später – sicher auch dem Deutschen Ausschuß für das Erziehungs- und Bildungswesen präsidieren können, der 1964 in seiner Hauptschulempfehlung sagt: »Die Auswahl (des Stoffes, J. B.) wird um so fruchtbarer sein, je mehr sie sich nach dem richtet, was der früh in die Arbeitswelt eintretende und später meist in praktischen Berufen tätige Mensch an geschichtlichem Wissen in dieser unserer Gesellschaft und Wirtschaft, im Staat und in den überstaatlichen Ordnungen, in seinem Volk und seiner Kirche braucht.«[5]

»Die Kinder der arbeitsamen Volksklassen sollen weder Vorleser noch Kanzlei-Offizianten, noch Kalkulatoren, noch Religionslehrer werden. Sie sollen ihren Katechismus, Bibel und Gesang lesen, ihren geringen und eingeschränkten Verhältnissen gemäß schreiben und rechnen, Gott fürchten, lieben und danach handeln, die Obrigkeit achten und den Nächsten lieben lernen«,[6] verordnete im gleichen Stil Friedrich Wilhelm III. im Jahre 1803, und so geschah es dann auch.

In dieser und der folgenden Zeit genossen die Junker- und Bürgerkinder ihre privilegierte Standes- oder besser Klassenbildung. Man durfte sie weder schlagen noch zensieren – eine Forderung der modernen Pädagogik –, schließlich waren es Leute von Stande, »denen man Seelenadel einflößen muß«.[7]

Die Gymnasien, in denen solches geschah, beriefen sich auf idealistische Philosophen und Pädagogen wie W. v. Humboldt und Fr. Schleiermacher, die allen eine allgemeine und humanistische Bildung vermitteln wollten. Ihre Ideen wurden umfunktioniert und sind zur Begründung der elitären Oberklassenschulen verwendet worden. Von ihrer Entstehung an über 1848, die Bismarck-Epoche, 1918, den Faschismus, die Restaurationsphase nach 1945 bis heute haben sie mit diesen Schulen im bestehenden Klassenschulsystem der kleinen Oberklasse geholfen, die demokratische Mehrheit von über 95% der Bevölkerung im Sinne des Wortes ›als dumm zu verkaufen‹.

Das lohnt sich jetzt nicht mehr; die Mängel in der Qualifikation der Arbeitskräfte sind zu deutlich geworden. Außerdem sind neue Ideen und Methoden vorhanden, die geeignet erscheinen, das Schulwesen auf die Höhe der Zeit, aber ja nicht weiter zu bringen. Die ›Schule als Herrschaftsinstrument‹[8] muß repariert und reformiert werden, damit sich ihre Herrschaftsfunktion nicht ändert. Um diesen Vorgang als Sieg der Demokratie und Humanität feiern zu können, greift man auf das alte uneingelöste Versprechen der bürgerlichen Gesellschaft zurück, Freiheit, Gleichheit, Gerechtigkeit und sogar Glück zu verwirklichen. Jetzt soll es also wahr werden.[9]

Die alten Fragen bleiben damit bestehen: ob man in der Klassengesellschaft eine demokratische Schule machen kann; ob man diese Gesellschaft von der Schule her ändern kann oder nur umgekehrt oder beides; und ob nicht die Reform eine Entwicklung der Produktivkraft *Lernen* bedeutet, die als Weiterentwicklung der gesellschaftlichen Widersprüche diese ihrer Aufhebung näherbringt?

Den Zusammenhang von Schule und Staat hat der Sozialdemokrat Wilhelm Liebknecht 1872 kritisiert: »Es hat noch nie eine herrschende Kaste, einen herrschenden Stand, eine herrschende Klasse gegeben, die ihr Wissen und ihre Macht zur Aufklärung, Bildung, Erziehung der Beherrschten benutzt und, nicht im Gegenteil, systematisch ihnen die echte Bildung, die Bildung, welche frei macht, abgeschnitten hätte.

Es liegt im innersten Wesen der Herrschaft. Wer herrscht,

will *sich* stark und den Beherrschten schwach machen. Und wer allgemeine Bildung will, muß deshalb gegen jede Herrschaft ankämpfen . . . Die Schule, wie sie ist, und die Schule, wie sie sein soll, verhalten sich zueinander genau gleich dem Staat, wie er ist, und dem Staat, wie er sein soll. Der Staat, wie er ist, d. h. der Klassenstaat, macht die Schule zu einem Mittel der Klassenherrschaft. Er kann freie Männer nicht brauchen, nur gehorsame Untertanen; nicht Charaktere, nur Bedienten- und Sklavenseelen. Da ein ›intelligenter‹ Bedienter und Sklave brauchbarer ist als ein unintelligenter – schon die Römer legten auf Sklaven, die etwas gelernt hatten, einen besonderen Wert und zahlten entsprechende Preise für sie –, sorgt der moderne Staat für eine gewisse Intelligenz, nämlich für Bedienten-Intelligenz, die das menschliche Werkzeug verfeinert und vervollkommnet, so daß sich besser mit ihm ›arbeiten‹ läßt. So wird die Schule zur Dressuranstalt statt zur Bildungsanstalt . . .«[10]
Diese Festrede wurde vor 100 Jahren gehalten.
H.-G. Rolff meint, daß sie bis in die Diktion hinein aus jedem APO-Flugblatt stammen könnte.[11] Er hat recht, und es liegt nicht nur an der APO.
Mit diesen unsystematischen Vorbemerkungen dürften mehrere Widersprüche hinreichend bezeichnet sein.
Einige der wissenschaftlich geschulten Leser werden sicher alles für viel zu einfach und einseitig halten. Es ist ja alles viel differenzierter. Sie haben natürlich recht. Nur sollten sie bedenken, daß es vielleicht mit der benannten Sache zusammenhängt: Schule, Schulreform und Pädagogik haben seit über 150 Jahren eben auch eine einseitige Funktion der Auslese, Verdummung, Elitebildung und Anpassung erfüllt. Um Unterschiede zwische 1870 und 1970 festzustellen, muß man schon sehr genau beobachten im Unterricht, in den Schulbüchern, den Lehrplänen, der Schulverwaltung, der Schulorganisation, den Reformargumenten, der Lehrerbildung usw. Man sollte sich ein paar Schulstunden ansehen; Studenten in den ersten Semestern können sich manchmal *noch* erinnern.[12]
Aber das soll jetzt durch die Gesamtschule alles anders werden. Daß der Diskussionsstand um die Schulreform und ihr Realisierungsgrad einen abgewogenen Beitrag aus einer

pädagogisch-soziologischen Vogelschau nicht zulassen, versteht sich von selbst. Hier sollen aus dem kaum mehr überschaubaren Bereich von Theorie und Praxis der Schulreform einige Fragen herausgelöst werden, die in der offiziellen pädagogischen Diskussion etwas zu kurz kommen, was nicht gegen ihre Bedeutung spricht.

II

Die *Forderung nach Schulreform* ist zum Allgemeinplatz geworden. Sie diente bisher meist als Alibi zu ihrer Vertagung mit dem Argument, daß man ja noch nicht wisse, wie die neue Schule aussehen soll. Aus der Geschichte der Erziehung von Condorcet über Humboldt, Marx und Freud bis zum »Gesetz zur Demokratisierung der Deutschen Schule« (1946) — man hatte nichts oder nur Falsches gelernt. Inzwischen gibt es aber z. B. Bildungsstreiks, seit 1961 keine Fachkräfte aus der DDR mehr, dafür BRD-Wissenschaftler in den USA, immer noch Lehrermangel, eine autoritär verfaßte Schulverwaltung, repressives Lernen und Chancenungleichheit, Schulversuche mit Gesamtschulen, einen Strukturplan für das Bildungswesen, die Relegation fortschrittlicher Lehrer und Schüler, Zwerg- und Konfessionsschulen, Klassen mit 50 Schülern, eine »technologische Lücke«, Notstandsgesetze, den ›numerus clausus‹ und kaum noch Ausreden.
Die Reformen sind überfällig. Zwei Kultusminister nennen die beiden Hauptaspekte. Wilhelm Hahn (Baden-Württemberg) sagt: »Die Gestaltung unseres Bildungswesens wird mit darüber entscheiden, ob wir im Wettbewerb der Gesellschaftssysteme bestehen und welchen Rang wir unter den Kultur- und Wirtschaftsnationen einnehmen werden. Wer in die Führungspositionen der europäischen Wirtschaft einrücken wird, entscheidet sich weitgehend in unseren Schulen und Universitäten.«[13]
Ihm geht es also vor allem um Leistungssteigerung im Sinne der Effizienz zur Erhaltung der Wettbewerbsfähigkeit, um Anpassung der Schule an die Technostruktur (Galbraith).

Dagegen meint Ludwig v. Friedeburg (Hessen): »Solchen technokratischen Überlegungen wäre entgegenzusetzen die Auffassung, daß es nicht darauf ankommt, die Schule für die Anforderungen der spätkapitalistischen Leistungsgesellschaft zuzurichten, sondern sie zu einer der Kräfte zu machen, die die Demokratisierung der Gesellschaft weitertreiben.«[14] Der Unterschied ist deutlich genug: Effizienzsteigerung auf der einen Seite, Demokratisierung auf der anderen. Als Widerspruch ist dieser Sachverhalt ein Produkt der Klassengesellschaft. In ihr nützt Effizienzsteigerung überproportional der Oberklasse und Demokratisierung den Abhängigen. Erst in einer demokratisch-sozialistischen Gesellschaft wäre der Widerspruch aufgehoben. Er steht im historisch dialektischen Prozeß von Produktivkräften und Produktionsverhältnissen.

Das herrschende Interesse verlangt zu seiner weiteren Durchsetzung eine Zurichtung der Schule auf die Erfordernisse der ›spätkapitalistischen Leistungsgesellschaft‹ und ›Demokratisierung‹ zu seiner Sicherung.

Aus welchen Gründen ist diese Zurichtung der Schule im einzelnen notwendig, und was muß sie dafür leisten?

1. Technik, Wissenschaft und Bildung sind zu entscheidenden Produktivkräften geworden.[15] Das Bildungssystem produziert Wissen für den technischen Fortschritt und muß zugleich die Arbeitskräfte ausbilden, die dieses Wissen in Produktion und Verwaltung – auch des Wissens selber – umsetzen können; es muß außerdem Konsumenten erziehen, die das Bedürfnis haben, die neuen Produkte – incl. Wissen und Ausbildung – zu verbrauchen, ohne sie unbedingt zu brauchen oder gebrauchen zu können (Überflußproduktion).

2. Die optimale Entfaltung der Produktivkraft Wissenschaft und des technologischen Lernens ist systemnotwendig zur Erreichung der leitenden ökonomischen Ziele: Profitmaximierung, internationale Konkurrenzfähigkeit, Wirtschaftswachstum, Vollbeschäftigung und Preisstabilität. Werden sie erreicht, ist der Status quo von innen gesichert.

3. Um die technokratischen Systeme der Produktion und Verwaltung mit ihrer partikularen Rationalität am Laufen zu erhalten, ist die Einübung von Funktionsgehorsam als einer

neuen ›Tugend‹ erforderlich. In der Anpassung an systemgerechte, hierarchische Qualifikationsstufen müssen die Masse der Konsumenten und Produzenten, aber auch die Funktionseliten befähigt werden, kooperativ, konstruktiv und kreativ zu gehorchen, mitzumachen und zu managen, ohne nach dem Zweck zu fragen.

4. Zur Profit- und Herrschaftssicherung muß die Reproduktion der gesellschaftlichen Klassenstruktur auch weiterhin über das Bildungswesen gewährleistet sein, ohne systemgefährdend zu werden.

5. Die zur optimalen Produktivitätssteigerung notwendige Verbesserung der Qualifikationsstruktur ist nur durch die ›Mobilisierung und Abschöpfung aller verwertbaren Begabungsreserven‹, durch Förderung eines jeden Schülers »bis zum Höchstmaß seiner Leistungsfähigkeit«[16] zu erreichen.

6. Technischer Fortschritt und individuelle Konkurrenz zwingen die arbeitende Bevölkerung zu verlängerten Ausbildungszeiten und zur ständigen Weiterbildung. Diese Investitionen in »Humankapital« erhöhen langfristig die Produktivität der Wirtschaft und damit die Gewinne der Unternehmer und haben für diese den Vorzug, daß sie von den Lohnabhängigen direkt oder über Steuern selber bezahlt werden.

»Minimaler Input, maximaler Output, maximale Herrschaft.«[17]

7. Über verlängerte Ausbildungszeiten, Bildungsurlaub, Umschulungen, Weiterbildung können Engpässe auf dem Arbeitsmarkt (Rezession, Hochkonjunktur, Automation) überbrückt werden, indem vor allem weniger qualifizierte Arbeitskräfte – ähnlich wie beim Militär – gebunden oder verfügbar gemacht werden können. Die Bindung im Ausbildungssektor bewirkt natürlich zugleich eine Erhöhung der Qualifikationsstruktur mit ihren Folgen.

8. Mehrwert, der in anderen Bereichen nicht mehr gewinnbringend angelegt werden kann – z. B. in der Überflußproduktion wie Rüstung oder Reklame –, kann im Bildungswesen als der großen Wachstumsindustrie langfristig gewinnbringend und stabilisierend gebunden werden. Dazu sind große, rentable Planungseinheiten (Schulen) erforderlich.

9. Die internationale Konkurrenz und Marktverflechtung zwingt dazu, die Bedürfnis- und Qualifikationsstruktur dem marktbeherrschenden USA-System anzugleichen. Ein vergleichbares Schulwesen ist die Voraussetzung.
10. Um den systemgefährdeten Demokratisierungsdruck von unten (Arbeiter, Studenten, Schüler usw.) stabilisierend aufzufangen, muß formale Demokratie gewährt werden (Mitbestimmung, Chancengleichheit, kompensatorische Kritik usw.).

Aus diesen systemnotwendigen Funktionen des Bildungswesens wird, unter der herrschenden positivistischen Ideologie des technologischen Sachzwangs und der Systemplanung, eine Reformstrategie abgeleitet, die genau die technokratische Anpassung des Schulwesens an die genannten Funktionen zur Erreichung der genannten Ziele leisten soll und mehr nicht. Die Ziele selbst erscheinen wie unveränderbare naturwüchsige Größen.
Technokratische Schulreform bedeutet die Durchsetzung technologischer Rationalität unter Effizienzgesichtspunkten im partikularen System Schule, bei gleichzeitiger Irrationalität des Ganzen. Als Teil dieses Ganzen wird die Rationalität der Schule selber irrational: alles funktioniert perfekt – aber wozu, wem nützt der Zweck, und ist er richtig? (Der letzte Teil der Frage fällt übrigens unter das Denkverbot der neopositivistischen Theorie in der Soziologie. ›Wertfrei‹ und intersubjektiv überprüfbar, also wissenschaftlich im Sinne dieser Theorie, sei das nicht zu entscheiden.
Diese von einem technischen Erkenntnisinteresse geleitete ›Bescheidenheit‹ der vorherrschenden Soziologie nützt denen, die an der Beantwortung dieser Frage nicht interessiert sein können, weil sie mehr als andere von den Reformen profitieren. Wem nützt also die Wertfreiheit?
Die Frage kritischer Theorie nach dem Sinn und Zweck des Zwecks und seiner Veränderbarkeit – z. B. in der Schulreform – ist dagegen von emanzipatorischem Interesse bestimmt.[18])
In den Stabilisierungsstrategien der technokratischen Klassengesellschaft ist die Schulreform nur ein Faktor. Er ist

für alle wichtig, die eine emanzipatorische Veränderung der Gesellschaft wollen, weil das Bildungswesen (incl. Hochschulen) immer mehr zu einem ökonomischen Steuerungsbereich wird, der den Vorteil hat, administrativ nur schwer kontrollierbar zu sein. Als Weiterentwicklung von Produktivkräften, also auch der gesellschaftlichen Widersprüche, sind die Reformen ambivalent. Systemgefährdende Widersprüche zwischen den Zielen und den tatsächlichen Wirkungen der Reformen sind möglich.[19]
Wie sehen nun die Reformen aus, wie werden sie offiziell begründet und was werden sie voraussichtlich bewirken?

III

Das gegenwärtig noch vorherrschende *dreigliedrige Schulsystem* (Haupt-, Real- und Oberschule) mit seinen sozial privilegierten Bildungsgängen ist wegen seiner starren Schullaufbahnen, den geringen Differenzierungsmöglichkeiten, den anachronistisch an Schullaufbahnen festgemachten Bildungszielen, seiner veralteten, ineffizienten Unterrichtsorganisation und seiner hierarchisch starren, innovationshemmenden Verwaltung, den o. g. Anforderungen nicht mehr gewachsen. Man kann dieses Schulsystem nicht mehr reparieren, man muß es durch ein zweckmäßigeres ersetzen.

Exkurs: Einen letzten Versuch, das dreigliedrig vertikaldifferenzierte System zu retten, startete der Deutsche Ausschuß für das Erziehungs- und Bildungswesen gegen Ende der 50er Jahre, nachdem die Rückständigkeit des westdeutschen Schulwesens nicht mehr zu übersehen war. In seinem ›Rahmenplan zur Umgestaltung und Vereinheitlichung des allgemeinbildenden öffentlichen Schulwesens‹ (1959) verbreitete der Ausschuß die Meinung, die Dreigliedrigkeit des Schulwesens »habe sich bewährt«, sie entspreche den Haupttypen der Begabung und der Berufe. Verschiedene Sozialwissenschaftler (bes. Schelsky und Habermas) haben diese Auffassung aus unterschiedlichen Gründen bestritten. Aber das Wahre am falschen Bewußtsein dieser ideologischen Aussage liegt in seiner partikularen Wahrheit: Für die Oberklasse – und den Ausschuß muß man ideologisch

dazurechnen – hat sich das System tatsächlich bewährt; und sie profitiert auch von der Hierarchie der Berufe und dem biologischen Begabungsbegriff.
Die weitgehende Folgenlosigkeit der Ausschußpläne gehört sicher zu den wenigen Erfolgen der Schulreform nach 1945. Nennenswerte Auswirkungen auf die Schule haben eigentlich nur die ›Empfehlungen zum Aufbau der Förderstufe‹ als einem Element der Gesamtschule und die ›Empfehlungen zum Aufbau der Hauptschule‹ (1964). Dieses gleich als Greis geborene Kind des Ausschusses gab der Volksschuloberstufe ihren neuen Namen Hauptschule[20] und beförderte sie zur ›weiterführenden Schule‹ neben Real- und Höherer Schule. Denn an der »Entfaltung auch der einfachen Menschen ist im technischen Zeitalter ebensoviel gelegen wie an der Herausbildung einer Führungsschicht.«[21] Es sollte sich also nichts ändern. Hart und deutlich sagt der Ausschuß, was er unter »Entfaltung der einfachen Menschen«, also der Hauptschüler versteht, wozu sie da sind, was sie können müssen, damit die Maschinen nicht heißlaufen, und was nichts für sie ist. Garniert wird das Ganze mit dem tiefsinnigen Jargon der traditionellen geisteswissenschaftlichen Pädagogik des laufenden Jahrhunderts, mit Spranger vor allem.[22] Der hermeneutisch geschulte Leser wird gegen die folgende Textauswahl evtl. einwenden, sie sei aus dem Zusammenhang gerissen und höchst einseitig. Er hat recht, wenn er eine Nacherzählung in Zitaten oder eine textimmanente Interpretation erwartet hat. Er sei auf das Original verwiesen.
Die Zusammenstellung ergibt aber einen neuen Zusammenhang, der in der Tat höchst einseitig ist: Sie legt den ideologischen Kontext frei und läßt den Ausschuß selber sagen, was sein dominierendes Interesse meint. Er faßt sich erfreulich kurz. Aufschlußreich sind auch Diktion und Vokabular, hinter denen das herrschende Interesse fast rührend versteckt wird. Es geht wieder einmal um den »ganzen Menschen«, d. h. um seine Wertsteigerung zum Verkauf in der »Arbeitswelt«; es ist das alte Thema der Schulreform.
Eine ausführliche Kommentierung ist aus Platzgründen nicht möglich. Für den Leser hat das auch Vorteile.[23]

Textstellen aus der Hauptschulempfehlung des Deutschen Ausschusses[24]:

Anspruch und Widerspruch: Integration	»Es kommt heute nicht darauf an, lenksame Untertanen heranzuziehen, sondern die jungen Menschen auf eine Einordnung in ein vielverzweigtes Ganzes vorzubereiten, die Kraft zur Mitverantwortung und die Fähigkeit zu demokratischer Aktivität zu wecken.« (S. 22/23)
Menschenbildung und Wirtschaft	Die Hauptschule »soll die bindenden und bergenden Kräfte aufzubringen suchen, die nötig sind, um heute das menschliche Wachstum zu behüten und zu fördern.« (S. 2) . . . »Dabei geht es nicht allein um wirtschaftliche Leistungsfähigkeit, sondern um Menschenbildung.« (S. 2)
Ordnung und Sitte	»Gerade der Hauptschule, die ihre Schüler nicht durch Auslese gewinnt, ist aufgegeben, durch Ordnung und Sitte zur Gesittung zu führen.« (S. 32)
Anpassung affirmat. Erziehung	Die Kinder sind in der Familie »auch nicht mehr immer durch Sitte und Brauch in geistig-sittlichen Umgangsformen gehalten. Sie bedürfen daher der Schule als einer geformten Lebenswelt, in der solche Lebensgehalte und -normen in ihrer Möglichkeit erfahren und über Gewohnheiten zum Bedürfnis werden können. ... Die Normen, die das soziale Verhalten regeln, werden nicht nur in der Schulordnung, sondern auch in den Schulsitten, in dem, ›was sich gehört‹, schrittweise in frei bejahte soziale Gesinnung überführt.« (S. 31)
Kultur- und Bildungsideologie	»Jeder Mensch, . . . , braucht heute einen unmittelbaren Zugang zu den Gehalten unserer Kultur. ... Er ist erst möglich durch eine Bildung, die nicht zu praktischen Zwecken, sondern auch um ihrer selbst willen gesucht wird.« (S. 21)
Elite	»An solcher Entfaltung auch der einfachen Menschen ist im technischen Zeitalter ebensoviel gelegen wie an der Herausbildung einer Führungsschicht.« (S. 20)

Profit	»Die unvermeidlichen erheblichen Mehrkosten (für Ausbau der Hauptschule, J. B.) werden sich später auszahlen: der Ausbildungsstand der Hauptschulabsolventen wird die Produktivität der Wirtschaft steigern.« (S. 47)
Die ›Vorsehung‹ für die Arbeitswelt	»In Wahrheit aber fallen die Jugendlichen, für welche die frühzeitige Bewährung im Arbeitsleben der richtige Weg ist, keineswegs zusammen mit der Gruppe der Unfähigen und Gleichgültigen. Sie brauchen eine Schule, in der sie ihrem Wesen gemäß dazu erzogen und gebildet werden, ...« (S. 11)
Lernziele	»Vierzehnjährige Lehrlinge –..– sind noch ›halbe Kinder‹; es fehlt ihnen an Verantwortungsgefühl, Gemeinschaftsbewußtsein, an Willen zur Leistung, zur Ein- und Unterordnung, an Konzentrationsfähigkeit. Sie versagen, wo sie im Betrieb vor monotone Arbeit und vor die Aufgabe beharrlicher Übung gestellt werden.« (S. 13)
Beruf	»Der Beruf (Fließbandarbeit? J. B.) . . . strahlt dann als die zum Bewußtsein gekommene Lebensaufgabe in Familie, Staat und Gesellschaft aus.« (S. 21)
Arbeitslehre	Der Hinführung zur Arbeitswelt »dient in der Hauptschule vor allem die Arbeitslehre.« (S. 21) »Das Ziel der Arbeitslehre ist nicht etwa die ›Berufsreife‹, –..–, sondern eine Bildung von ›Kopf, Herz und Hand‹, ...« (S. 41)
Deutsch	Zur »Pflege der Muttersprache« (S. 21) gehören unter anderem: »Wahrhaftigkeit im sprachlichen Ausdruck und die Fähigkeit zu klarer sachlicher und persönlicher Aussage, ...« – »Umgang mit Dichtung, die dem Horizont der Jugendlichen entspricht.« ». . . dabei wird auch ein Wertgefühl für die Unterhaltungsliteratur erwachen. Für einen kleineren Teil der Schüler (im höheren Deutschkurs) Teilnahme am sprachgeformten Besitz der Kulturgemeinschaft bis zur Schärfung des kritischen Blicks.« (S. 34)

Polit. Bildung

». . . dem Schüler der Hauptschule darf keine eigentliche Systematik zugemutet werden.« ». . . Institutionen von den Bedürfnissen her verständlich zu machen, . . .« – »Sozialkunde ist die Lehre vom ›Gemeinwesen‹.« – »Die Hauptschüler müssen sehen lernen, daß . . . es die eine vollkommene Ordnung in der Menschenwelt nicht gibt.« – ». . . die Einsicht, daß in einem großen Volk die Mitbeteiligung nur selten unmittelbar sein kann . . .« – »– niemand kann überall mitreden –« (S. 38)

»Die Auswahl (des Stoffes, J. B.) wird um so fruchtbarer sein, je mehr sie sich nach dem richtet, was der früh in die Arbeitswelt eintretende und später meist in praktischen Berufen tätige Mensch an geschichtlichem Wissen in dieser unserer Gesellschaft und Wirtschaft, im Staat und in den überstaatlichen Ordnungen, in seinem Volk und seiner Kirche braucht; . . .« (S. 36)

Die Jugendlichen

». . . dennoch durchläuft der Werdeprozeß des Jugendlichen dieses Lebensalters seine von der Natur vorgezeichneten Bahnen.« (S. 16)

»Der Jugendliche dieses Alters (14–16, J. B.) fordert den Erzieher auf neue Weise an und heraus. Seine nach innen blickenden Augen, mißtrauisch oder gar verschlagen, möchten niemandem gestatten, ihrem Blick zu folgen; aber sie hellen sich auf, wenn ihnen ein Blick begegnet, der jene Verschlossenheit in ihren Gründen versteht oder doch erahnt.« (S. 17)

»Das Erwachen des Eros verlangt vom Lehrer, die nun aufsteigenden Fragen und Probleme aufzunehmen. Im sozialen Übungsfeld der Schule wird er sich um Gesittung bemühen, . . .« (S. 18)

›Jargon der Eigentlichkeit‹:

»Menschensehnsucht aus eigener Wahl« (18); ». . . als junger Mensch sich selbst zu wagen.« (18); ». . . einen persönlich bestimmten Bedeutungsgehalt« (18); ». . . gestalt- und formsuchende Innerlichkeit« (19); »personale Verbundenheit« (19); »vertieftes Kulturerleben und Kulturverhalten« (19); »Formlosigkeit unseres modernen Daseins« (22); »Leibeszucht und Körperbildung« (29); »Einschmelzung des Aufgenommenen . . .« (30); »die Gefährdetheit unserer ›künstlichen‹ Existenz« (44); »einen volkspädagogischen Gewinn« (45); »entbildende Einflüsse der Massenmedien« (45); »die religiös-kirchliche Abständigkeit vieler Jugendlicher« (45); »der tiefere Gehalt« der arbeitsfreien Zeit (23); Lebensbedeutsamkeit – Lebensbemeisterung – Lebensverständnis – Weltbemächtigung – Daseinsziele – Daseinsweise – personale Existenz – usw. usw.

Die Empfehlung ist deshalb so bedeutungsvoll, weil sie die Schule für die Mehrheit der Bevölkerung (über 70%) betrifft, weil wohl zum letztenmal von einem offiziellem Bildungsgremium so naiv und unverhohlen gesagt wird, was Schulreform soll, und weil die genannten Prinzipien in den Empfehlungen des Bildungsrates (bes. Gesamtschulempfehlung und Strukturplan) unvermindert wirksam sind. Sprachlich wurden sie dort allerdings auf die Höhe der Zeit gebracht und in die objektivistische Sozialtechnikersprache übersetzt. Das *klingt* nicht mehr so ideologisch.

IV

Das schulreformerische Konzept, das den Anforderungen der Technokratie am ehesten entspricht, ist die horizontalgegliederte, differenzierte und *integrierte Gesamtschule*, die auch als »Demokratische Leistungsschule« angeboten wird.

Exkurs: Nach den Empfehlungen der Bildungskommission des Deutschen Bildungsrates zur Einrichtung von Schulversuchen mit Gesamtschulen (1969) und dem im April 1970 veröffentlichten Strukturplan für das Bildungswesen werden der Aufbau des Schulsystems und die vorgesehenen Schullaufbahnen etwa folgender Skizze entsprechen[25]:

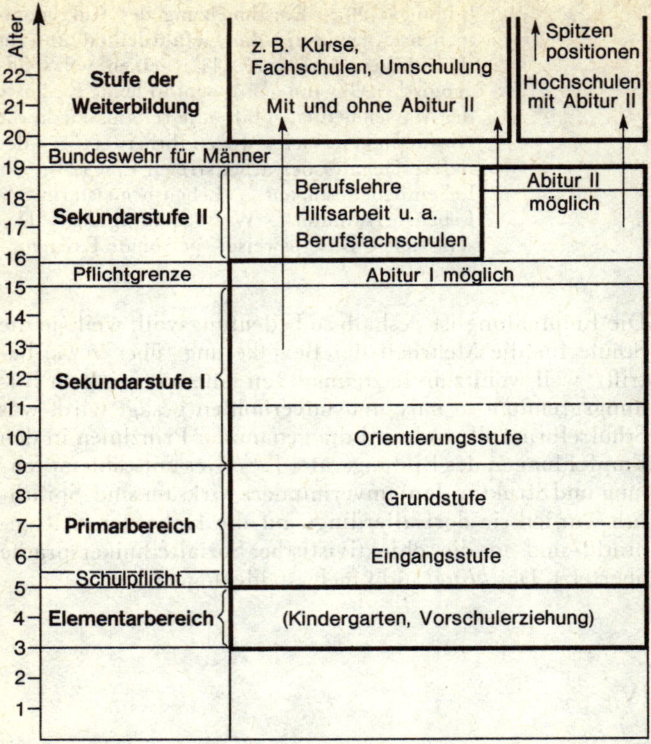

Der organisatorische Aufbau des Bildungswesens wird in der Skizze hinreichend deutlich. Die ›Bereiche des organisierten Lernens‹ (Elementar- und Primarbereich, Sekundarstufe I und II und der Bereich der Weiterbildung) sind laut Bildungsrat als ›zusammenhängendes Ganzes‹ zu begreifen. »Dabei gelten für die Gliederung des Bildungswesens folgende Leitsätze:

1. Die Bereiche des Lernens sollen in sich und im Verhältnis zueinander horizontal nach Stufen gegliedert sein.

2. Jede Stufe muß unter Berücksichtigung der körperlichen und geistigen Belastbarkeit des Einzelnen entsprechend den Lernvoraussetzungen angelegt sein, die in den vorhergegangenen Stufen erreicht wurden.«[26]

Diese Leitsätze sind nur in der integrierten Gesamtschule zu realisieren. Auch wenn man sich im Strukturplan noch nicht auf sie einigen konnte, liegt sie doch in seiner Konsequenz. Die nicht ganz wertfreie Skizze zeigt insofern die herrschende Tendenz. Als konkrete Empfehlungen aus dem Strukturplan für die nächsten Jahre können genannt werden: Ausbau der vorschulischen Erziehung für Drei- bis Vierjährige im Elementarbereich; Einschulung von Fünfjährigen; Reform der Grundschule bis zur Orientierungsstufe (von der niemand genau weiß, wohin sie orientieren soll); Einführung des zehnten Schuljahres; Angebot des Abitur I als einem qualifizierten mittleren Abschluß; Einrichtung einer hochdifferenzierten Sekundarstufe II bis zum Abitur II; Ausbau der Weiterbildung.
In diesem Rahmen ist es nicht möglich, ausführlicher auf die im Strukturplan vorgeschlagenen Maßnahmen einzugehen oder die organisatorischen und inhaltlichen Fragen der Gesamtschulplanung zu referieren; dazu muß auf die reichhaltige Gesamtschulliteratur verwiesen werden.[27]
Im folgenden geht es vor allem um gesellschaftliche Ziele und Wirkungen der Gesamtschulreform.

V

Inwiefern entspricht die Gesamtschule den technokratischen Anforderungen im organisierten Kapitalismus?

1. Sie ermöglicht eine breite und einheitliche Verbesserung der Qualifikationsstruktur der Bevölkerung durch Vermittlung einer technologisch wissenschaftlichen Bildung und durch die Erzeugung neuer »kultureller Bedürfnisse« für den Konsum.

2. Da sie in allen anderen Industrieländern eingeführt oder geplant ist, gewährleistet sie die ökonomisch notwendige internationale Angleichung der Qualifikations- und Bedarfsstruktur.

3. Geleitet von einem neuen leistungsorientierten Begabungsbegriff, ermöglicht die Gesamtschule durch rationelle Verfahren der Differenzierung und Leistungsmessung die optimale Abschöpfung aller *verwertbaren* Begabungsre-

serven. Sie garantiert einen hohen Output hierarchisch qualifizierter Fachkräfte bei geringen Kosten.[28]

4. Die soziale Integration und Einübung des erforderlichen Funktionsgehorsams scheinen durch die Gesamtschule am ehesten gewährleistet zu sein: Die technokratisch dynamische Organisationsstruktur mit ihrer partikularen Rationalität, kooperative Arbeitsweisen, scheindemokratische harmonisierende Entscheidungsrituale, Schülermitbestimmung und kollegiale Schulleitung[29], die Selbstzensur, kompensatorisches ›social training‹, integrative Lernziele, objektivistische Selektionsriten und ein konkurrenzstiftendes Leistungsprinzip versprechen die geforderte Anpassung zu bewirken und die gefährliche Solidarisierung der Opfer zu verhindern.

5. Der systemgefährdende Demokratisierungsdruck von unten kann in der Gesamtschule am ehesten *pädagogisch* aufgefangen werden. Indem sie formelle partikulare Demokratie im Erziehungssektor bietet (Chancengleichheit, Mitbestimmung), verschafft sie der Klassengesellschaft ihr pädagogisch demokratisches Alibi. Partikulare Demokratisierung stabilisiert das undemokratische Ganze, von dem sie aufgehoben wird.

6. Da die Anpassungsmechanismen und die Selektionsrituale auch weiterhin dem durch Mittelklassennormen kontrollierten Leistungsprinzip unterstehen und die gestuften Ausbildungsgänge hierarchisch qualifizierende Berechtigungsscheine anbieten, findet auch in der Gesamtschule eine klassenspezifische Auslese statt, die eine Reproduktion der Klassenstruktur der Gesellschaft ermöglicht.

7. Durch Lernziele wie ›Lernen lernen‹ und die Individualisierung bzw. soziale Differenzierung der Schullaufbahnen läßt sich der ökonomisch notwendige Bereich der Weiterbildung gut an die Gesamtschule anschließen. Ihre horizontale Organisation ermöglicht eine schnelle Anpassung der gestuften Aus- und Weiterbildungsgänge an die Erfordernisse des ›Arbeitsmarktes‹.

8. Aufgrund ihrer Betriebsgrößen (2000–4000 Schüler) und dem dadurch möglichen Einsatz modernen Managements arbeiten die Gesamtschulen rentabel im Sinne des Input-Output-Verhältnisses. Durch Zentralisierung, Standardisie-

rung und Anonymität werden die schulischen Prozesse samt ihren Kosten und ihrer Effizienz kalkulierbar und steuerbar.

Mit diesen Möglichkeiten entspricht die Gesamtschule weitgehend den immanenten Anforderungen der ›spätkapitalistischen Leistungsgesellschaft‹, womit noch nichts über ihr systemgefährdendes demokratisches Potential ausgesagt ist (vgl. letztes Kap.).

Nachdem festzustehen scheint, daß die Gesamtschule partikulare Interessen durchaus zum Zuge kommen läßt, hat sie breite politische Unterstützung gefunden. Sogar der konservative Philologenverband beginnt sich mit ihr anzufreunden, nachdem sicher ist, daß die Gesamtschule die soziale Hierarchie der Lehrer nicht aufheben, sondern sogar noch vergrößern wird, und nachdem sein Alibiargument widerlegt ist, daß in der Gesamtschule die Hochbegabten – »die schon im Mutterleib die FAZ lesen« (H. Hamm-Brücher) – nicht genug gefördert würden.

Auch die meisten Erziehungswissenschaftler wollen inzwischen die Gesamtschule. Sie versprechen sich von ihr weniger die Bildung von Mehrwert als die der Schüler. Einige wollen sogar die Demokratisierung der Schule und der Gesellschaft, von der alle reden.

VI

Als offizielle *Ziele der Gesamtschule* werden genannt[30]:

> Gewährleistung von Chancengleichheit,
> Individualisierung des Lernangebots und individuelle Begabungsförderung,
> Ermöglichung sozialer Erfahrung und Erziehung zur Autonomie.

Schon die Verwirklichung des ersten Zieles würde die Zerstörung der Klassenherrschaft und die Demokratisierung der Gesellschaft zur Folge haben oder voraussetzen.[31]

Das würde die Pläne der Technokraten überflüssig machen und kann weder in ihrem noch in ihrer Auftraggeber Interesse liegen. Da diese aber in Festreden auch von den demokratischen Zielen der Schulreform sprechen, scheinen sie etwas anderes zu meinen, oder sie nehmen es nicht so ernst. Denn »zunächst einmal werden die Erzieher nur von den Geschäftsleuten in der Gewohnheit übertroffen, sich gegenseitig über die soziale Verantwortung zu belehren«[32] (Galbraith). Was bedeuten demnach diese Ziele in der Klassengesellschaft? »Sind diese Ziele formuliert in der Absicht, der BRD-Arbeiterklasse zu den Voraussetzungen zu verhelfen, sich durch kollektive Emanzipation aus der lohnabhängigen Situation zu befreien?« fragt eine Gruppe Frankfurter Lehrerstudenten. Ihre Antwort: »Mit Sicherheit nicht. Die Gesamtschule als Produkt einer Gesellschaft, die sich in einem Reformierungsprozeß zu einer höher entwickelten Stufe des Kapitalismus befindet, ist weder revolutionär noch emanzipativ. Durch intensive Förderung der Arbeiterkinder, Therapiemaßnahmen für ökonomisch Unterprivilegierte wird – so macht ›Reformpädagogik‹ glauben – auf dem langen revolutionären Marsch die klassenlose Bildungsgesellschaft hergestellt... Der massive Einsatz der Technologie auf dem Ausbildungssektor und die mit ihm zusammenhängende Ideologie der technischen Zweckrationalität machen den Weg zu neuen Formen von Herrschaft und Ausbeutung frei: Effektivierung der Produktivkräfte bei gleichzeitiger Paralysierung des Bewußtseins.«[33] Dem ist nichts hinzuzufügen. Die meisten Gesamtschulpädagogen sind allerdings anderer Meinung.

Die Behauptung, die Gesamtschule sei nicht emanzipativ, ist sicher richtig, wenn man damit das hinter ihrer Einrichtung stehende politische Interesse meint. Über ihre tatsächliche Wirkung ist damit allerdings gar nichts gesagt. Ungeklärt ist auch die Frage, ob die Gesamtschule als das am weitesten entwickelte Schulmodell nicht auch die am wenigsten schlechte Ausgangsbasis emanzipatorischer Praxis ist. Die Frage wird im letzten Abschnitt diskutiert.

VII

Schauen wir die *Praxis der Gesamtschule*, ihre Prinzipien und ihre Funktion in einigen Punkten genauer an: Auffälligstes Merkmal gegenüber dem alten vertikal gegliederten Schulsystem sind die horizontal gestuften differenzierten Bildungsgänge, die allen Schülern gerecht werden und allen die gleichen Lernchancen gewähren sollen – bis zum Abschluß der Sekundarstufe I (vgl. Skizze). Dann ist die offizielle Gleichheit allerdings spätestens zu Ende. Sie hört schon vorher auf – oder genauer – es hat sie nie gegeben. Denn was bedeutet *Chancengleichheit* in der Klassengesellschaft, deren wichtigstes Kennzeichen ja die Ungleichheit ist? Logischerweise handelt es sich um Chancengleichheit zur »Ungleichheit für alle«.[34] Man versucht die Folgen der sozialen Ungleichheit, z. B. die sozio-kulturelle Benachteiligung der Arbeiterkinder durch ausgleichende kompensatorische Erziehung aufzuheben.[35] So versucht man z. B. das Sprachverhalten der Arbeiterkinder durch Sprachtraining an das von der Schule mit guten Zensuren belohnte Mittelklassenniveau anzupassen. Nicht die Zensuren sind falsch, sondern die Sprache. Nicht die Barrieren sollen beseitigt werden, sondern die schlechten Turner. Man kompensiert die Folgen der Unterdrückung, um die Ursachen am Leben zu erhalten. Genauer: Kompensatorische Erziehung will auf scheinbar demokratische Weise Mängel beheben, die auf undemokratische Weise entstanden sind und noch entstehen.[36] Sie ist ein oft unbewußter Versuch praktischer Gesellschaftskritik und Veränderung und stabilisiert, was sie kritisiert. Der Kompensierer Sisyphos wird nicht arbeitslos. Er erhält sich selber den Gegenstand seiner praktischen Kritik und damit der Gesellschaft ihre Klassen, die er eigentlich aufheben wollte – sofern er überhaupt ein Bewußtsein von Ihnen entwickelt hat. Auch der Bildungsrat will im Reich der Bildung verwirklichen, was der Unterklasse aus sehr materiellen Gründen verwehrt bleibt: »Dem Bildungswesen fällt insbesondere die Aufgabe zu, die Voraussetzungen dafür zu schaffen, daß der einzelne das Recht auf freie Wahl des Berufs wahrnehmen kann.«[37]

Er kann natürlich nicht, trotz Chancengleichheit und kom-

pensatorischer Erziehung. Er muß also doch ein Trottel sein. Die Klassengesellschaft hat ein Alibi.
Diese kompensatorische Erziehung geschieht in der *Demokratischen Leistungsschule* vor allem als *individuelle Begabungsförderung* des einzelnen Schülers »bis zum Höchstmaß seiner Leistungsfähigkeit«.[38] Sie wird dringend gebraucht.
Die zur normalen und kompensatorischen Förderung veranstalteten Lift-, Leistungs- und Niveaukurse bringen Elemente des alten vertikalen Systems wieder in die Gesamtschule und haben mehr mit Auslese als mit Förderung zu tun. So gibt es z. B. A-, B- und C-Kurse. Sie sind nach Testleistungen der Schüler zusammengestellt, weil man in leistungshomogenen Gruppen effektiver lernen kann. Getestet wird nach ›objektiven Kriterien‹. Dennoch finden sich in den A-Kursen vorzugsweise frühere Gymnasiasten und in den C-Kursen frühere Volksschüler. Dazwischen wird rauf- und runtergeliftet. Die Upper-class sitzt im A-Kurs, die Arbeiter vorwiegend im C-Kurs. Die Fluktuation zwischen den Kursen ist allerdings höher als früher zwischen Ober- und Volksschule. Und über die Verwendung individueller Lernangebote und standardisierter Tests unter der Regie eines technologisch leistungsorientierten Begabungsbegriffs lassen sich einige Arbeiter mehr hochsozialisieren als früher. Sie werden dringend gebraucht – als spezialisierte Fachkräfte und als Alibi für die Chancengleichheit. Am Oben und Unten ändert sich allerdings nichts, wenn in der Klassengesellschaft ›demokratisiert‹ wird.
Die Gesamtschule soll auf das Leben in der Gesellschaft vorbereiten, so wie es ist. Die Schüler müssen also das Oben und Unten, Herrschaft und Unterordnung, Reichtum und Durchschnitt als ›natürliche Prinzipien‹ verinnerlichen. Familienerziehung und traditionelle Schulerziehung haben diese Anpassung und Bewußtseinsdeformation mit wenigen Ausnahmen (Schülerbewegung) erreicht; die Gesamtschule hat aber auch hier die Potenz zur Perfektion. Der Lernbereich *Soziale Erfahrung in der Gesamtschule* macht es möglich. Den Arbeiterkindern im C-Kurs kann jetzt mit ›objektiven Tests‹ bewiesen werden, daß sie zu Recht bleiben, wo sie sind, wenn sie sich nicht anpassen können. Mit

den gleichen Tests bestätigt man den Mittelklassenkindern ihre Bestimmung zu Höherem. Vehikel dieser sozialen Erfahrung ist die heimliche Regierung in der Gesamtschule, das *pädagogische Leistungprinzip*, wie es vertrauenerweckend heißt. Unter dem Anspruch, individuelle Förderung zu verwirklichen, verstärkt es in Wirklichkeit die subjektive Erfahrung der Ungleichheit mit einem zusätzlichen und systemstabilisierenden psychologischen Effekt: Die Opfer suchen die Schuld für ihr ›Versagen‹ bei sich selbst. Die Klassengesellschaft ist entlastet.

Der Bildungsrat will das wirtschaftliche Leistungsprinzip wegen der mit ihm verbundenen ›sozialen Deklassierung und Störung der Sozialkontakte‹ nicht auf den Bildungsprozeß übertragen, hält aber das pädagogische Leistungsprinzip des ›Anreizens und Herausforderns‹ für wertvoll. »Das pädagogische Leistungsprinzip gewährleistet zudem, daß der Lernende am Ende seiner Schul- und Ausbildungszeit den harten gesellschaftlichen Leistungsanforderungen nicht unvorbereitet gegenübersteht.«[39] Noten, Testbogen, Zeugnisse, Lernzielkontrollen zur ›individuellen Förderung‹; in dieser Sache ist der Bildungsrat hart, damit die Schüler sich pädagogisch daran gewöhnen. Der autoritäre, pädagogisch bemäntelte Leistungsdruck macht die Schüler, aber auch die Lehrer, zu den Objekten des Lernprozesses, dessen Subjekte sie sein sollten; er macht Lernen zu entfremdetem Lernen. Der autoritäre Leistungsterror produziert bei den Schülern und Lehrern Vereinzelung, individuelle Konkurrenzhaltung, Angst- und Leistungsneurosen; er tötet ihre Phantasie und Genußfähigkeit und verhindert die politische Solidarisierung.

Das ›pädagogische Leistungsprinzip‹ erweist sich damit als das wirksamste Disziplinierungsmittel in der Gesamtschule und über sie hinaus. Seine Wirksamkeit verdankt es vor allem seinem als Naturgewalt auftretenden Objektivismus und seinen Sanktionsmöglichkeiten (Abitur u. a.): »Je besser der pädagogische Zweck der Kontrolle erfüllt wird, desto besser ist auch die abschließende Gesamtbewertung als Grundlage für Berechtigungen zu rechtfertigen.«[40]

Sie hat es nötig.

Mitunter verstoßen die pädagogischen Leistungsmesser

und Selektierer auch gegen das Grundgesetz, auf das sie sich sonst mit Nachdruck berufen. Der Tatbestand ist z. B. folgender:
Nachweislich ist eines der wichtigsten Kriterien für den Schulerfolg die ›Sprachleistung‹ der Schüler. Sie soll durch die Deutschnote ausgedrückt werden. Maßstab für richtiges oder falsches Sprechen ist die Schulsprache, die etwa dem sogenannten ›elaborierten Code‹ der Mittelklasse entspricht. Nun haben die bekannten empirischen Untersuchungen von B. Bernstein, U. Oevermann, P. M. Roeder u. a. aber ergeben, daß das Sprachverhalten der Kinder Produkt ihrer sozialen Herkunft ist.[41]
Das bedeutet: Wenn man Sprachverhalten von Schülern beurteilt, dann beurteilt man in Wirklichkeit ihre soziale Herkunft. Wenn also bei einem Schüler die Sprache ›falsch‹ ist, dann ist auch seine soziale Herkunft falsch. – In der Klassengesellschaft hat eben keiner eine richtige Herkunft. Wenn also ein Schüler für seine Sprache eine ›Fünf‹ bekommt, dann bekommt er in Wirklichkeit für seine soziale Herkunft eine ›Fünf‹. Arbeiterkinder bekommen oft eine ›Fünf‹, bleiben ›sitzen‹ oder geben auf, weil sie nicht den offiziellen Mittelklassen-Code der Schule sprechen.
Wenn ein Schüler wegen seiner Sprache immer im C-Kurs sitzt und auch sonst negativ ausgelesen wird, dann wird er also *wegen seiner sozialen Herkunft benachteiligt*. Grundgesetz Art. 3. (3): »Niemand darf wegen seines Geschlechtes, seiner Abstammung, seiner Rasse, seiner Sprache, seiner Heimat und Herkunft, seines Glaubens, seiner religiösen oder politischen Anschauungen benachteiligt oder bevorzugt werden.«
Angeklagt ist die Klassengesellschaft mit ihrer Selektionsagentur Schule. Aber wo?
Zur Verfeinerung der *Selektionsriten*, damit die soziale Integration nicht gestört wird und die Schüler sich nicht unterdrückt fühlen, aber trotzdem unterdrückt werden können, dürfen sie sich sogar selber zensieren[42], nach objektiven Kriterien natürlich, die demnächst aus der vom Bildungsrat geplanten ›Item-Bank‹ kommen. Wer sich selber zensiert, akzeptiert die Noten eher: Er terrorisiert sich selber und ist dankbar, daß er es darf.

Die Schüler dürfen auch fast alles mitentscheiden – im Rahmen der bestehenden Schulordnung natürlich. Sie dürfen die Schulordnung sogar entwerfen – im Rahmen der bestehenden Vorschriften natürlich. Sie dürfen ihre Lernziele und Lerngänge ›frei‹ wählen und zusammenstellen im Rahmen der vorgegebenen Möglichkeiten natürlich und nach Rücksprache mit dem ›Schullaufbahnberater‹. Den Lehrern geht es ähnlich. Sie dürfen in Zukunft z. B. ihre Schulleitung wählen: den alten Anweisungen gehorcht es sich dann leichter. Sie dürfen im unteren Bereich systemkonforme Entscheidungen selber treffen – im Rahmen natürlich. Das erhöht sowohl die Effizienz als auch das Selbstwertgefühl der *Rollenträger*, vermindert die Reibung und paralysiert das Bewußtsein der funktionierenden Objekte. Innovationen und Entscheidungen von unten im Rahmen der technologischen Rationalität dynamischer Organisationsmodelle sind die technokratischen Wunderwaffen gegen effizienzmindernde Erstarrung und systemgefährdende Demokratisierung.[43]

In der Gesamtschule werden in diesem Sinn überaus subtile Mischungen aus Selektions-, Kooperations- und Innovationsritualen verwendet, mit denen die totale Integration der ihnen Unterworfenen produziert werden kann. Jede wirkliche Alternative wird abgeschnitten, wo alle scheinbaren angeboten werden.

Dabei ist festzustellen, daß die Ritualisierung der Kommunikation immer dort zunimmt, wo soziale Prozesse einer nicht mehr zu hinterfragenden ›Naturgewalt‹ technologischer Sachzwänge unterworfen werden, deren Zweck angeblich das ›Gemeinwohl‹ ist. In dieser ideologischen Naturwüchsigkeit haben die technokratischen Ritualmeister der Pädagogik durchaus Ähnlichkeit mit den archaischen Medizinmännern.

Mit Hilfe von ›social training‹, Gruppendynamik, Brot und Spielen, Zuckerbrot- und Peitschentests halten sich die Opfer fit und bei der Stange. Konflikte werden psychohygienisch ihrer tatsächlichen gesellschaftlichen Ursachen entkleidet und auf die Ebene des individuellen Versagens oder der gestörten Gruppenmechanik transferiert. So etwas läßt sich reparieren. Die Opfer suchen die Schuld wieder einmal

bei sich, aber Schuldgefühle sollen sie nicht haben. Die Klassengesellschaft ist entlastet.
Hier werden neue subtilere Formen der Herrschaft und der Anpassung deutlich, die nicht nur im Erziehungswesen wirksam sind: Die Knechte bestimmen jetzt selber, wie sie ihren zurückgezogenen Herren am wirksamsten dienen können und wie sie ihre Knechtschaft gestalten können: Denn, sogar Spaß *muß* sein – auch in der Pädagogik.
Der komfortable Käfig hat einen Auslauf bekommen. Die Bewohner sind mit seiner Vergoldung beschäftigt. Wie man ›rauskommt‹, interessiert kaum noch. ›Es ging uns ja noch nie so gut.‹

VIII

Als ein Kernstück der Schulreform wird die Revision des Curriculum, der *Lernziele und Lehrpläne* vom Bildungsrat und von den Gesamtschulpädagogen bezeichnet.
Aus zwei Gründen wird sie hier nicht so ausführlich diskutiert: Einmal sind in drei Beiträgen dieses Buches (Politische Bildung, Arbeitslehre und Heimatkunde) einige dieser Probleme exemplarisch bearbeitet worden; zum anderen besteht der begründete Verdacht, daß selbst emanzipatorisch formulierte Lernziele unter der ›sozialen Erfahrung‹ des rigiden Leistungs- und Ordnungsprinzips, auch in der neuen Schule, zu ihrer Perversion verkommen.
Wer behauptet, zu Kritikfähigkeit, Sprache, Sexualität oder Kreativität zu erziehen, und deren Ergebnisse zensiert, der praktiziert in Wirklichkeit ihre Unterdrückung, auch wenn er alles noch so enttabuisiert und sozialintegrativ verkauft. Was ist z. B. davon zu halten, wenn Schüler im Politikunterricht über demokratische Selbstbehauptung und Emanzipation diskutieren, dafür Noten bekommen und fünfzehn Minuten später durch einen Pfiff des Turnlehrers der Größe nach an die Wand gestellt werden – das sogar noch begeistert machen —, und keiner merkt etwas? Oder ein anderes Beispiel: Sexual- und ästhetische Erziehung könnten als politisches Lernen die Emanzipation der Schüler und der Lehrer weitertreiben. Aber in der verkrampften, durch ›social

engineering‹ und Leistungskontrolle total enterotisierten Lernsituation schlägt ästhetische Erziehung in ›gestalt- und formsuchende Innerlichkeit‹ und Sexualerziehung in die lächerlich verkrampfte Verhinderung von Sexualität um: Der pädagogische Ritualmeister der technokratischen ›Sexualkunde‹ mit seinem geschlechtskranken Sexualkundeatlas verhält sich wie ein Chorleiter, der singen will, aber weder kann noch darf. Aus Verzweiflung hält er seinen Sängern, die singen wollen und können, eine Lektion über Stimmbänder und verteilt anschließend Noten, nach denen man nicht singen mag.

Die Lehrer sind weitgehend unschuldig. Sie haben es nicht besser gelernt. Ihre Ausbildung ist kurz, schlecht und billig. Die pädagogische Schizophrenie, die hinter den scheinbar so absurden Beispielen zum Vorschein kommt, wurde von der bürgerlichen Gesellschaft vererbt. Der alte Widerspruch zwischen demokratischem Anspruch und repressiver Praxis verfolgt auch die Erziehung bis in den letzten Winkel der Klassengesellschaft. Dieser Widerspruch wird schon in der allgemeinen Bestimmung der Lernziele für die Gesamtschule durch den Bildungsrat deutlich: »Bildung, die ein realitätsgerechtes Verhalten des Individuums in der modernen Welt gewähren soll, kann nicht mehr durch vorwissenschaftliche Tradition, seien sie volkstümlicher oder literarischer Art, vermittelt werden. In einer hochdifferenzierten Gesellchaft vermag die unmittelbare und überlieferte Erfahrung keine sichere Orientierung des Handelns zu gewährleisten. Sie muß vielmehr immer stärker durch die wissenschaftliche Erkenntnis der Welt erweitert werden. Dies gilt keineswegs nur für die sogenannten Führungspositionen der Gesellschaft, sondern für jedermann, wenn man an dem Anspruch festhält, daß jeder die gesellschaftlichen Verhältnisse, die sein Leben mitbestimmen, rational verstehen soll.«[44]

»Wenn es ferner das Ziel der Schule ist, den jungen Menschen auf das Leben in einer offenen Gesellschaft und in einem demokratischen Staat vorzubereiten, müssen die Grundmuster des mündigen Verhaltens in der Schule eingeübt und erprobt werden.«[45]

Da ist die Trennung von ›Führungspositionen‹ und ›jedermann‹, der seine Lebensbedingungen nur ›rational‹ verstehen soll, damit er besser funktioniert und lernt, daß es gut so ist, wie es ist. Da wird nicht etwa zum Kampf für eine ›offene Gesellschaft‹ und einen ›demokratischen Staat‹ erzogen, wir haben sie schon. Es muß nur noch ›mündiges Verhalten‹ eingeübt und erprobt werden. Folgerichtig gibt es nur noch die Einübung ›realitätsgerechten Verhaltens‹ und den Erwerb der notwendigen wissenschaftlichen Qualifikationen.

In diesem Kontext sind alle Lernziele funktional, d. h. auf Systemstabilisierung angelegt. Aus der zufriedenen, weil ›armen Schwammerlresi‹ des antiquierten Lesebuchs ist der stolze und dankbare Programmierer Paul X geworden. Welche Revolution im Lesebuch. Wo noch emanzipatorische Reste zu finden sind, werden sie durch Leistungskontrolle umfunktioniert. Als Beispiel mag die berühmte ›Erziehung zur Kritik‹ dienen. Die emanzipatorische Funktion der Kritik ist bekannt. Bekannt dürfte den Leistungspädagogen auch die Feststellung des Altmeisters der bürgerlichen Intelligenzpsychologie J. Piaget sein: »Kritik entsteht aus Erörterung, und Erörterung ist nur unter Gleichgestellten möglich.«[46]

Wer zensiert, ist kein Gleichgestellter mehr; er muß sich nicht wundern, wenn Schüler weder mit ihm sprechen können noch wollen. Wenn sie es doch tun, gibt es keine Kritik mehr, nur noch Affirmation. Man kritisiert, was man soll und wie man soll. Man *muß* ja weiterkommen. Wer Erziehung zur Kritik will, muß folglich das selektive Leistungsprinzip der Schule abschaffen – sonst wird es nur Geschwätz! Wer das selektive Leistungsprinzip entfernt, ermöglicht politische Arbeit, die Entfaltung von Sensibilität und die Aufhebung des vereinzelnden Konkurrenzdrucks. Er gefährdet aber damit die Ziele der Schulpolitik in der Klassengesellschaft: Ruhe, Ordnung, funktionale Leistungsfähigkeit und Funktionsgehorsam. Und daran wird man ihn zu hindern suchen.

IX

Emanzipatorische Möglichkeiten der Reform:
»Entgegen dem demokratischen Schein war das Bildungswesen nie weiter davon entfernt, die subjektiven Voraussetzungen zur humanen Überwindung des gesellschaftlichen Status quo zu vermitteln, d. h. die geplanten Lehr- und Lernprozesse demokratisch zu definieren.«[47]
Nach dem bisher Gesagten, mag man geneigt sein, dieser These G. Koneffkes zuzustimmen. Sie wird begründet mit der alles integrierenden Funktion des ›spätkapitalistischen Bildungswesens‹, der daraus folgenden Unmöglichkeit, die emanzipatorische Klassenbasis im Bildungswesen und seine traditionelle Subversivität wiederherzustellen, und mit der totalen Korrumpierung aller fortschrittlichen Kräfte durch den demokratischen Schein der Reformen.
Jetzt endlich – so scheint es – wird die ›klassenlose Bildungsgesellschaft‹ Wirklichkeit.
Mit der Forderung nach freien, autonomen und selbstbewußten Menschen konnte bisherige Bildung eine immanente Subversivität über einen Teil der Gymnasiasten entfalten. Denken wurde punktuell entwickelt; man konnte die Brutalität der Verhältnisse – denen auch die Gymnasiasten ihre Privilegierung verdankten – wenigstens noch erkennen. Die Integration des Bewußtseins war nicht total gelungen, die politische Schüler- und Studentenbewegung seit 1965 eine Folge. Unter der Dialektik der privilegierten bürgerlichen Mittelklassenbildung wurden also immerhin die praktische Kritik und der demonstrative Protest gegen ihre Bedingungen durch ihre eigenen Absolventen produziert. Das ist systemgefährdend geworden. Und da es sich um privilegierte Bildung handelt, kann sie zur ›Demokratisierung der Bildung‹ abgeschafft werden: Was früher nur die Oberen lernen durften, das darf jetzt keiner mehr lernen, »Ungleichheit für alle«.[48]
Festzustellen ist, daß die Subversivität des traditionellen Bildungswesen nur über die privilegierten Jugendlichen wirksam werden konnte und mit deren Integration in gesellschaftliche ›Führungsposition‹ in der Regel endete. Die privilegierte materielle Basis war stärker als die meist

idealistische Aufklärung, die zu verdrängen angesichts der Vorteile leichtfiel.

Mit der technokratischen Struktur- und Gesamtschulreform wird versucht, die ›naturwüchsige‹ bürgerliche Subversivität des Bildungswesens durch die scheindemokratische Funktionalisierung und Integration aller Faktoren im Bildungsprozeß aufzuheben. Daraus zu schließen, daß die Mobilisierung von Demokratisierungsprozessen übers Bildungswesen nun endgültig unmöglich sei, wäre zumindest vorschnell.

Absicht und Wirkung sind nicht identisch, und als Weiterentwicklung von Produktivkräften und Produktionsverhältnissen sind die Reformen ambivalent.[49]

Als das am weitesten fortgeschrittene Reformmodell entspricht die Gesamtschule den immanenten Anforderungen des organisierten Kapitalismus am besten; ihr systemstabilisierendes Potential gilt als erwiesen (vgl. Kap. II u. V). Darauf haben die am USA-Vorbild orientierten technokratischen Bildungsplaner hingewiesen, so daß die Gesamtschule von den Politikern und den herrschenden Interessenverbänden schon weitgehend akzeptiert wird. Die von den Pädagogen angebrachten demokratischen Verzierungen (Erziehung zur Autonomie, Chancengleichheit usw.) haben zur Popularisierung der Gesamtschule beigetragen. Dagegen ist ihr subversiv demokratisches Potential – eine emanzipatorisch wirkende Schule ist in der Klassengesellschaft immer subversiv – bisher kaum untersucht worden.[50]

Ansätze finden sich bei H. v. Hentig[51], doch überwiegt auch hier die pädagogisch politische Überzeugungsstrategie zur Popularisierung und Durchsetzung der Gesamtschule. Diese Strategie als reaktionär zu denunzieren ist nur dann richtig, wenn die Gesamtschule ein prinzipiell reaktionäres Schulmodell ist. Wenn sich aber erweisen sollte, daß die Gesamtschule trotz ihrem Integrationsauftrag eine bessere Basis für emanzipatorische Praxis abgibt als das bisherige Schulsystem oder andere Reformmodelle, dann ist jede Strategie, die zu ihrer Durchsetzung beiträgt, zumindest partiell fortschrittlich.

Auszugehen ist also nicht allein von den ›finsteren‹ Absichten der technokratischen Reformer, sondern auch von den tatsächlichen materiellen Wirkungen der Reformen einschließlich der mitproduzierten Möglichkeiten für emanzipatorische Praxis. Diese sind selbstverständlich noch nicht empirisch auszumachen, doch lassen sich einige Faktoren und Bereiche herausgreifen, deren politische Widersprüchlichkeit durch die Gesamtschulreform weitergetrieben wird, die demokratisches systemtranszendierendes Potential und damit Ansatzpunkte für emanzipatorische Praxis enthalten.[52]

1. Als Schule für alle verbreitert die Gesamtschule die Basis für pädagogisch politische Arbeit von Schülern und Lehrern.

2. Durch die Verlängerung der Schulzeit bis zum sechzehnten oder achtzehnten Lebensjahr wird die Entwicklung von Widerstandskraft gegen die autoritäre oder sozialintegrativ manipulative Betriebspraxis ermöglicht. Achtzehnjährige werden sich autoritärer Praxis nicht so wehrlos unterwerfen, wie Vierzehnjährige es müssen.

3. Die erweiterte Begabungsförderung steht zwar unter ökonomischen Verwertungskategorien, kann aber nicht verhindern, daß sich gleichzeitig politische Begabungen und politisches Bewußtsein in stärkerem Maße als bisher entfalten.

4. Der Widerspruch zwischen Qualifikationserhöhung und demokratischen Lernzielen einerseits und der integrativen Praxis andererseits wird größer und ermöglicht immanente Kritik sowie die mit ihr verbundene Bewußtseinsbildung in breiterem Umfang als bisher.

5. Die zunehmende Spezialisierung in den höheren Kursen der Gesamtschule kann zwar zu fachidiotischer Verengung führen, bei wirksamer politischer Bildung aber auch die Voraussetzung zu fundierter Kritik sein: Die Wahrheit liegt im Detail, solange das Ganze das Unwahre ist.

6. Die differenzierte und dynamische Struktur der Gesamtschule erfordert die kooperative Praxis von Lehrern und Schülern. Diese Kooperation kann sich als solidarische Praxis von Schülern und Lehrern auch gegen die vorgegebenen Zwecke richten. Ihre Einübung ist zumindest eine gute Voraussetzung dafür. Das gleiche gilt für das Prinzip der Entscheidung und Innovation von unten. Das dynamische Organisationsmodell der Gesamtschule bietet bessere Voraussetzungen für demokratische Praxis als das hierarchische

Modell der alten Schule. Der totalen Integration kann entgegengewirkt werden.
7. Wer ›Lernen lernt‹ – auch wenn es technokratisch verwaltet ist –, kann auch lernen, wie man etwas nicht lernt, oder politisch lernen, wie man sich gegen Manipulation wehrt.
8. Die soziale Erfahrung in der Gesamtschule ist die Erfahrung der sozialen Ungleichheit unter dem Versprechen der Chancengleichheit und dem selektiven Leistungsdruck. Die Gesamtschule kann diese soziale Ungleichheit der Klassengesellschaft, der sie sich selber verdankt, nicht pädagogisch aufheben; aber die Erfahrung der Ungleichheit kann aktualisiert werden.
9. Die pädagogisch an sich ungünstige Größe der Mammutgesamtschulen (2000–4000 Schüler) hat für die politische Arbeit von Lehrern und Schülern auch Vorteile. Interessenkonflikte lassen sich besser sichtbar machen, entpersonalisiert austragen und auf ihre gesellschaftlichen Ursachen beziehen. Durch die große Zahl von Lehrern und Schülern ist die Bildung fortschrittlicher solidarischer Gruppen eher möglich und die Gefahr der Vereinzelung nicht so groß wie in herkömmlichen Schulen.

Ob diese Möglichkeiten Bedeutung gewinnen, wird nicht zuletzt davon abhängen, ob sie von einer genügend großen Zahl engagierter Lehrer erkannt und politisch genutzt werden. Eine Veränderung im gesellschaftlichen Bewußtsein der Lehrer ist die Voraussetzung, die von der gegenwärtigen Lehrerbildung allerdings nicht geleistet werden kann.[53] In ihr dominiert noch immer die idealistisch hermeneutische Pädagogik der Dilthey/Spranger-Nachfolger, die allmählich durch die empirisch-analytisch arbeitenden Erziehungswissenschaftler ersetzt werden, was die Lehrerbildung zwar auf die Höhe der Zeit, aber eben auch nicht weiter bringt. Außerdem gehört es offensichtlich zum Programm der Kulturpolitik, eine sozialwissenschaftlich orientierte Lehrerbildung zu fordern, zugleich aber die Sozialwissenschaften im Studienplan zu kürzen (Hessen) oder zu funktionalisieren. Kritische Lehrer könnten schließlich kritische Schüler erziehen, die sich gegen die kapitalistische

Ausbeutung wehren. Aber gegenwärtig gehen die wichtigsten emanzipatorischen Ansätze in den Schulen sowieso von den Schülern aus.[54]

Lehrer und Pädagogik sind ratlos. Ihre Maßnahmen beschränken sich meist auf die repressive Abwehr (Relegation von Schülern) oder Integration der politischen Schülerbewegung. Bestenfalls wird eine Art ›Nischen-Pädagogik‹ als demokratisches Optimum empfohlen[55], deren kompensatorische Funktion offensichtlich ist. Dagegen hängt die Herstellung einer emanzipatorisch wirksamen Schule wesentlich davon ab, ob es gelingt, Freiräume zu schaffen, die politisch zur Veränderung der bestehenden Verhältnisse genutzt werden können, die nicht nur kompensatorische Spielwiesen der Kritik sind.[56] Pragmatisch bedeutet das zunächst, daß Schüler und Lehrer versuchen müssen, den Eckpfeiler der autoritären Schule abzubrechen: die hierarchische Von-oben-nach-unten-Struktur des Lernens und seiner bürokratischen Organisation.

Die traditionelle und die empirische Pädagogik konnten bisher kaum politisch pädagogische Modelle der Strategie zum Kampf gegen die autoritäre Schule und ihre Verwalter anbieten. Diese Wissenschaft war von jeher dem herrschenden Interesse zu sehr verpflichtet, um so etwas denken zu können. Obwohl die wissenschaftliche Hilfe bei den Demokratisierungsversuchen dringend erforderlich ist, werden sich die Lehrer und Schüler, aber auch die Eltern selber helfen müssen. Es entbehrt auch nicht der Logik, wenn der hessische Kultusminister die Demokratisierung von oben als ersten Schritt ablehnt: »Solche Versuche können nicht auf dem Erlaßwege angeordnet werden. Sie müssen selbst das Ergebnis eines demokratischen Prozesses sein, wenn sie nicht schon in ihrer Entstehung die Strukturen spiegeln sollen, die es zu überwinden gilt.«[57] Aber was heißt das in der Klassengesellschaft, wenn nicht nur ein ›Schwarzer Peter‹ nach unten weitergegeben werden soll? Immerhin ist damit aber zum ersten Male von einem deutschen Kultusminister gesagt worden, daß die gezielte politische Regelverletzung durch Schüler und Lehrerbeamte den Demokratisierungsprozeß vorantreiben kann und deshalb notwendig ist. Was diesen demokratischen Lehrern allerdings blühen kann, wenn sie es tun, ist weniger erfreulich, wenn man bedenkt, daß schon die Umsetzung der neuesten erziehungswissenschaftlichen Erkenntnisse in erzieherische Praxis zur Relegation der progressiven Lehrer durch eine reaktionäre Schulbürokratie führen kann. Die jüngsten Entlassungen, Versetzungen und Bestrafungen von Lehrern in der BRD beweisen das.[58]

Welche konkreten politisch-pädagogischen Konsequenzen aus den vorgelegten Befunden und Überlegungen im einzelnen zu ziehen sind, wie emanzipatorische Praxis in der Schule von 8–13 Uhr z. B. aussehen muß, ist hier nicht mehr zu diskutieren. Das muß von den Beteiligten der Praxis gegenwärtig noch selber geleistet werden. Die akademische Erziehungswissenschaft ist bisher in diese ›Niederungen‹ kaum hinabgestiegen; wo sie es tat, gab sie meist Ratschläge und Rezepte zur Perfektion der Anpassung, zur Verfeinerung der Repression. Die Fortschritte der Didaktik waren bisher weitgehend Fortschritte der Manipulation: Wie zensiert man ›besser‹? Wie kann man Schüler ›besser‹ motivieren – für etwas, das sie nicht wollen? (Ein Problem, das die ›Pädagogen‹ übrigens mit den Reklameleuten gemeinsam haben.) Wie hält man ›besser‹ Disziplin? (Darunter verstehen die ›Pädagogen‹ Ruhe und Ordnung.) Wie soll man ›besser‹ strafen?[59] (Denn Strafe muß sein.) Oder – wie kann man ›am besten‹ Sexualerziehung ohne Sexualität betreiben und politische Bildung ohne praktische Politik?

So etwa lauten einige der schier überzeitlichen ›Anliegen‹ der abendländischen Pädagogik, Didaktik und der inhaltlichen Schulreform.

Die Fragen sind für eine emanzipatorische Praxis selbstverständlich umzukehren: Wie verhindert man Strafen? Wie zensiert man am besten nicht mehr? Wie entfernt man das selektive Leistungsprinzip zunächst wenigstens aus dem eigenen Unterricht, ohne selbst als Lehrer entfernt zu werden? – Man muß ja nur ›zensieren‹, Fünfen und Sechsen muß man nicht geben. Oder – wie kann man Schüler dazu ermuntern, das zu lernen, was sie interessiert? – Lehrer und Schüler machen ihre eigene Curriculumrevision. – Was bedeuten solidarische Disziplin und Leistung in der konkreten Schulsituation – und wie kann man sie lernen? Wie können Lehrer und Schüler miteinander so umgehen, daß es Spaß macht? Daß die Lehrerstudenten in ihrer Ausbildung von der Pädagogik keine Antwort auf die Frage bekommen, wie sie emanzipatorische Praxis machen können, liegt vielleicht daran, daß die Pädagogen meist selber keine haben.

Aber es gibt Ansätze: Die Studenten versuchen, ihre Vereinzelung durch kollektiv durchgeführte Projekte aufzuheben (z. B. Praktikum, Arbeitsgruppen, Gegenveranstaltungen, praktische Projekte wie Kinderladen, Schülerladen u. a.).

Theoretische Ansätze bieten z. B. die Analysen von H. J. Heydorn, G. Koneffke, K. Mollenhauer im Zusammenhang mit den Arbeiten kritischer Soziologen. Diese Arbeiten klären die Ausgangslage. Einen Schritt weiter geht H.-J. Gamm mit seiner Streitschrift ›Kritische Schule‹, in der konkrete Entwürfe für eine befreiende Praxis von Lehrern und Schülern entwickelt werden.[60] Dieser Anschluß an die selbsttätige theoretische und praktische Arbeit von Schüler- und Studentengruppen bedeutet allerdings einen Bruch mit der beschaulichen Pädagogik vergangener Jahre, aber auch mit der sozialtechnologischen neopositivistischen Erziehungswissenschaft.

Wenn es in der Lehrerbildung gelingt, die zukünftigen Lehrer für eine kritische Schule zu gewinnen, wird es mit der herrschenden Schulreform nicht gelingen, aus der reformierten Schule eine formierte zu machen.

Alfred Pressel
Sozialisation

Im Begriff Sozialisation konvergieren die Versuche einiger Wissenschaften, Voraussetzungen und Verlauf jenes Prozesses zu klären, während dessen der nur mit rudimentären Instinkten geborene Mensch allmählich die Verhaltenssicherheit eines Erwachsenen erwirbt und dabei psychisch wie sozial die Fähigkeit gewinnt, als Individuum zum arbeitsteiligen Reproduktionsprozeß der Gesellschaft beizutragen. Die Komplexität des Sozialisationsprozesses zwingt Anthropologie, Psychologie, Soziologie, Ökonomie und Erziehungswissenschaft, um nur einige Wissenschaften zu nennen, zu einer arbeitsteiligen Kooperation, die allerdings im Hochschulbereich noch keineswegs institutionalisiert ist.
Die Vielzahl von Dimensionen, unter denen sich der Sozialisationsprozeß analysieren läßt, kann nur dann arbeitsteilig angegangen werden, wenn die je besonderen Forschungsaspekte der einzelnen beteiligten Wissenschaften für sich und in ihrer Relation zueinander geklärt sind. Damit soll keineswegs für eine restriktive Arbeitsteilung plädiert werden, die ›Grenzüberschreitungen‹ tabuiert, so die Verzahnung der einzelwissenschaftlichen theoretischen und empirischen Bemühungen erschwert und wechselseitige Korrekturen ausschließt. Unbelastet von rigiden Vorstellungen über die absolute Autonomie der eigenen und die sachliche Inferiorität anderer Wissenschaften könnte sich die Kooperation an der Struktur der jeweiligen Sachproblematik und der ihr adäquaten Problemlösung orientieren, vorausgesetzt, daß der Stand der Dialektik von Selbst- und Fremdverständnis der beteiligten Wissenschaften dies erlaubt. Die Abhängigkeit der Einschätzung des Verhältnisses zu anderen Wissenschaften von der Art und Weise, wie der je eigene Gegenstand und seine theoretische Erschließung, wie das Verhältnis von Theorie und Empirie oder

von Theorie und Praxis jeweils definiert wird, kann an dieser Stelle zwar nicht entfaltet, soll jedoch für das Verhältnis von Erziehungswissenschaft und Soziologie zumindest angedeutet werden.[1]

Für die Kooperationschancen beider Wissenschaften ist es von Bedeutung, ob sich die Erziehungswissenschaft als Geistes- oder als Sozialwissenschaft, als Norm- oder als Erfahrungswissenschaft versteht – und entprechend von der Soziologie auch verstanden wird –, oder ob sich die Soziologie als positivistische, allgemeine Theorie des sozialen Handelns, als Sammlung positivistischer Theorien mittlerer Reichweite oder als kritische Theorie der Gesellschaft versteht – und von der Erziehungswissenschaft als solche akzeptiert wird. Eine Pädagogik, die sich als hermeneutisch verfahrende Geisteswissenschaft definiert, entwickelt von sich aus kaum Berührungspunkte mit soziologischen Fragestellungen. Umgekehrt wird beispielsweise eine positivistisch orientierte Soziologie kaum mit einer Pädagogik oder Erziehungswissenschaft kooperieren können, die den Anspruch erhebt, die Prinzipien der Erziehungspraxis normativ bestimmen zu müssen. Die Vielzahl weiterer Kombinationsmöglichkeiten ist keine Fiktion; da keine der beiden Wissenschaften bisher ein als allgemeinverbindlich akzeptiertes Selbstverständnis entwickelt hat, bestimmt heute weitgehend das zufällige Zusammentreffen einander akzeptierender Wissenschaftler an Pädagogischen Hochschulen und Universitäten das Ausmaß der Kooperation – abgesehen von einigen Institutionen, in denen die Kooperation organisatorisch festgelegt ist, wie etwa dem Pädagogischen Zentrum und dem Max-Planck-Institut in Berlin.

Notwendige Grundlage für eine systematische Zusammenarbeit, die von seiten der Soziologie über die Ideologiekritik pädagogischer Texte und von seiten der Erziehungswissenschaft über das sporadische Rezipieren soziologischer Theoreme und vereinzelter Forschungsergebnisse hinausgeht, wäre wohl, daß in der Erziehungswissenschaft ein Konsensus darüber erreicht würde, sie als Sozialwissenschaft anzusehen und damit auch den historisch zwar erklärbaren, heute aber anachronistischen Autonomieanspruch aufzugeben.[2] Aus der Sicht der kritischen Theorie der Gesellschaft wäre eine »kritische Theorie der Erziehung«, wie sie beispielsweise von K. Mollenhauer und F. Wellendorf[3] intendiert wird, die im theoretischen Ansatz und in der Beurteilung des Verhältnisses von Theorie und Praxis am besten korrespondierende Erziehungswissenschaft.

Die Divergenz der verschiedenen pädagogischen oder erziehungswissenschaftlichen Theorien läßt sich demonstrieren an der Reaktion einiger Theoretiker auf den Begriff Sozialisation, die prismatisch das Spektrum der Meinungen sichtbar macht. W. Brezinka hat sich verhältnismäßig früh zum Verhältnis von »Sozialisierung und Erziehung« geäußert.[4] Nach einem Nachweis, daß das, was mit Sozialisation gemeint sei, in der Tradition der Pädagogik durchaus nicht unbekannt gewesen wäre[5], wenn auch unter verschiedenen »Namen: Gewöhnung, Umgang, Angleichung, Assimilation, funktionale Erziehung . . .«[6], äußert er die Meinung, daß von Wissenschaften wie der Psychologie und der Soziologie »in Zukunft nicht mehr als einige allgemeine Regeln«[7] zu Fragen der Sozialisation zu erwarten seien. Die daran ablesbare Unkenntnis der Sozialisationsforschung kommt außerdem in einzelnen Formulierungen – »der Erzieher im Chaos der wirkenden Mächte«[8] – wie in dem Vorschlag zum Ausdruck, »die geschlossene Gruppe als Ort der Charakterformung«[9] für Kinder und Jugendliche zu institutionalisieren.

Ist für Brezinka 1961 die oberflächliche Auseinandersetzung mit dem Begriff Sozialisation nur ein Anlaß, alte Rezepte der Pädagogik neu zu begründen, so verbindet Th. Wilhelm 1963 in seinem Aufsatz *Sozialisation und soziale Erziehung* kritische Anmerkungen zur Situation der pädagogischen Theorie mit einer Diskussion der soziologischen Theorie Wurzbachers.[10] Wilhelm bezeichnet die Stimmung der Pädagogen angesichts der Theorien zur Sozialisation als »zwiespältig«: einerseits gebe es die Befürchtung, daß kein Raum mehr für die Erziehung bleibe, womit meiner Ansicht nach fälschlicherweise die sozialwissenschaftliche Theorie anstelle der sozialen Verhältnisse selbst kritisiert wird –, andererseits werde erkannt, daß diese Art der Erweiterung der Sicht notwendig sei.[11] Obgleich sich Wilhelm für eine verstärkte Rezeption soziologischer Überlegungen durch die

Pädagogik einsetzt, ist doch auch bei ihm noch etwas von den Bedenken gegenüber einer Überfremdung durch Soziologie zu spüren[12], die aus der Tradition der deutschen Pädagogik zu erklären sind. Wilhelms Intention, angesichts der Weite sozialwissenschaftlicher Fragestellungen doch noch einen autonomen Bereich der Erziehung – und damit auch der Erziehungswissenschaft – zu retten, interpretiert Fürstenau folgendermaßen: »Wilhelm teilt mit Brezinka die Vorstellung, daß sich die Sozialisationsforschung auf die soziologische bzw. sozialpsychologische Untersuchung der Wirkungen ›gesellschaftlicher Prägekräfte‹ (Sitten, Gruppenerwartungen, Rollen usw.) auf das Kind beschränke und die absichtliche Erziehung nicht mit einschließe. Vielleicht führt die weitere Auseinandersetzung der Erziehungswissenschaft mit der Sozialisationsforschung zu der Einsicht, daß die Begriffe ›absichtliche Erziehung‹ und ›Erziehung zu sittlicher Verantwortung‹ für eine gegenseitige Abgrenzung der beiden Disziplinen keineswegs besonders geeignet sind.«[13]
Unter dem Titel *Sozialisierung und Erziehung* hat H. Fend 1969 eine Arbeit vorgelegt[14], in der er den Versuch unternimmt, einen aktiven Aspekt der Sozialisation von einem passiven zu unterscheiden, um auf diese Weise den Begriff Erziehung genauer bestimmen zu können. Seine Aufteilung von Sozialisation in »Sozialmachung« und »Sozialwerdung« mündet in dem Vorschlag, Sozialmachung und Erziehung gleichzusetzen[15], mit der weiteren Differenzierung, »informelle« von »formeller« Erziehung zu unterscheiden. »Zwischen diesen beiden Formen der Erziehung bestehen jedoch nur gradmäßige und keine prinzipiellen Unterschiede. Von ›informeller Erziehung‹ kann dann gesprochen werden, wenn das erzieherische Verhalten... einen Ausschnitt allgemeiner Rollen bietet, wenn kein hoher Grad an pädagogischer Reflexion besteht, wenn das erzieherische Verhalten vornehmlich durch Sitte und Brauch geregelt wird. ›Formelle Erziehung‹ liegt dann vor, wenn das erzieherische Verhalten zu einer Berufsrolle (z. B. Lehrer) spezialisiert worden ist, wenn hinter diesem Verhalten ein formuliertes Anweisungssystem (z. B. Methodik und Didaktik) steht, wenn das erzieherische Verhalten einen hohen

Grad an Geplantheit (z. B. Lehrstoffverteilungen) aufweist.«[16]
Warum Fend zur Bezeichnung dieser Differenz das Begriffspaar formell – informell verwendet, ist deshalb nur schwer einzusehen, weil die graduellen Unterschiede, die er hervorheben möchte, in erster Linie jeweils solche der Institutionalisierung und der Professionalisierung von Erziehung darstellen. Diese Dimensionen dürften in sich besser skalierbar sein als die Dimension formell – informell, außerdem bietet die Differenzierung von Erziehung nach dem Grad ihrer Institutionalisierung und Professionalisierung den Vorteil, auf ein stärker entfaltetes begriffliches Instrumentarium zurückgreifen zu können und nicht zuletzt präzisere historisch orientierte Analysen zu ermöglichen.
Fend zieht aus seiner Gliederung des Sozialisationsprozesses in »Sozialisierung«, »Erziehung« und »Enkulturation«, auf die noch zurückzukommen ist, keine explicit formulierten Konsequenzen für das Selbstverständnis der Erziehungswissenschaft oder die Arbeitsteilung der Wissenschaften. Implicit ist jedoch in seinem Begriff von Erziehung[17] die Ansicht enthalten, daß Erziehungswissenschaft eine auf erfahrungswissenschaftlicher Basis arbeitende Sozialwissenschaft sein sollte, die eng mit Psychologie, Sozialpsychologie und Soziologie kooperieren müßte.[18]
Um das Spektrum pädagogischer Stellungnahmen zu vervollständigen, sei hier schließlich noch auf das Gutachten Mollenhauers *Sozialisation und Schulerfolg*[19] hingewiesen, das in seiner Anlage und seinen Folgerungen demonstriert, wie fruchtbar für die Erziehungswissenschaft – ihre Theorie und ihre Praxis – die kritische Rezeption der zur Sozialisation vorliegenden Theorien und Forschungsergebnisse sein kann.
Zum Verhältnis der Begriffe Sozialisation und Erziehung läßt sich festhalten, daß Sozialisation gegenüber Erziehung der weitere Begriff ist, der im Vergleich mehrere Aspekte in einem umfassenden Konzept, an dem zahlreiche Wissenschaften mitarbeiten, enthält. Erziehung als intentionale, institutionalisierte (und professionalisierte) Planung und Vermittlung von Lernprozessen bildet einen Spezialfall von Sozialisation; sie kann von einer auf diesen Aspekt zen-

trierten Erziehungswissenschaft bearbeitet werden, wenn gesichert ist, daß alle relevanten sozialwissenschaftlichen Implikationen von Erziehung mit reflektiert werden. Solange die Erziehungswissenschaft dies nicht leistet, sind die übrigen Sozialwissenschaften verpflichtet, ihre Erkenntnis in die erziehungswissenschaftliche Diskussion einzubringen, auch auf die Gefahr hin, daß dies zunächst noch als Überfremdung eines *genuin* pädagogischen Arbeitsfeldes interpretiert wird. Man kann nur hoffen, daß diese für alle Beteiligten unerfreuliche Übergangsphase bald von einer systematisch angelegten Arbeitsteilung und Kooperation ineinander verschränkter Forschungsbereiche abgelöst wird, in der für hierarchische Vorstellungen vom Rang einzelner Wissenschaften kein Raum mehr sein wird.

Die vorliegenden Versuche, die soziologische Dimension des Sozialisationsprozesses theoretisch wie empirisch genauer zu analysieren, lassen zwei grundsätzlich verschiedene Arten von Fragestellungen erkennen. Bei dem ersten Theorietyp ist das Erkenntnisinteresse darauf gerichtet, im Rahmen einer formalisierenden, ahistorisch-allgemeingültigen soziologischen Theorie ebensolche Modelle der Sozialisation zu entwerfen, deren ahistorische und allgemeingültige Konzeption es erlaubt, Sozialisationsprozesse in verschiedenen Gesellschaften oder verschiedenen Gruppen einer Gesellschaft vergleichend zu interpretieren. Die Fragestellung dieser Sozialisationstheorien lautet etwa: ›Wie wird ein Mensch zu einem funktionierenden Mitglied eines sozialen Systems?‹ Die zweite Gruppe von Sozialisationstheorien versucht, auf der Basis einer historisch und kritisch orientierten Theorie der Gesellschaft, die inter- und intragesellschaftlich variierenden Sozialisationsprozesse in ihrem spezifischen historischen Kontext zu analysieren. Dies geschieht mit dem Ziel, historische Entwicklungen mit Begriffen zu erfassen, die in sich und in ihrem Verhältnis zueinander geeignet sind, historische Gesetzmäßigkeiten der Vergesellschaftung zu entdecken, deren Kenntnis die Menschen in die Lage versetzt, aktiv in ihre Geschichte einzugreifen, die sich sonst blind an ihnen und durch sie vollziehen würde. Die Fragestellung dieser Sozialisationstheorie könnte man in einem Satz ungefähr wie folgt formulieren: ›Wie werden Menschen an die repressive, immanent widersprüchliche spätkapitalistische Gesellschaft so angepaßt, daß sie entgegen ihrer objektiven Interessenlage dieses Gesellschaftssystem erhalten?‹ – wobei mittels des Verfahrens der immanenten Kritik die Ziele und Formen der Sozialisationsprozesse zu konfrontieren wären mit dem Anspruch, den diese Gesellschaft – beispielsweise im Grundgesetz der BRD – von sich selbst erhebt.

Die zwei Gruppen von Gesellschafts- und Sozialisationstheorien lassen sich jeweils weiter differenzieren, etwa nach ihrer erkenntnistheoretischen Begründung mit den entsprechenden Konsequenzen für das Verhältnis von Theorie und Empirie oder das von Theorie und Praxis sowie nach der von ihnen intendierten Reichweite oder nach dem Grad ihrer Dogmatisierung.[20] Die divergierenden Ergebnisse der Selbstreflexion darüber, welche Theorie der Soziologie ihrem Gegenstand angemessen sei, haben dieser Disziplin zwar zahlreiche Anregungen vermittelt, sie erschweren jedoch anderen Wissenschaften, wie etwa der Erziehungswissenschaft, die Bestimmung ihres Verhältnisses zur Soziologie.

In den folgenden kritischen Anmerkungen zu formalisierenden Sozialisationsmodellen kann keine systematische Kritik geleistet werden, sie sollen nur Anregungen zum Nachdenken über deren Erkenntniswert und -grenzen geben. Als zentraler Begriff im Vermittlungsprozeß zwischen Individuum und Gesellschaft wird häufig der Begriff der *sozialen Rolle* aufgefaßt.[21] »Während Positionen nur Orte in Bezugsfeldern bezeichnen, gibt die Rolle die Art der Bezeichnungen zwischen den Trägern von Positionen und denen anderer Positionen desselben Feldes an. Soziale Rollen bezeichnen Ansprüche der Gesellschaft an die Träger von Positionen . . .«.[22]

Sozialisation wird nun in der Terminologie der Rollentheorie als Erlernen von Rollen bezeichnet, wobei die Verhaltenserwartungen teilweise internalisiert werden, andererseits aber auch eine Sensibilisierung des Rollenlernenden gegenüber den Reaktionen der anderen, ihrer durch Sanktionen ausgeübten sozialen Kontrolle, erreicht wird. Es ist zu fragen, ob die Rollentheorie wirklich das leistet, was sie beansprucht: eine Erklärung des Verhältnisses von Individuum und Gesellschaft. Der Begriff des Individuums wird rollenanalytisch zerlegt in eine Vielzahl von Positionsinhabern, die Positionen weiter aufgefächert in eine Vielzahl von Positionssegmenten, denen jeweils Rollensegmente entsprechen. Erst die Kritik der so entfalteten Rollen- und Sozialisationstheorie stellte die Frage nach dem Individuum wieder, indem sie nach der Möglichkeit von Ich-Identität, Ich-Spontaneität und Rollendistanz fragte, sowie die normativen Verhaltenserwartungen nach dem Grad ihrer Repressivität und Rigidität unterschied.[23] Diese Kategorien erlauben immerhin, konkrete Sozialisationsprozesse daraufhin zu untersuchen, wieweit den zu sozialisierenden Individuen die Chance einer Entwicklung von Individualität zugestanden wird oder nicht.

Der Begriff der Gesellschaft wurde im Zusammenhang mit der Rollentheorie von den Vertretern soziologischer Theorien ›mittlerer Reichweite‹ aufgelöst in die Theorie der Bezugsgruppen[24], von den Vertretern der strukturell-funktionalen Theorie in die Begriffe soziales System und kulturelles System[25]. Die Bezugsgruppentheorie beansprucht ihrer Herkunft nach nicht, eine Theorie der Gesellschaft zu ersetzen; sie bietet vielmehr eine Erklärung für einige sozialpsychologische Mechanismen – die ihrerseits inhaltlich nur soziologisch ableitbar sind –, der Bewußtseinsbildung und Verhaltensorientierung von Individuen und Gruppen in bestimmten sozialen Situationen. Aus der strukturell-funktionalen Theorie ergeben sich zahlreiche Konsequenzen für die Analyse von Sozialisationsprozessen, auf einige soll zumindest hingewiesen werden. Indem die einzelnen Elemente eines sozialen Systems vorwiegend auf ihre Funktionalität für dieses System hin untersucht werden, wird Sozialisation auf den Gesichtspunkt der Anpassung reduziert. Distanziertes oder konkret abweichendes Verhalten in einem ansonsten äußerlich gut funktionierenden System wird eher den Abweichenden als dem System angelastet. Die Modellvorstellung sich selbst im Gleichgewicht erhaltender Systeme – dies gilt für personale, soziale und kulturelle Systeme gleichermaßen – wird leicht zum Postulat, dem-

gemäß Abweichende als Störer der Ordnung beurteilt werden. Die Praevalenz des sozialen Systems vor dem einzelnen wiederholt sich in der Überhöhung des sozialen Systems durch das kulturelle System, in dem die als zentral angesehenen und integrativ wirkenden ›Werte‹ einer Gesellschaft hypostasiert werden. Die Trennung der institutionalisierten Verhaltenserwartungen, der Normen der sozialen Systeme, von den kulturellen Werten bedeutet nicht nur deren Ablösung von realen gesellschaftlichen Interessen und Machtverhältnissen, sondern verleiht den Werten dadurch zugleich eine besondere Dignität, daß sie das Wesen der betreffenden Gesellschaft im Vergleich zu den von ihnen abgeleiteten gesellschaftlichen Erscheinungsweisen der institutionalisierten Normen in besonderer Reinheit darstellen. Gesellschaftliche Widersprüche sind auf der Ebene der Werte nicht mehr erkennbar, da deren harmonische Konstellation Voraussetzung ihrer integrativen Funktion ist. Die prinzipiell zwar anerkannte, durch die Konstruktion der Theorie jedoch praktisch eskamotierte Ableitbarkeit des Wertsystems aus sozialen oder personalen Systemen wird zum Schein, so daß J. Stendenbach folgerichtig formulieren kann: »Normen können instrumentelle Werte sein, während ›Werte‹ gewöhnlich genuine Werte sind.«[26]
Damit sind die »gewöhnlich genuinen Werte« einer sozialwissenschaftlichen Analyse und Relativierung ebenso entzogen wie einer praktischen Veränderung.
Die problematische Unterscheidung von institutionalisierten Normen oder Rollenerwartungen einerseits und (quasi-) ahistorischen Werten andererseits findet sich in zahlreichen Sozialisationstheorien wieder, in denen zwischen verschiedenen Phasen oder Aspekten des Sozialisationsprozesses differenziert wird. So unterscheidet G. Wurzbacher »Sozialisation«, Enkulturation« und »Personalisation«[27], D. Claessens »Soziabilisierung«, »Enkulturation« und »sekundäre soziale Fixierung«[28], H. Fend »Sozialisierung«, »Enkulturation« und »Erziehung«[29]. Diesen Einteilungen liegt die gemeinsame Beobachtung zugrunde, daß die Vermittlung der für eine Gesellschaft typischen Verhaltensweisen in einem Prozeß geschieht, in dessen Verlauf unter anderem allgemeine Richtlinien des Verhaltens immer stärker dif-

ferenziert und zugleich konkretisiert werden. Es ist jedoch nicht einzusehen, weshalb man den Prozeß der Vergesellschaftung derart in mehrere Elemente zerlegt, daß das eine, die Sozialisation oder Sozialisierung, den Zwangscharakter benennt, während das andere, die Enkulturation, darauf hinweist, wie bedeutsam und weihevoll es andererseits dabei zugeht.[30] In die deutsche Rezeption der strukturell-funktionalen Terminologie ist unversehens die ehrwürdige Gegenüberstellung von Kultur und Zivilisation mit eingegangen.

In der begrenzten rollentheoretischen wie in der als umfassend gedachten strukturell-funktionalen Analyse des Sozialisationsprozesses werden im Vergleich zum normativen Aspekt andere Gesichtspunkte völlig vernachlässigt, nämlich die Fragen, wie in unserer Gesellschaft materiell die Zuteilung der Positionen auf die einzelnen Individuen zustande kommt, und weiterhin, welche Chancen die verschiedenen Positionen ihren Inhabern bieten, den ihnen gesellschaftlich garantierten Anspruch auf Selbstverwirklichung einzulösen.

»Vergesellschaftung in ihrer je spezifischen historischen Form kommt durch die Arbeit von Menschen zustande und erhält sich durch sie. Der Prozeß der materiellen Reproduktion der Gesellschaft ist zugleich auch der der Individuen: ihre Bedürfnisse, ihre Charakterstruktur und Motive, die Art ihres Denkens und Verhaltens passen sich den jeweils vorgegebenen Formen der gesellschaftlichen Organisation an; sie bilden deren subjektives Korrelat in den Individuen, gleichsam innere Formen der Vergesellschaftung. Gleichwohl ist vom Naturmoment in den menschlichen Bedürfnissen nicht abzusehen, sie sind daher nie völlig in gesellschaftliche Bestimmungen aufzulösen oder auf sie zu reduzieren.«[31]

Normen und Institutionen können für die Soziologie deshalb nicht das hauptsächliche Ziel ihrer Erkenntnis darstellen, da sie im realen Reproduktionsprozeß der Gesellschaft »ihren Sinn und ihren Zweck nur aus der Notwendigkeit der Befriedigung menschlicher Bedürfnisse«[32] angesichts knapper Mittel erhalten. Eine Soziologie, die bei der Analyse der normativen Struktur stehenbleibt, erhebt damit dieses eigentlich sekundäre Moment von Vergesellschaftung zum primären. Die Frage des ›cui bono‹ sozialer Normen ist nicht nur abstrakt im Hinblick auf ein soziales System zu stellen, sondern vor allem konkret auf die Interessenlage und Machtposition der herrschenden Gruppen zu beziehen.

In dem Überblick über den Verlauf des Sozialisationsprozesses in der spätkapitalistischen Gesellschaft, der im folgenden gegeben werden soll, kann die Problematik meist nur fragmentarisch skizziert werden, da die theoretische wie die empirische Erarbeitung dieses Fragenkomplexes bisher nur sehr bruchstückhaft erfolgte.
Die Darstellung beginnt bewußt nicht mit der Sozialisation des Kleinkindes in der Familie, da diese, gesellschaftlich gesehen, als Sozialisationsagentur nur von sekundärer Bedeutung ist, sondern mit der Fragestellung, welche prägenden Wirkungen von der industriellen und bürokratischen Arbeit in einem Wirtschaftssystem ausgehen, das charakterisiert wird durch gesellschaftlich nicht kontrollierte Profitmaximierung. Dem liegt die Annahme zugrunde, daß es in erster Linie die im Arbeitsprozeß gewonnenen Erfahrungen sind, die, modifiziert durch andere Faktoren wie etwa religiöse Überzeugungen, im familieninternen Sozialisationsprozeß weitergegeben werden.
Allgemeine Kriterien der Arbeit in Industrie und Verwaltung sind die Entfremdung der Arbeitenden vom Produkt ihrer Arbeit, die Fremdbestimmung des Inhaltes und der Form ihrer Tätigkeit sowie die Zersplitterung der Arbeitsvorgänge pro Arbeitsplatz bis hin zur monotonen Wiederkehr des Immergleichen. Die streng hierarchische Struktur der Betriebe und Bürokratien garantiert durch ihre genaue Abgrenzung der Kompetenzen und die Überbetonung der Kommunikation von oben nach unten eine möglichst strikte Befolgung der meist minuziösen Anweisungen und läßt den Angewiesenen kaum Chancen einer Frage nach dem Sinn ihrer Arbeit, geschweige denn einer Kontrolle der Macht, die über sie ausgeübt wird.[33] Gemessen an den Forderungen des Grundgesetzes, wonach die »Würde des Menschen unantastbar« und die »freie Entfaltung der Persönlichkeit«

garantiert sein sollen, kann die Arbeitssituation des größten Teils der abhängig Arbeitenden nur als inhuman und undemokratisch bezeichnet werden. Ein indirekter Nachweis der Repressivität der sogenannten modernen Arbeitswelt kann darin gesehen werden, daß die dominierenden Angebote der Kulturindustrie, angefangen beim Fernsehen über Illustrierte und die Regenbogenpresse bis hin zu den Groschenheften, entweder in Surrogaten eines erfüllten, harmonischen und glücklichen Lebens bestehen oder den kompensatorischen Abbau gestauter Aggressivität erlauben.

Die generelle Aussage über den Charakter der Arbeit bedarf einiger Differenzierungen, da nicht alle Gruppen der abhängig Arbeitenden in gleicher Weise dem Druck des autoritär gehandhabten Leistungsprinzips ausgesetzt sind. So unterscheiden sich Arbeitsvollzüge und Arbeitsbedingungen der Angestellten und Beamten in wesentlichen Punkten von denen der Arbeiter.

Die Stellung der Arbeiter im Produktionsprozeß wird dadurch bestimmt, daß sie, vorwiegend manuell tätig, allerdings zunehmend körperlich entlastet durch Maschinen, direkt an der Produktion von Gütern beteiligt sind. Die Arbeitsvollzüge, die von Arbeitern in der Industrie verlangt werden, wirken infolge der geförderten körperlichen Leistung und dem oft ›maximalen Zwang zur minimalen Konzentration‹ besonders ermüdend. Der Horizont möglicher Erfahrungen im Arbeitsprozeß ist durch eine diffizile Arbeitsteilung eng begrenzt; der Rhythmus der Arbeit wird durch Maschinen weitgehend vorgegeben, das heißt, die Fremdbestimmung wird auch physisch erlebbar. Arbeiter sind mangels Aufstiegschancen an die Basis der Betriebspyramiden fixiert, die Form ihrer Entlohnung erschwert im kleinen Maßstab (Wochenlohn) wie im großen (Akkordlohn bis zur Grenze der Leistungsfähigkeit, dann Lohneinbußen durch Absinken auf festen Stundenlohn) längerfristige Planungen. Eine Untersuchung zum Gesellschaftsbild von Arbeitern aus der Hüttenindustrie ergab 1954[34], daß sich ca. ein Drittel mit der bestehenden Ordnung arrangiert hatte, während der gleiche Anteil an Befragten ein dichotomes Gesellschaftsbild entwickelte, dem eine nicht überbrückbare Kluft zwischen ›denen da oben‹ und ›denen da unten‹ zugrunde lag. Ein Fünftel war nicht in der Lage, Vorstellungen über die Gesellschaft und die eigene Position in ihr zu artikulieren; schließlich war nur eine verschwindend kleine Minderheit von 3% der Ansicht, die gesellschaftlichen Verhältnisse müßten per Reform oder Revolution, also durch aktives Eingreifen, verändert werden. Diese aufgrund der verhältnismäßig geringen Zahl an Interviews und der inzwischen verstrichenen Zeit heute nur noch behutsam zu interpretierenden Ergebnisse lassen immerhin erkennen, daß ein Großteil der Arbeiter sich resignativ mit den herrschenden Verhältnissen abgefunden hat – sei es in Form der »Dichotomie als Schicksal«, sei es im Verstummen vor der Undurchschaubarkeit dessen, was über den begrenzten Erfahrungshorizont hinausgeht.

Die Stellung der Angestellten im Produktionsprozeß läßt sich dadurch kennzeichnen, daß sie, vorwiegend durch Arbeit mit Symbolen, die Kontrolle der Vorbereitung, Durchführung und Verwertung der Produktion zu leisten haben. In anderen Wirtschaftszweigen und in Teilen der Exekutive verwalten sie gemeinsam mit Beamten in ähnlicher Weise Dienstleistungen, in den nicht leistenden Zweigen der Exekutive sind sie Sachwalter der Ansprüche der öffentlichen Hand. Eine recht gravierende Differenz zu den Arbeitern entsteht dadurch, daß ihre relativ größere Nähe zu den Inhabern der Macht ihnen eine größere Identifikationschance mit diesen gibt. Verstärkt wurde und wird diese Tendenz zur Identifikation sowohl durch ideologische Klischees wie das vom Marschallstab im Tornister als auch durch eine manipulierte Zergliederung der Hierarchie in kleine und kleinste Stufen, die fast jedem das Erlebnis eines – wenn auch nur scheinbaren – Aufstiegs zu vermitteln vermag.[35] Das mit zunehmendem Lebensalter steigende Gehalt wirkt in die gleiche Richtung und bietet außerdem eine im Vergleich zu den Arbeitern bessere Basis für längerfristige Planungen. Die zu einem kleinen Teil real besseren, zu einem größeren Teil jedoch ideologisch und manipulativ ›verbesserten‹ Momente ihrer Arbeitsbedingungen scheinen im Bewußtsein der Betroffenen einiges von dem zu kompensieren, was ihnen andererseits durch die streng hierarchische Gliederung der Institutionen angetan wird. Rigide Schablonierung der Arbeitsvollzüge und autoritäre Kompetenzabgrenzung verpflichten den Großteil der Angestellten und Beamten zu reinem Funktionsgehorsam; die Entfremdung wird durch den abstrakten Charakter der Tätigkeit besonders belastend und scheint nur dadurch erträglich zu werden, daß eine ebenso abstrakte Identifikation mit dem Betrieb oder der Verwaltung vorgenommen wird, die einen Ersatz für mangelnde Chancen der Selbstverwirklichung durch die Arbeit bietet, verbunden mit der Möglichkeit, einen eigenen Standort in der Gesellschaft zu finden. Eine Studie zum Gesellschaftsbild der Angestellten, die 1966 erschien, belegt ihre vielfältige Flucht aus der Realität, die ihnen von ihren realen Arbeitsbedingungen und deren ideologischer Verbrämung gleichsam doppelt nahegelegt wird.[36] Das Bild von der nivellierten Mittelstandsgesellschaft akzeptieren ein Fünftel der Befragten, ein »Gesellschaftsbild der inneren Werte«, bei dem es auf die »Herzensbildung« oder die »Allgemeinbildung« der einzelnen ankommt, vertreten 11%. Im »Gesellschaftsbild der unreflektierten Werte« werden von 16% der Befragten elitäre, berufsständische Vorstellungen von der traditionell gehobenen Position der Angestellten konserviert, die eine andere Gruppe (6% der Befragten) etwas moderner mit Statussymbolen begründet. Realistischer sind Vorstellungen, die gesellschaftliche Ungleichheit aus Einkommens- und Besitzunterschieden ableiten (12% der Befragten), aber nur 2% vertreten die Auffassung von der Dichotomie der Gesellschaft, die 1954 von 35% der befragten Arbeiter als ihr Gesellschaftsbild ermittelt wurde.

Bevor die Konsequenzen, die die Situation der verschiedenen Berufsgruppen im Arbeitsprozeß und die darauf aufbauende Interpretation ihrer Stellung in der Gesellschaft für Ziel, Inhalt und Form der von ihnen praktizierten Sozialisation ihrer Nachkommen hat, erörtert werden, liegt ein Exkurs zu der Frage nahe, wieweit man angesichts der Spannweite der subjektiven Verarbeitung gesellschaftlicher Ungleichheit heute noch von der spätkapitalistischen Gesellschaft als einer Klassengesellschaft sprechen kann, wie im Attribut ›spätkapitalistisch‹ eigentlich impliciert ist.[37]

Es dürfte kein Zweifel daran bestehen, daß in dieser Gesellschaft der Widerspruch zwischen privater Verfügung über die Produktionsmittel für eine Minderheit einerseits und der Zwang zum Verkauf der Ware Arbeitskraft für die Mehrheit andererseits objektiv noch angelegt ist. Ebenso dürfte die Feststellung Marx' noch gelten, daß die oberen Chargen des Managements durch ökonomische Gesetzmäßigkeiten dazu gezwungen sind, im Sinn der Eigentümer zu entscheiden; sie müssen daher zur Klasse der über die Produktionsmittel Verfügenden hinzugerechnet werden. Schließlich dürfte feststehen, daß Profitmaximierung als legale Maxime wirtschaftlichen Handelns akzeptiert wird, deren konkrete Umsetzung in Unternehmenspolitik bisher kaum einer demokratischen Kontrolle unterworfen wurde. Andererseits gilt, daß sich Klassenbewußtsein heute nur noch rudimentär und dazu weitgehend in resignativer Formulierung – »Dichotomie als Schicksal« – artikuliert. Der Klassenkampf wurde nicht nur institutionalisiert, die Tarifstreitigkeiten der sogenannten Sozialpartner lassen zudem die Kernfrage des Systems, die private Verfügung über die Produktionsmittel, zugunsten systemimmanenter materieller Verbesserungen des Lohnes und der sozialen Sicherheit außer acht. Die Frage scheint berechtigt, mit welcher Begründung man angesichts des mangelnden Klassenbewußtseins und der Entschärfung des Klassenkampfes zum Lohnkonflikt noch von einer Klassengesellschaft sprechen kann. Die Begründung liegt darin, daß ohne Rekurs auf den ökonomisch angelegten Antagonismus die Struktur dieser Gesellschaft nur vordergründig analysiert werden kann. So nimmt die oligopolistische Kapital- und Machtkonzentration in der BRD ständig zu, das heißt, die Dispositionschancen einer wachsenden Zahl abhängiger Arbeiter und Konsumenten werden bestimmt durch eine sich verringernde Zahl unkontrolliert Verfügender.[38] Kartellpolitik, Steuerpolitik und die sogenannte Mittelstandspolitik stellen mehr oder weniger offene und taugliche Versuche dar, einer Verschärfung dieser Polarisierung zu begegnen. Weder die Wirtschaftspolitik noch die Sozialpolitik, die von H. Achinger zu Recht als Gesellschaftspolitik bezeichnet wurde[39], sind in ihren kaum überschaubaren Ausprägungen zu verstehen,

ohne daß ihre Funktion, zur Milderung des Gegensatzes beizutragen, berücksichtigt würde. »Der staatlich geregelte Kapitalismus, der aus einer Reaktion auf die durch den offenen Klassenantagonismus erzeugten Systemgefährdungen hervorgegangen ist, stellt den Klassenkonflikt still. Das System des Spätkapitalismus ist durch eine, die Loyalität der lohnabhängigen Massen sichernde Entschädigungs-, und das heißt: Konfliktvermeidungspolitik so sehr definiert, daß der mit der privatwirtschaftlichen Kapitalverwertung nach wie vor in die Struktur der Gesellschaft eingebaute Konflikt derjenige ist, der mit der relativ größten Wahrscheinlichkeit latent bleibt.«[40]
Nicht nur die staatliche Intervention, sondern auch die private Unternehmenspolitik sind auf dem Hintergrund des latenten Klassenkonfliktes zu sehen. Die ideologische Verschleierung der faktischen Ungleichheit durch das schlichte Märchen, jeder könne bei entsprechender Leistung praktisch alles erreichen, oder die divide-et-impera-Politik der Schaffung scheinbarer Aufstiegschancen zeigen dies ebenso wie der erbitterte Kampf gegen eine Mitbestimmung, die dem Anspruch dieses Begriffs gerecht würde. Die Zersplitterung der Arbeitsvollzüge kann ebenfalls nicht als die automatische Folge technologischer Sachzwänge hingestellt werden, sie muß vielmehr begriffen werden als deren spezifische Ausformung unter dem Gesetz der Profitmaximierung. Es ist völlig offen, welche Formen der Arbeitsteilung und der Kooperation sich ergeben würden, wenn statt dessen andere Maximen zur Geltung kämen, wie etwa die Intention, die Entfremdung auf allen Stufen der Betriebe und Hierarchien soweit wie möglich abzubauen.
Der Klassenkonflikt bleibt also gerade wegen seiner latenten Form eine Schlüsselkategorie zur Analyse dieser Gesellschaft; wieweit sich bei dem Bemühen, ihn latent zu halten, Formen politischer und technokratischer Herrschaft von ihrer ökonomischen Motivation lösen und eine Eigengesetzlichkeit neuer Art entfalten, kann hier nicht näher untersucht werden.[41] Die Folgen für das Bewußtsein der abhängig Arbeitenden, die sich aus den vielfältigen Interventionen in den Verteilungsprozeß und den Modifizierungen des Produktionsprozesses ergeben, können am Spek-

trum der Gesellschaftsbilder abgelesen werden. Die Differenzierung des gesellschaftlichen Bewußtseins der Betroffenen wurde, zusammen mit realen Differenzierungen der Lebenschancen, für die Soziologie zum Anlaß, den Begriff der sozialen Schicht einzuführen. Die vielfältigen Versuche, Modelle sozialer Schichtung zu konstruieren, haben die Zielsetzung gemeinsam, vorwiegend durch spezifische Konstellationen objektiver Daten Gruppen der Bevölkerung zu unterscheiden, die in hierarchischer Anordnung das Machtgefälle in einer Gesellschaft wiedergeben; ein Zusammenhang zwischen gesellschaftlicher Situation und den subjektiven Verhaltensmustern, Einstellungen und Denkweisen je Schicht wird dabei meist angenommen.[42]

Eine ahistorische Verwendung des Begriffs der sozialen Schicht, die seine Herkunft aus der skizzierten Reaktion auf den Klassenkonflikt unterschlägt, verschließt die Möglichkeit, anders als in Kategorien einer gleichsam naturnotwendigen Ungleichheit der Menschen zu denken. Der Begriff der Schicht kann deshalb auch nicht einfach an die Stelle des Klassenbegriffs gesetzt werden – die geschichtete Gesellschaft ist nicht die klassenlose. Die Problematik des Schichtbegriff liegt darin, daß man versucht hat, die Differenzierungen des subjektiven Bewußtseins mit objektiven Daten zu verbinden, und dabei das Ziel verfolgt, eine dem Klassenbegriff gleichwertige Kategorie zu entwickeln. Leisten kann der Begriff der Schicht jedoch nur eine möglichst adäquate Erfassung jener künstlich geschaffenen, aber real wirksamen Differenzierung der Klassenlage mit dem Ziel, einerseits vorschnelle Verallgemeinerungen wie die von der nivellierten Mittelstandsgesellschaft zu korrigieren und zum anderen differenzierte und gezielte Hinweise für praktische Veränderungen zu geben. Diese Intention liegt der folgenden Verwendung des Schichtbegriffs zugrunde.

Die Ansicht von der Familie als der ›Keimzelle‹ der Gesellschaft ist von der Soziologie als ideologisch widerlegt worden; die in der Ideologie der Keimzelle vorausgesetzte Autonomie kommt der Familie heute – falls sie sie je hatte – bestimmt nicht mehr zu. Vielmehr stellt die Familie heute eine Sozialisationsagentur der Gesellschaft dar, die fast durchweg unreflektiert das weitervermittelt, was sie beispielsweise an normativen Impulsen von außen erhält. Die systemstabilisierende Funktion der Familie hat einen doppelten Aspekt: einmal tradiert sie, wie noch zu zeigen sein wird, direkt in ihren Sozialisationszielen und -techniken die gesellschaftliche Ungleichheit, zum anderen bietet sie Kompensationschancen für Versagungen aus der Arbeitswelt dadurch an, daß in ihr das Ausleben gestauter Affekte möglich und toleriert wird. Auch in der strukturell-funktionalen Theorie der Familie wird deren Heteronomie betont, sie fungiert dort als die zentrale Vermittlungsinstanz, in der das kulturelle System dem personalen integriert wird.[43] Jedoch scheint das ahistorische Familienmodell dieser Theorie kaum geeignet zu sein, die historischen Veränderungen des Verhältnisses von Familie und Gesellschaft adäquat zu erfassen.[44]

Die Familie hat im Vergleich zur vorindustriellen Zeit wesentliche Sozialisationsfunktionen an andere Institutionen, wie zum Beispiel Kindergärten, Schulen und Betriebe, abgegeben. Zudem sind ihr konkurrierende Instanzen der Sozialisation entstanden, die, wie etwa die Massenmedien, großenteils an den Eltern vorbei direkten Einfluß auf Kinder und Jugendliche nehmen. Die gleichwohl noch erhebliche Bedeutung der Familie resultiert aus dem Erziehungsmonopol der Eltern für die frühkindliche Phase, die nach den Ergebnissen der Psychologie eine ausschlaggebende Zeit der Prägung der Grundstruktur der Persönlichkeit ist.[45]

Die das System der Ungleichheit stabilisierende Funktion der Familie findet heute ihren konkreten Ausdruck darin, daß in den Familien dominant die vom Ernährer im Arbeitsprozeß erworbenen Erfahrungen und die ihnen entsprechenden Wertmaßstäbe schichtenspezifisch ausgeprägt tradiert werden. Intervenierende Variablen, die diesen schichtenspezifischen Sozialisationsprozeß modifizieren, ihn allerdings kaum aufheben, sind unter anderem der Standort der Familie (Stadt-Land-Gefälle) und ihre konfessionelle Orientierung.[46]

Zur Frage der schichtenspezifischen Sozialisation liegt eine Fülle von Untersuchungen vor, in denen meist einzelne Aspekte vergleichend herausgearbeitet werden; sie lassen daher erst in der Zusammenfassung die tiefgreifenden und umfassenden Wirkungen auf Persönlichkeitsstruktur und soziales Verhalten erkennen.[47]

U. Oevermann faßt die Ergebnisse einer von M. Kohn vorgenommenen Untersuchung über schichtenspezifische Eltern-Kind-Beziehungen wie folgt zusammen: »Die Mütter der Mittelschicht legten in der Erziehung mehr Wert auf Selbstkontrolle, seelische Zufriedenheit, Wißbegierde und überlegtes, vernunftkontrolliertes Handeln, während die Unterschicht-Mütter eher auf Gehorsam, Reinlichkeit und adrette Erscheinung achten. Die Erziehung der Unterschicht-Kinder ist also mehr von äußeren Verhaltensnormen geleitet, während sie in der Mittelschicht mehr auf die Funktionsfähigkeit innerer Kontrollen und die Ausbildung von Selbstverantwortlichkeit gerichtet ist. Diese Unterschiede erklärt Kohn mit dem unterschiedlichen Erfahrungshorizont und Wirklichkeitsbezug in den beiden sozialen Klassen. Die Eltern legen jeweils Wert auf das, was für ein erfolgreiches Leben innerhalb ihrer Kultur besonders entscheidend und problematisch ist. Die typischen Berufe der Mittelschicht erfordern Initiative, Selbstverantwortlichkeit und die Fähigkeit, mit Symbolen umzugehen und selbständig zu denken, also vor allem kognitive Differenzierung und Selbstkontrolle. Die typischen Unterschichtsberufe sind geprägt durch Umgang mit Sachen, Unterordnung unter Autorität und standardisierte kollektive Regeln; Aufstieg hängt nicht so sehr von individuellen Qualifikationen als von kollektiven Aktionen ab.«[48]

Die Ergebnisse einer anderen amerikanischen Untersuchung zeigen, daß das Maß der von Mittelschicht-Kindern geforderten Internalisierung von Verhaltenserwartungen und der von ihnen geforderten Aktivität signifikant mit zunehmendem Grad der Bürokratisierung der Organisationen, in denen die Väter arbeiten, abnimmt.[49] Der enge Zusammenhang zwischen der Situation am Arbeitsplatz und dem Erziehungsstil der Familie wird damit nochmals bestätigt, zugleich aber in einer Dimension differenziert, die der Struktur der Arbeitsbedingungen besonders angemessen ist. Die divergierenden Erfahrungen aus dem Arbeitsprozeß schlagen sich nieder in verschiedenen schichtenspezifischen

Ausprägungen der Familienstruktur, die ihrerseits auf die Art des Verhältnisses zur sozialen Umwelt Einfluß hat. Eng auf Gleichsituierte begrenzten, aber durch Solidarität gekennzeichneten Kontakten der Unterschichtfamilien stehen Außenbeziehungen in der Mittelschicht gegenüber, die zwar eine wesentlich größere Offenheit erkennen lassen, dafür aber am bürgerlichen Äquivalententausch orientiert sind.[50]
Festzuhalten ist, daß die Eigenart der Kontakte der Unterschichtfamilien ihnen ständig Bestätigungen ihrer Berufserfahrungen vermittelt und sie damit verstärkt. Die durch diesen Filter vermittelten Einstellungen der Kinder ergeben im Vergleich der Schichten folgendes Bild: »Rosens wichtige Studie konnte einerseits bestätigen, daß sich die beiden sozialen Schichten hinsichtlich des Leistungsstrebens und des Aspirationsniveaus stark voneinander abheben und andererseits die bisher aufgewiesenen Unterschiede der Wertorientierungen spezifizieren: Der Sozialcharakter der Kinder aus der Unterschicht ist durch ›passivistische‹, ›gegenwarts-‹ und ›familistisch‹-orientierte, der der Kinder aus der Mittelschicht durch ›aktivistische‹, ›zukunfts-‹ und ›individualistisch‹-orientierte Züge gekennzeichnet.«[51]
Die soziale Vererbung der teils realistischen, teils ideologisch verzerrten Erfahrungen aus der Arbeitswelt wird hier erneut offenkundig. Die Tatsache, daß die den Kindern vermittelten Einstellungen nicht je isoliert, sondern als Syndrom tradiert werden, erklärt ihre Rigidität.
Von besonderer Relevanz sind schließlich noch die Befunde über schichtenspezifische Differenzierungen des Spracherwerbs und Sprachgebrauchs. In einer Fülle von Untersuchungen wird belegt, daß sich die Unterschiede zwischen Mittel- und Unterschicht auf die Quantität des Wortschatzes, seine semantische Struktur, auf die syntaktische Struktur und die Abstraktionsleistungen beziehen, um nur einige Dimensionen der vorliegenden Analysen herauszugreifen.[52]
Das durchweg schlechtere Abschneiden der Unterschicht-Kinder im Vergleich zu den Kindern der Mittelschicht steht in enger Verbindung mit den divergierenden Interaktions- und Kommunikationsstrukturen der Familien in beiden Schichten, die ihrerseits, wie oben angedeutet, vermittelt sind durch verschiedene Formen gesellschaftlicher Erfah-

rung. Die von Bernstein zuerst als »öffentliche« und »formale« Sprache[53], später als »restringierte« und »elaborierte« linguistische Kodes bezeichneten Formen des Sprachgebrauchs stellen den Versuch dar, diesen Zusammenhang herzustellen und vergleichend zu systematisieren. »Dem ›restringierten Kode‹ entsprechen . . . Sozialbeziehungen, die nach traditionalistischen Normen kontrolliert werden; in extremer Form verlaufen sie ritualisiert. Die Rollenerwartungen können individuell nicht modifiziert werden. Die an diesen Sozialbeziehungen teilnehmenden Individuen konvergieren in der sozialen Definition der Situation, ihre Identität ist durch die Gruppenzugehörigkeit und durch Konformität mit den Gruppennormen vollständig bestimmt, sie wird als solche von den übrigen Mitgliedern unterstellt. – Demgegenüber ermöglichen die dem ›elaborierten Kode‹ entsprechenden Sozialbeziehungen einen hohen Grad von Rollendistanz und individueller Ausgestaltung der Rollenerwartungen. Individuelle Unterschiede werden erwartet, geduldet und beachtet. Diese Sozialbeziehungen orientieren sich an der ›Person‹ des Beteiligten und nicht so sehr an deren kollektiv standardisierten Statusmerkmalen . . . Subkulturen in der Dimension der sozialen Schichtung stellen nur eine, wenn auch zentrale Ausformung dieser Typen dar. So entspricht nach Bernstein der ›restringierte Kode‹ den Sprechweisen im subkulturellen Milieu der traditionalen Unterschicht und der ›elaborierte Kode‹ den Subkulturen der Mittelschicht.«[54]

Die schichtenspezifischen Ausprägungen des Sprachgebrauchs enthalten deshalb eine besonders gravierende Problematik, weil durch sie die Möglichkeiten neuer Erfahrungen für die Unterschichtkinder, gerade auch solche ihre Schicht transzendierender Art, als auch die Möglichkeiten der Kommunikation zwischen den Schichten begrenzt werden – und Lehrer sprechen gewöhnlich im »elaborierten Kode«. Die enge Verklammerung von Sprachgebrauch und schichtenspezifischen Erfahrungen und Sozialverhalten weist darauf hin, daß die praktischen Folgerungen nicht in reiner Denk- oder Sprachschulung für die Kinder der Unterschicht aufgehen, sondern die Lösung konkreter sozialer Fragen implizieren. »Wir dürfen jedoch nicht annehmen, daß das

Kind aus der Unterschicht von ›Natur‹ aus im ›elaborierten Kode‹ nicht sprachlich planen könne. Die Sozialisierung in diesem Kode bedingt jedoch eine ›soziale Loyalität‹ gegenüber dem Kommunikationsmuster des eigenen Herkunftsmilieus. Von hier aus ergibt sich eine zweite, soziologisch zu verstehende Einflußrichtung des ›restringierten Kodes‹ auf die kognitive Entwicklung des Kindes der Unterschicht. Neben einer genuin sprachbedingten Hemmung der kognitiven Entwicklung zeigen die berichteten Daten, daß unabhängig von der sprachlichen Organisation Formen des intelligenten Verhaltens, die wir nur noch nicht genügend kennen, durchaus hoch entwickelt sein können. Ist jedoch die Ausdrucksfähigkeit auf den ›restringierten Kode‹ beschränkt, so bleiben sie verdeckt und können sich nicht weiter entfalten.«[55]
Die Frage stellt sich zwingend, ob die Aufgabe der Entfaltung dieser Intelligenz, die von einer freieren Entfaltung der Persönlichkeit dieser Kinder nicht zu trennen ist, von einer anderen Instanz der Sozialisation, der Schule, übernommen werden kann, da sie offensichtlich von der Unterschicht selbst gegenwärtig nicht zu lösen ist.[56] Die Schule versteht sich heute noch vorwiegend als eine wertneutral nach dem von ihr als objektiv angesehenen Kriterium der Begabung, die sich in ebenso objektiv meßbaren Leistungen manifestiert, auslesende Institution für die am Leistungsprinzip orientierte Qualifikationshierarchie der Arbeitswelt. Ohne näher auf die interessante Frage einzugehen, wieweit das Leistungsprinzip gesellschaftlich noch die dabei unterstellte Gültigkeit hat[57], und welche Konsequenzen im Fall einer stark eingeschränkten Geltung dieses Prinzips für die Struktur der Schule zu ziehen wären, soll hier nur der Anspruch der Schule mit seiner Realisierung konfrontiert werden. Die Schule der Gegenwart ist, von ihrer Anlage als gestuftes, das heißt aufstiegsforderndes System, von den vermittelten Inhalten und der Form der sprachlichen Kommunikation, von der vorwiegend sprachlich fixierten Messung der Leistungen sowie von der Herkunft und dem Verhalten der Lehrer her eine Institution der Mittelschicht. Diese Aufzählung benennt damit zugleich die ihr immanenten Barrieren, die eine freie Entfaltung der Persönlichkeit

all derer be- oder verhindert, die nicht den oberen sozialen Schichten angehören.[58]

»Zusammenfassend kann man sagen, daß der Eintritt in die Schule für das Unterschichtkind den Zusammenprall zweier verschiedener Welten bedeutet. An verbaler Intelligenz ist es dem Mittelschichtkind unterlegen, es hat andere Wertvorstellungen und ein anderes Verständnis der Schulsituation. In der Regel wird der anfängliche Mangel an verbaler Intelligenz niemals wieder aufgeholt. Ebensowenig kann das Kind jemals seine Ablehnung der Schule gegenüber aufgeben, so daß ein Schulerfolg immer weniger möglich wird, je länger das Kind in der Schule ist. Auf dieses kumulative Defizit hin wirkt auch die fortschreitende Entmutigung des Unterschichtkindes durch die permanente Frustration. Der aus dieser Schulsituation resultierende völlige Mangel an Selbstbewußtsein und die zwischen Resignation und Aggressivität schwankende Verzweiflung der Unterschichtkinder ist eine Anklage gegen das bestehende Schulsystem und ein Ausdruck dessen totalen Versagens.«[59]

Der Zirkel des Sozialisationsprozesses in der spätkapitalistischen Gesellschaft, der damit beginnt, daß die zentralen Erfahrungen aus der Arbeit in Industrie und Bürokratie schichtenspezifisch durch Familie und *peer groups* weitergegeben werden, wird durch die Schule geschlossen, die den Kindern der Unterprivilegierten lediglich eine formale Qualifikation für solche Berufspositionen zu vermitteln vermag, in denen sie die ihnen übermittelten Erfahrungen der Eltern bestätigt finden.[60] Das gegenwärtige Schulsystem perpetuiert somit die Ungleichheit der Lebenschancen, die materielle, affektive und kognitive Benachteiligung des größeren Teiles der Bevölkerung ebenso wie die Piivilegierung einer Minderheit.

Die Ursachen dieses Dilemmas sind gesellschaftlicher Natur, das heißt, sie sind weder in ›natürlichen‹ Begabungsunterschieden zu sehen noch in einem psychologisch zu erklärendem ›Versagen‹ von Eltern oder Lehrern; dem eigentümlichen Doppelcharakter gesellschaftlicher Phänomene entsprechend sind die Ursachen doppelt begründet: in der Struktur der objektiven Verhältnisse wie in der ihnen sich anpassenden Struktur des Bewußtseins der Betroffenen. Gutgemeinte

Versuche aus idealistischer Tradition, Gesellschaftliches allein über das Bewußtsein der Beteiligten zu ändern, dürften daher nur die Wirkung haben, die sie bisher hatten: das System bleibt unberührt, wenigen wird ›geholfen‹, viele erfahren zusätzliches psychisches Leid.
Notwendig sind vielmehr grundlegende Veränderungen der sozialen Strukturen, um Verhältnisse zu schaffen, die die Ich-Identität und die freie Entfaltung der Individuen nicht behindern, sondern erfordern, verbunden mit einer Erziehung, die dafür in den Individuen die psychischen Voraussetzungen solchen Verhaltens schafft.[61]
Notwendig ist der systematische Abbau demokratisch unkontrollierter Profitmaximierung und Machtkonzentration in allen Bereichen der Wirtschaft; dazu gehört die Einführung einer ihrem Anteil an der Produktion und Verwaltung entsprechenden Mitbestimmung der abhängig Arbeitenden über Ziele und Gewinn ihrer Einrichtungen, über Arbeitsteilung, Arbeitszeit, Rationalisierung usw.
Notwendig ist die offene Reflexion des latenten Klassenantagonismus, um seine Lösung frei von Manipulationen und Ideologisierungen einzuleiten und damit die falsche hierarchisierende Differenzierung in soziale Schichten zu überwinden.
Notwendig ist die theoretische und praktische Unterstützung von Experimenten, die die Aufhebung der Scheinprivatisierung der Kernfamilie zum Ziel haben.
Notwendig ist der Abbau des hierarchischen Machtgefälles Schulverwaltung – Schule – Lehrer – Schüler zugunsten demokratischer Beratungs- und Entscheidungsgremien, in denen Lehr- und Lernziele reflektiert werden.
Notwendig ist die Reflexion über eine Erziehung, die die ideologischen Individualisierungstendenzen der Mittelschicht ebenso aufzuheben vermag wie die resignativen Kollektivierungstendenzen der Unterschicht.
Notwendig ist zunächst eine demokratisch und sozialwissenschaftlich fundierte kompensatorische Erziehung, deren Ziel nicht darin bestehen darf, die Klischees der Unterschicht durch die der Mittelschicht zu ersetzen.
Notwendig ist eine Ausbildung der Lehrer, die ihnen eine sozialwissenschaftliche Reflexion ihrer Praxis erlaubt.

Notwendig ist die Institutionalisierung der Weiterbildung der Lehrer an ihren Ausbildungsstätten, um die gegenwärtige Entfremdung von Theorie und Praxis zu überwinden.
Notwendig ist eine Erziehungswissenschaft, die sich als Sozialwissenschaft begreift und kritisch-kooperativ an der Lösung dieser Probleme mitarbeitet.

Thesen zu emanzipatorischer Erziehung

1. Emanzipatorische Erziehung ist kein pädagogischer Grundbegriff, sondern die sozialwissenschaftlich fundierte Theorie und Praxis des politischen Kampfes. Sie steht auf der Seite der Unterdrückten.
2. Dieser Kampf beginnt mit der Bildung von Freiräumen in gesellschaftlich relevanten Institutionen. Emanzipatorische Erziehung muß von ihr gewonnene Freiräume politisch nutzen, jedoch nicht in ihnen verharren oder sich auf sie abdrängen lassen. Sie muß die kompensatorische Funktion des demonstrativen Nonkonformismus durchbrechen, um gesellschaftsverändernd und nicht stabilisierend zu wirken.
3. Freiräume emanzipatorischer Erziehung können in dieser Gesellschaft primär in den Bildungsinstitutionen geschaffen werden. Während die Universität vorläufig nur eine Basis für die ohnehin Privilegierten bieten kann, ist die Gesamtschule die zentrale Basis emanzipatorischer Erziehung.
4. In den geschaffenen repressionsarmen Freiräumen (in Schulen, politischen Klubs usw.) kann die Vorbereitung auf den Kampf gegen die autoritäre Leistungsgesellschaft durch emanzipatorische Erziehung geschehen. Das bedeutet die Entwicklung von Ich-Stärke und kritischem Bewußtsein der am Lernprozeß Beteiligten sowie theoretische Fundierung und politisches Lernen des emanzipatorischen Kampfes.
5. Emanzipatorische Erziehung muß von der konkreten gesellschaftlichen Erfahrung der Lernenden (also auch der Lehrer) ausgehen, die sich vor allem als beschränkte

Spracherfahrung, Sexualerfahrung und ästhetische Erfahrung manifestiert.

6. Politisches Lernen wird daher besonders wirksam im Bereich der Spracherziehung, Sexualerziehung, ästhetischen Erziehung. Politisches Lernen in diesem Sinne muß sich zugleich als politisches Handeln artikulieren.
7. Emanzipatorische Erziehung muß in den von ihr geschaffenen Freiräumen die Erfahrung besserer Möglichkeiten des Zusammenlebens vermitteln. Das bedeutet:
   a. die Erfahrung ›herrschaftsfreier sprachlicher und visueller Kommunikation aller mit allen‹;
   b. die Ermöglichung libidinöser Gruppenerfahrung im ›Erlernen der Liebe‹;
   c. die Abschaffung des autoritären Tausch- und Konkurrenzprinzips im Erziehungsprozeß (Zensuren usw.) als Voraussetzung der Erfahrung solidarischen Handelns;
   d. die Aufhebung nichtlegitimierter und irrationaler Herrschaft und Autorität im Erziehungsprozeß.
8. Soweit sich emanzipatorische Erziehung im partikularen Bereich der Erziehungsinstitutionen vollzieht, ist sie der Dialektik zwischen partikularen Bereichen und Gesamtbereich unterworfen. Veränderungen im Ausbildungssektor – auch seine Demokratisierung – sind partikulare Veränderungen.
9. Kollektive Emanzipation vollzieht sich nicht in ›pädagogischen Provinzen‹ – auch nicht in antiautoritären –, sondern in zentralen Institutionen der Gesellschaft, wie denen der Produktions- und Verwaltungssphäre.

   Kollektive Emanzipation kann nur dann wirksam werden, wenn die autoritäre Herrschaftsstruktur dieser Institutionen demokratisiert und die von ihnen produzierte autoritäre Charakterstruktur emanzipatorisch aufgebrochen wird. Emanzipatorische Erziehung kann auf diese Prozesse vorbereiten.
10. Erst in der solidarischen politischen Aktion selbstbewußter Subjekte, die den ideologischen Schleier des bestehenden Repressions- und Manipulationssystems durchbrochen haben, kann sich die Umwälzung der autoritären Leistungsgesellschaft realisieren. Emanzipatorische Erziehung geht dann in allgemeine politische Praxis

über, ist nicht mehr subversives Bildungsprinzip, sondern Erziehung zum Sozialismus, als Aufhebung der Ausbeutung des Menschen durch den Menschen, als Konkretisierung einer kritischen Gesellschafttheorie.

11. Die ›Pädagogen‹ haben die Pädagogik nur verschieden interpretiert, es kommt darauf an, sie abzuschaffen.

II. Teil. Kritische Sozialwissenschaft als politische Bildung

Franz Heinisch
Politische Bildung – Integration oder Emanzipation?

»Der Friede unter den Menschen beruht nicht darauf, daß wir uns als einzelne oder als Gesamtheit ins richtige Verhältnis zum Staat bringen, sondern darauf, welcher Art die öffentliche Atmosphäre der Menschen untereinander ist. Stellen wir im Verhältnis zu unseren Mitmenschen die Gewohnheit schlichter tätiger Partnerschaft her, dann und nur dann – werden sich auch im Bereich des Staatlichen Lösungen finden, die der veränderten politischen Welt Rechnung tragen.« – »Das gemeindemäßige Verhalten – die aktive Partnerschaft in übersehbaren Verhältnissen – ist der Boden, aus dem eine gesunde Staatsgesinnung herauswächst. Wir werden uns auch in Deutschland daran gewöhnen müssen, das Verhalten der Menschen in Genossenschaften ebenso hoch zu veranschlagen wie den geistigen Rang der Persönlichkeit. Diese Entwicklung zu beschleunigen und ihren konstruktiven Gehalt zum Bewußtsein zu bringen, ist eine wichtige Aufgabe der Nachkriegserziehung.«[1]

Mit diesem Programm eröffnete Theodor Wilhelm unter dem Pseudonym Friedrich Oetinger eine Epoche politischer Bildung, die gekennzeichnet ist durch den Versuch, die relativ unpolitische Sphäre des persönlichen Kooperierens und Miteinanderlebens in den Mittelpunkt zu stellen und wichtige gesellschaftliche und politische Bereiche zu vernachlässigen. Die von Wilhelm geforderte Beschränkung auf »schlichte tätige Partnerschaft« im zwischenmenschlichen Bereich und die Orientierung am unmittelbaren Miteinander in kleinen Gruppen eliminiert die aus dem Antagonismus gesellschaftlicher Interessen resultierenden Probleme der Macht und läßt die politische Bildung zu einer nachbarschaftskonformen Harmonielehre werden. Wilhelms Versuch, mit einer »aktiven Partnerschaft in übersehbaren Verhältnissen« auf politisches Handeln in einer von komplexen und interdependenten politischen Prozessen bestimmten Gesellschaft vorzubereiten, verfehlt das genuin Politische und führt zur Entpolitisierung des politischen Unterrichts. Seine Partnerschaftserziehung reduziert Politik auf den bloß subjektiven Bereich menschlichen Zusammenlebens; das ermöglicht weder das Erkennen institutionalisierter Herrschaft noch die Schaffung eines Bewußtseins davon, daß das Verhalten der Menschen durch gesellschaftliche Bedingungen bestimmt wird. Sie trägt damit mehr zur Verfälschung der Realität bei als zur Ausbildung von Fähigkeiten der rationalen und kritischen Betrachtung politisch-gesellschaftlicher Verhältnisse und zur Erschließung der individuellen Situation. Das daraus resultierende adaptive Verhalten der so Erzogenen bestimmt die objektive Funktion dieser Ideologie als Stabilisierung gegebener gesellschaftlicher Verhältnisse.

Diese Beschränkung der politischen Bildung auf Erziehung zu »partnerschaftlichem Verhalten« ist das Korrelat zur politisch-gesellschaftlichen Realität, ihr liegt eine gesellschaftliche Situation zugrunde, in welcher »der Widerspruch zwischen der verfassungsmäßig institutionalisierten Idee der Demokratie einerseits und der tatsächlich praktizierten andererseits . . ., jetzt als Entpolitisierung der Massen bei fortschreitender Politisierung der Gesellschaft selbst« erscheint.[2]

Die Annahme, der Friede in der Welt hänge in erster Linie davon ab, welcher Art die öffentliche Atmosphäre der Menschen untereinander sei, kennzeichnet am deutlichsten die Tendenz, die Bedeutung der Staatsform und der Gesellschaftsordnung zu verharmlosen und von der Ausübung unlegitimierter Macht abzulenken. Die dieser naiven Auffassung zugrunde liegende Theorie lautet: Es kommt auf die demokratische Erziehung des Einzelnen an; folgen möglichst viele Erzieher diesem Appell zur Partnerschaftserziehung, wird schließlich die Gesamtheit aus demokratischen Individuen bestehen und das wünschenswerte Endziel der Gesellschaft ist erreicht. Dem guten Willen des Erziehers wird damit zugewiesen, was durch strukturell bestimmte Grenzen unterbunden ist.

Auf dem Höhepunkt der westdeutschen Restauration – Ende

der fünfziger Jahre – begann eine zweite Welle der Diskussion um die politische Bildung durch Konzeptionen von Theodor Litt, Eduard Spranger, Erich Weniger, Heinrich Newe u. a.[3] Sie üben einmal Kritik an dem Partnerschaftsmodell und versuchen das Problem der Macht stärker in den Vordergrund zu stellen, zum anderen sind sie bemüht, die politische Bildung in die überlieferten Bildungsvorstellungen einzubauen. So definiert Spranger den politischen Unterricht als »belehrende Erziehung«, er hofft durch »Gewissensbildung« eine »rechte moralische Gesinnung« und damit eine »sittliche Persönlichkeit« zu erreichen.[4] Er geht von sogenannten »Urphänomenen« aus, die als »Lebenseinstellungen, Bewußtseinshaltungen, Begegnungsformen schon bestätigt worden sind«.[5] Für die Aufrechterhaltung der Ordnung ist nach Spranger von außen das Recht, von innen die Moral – verankert im Gewissen des Einzelnen – maßgebend.[6] In seinen Schriften zur politischen Bildung dominieren Begriffe wie »Gewissen«, »Ehre«, und »Moral«, die im Metaphysischen festgemacht und damit jeglicher Kritik entzogen werden: »Die Ehre, die der Mensch sich vor Gott erwerben möchte . . . ist die Ur-Ehre, die in allen Spielarten von gesellschaftlicher Ehre nur ihren Abglanz findet. Irgendwo hat jede Moral ihren Angelpunkt im Metaphysischen, und wer ihre Inhalte nur aus Nützlichkeiten oder einem gesellschaftlichen Interessenarrangement abzuleiten versucht, deutet in Wahrheit ihre eigentliche Legitimation nur weg.«[7] Spranger degradiert damit politische Bildung zu einer Tugendlehre, in der es um eine Erziehung zu Gehorsam und Anstand, zu Disziplin und Dienstbereitschaft geht. Der politische Effekt dieser Erziehung ist die Einpassung in ein System von Normen und Werten, das, gleichsam am Himmel befestigt, weder als beeinflußbar noch als kontrollierbar begriffen wird. Nicht selbständiges Denken und kritische Distanz, sondern selbstverständliche Anpassung und freiwillige Integration in die bestehenden Verhältnisse sind das Ergebnis dieses Unterrichts. Besonders deutlich wird die Integrationsfunktion der politischen Bildung, wo sie es unternimmt, die Schüler und Heranwachsenden auf ihre Position als *Arbeitnehmer* vorzubereiten. So schildert Beckert in seinem in 13 Auflagen erschienenen Sozialkundebuch *Jugend von morgen* den Industriebetrieb als Idylle, »wo Arbeiter und Unternehmer Hand in Hand am großen Werk sind, wo Streik und Aussperrung in jedem Fall der Wirtschaft schaden und den Feinden der Demokratie helfen, denen an einer Störung des Betriebsfriedens gelegen ist«.[8] Zur Sicherung des Betriebsfriedens entwickelt er einige »Gebote«, die sich die Schüler als »Merksätze« einprägen müssen: »Achte deine Vorgesetzten! Sie stehen nicht durch Zufall auf ihrem Platz, sondern haben durch Fleiß und Tüchtigkeit diese Stellung erreicht. Führe ihre Anordnungen willig aus, auch wenn du den Sinn nicht immer genau begreifst! Schätze strenge Vorgesetzte! Nimm einen Tadel ruhig hin! Tadel unter vier Augen ist besonders wirksam!«[9] Auch in anderen Sozialkundebüchern geht es um Gehorsam und Arbeitspflicht: »Arbeit ist für jeden Menschen eine sittliche Pflicht seinen Mitmenschen gegenüber, je ernster es einer mit seiner Arbeitspflicht nimmt, um so größer ist seine Lebensfreude.«[10] Die Zahl der Zitate ließe sich beliebig erweitern. Einige Autoren sprechen aus, was bei anderen hinter Verschleierungen verborgen bleibt: »Der Staat kann seine Aufgabe am besten erfüllen, wenn seine Bürger sich freiwillig einordnen und für die staatliche Gemeinschaft eintreten.«[11] Freiwillige Einordnung ist das Ziel, Arbeit wird für den Mitmenschen geleistet, die eigenen Interessen müssen den gesamtgesellschaftlichen Interessen untergeordnet werden, wer diese definiert, bleibt allerdings unerwähnt. Politische Bildung, die ihrem Anspruch nach die Interessen der Heranwachsenden vertritt, reiht sich in Wirklichkeit als Tugend- und Gehorsamslehre ein in die von Eltern, Massenmedien, politischen Gruppen und Verbänden unternommenen Bemühungen, die Jugendlichen in die gegebene Gesellschaft zu integrieren. Durch moralische und ethische Überhöhung der bestehenden unbefriedigenden Situation wird Erziehung zu freiwilliger Einordnung, zu Arbeitsfreude und zum Pflichtbewußtsein, zur dominanten Aufgabe der politischen Bildung, zu einer Zeit, in der die Macht- und Herrschaftsstrukturen immer mehr erstarren und das Defizit an Demokratie, an Sozial- und Rechtsstaatlichkeit immer größer wird.

Diese Erziehung zur Anpassung an die bestehenden gesellschaftlichen Verhältnisse wird eifrig fortgesetzt. Noch immer dominieren in einem Großteil der Sozialkundebücher und in einem Teil der theoretischen Diskussionen Begriffe wie »Ordnung«, »Gemeinschaft«, »Harmonie«, noch immer wird die »Hinführung zum bejahenden Verständnis« und das unpolitische »Wecken und Einüben von Verhaltensweisen« wichtiger erachtet als Nachdenken und Verändern, noch immer scheint man mehr zum Dienen als zum Denken, mehr zur Konformität als zur Autonomie erziehen zu wollen. So wird immer noch nicht gesehen, daß *keep smiling* und *getting along with each other* – als Verhaltensweisen im Tanzstundenunterricht vielleicht akzeptabel – eher einen Beitrag zur unpolitischen als zur politischen Erziehung leisten.[12] Friedrich Minssen versucht auch heute noch eine Rechtfertigung des Oetingerschen Begriffs der partnerschaftlichen Erziehung, »da es vermutlich nur das Harmoniemodell ist, das jene psychologischen Antriebe freizusetzen vermag, die auf eine Humanisierung der Formen menschlichen Daseins zielen«.[13]

Die Kritik an den hier aufgezeigten Auffassungen politischer Bildung stellt nicht die Integrität der genannten Autoren in Frage und bestreitet nicht deren gute Absichten, sie versucht vielmehr die Funktion dieser Konzeptionen politischer Bildung in einer Gesellschaft aufzuzeigen, in der es eben nicht so harmonisch und partnerschaftlich zugeht, wie es dort suggeriert wird, und in der die so Erzogenen nur allzuleicht manipuliert und fremden Interessen dienstbar gemacht werden können, wodurch politische Bildung zur Ideologie wird, die bestehende gesellschaftliche Herrschaftsverhältnisse absichert. Es geht auch nicht darum, Erziehung zur Anpassung völlig zu negieren – jede Erziehung ist auch Erziehung zur Anpassung –, sondern es geht darum, diese Anpassungsfunktion bewußt zu machen, zu reflektieren und die Möglichkeit offen zu lassen, diese Anpassung in Frage zu stellen und sich ihr zu entziehen.

Seit etwa 1964 kommt es in verstärktem Maße zu Versuchen, einen neuen Nationalismus in der politischen Bildung zu etablieren. Ausgangspunkt und Mittelpunkt dieser Bestrebungen ist das »Deutsche Institut für internationale

Pädagogische Forschung« in Frankfurt und dort besonders Eugen Lemberg, der mit seinem zweibändigen Werk »Nationalismus« die theoretische Grundlage legte.[14] Die praktische Anwendung erfolgte einmal durch Lemberg selbst, der eine Pädagogik als unrealistisch bezeichnet, die sich mit der Utopie einer Welt aufhält, »die aus lauter selbständig und kritisch denkenden, sich in jeder Situation in der Gewalt habenden Individuen besteht«, und der durch ein neues, emotional-fundiertes nationales Engagement die unruhige Jugend zu binden vorschlägt.[15] Sekundiert wird Lemberg von Minssen sowie von Hornung. Dieser sieht in der Schaffung eines »verpflichtenden Welt- und Gesellschaftsbildes« ein geeignetes Mittel gegen den studentischen Radikalismus.[16] Er will das in der Bundesrepublik vorhandene »ideologische Vakuum« durch eine »undifferenzierte Gesamtdeutung« mit einem »zusammenhängenden Lebensprogramm« füllen und der ost-westlichen »Entspannungs-Euphorie« entgegenwirken.[17] Auch Minssen unterstützt die Vorschläge zu einer stärkeren nationalen und nationalistischen politischen Bildung. Er stellt bedauernd fest, daß es bei uns »weithin an ›Nationalgefühl‹ sowohl im Sinne des Engagements zugunsten unserer Ordnung wie dem der inneren Orientierung an den Werten und Postulaten, auf denen sie sich aufbaut«, fehle.[18] Hier liegt nach Minssen die »eigentlich ›vaterländische‹ Aufgabe der politischen Bildung«.[19] Indem diese Autoren wieder »unsere Existenz als Nation unter Nationen« (Minssen) stärker betonen wollen, beteiligen sie sich am Abbau der lange Zeit bei uns wirksamen, jetzt aber immer mehr an Bedeutung verlierenden übernationalen Perspektive, sie versuchen irrationale Kräfte in Form von nationalen Gefühlen anzusprechen und bewirken damit emotionale Fixierungen; wo politische Bildung ein kritisches Gesellschaftsbewußtsein zu schaffen hätte, propagieren sie ein neues Nationalbewußtsein.

Daß in einem Klima, in dem der Nationalismus propagiert wird, auch der Militarismus gedeiht, wird in der »Didaktik der Gemeinschaftskunde« von Hugo Andrae deutlich.[20] In seiner 1968 in dem renommierten Beltz Verlag erschienenen Didaktik widmet der in der Hamburger Lehrerbildung tä-

tige Dozent ein ganzes Kapitel seines Buches den Fragen des »Wehrgedankens« und der »Wehrbereitschaft«.[21] Bedauernd stellt er fest, daß das in Deutschland jahrhundertelang gepflegte »kriegerische Ethos und die kämpferischen Qualitäten der Männer« verlorengingen und im zwanzigsten Jahrhundert durch »die Vergeblichkeit zweier gewaltiger militärischer Anstrengungen das Verhältnis der Deutschen zu ihrer kriegerischen Tradition geknickt, wenn nicht gebrochen wurde«.[22] Davon hat die politische Bildung auszugehen und ihre Aufgabe zu bestimmen. Das heißt konkret: »Härte, Bereitschaft, Entschlossenheit, Todesmut – kurzum, alle spartanischen Tugenden müssen gepflegt und geübt werden.« »Männer, die der Feind fürchtet, werden nötig sein, wie eh und je.«[23] Konsequenterweise plädiert Andrae auch für die Einschränkung der Wehrdienstverweigerung und schlägt vor, »reiferen Schülern deutlich zu machen, daß der Staat die Entscheidung des individuellen Gewissens nur solange großzügig behandeln kann, wie sie politisch nicht ins Gewicht fällt«.[24] Integrationspädagogen, Verfechter eines neuen Nationalismus und eines alten Militarismus sind also weiterhin dabei, die Heranwachsenden durch eine gefühlsmäßig erzeugte Identifikation in das bestehende System zu integrieren, zu »nationalem Engagement« und zur »Wehrbereitschaft« zu stimulieren.
Der von den Theoretikern propagierten politischen Bildung entspricht – das wurde in einer Reihe sozialwissenschaftlicher Studien festgestellt – der Bewußtseinsstand vieler Lehrer. Schefer kommt in seiner soeben veröffentlichten Dissertation über *Das Gesellschaftsbild des Gymnasiallehrers* zu dem Ergebnis, daß der Demokratiebegriff der Lehrer »mehr im Sinne einer ›gesellschaftlichen Harmonielehre‹ als im Sinne von ›Austragung von Konflikten‹« verstanden wird und daß die Mehrheit der Lehrer stärker »zum ›politischen Konservatismus‹ oder sogar zur politischen Apathie tendiert als zum politischen Engagement«.[25] Das Gesellschaftsbild der Gymnasiallehrer ist streng hierarchisch gegliedert; die obersten Ränge dieser Hierarchie sind von einer »geistigen Elite« besetzt. Das Ganze ist »ein geordnetes, gut organisiertes System mit einer ›anerkannten, institutionalisierten Rangordnung‹«.[26] Charakteristisch für

sehr viele Lehrer ist ein »idealistisches« Verhältnis zur Politik; dieser darf es nicht um die Durchsetzung von Interessen einzelner Gruppen, sondern nur um das Wohl der »Gemeinschaft« gehen.[27] Vom rechten Verhalten der Einzelnen wird abhängig gemacht, ob das Ganze in Ordnung ist; von seiner Anständigkeit, von seinem Wohlverhalten, seiner partnerschaftlichen Gesinnung hängt es ab, ob die Gesellschaft »funktioniert«. Erfahrungen aus dem Bereich der Kinder- und Jugendgruppe werden bruchlos übertragen auf den Bereich der Wirtschaft und des Staates. Der Mehrzahl der Lehrer erscheint die Vorstellung einer Demokratisierung der Wirtschaft als eine Bedrohung.[28] Typisch ist die Neigung vieler Lehrer, politisch-gesellschaftliche Vorgänge zu personalisieren (Hitler war an allem schuld, Adenauer hat Deutschland wieder stark gemacht) und zu biologisieren (Autorität, Macht, Herrschaft sind »Naturkategorien«, Armut ist »Schicksal«, Kriege sind »Naturkatastrophen«). Zu Versuchen, politisch-gesellschaftliche Abläufe aus objektiv-gesellschaftlichen Prozessen und Interessenstrukturen zu erklären, sind die meisten Lehrer, die politischen Unterricht erteilen, aufgrund mangelhafter soziologischer Vorbildung nicht in der Lage.

Das Fazit der von den Theoretikern propagierten und den Praktikern geübten politischen Bildung stellt von Friedeburg bei den Studenten fest: »Die Verwandlung des demokratischen Systems in einen Obrigkeitsstaat antikommunistischer Prägung würde vermutlich auch bei der studentischen Jugend wenig Widerstand finden.«[29] Die Tatsache, daß sich inzwischen ein Teil der studentischen Jugend gegen die Entwicklung zum Obrigkeitsstaat antikommunistischer Prägung erhoben hat, spricht nicht gegen die angedeutete Wirkung jener politischen Bildung. Bei der Protestbewegung handelte es sich zunächst um eine Minderheit; daß es dieser gelang, weite Teile der Studenten und einige Teile der übrigen Jugend zu politisieren, ist nicht Verdienst der politischen Bildung, sondern kann allenfalls zeigen, daß die Ideologiehaftigkeit dieser unkritischen Apologie der bestehenden politisch-gesellschaftlichen Verhältnisse immer durchsichtiger wird. Noch 1966 hatte Blücher die allgemeine politische Apathie der Jugend konstatiert und festgestellt, daß »die staatliche Wirklichkeit und die Ordnungsformen, in denen die jungen Menschen leben, . . . ihnen zu einer undiskutierten Selbstverständlichkeit« geworden sind, und er formulierte als Ergebnis seiner Untersuchung: »Anpassung ist das dominante Verhaltensmuster. Damit gelingt es der Gesellschaft, die Nachfolger zu bejahenden Mitspielern im Sinne des vorgefundenen Systems zu gewinnen.«[30]

II

Entwickelte sich die politische Bildung im ersten anderthalb Jahrzehnt der Nachkriegszeit zur Rechtfertigungsideologie der bestehenden gesellschaftlichen und politischen Ordnung, die augenscheinlich so gewaltige wirtschaftliche Erfolge hervorbrachte, daß jede kritische Stellungnahme ohne Resonanz blieb, und jeder Versuch, die bestehenden Verhältnisse auch nur zu diskutieren, als »kommunistisch« diffamiert wurde, so entstanden erst in den letzten Jahren vereinzelt Konzeptionen, in denen versucht wird, mit Hilfe von Kategorien wie Interesse, Macht, Herrschaft, Konflikt politische Einsichten zu vermitteln und kritisches Bewußtsein zu schaffen.
Einen besonderen Rang innerhalb der Gruppe von Autoren, die sich um politische Aufklärung bemühen, nimmt Hermann Giesecke mit seiner *Didaktik der politischen Bildung* ein, die 1968 bereits in der dritten Auflage erschienen ist.[31] Der Autor geht von der »Offenheit« der Politik aus, die in der »aktuellen politischen Kontroverse« (z. B. Spiegel-Affäre) zum Gegenstand des politischen Engagement werden soll. Ziel der politischen Bildung ist nach Giesecke die spätere politische Beteiligung der Jugendlichen. Das erfordert ein »Bildungswissen«, das politische Urteile mit den gesellschaftlichen Normen in Verbindung bringt, ein »Orientierungswissen«, welches die Kenntnisse der Behörden, Institutionen usw. vermittelt, schließlich ein »Aktionswissen«, in dem Bildungs- und Orientierungswissen auf einen konkreten Konflikt hin aktualisiert werden.[32] Als für die politische Bildung geeignet werden nur solche aktuellen Kon-

flikte aus der Tagespolitik angesehen, die es ermöglichen, mit Hilfe von Leitfragen bestimmte Kategorien zu entwickeln: »Worin besteht bei einer politischen Situation oder Aktion die Gegnerschaft (Konflikt)? Worum geht es im einzelnen bei dieser Auseinandersetzung (Konkretheit)? Welchen Vorteil habe ich von einer Aktion (Interesse)? Wie kann ich angesichts einer Situation oder Aktion meinen Einfluß geltend machen (Mitbestimmung)? Welcher Gruppe nützt eine politische Situation oder Aktion (Solidarität)? Welche Ordnungsvorstellungen liegen einer Situation oder Aktion zugrunde (Ideologie)? Welche geschichtlichen Auseinandersetzungen kommen in einer Situation oder Aktion zum Ausdruck (Geschichtlichkeit)? Welcher Zwang kann zur Aufrechterhaltung einer Situation oder Durchsetzung einer Aktion angewandt werden (Macht)? Welche Rechtsbestimmungen werden durch eine politische Situation oder Aktion verletzt (Recht)? Wie wirkt eine Situation oder Aktion auf andere Situationen oder Aktionen ein (Funktionszusammenhang)? Wie wirkt eine Situation oder Aktion auf die davon unmittelbar oder mittelbar betroffenen Menschen (Menschenwürde)?«[33] Mit Hilfe dieser Kategorien lassen sich nach Giesecke dann etwa folgende Grundeinsichten gewinnen: ». . . daß Menschen verschiedene Interessen, Ziele und Wünsche haben, die miteinander in Widerspruch stehen und so aufeinander abgestimmt werden müssen, daß Frieden erhalten bleibt.« »Daß jeder Mensch in allen politischen und gesellschaftlichen Bereichen Möglichkeiten vorfindet, seine Interessen soweit wie möglich zu verwirklichen, ist ein moralischer Sinn des Grundgesetzes.« »Jedes politische Handeln bringt einigen Gruppen von Menschen Vorteile, anderen gleichzeitig Nachteile.« »Kluge Politik wird die Spannung zwischen den Bevorteiligten und den Benachteiligten immer in Grenzen halten.«[34]

Ähnlich wie Giesecke geht es auch Friedrich Roth um »Einsichten in das Gefüge und die Prinzipien unserer demokratischen Lebensordnung«.[35] Der Staat »begründet und sichert die Funktionsfähigkeit der Gesellschaft. Das menschliche Leben ist also nur durch staatliche Ordnung möglich. Staatliche Ordnung läßt sich aber nur durch Macht gründen und erhalten.« »Die politische Willensbildung beruht auf der

Auseinandersetzung von staatlichen Ordnungsvorstellungen und gesellschaftlichen Interessen. Die Parteien sind die Hauptträger des politischen Kampfes. Entscheidungen werden von der Mehrheit getroffen. In einer Demokratie gibt es keine reibungslosen und vollkommenen Lösungen.«[36]
Ein weiterer Autor, der sich seit Jahren um Kritikfähigkeit und politische Sensibilität bemüht, muß in diesem Zusammenhang genannt werden: Rudolf Engelhardt. Er hatte bereits 1964 in seinem Buch »Politisch bilden – aber wie?« darauf hingewiesen, daß ein »permanenter Kampf um bessere Lösungen« in unserer »pluralistischen Gesellschaft« notwendig und wesentlich sei; in seiner neuesten Veröffentlichung plädiert er für die Hereinnahme des *Politischen*, des *Kontroversen* und *Alternativen* in den politischen Unterricht.[37]

Auf den ersten Blick scheinen diese Konzeptionen politischer Bildung geeignet, kritisches Bewußtsein und politisches Engagement im emanzipatorischen Sinne zu schaffen, könnten doch durch die Analyse von Konflikten Einsichten in gesellschaftliche und politische Zusammenhänge erreicht werden. Sieht man jedoch genauer hin, erkennt man in den anvisierten Einsichten die liberalen Prinzipien der Pluralismustheorie, die in der Bundesrepublik durch Ralf Dahrendorf populär wurde.[38] Nun läßt diese Pluralismuskonzeption zwar eine Beschreibung von Strukturelementen der industriellen Gesellschaft zu, nicht aber die qualitative Analyse der kontroversen Interessen, ihre Funktion im gesellschaftlichen Prozeß und ihrem politischen Stellenwert in politischen Auseinandersetzungen in bezug auf Macht. Indem sie zu suggerieren versucht, die vorhandene Gleichzeitigkeit verschiedener gesellschaftlicher Kräfte bedeute auch eine gleiche Chance der Interessendurchsetzung, dient sie der ideologischen Verschleierung, da unerwähnt bleibt, daß weder alle beteiligten Interessengruppen über den gleichen Einfluß und die gleiche Macht verfügen, noch daß alle sozialen Gruppen, die nach dem demokratischen Prinzip der Gleichheit berechtigte Interessen haben, in dem Pluralismus vertreten sind, geschweige denn, daß die aus den ungleichen Machtfaktoren resultierenden Kompromisse dem Gesamtinteresse nahekommen.[39] Der Kompromiß liegt nie in der

Mitte zwischen den Interessen rivalisierender Gruppen, sondern näher zu den stärkeren hin, er verstärkt damit die bestehende ungleiche Machtverteilung. Was durch die scheinbare Konkurrenz rivalisierender Gruppen gesichert wird, ist nicht die konkrete Freiheit der vielen einzelnen, sondern allenfalls die Chance einiger Privilegierter, ihre Privilegien auf der Basis des pluralistisch genannten, rechtstaatlich abgeschirmten Status quo zu erhalten.
Ein weiterer Mangel dieser Konzeptionen politischer Bildung ist bedingt durch die Formalisierung der politischen Kategorien. Wenn diese, wie bei Dahrendorf soziale Schichtung, Herrschaft oder Konflikt, als universelle und unveränderliche soziale Phänomene betrachtet werden, sind sie abgehoben von dem tatsächlichen gesellschaftlichen Prozeß und verschleiern eher die Wirklichkeit, als daß sie sie begreifbar machen, sie versperren geradezu die Einsicht in die je konkreten historischen Machtverhältnisse ökonomischer und politischer Art.[40] Wenn diese Autoren – in Anlehnung an Dahrendorf – politische Kategorien daran orientieren, »wie sie erkennen lassen, daß es Politik legitimerweise mit der Durchsetzung von Interessen zu tun hat, und politisches Denken da beginnt, wo einer seine Interessen erkennt und sich übt, sie in den angemessenen Formen zu vertreten«, übersehen sie, daß die hier anvisierten Interessen gesellschaftlich vermittelt sind und daß hinter ihnen verschleiert massive Interessen anderer Mächte stehen. Politische Bildung konzentriert sich damit mehr auf die Erscheinungsformen individueller Interessen, statt auf deren gesellschaftliche Ursachen, mehr auf die Institutionalisierung von *angemessenen Formen* der Interessendurchsetzung, statt auf die Erhellung deren strukturell bedingten Blockierung. Sie reflektiert nicht die wesentlichen Bedingungen dieser Interessendurchsetzung.
Außerdem bekommt die mit der Pluralismuskonzeption verbundene Auffassung vom Staat als dem Wahrer der Ordnung nicht die Institutionalisierung von Herrschaftsverhältnissen in den Blick, die »schwerlich aus einer isolierten Betrachtung der staatlichen Machtausübung, sondern nur aus deren Verflechtung mit objektiven Tendenzen der gesellschaftlichen Entwicklung« verstanden werden kann.[41]

Indem man abstrakt von der Ordnungsmacht Staat spricht, verfehlt man die antagonistische Struktur der Gesellschaft. Die von diesen Autoren formulierten Einsichten entkleiden die gesellschaftlichen Verhältnisse ihres historisch-prozeßhaften Charakters, reduzieren die geschichtliche Entwicklung auf die gesellschaftliche Abwandlung immer gleicher Grundverhältnisse und enthalten in sich die Tendenz zu einer rein statischen Anthropologie, wodurch historisch Gewordenes in den Rang ewiger Wesenheiten erhoben und so aller Kritik entzogen wird.[42] Diese Einsichten erfüllen eine ideologische Funktion, wenn nicht permanent darauf hingewiesen wird, daß sie keine Realität, sondern Anspruch dieser Gesellschaft ausdrücken, womit bei der Umsetzung dieser Konzeptionen in die Schulpraxis nicht zu rechnen ist. Ideologische Funktion erhalten diese Konzeptionen auch, wenn im Unterricht an den von Giesecke anvisierten »Ernstfällen« aufgezeigt wird, daß Auseinandersetzungen stattfinden, Konflikte ausgetragen werden, Macht kontrolliert und Gerechtigkeit geübt wird, und damit den Heranwachsenden der Eindruck eines gut funktionierenden demokratischen Systems vermittelt wird. Diese Autoren übersehen mit Dahrendorf, daß die liberale Demokratiekonzeption, die gekennzeichnet ist durch die Suche nach institutionellen Mitteln zur Kontrolle der Mächtigen nur funktioniert in einer Gesellschaft, in der die Gleichheitsrechte bereits verwirklicht sind und Konflikte durch einen in herrschaftsfreier Diskussion hergestellten Konsensus gelöst werden können. In einer Gesellschaft, deren ökonomische Basis bestimmt ist durch das private Eigentum an Produktionsmitteln, werden Konflikte entweder durch autoritäre Harmonisierung beschwichtigt oder gewaltsam gelöst.
Nun soll hier nicht dagegen gesprochen werden, Konflikte in den politischen Unterricht hineinzunehmen – ihnen wohnt in der gegenwärtigen gesellschaftlichen Lage durchaus ein spezifischer Bildungssinn inne –, es soll vielmehr vor dem unbegründeten Optimismus gewarnt werden, damit kämen die grundlegenden gesellschaftlichen Gegensätze ins Blickfeld. Denn die Dahrendorfsche Behauptung, diese Gesellschaft sei dadurch charakterisiert, daß für sie die Regelung von Konflikten statt ihrer Unterdrückung kenn-

zeichnend sei, übersieht, daß grundlegende Konflikte in ihr nicht manifest werden, sondern sich als unartikuliertes Unbehagen und als Gefühl subjektiven Unglücks umsetzen. Nach Habermas ist »das System des Spätkapitalismus durch eine die Loyalität der lohnabhängigen Massen sichernden Entschädigungs- und d. h. Konfliktvermeidungspolitik so sehr definiert, daß der mit der privatwirtschaftlichen Kapitalverwertung nach wie vor in die Struktur der Gesellschaft eingebaute Konflikt derjenige ist, der mit relativ größter Wahrscheinlichkeit latent bleibt«.[43]
Die Orientierung an der Dahrendorfschen Gesellschaftstheorie führt dazu, daß diese Konzeptionen politischer Bildung ideologische Funktion erhalten, da in ihnen das dialektische Verhältnis zwischen Partikularinteresse und Allgemeininteresse, die Interdependenz von Partikularkonflikt und Zentralkonflikt außerhalb des Blickfeldes bleibt. Diese Autoren tragen zur Entpolitisierung bei und stehen im Dienste der Anpassung, wenn sie die Partikularinteressen, der gesellschaftlichen Basis entrückt, subjektiv oder gruppenspezifisch deuten und die Partikularkonflikte entsprechend regeln wollen (durch den guten Willen und die Kompromißbereitschaft der Beteiligten). Indem sie die sozialen Konflikte zwar austragen, aber nicht lösen wollen, regrediert bei ihnen gesellschaftlicher Wandel zu systemimmanenten Veränderungen.

Aus Furcht vor der »Sucht nach Weltanschauung« (Giesecke) vermeiden es diese Autoren, das Ziel der zu erreichenden Veränderungen anzugeben. Zwar spricht man von »überindividueller Ordnung« (Mickel), von »vorletzter Ordnung« (Stein), von »vernünftiger Ordnung« (Nitzschke), die erreicht werden sollen; sieht man jedoch genauer hin, dann handelt es sich immer wieder um Abwandlungen des pluralistischen Gesellschaftsmodells, um ein »konfliktreiches Gemeinwesen«, bei dem das »Gemeinsame« allerdings unsichtbar bleibt oder in fragwürdiger Weise gesucht wird. So glaubt Giesecke »den Maßstab gefunden zu haben, der sich irgendwie auf das gemeinsame Ganze bezieht, wenn es gelingt, z. B. an der Spiegel-Kontroverse antizipierend, die Folgen zu erörtern, die sich einstellen würden, wenn der Konflikt so oder anders entschieden würde«.[44] In fast allen

Beiträgen zur politischen Bildung wird eine eindeutige Stellungnahme aus Angst vor Ideologisierung abgelehnt, eine Erörterung des »Ganzen« und eine »Erziehung zu ewigen Werten« (Giesecke) verworfen. Wie bei dieser Wertneutralität politische Einsichten und politische Aktivität in Richtung auf Emanzipation erreicht werden soll, bleibt unersichtlich. Die aus Furcht vor Einseitigkeit geübte Neutralität führt dazu, daß die realen gesellschaftlichen Machtverhältnisse ausgeblendet bleiben. Da als einseitig gilt, was den herrschenden Vorstellungen und Normen entspricht, diese jedoch in der Regel die Vorstellungen und Normen der Herrschenden sind, läuft die politische Neutralität sowohl auf eine Entpolitisierung des Bewußtseins als auch auf eine kritiklose Hinnahme gesellschaftlicher Antagonismen hinaus. Die vermeintliche Neutralität verdeckt ihre ideologische Funktion, denn die Entscheidung, bestimmte Fragen auszublenden, ist immer eine politische Entscheidung. So wird die durch Gieseckes Wertneutralität bedingte Auffassung von dem »Wechsel der Solidarität«, auf die hin politische Bildung erziehen soll, zum bedenklichsten Punkt seiner Konzeption.[45] Mag dieses Überwechseln von einem Lager ins andere noch für Partialkontroversen zwischen Gruppen und Individuen zutreffen, so wird es aber höchst obskur, wenn man es auf die allmähliche Erstarrung der Gesellschaftsstruktur in zwei unvermittelt einander gegenüberstehende Gruppen: der unkontrollierten »radikalen« Minderheiten der ökonomischen und politischen Machthaber auf der einen und der Masse der Ohnmächtigen und Manipulierten auf der anderen Seite bezieht. Hier wird deutlich, zu welch fragwürdigen Aussagen alle Autoren kommen, die zwar kritisches Bewußtsein und politisches Engagement erreichen wollen, ihre Konzeptionen aber an der Pluralismuskonzeption orientieren. Es wäre eine wichtige Aufgabe, in einer breiteren Untersuchung durch immanente Kritik zu belegen, wie in den vorliegenden Konzeptionen »progressiver« Autoren die inhaltlichen Ausführungen dem in ihrem theoretischen Ansatz intendierten Ziel zuwiderlaufen: Diejenigen, die sich für Liberalisierung einsetzen, können zum Abbau gewisser drastischer Formen unlegitimierter Herrschaft beitragen,

aber sie können gleichzeitig auch Apologeten eines von der Basis her unmenschlichen Systems sein. Indem Giesecke für »evolutionäre Fortschritte« im Sinne »des kontinuierlichen Abbaus überflüssiger Herrschaft« plädiert und Veränderungen nur mit den »intakten Funktionen« des gegenwärtigen gesellschaftlichen Systems erreichen will, bewirkt er eine erhebliche Verkürzung des politischen Unterrichts.[46] Da er die Möglichkeit der kollektiven Weigerung, der solidarischen Aktion und andere Formen des Widerstandes ausschließt, beschneidet er die politisch Gebildeten um die adäquate Konsequenz, dem mit der zunehmenden Machtakkumulation in wenigen Händen verbundenen Abbau der Demokratie und einer möglichen Etablierung eines totalitären Systems zu begegnen. Zwar gesteht Giesecke in der Stellungnahme zu seinem Buch (1968) zu, daß »ein großer Teil unserer offiziellen politischen Führung und ihrer Bürokraten selbst sowie die wirtschaftlich mächtigen Gruppen ... auf dem Boden unserer Verfassung ... gegen Fortschritt an Demokratie verbal oder durch ihr Verhalten optieren«; das hindert ihn jedoch nicht, gleichzeitig zu behaupten, der Prozeß der Demokratisierung sei unaufhaltsam.[47] Als hätten diese Gruppen, die an Demokratisierung kein Interesse haben können, weil sie dabei an Macht und Einfluß verlieren würden, nicht die geeigneten Möglichkeiten, ihren Einfluß und ihre Macht weiter auszubauen. Vor diesem Hintergrund wird auch die ideologische Funktion von Gieseckes Zielbegriff der politischen Beteiligung deutlich, den er mit der Grundfrage seiner Didaktik verbindet: »Was muß man alles lernen, um sich erfolgreich und produktiv politisch beteiligen zu können?«[48] Indem er nicht reflektiert, was unter den genannten ungünstigen Bedingungen »erfolgreich« und »produktiv« bedeuten müßte, suggeriert er ein offenes Feld von Möglichkeiten und trägt zur Verschleierung der tatsächlichen Verhältnisse bei.
Auch Engelhardt sieht in der selbstverfaßten Kritik an seinem Modell die tatsächlich gegebene Gefahr, daß seine Konzeption der »ideologischen Verschleierung« dienen und selbst eine »ideologische Funktion« erhalten könne, weil die Schüler das pluralistische Konfliktmodell »für ein groß angelegtes Täuschungsmanöver« halten und dadurch in

ihrem politischen Handeln radikalisiert werden könnten.[49] Obwohl Engelhardt zugestanden werden muß, daß die Ideologiehaftigkeit dieser politischen Bildung, die den formalen Ablauf der Demokratie anstatt der realen Machtverhältnisse in den Vordergrund stellt, von immer mehr Jugendlichen durchschaut wird, besteht doch auch die Gefahr, daß diese politische Bildung zum brauchbaren Instrument wird, junge Menschen in das »pluralistische, konfliktreiche Gemeinwesen« zu integrieren, reibungsloser als bisher, weil mit Hilfe »demokratischer Prinzipien«.[50] Die so Erzogenen dürften einer Verwandlung dieser formal-demokratischen Ordnung in ein autoritäres und schließlich totalitäres System keinen nennenswerten Widerstand entgegenstellen, da sich eine solche Verwandlung unter dem Schleier der Legalität auch nach »demokratischen Prinzipien« vollziehen dürfte. Oskar Negt hat darauf hingewiesen, daß die Gefahren einer solchen Entwicklung weniger von den Gruppen kommen, die sich schon heute als Rechtsradikale gebärden und deren antidemokratisches Verhalten leicht erkennbar ist, als von denjenigen, die ungleich mächtiger, vorsichtiger und technologisch versierter, bereits Wartestellung bezogen haben.[51] Diese autoritären Tendenzen wurden während der Zeit des Konjunkturrückganges (1966) in den Parolen der Unternehmer bereits deutlich: »Mit berechtigtem Aufatmen quittiert wohl jeder Unternehmer die inzwischen eingetretene Normalisierung auf dem Arbeitsmarkt ... endlich ist jedenfalls der Chef wieder Herr im Haus«, oder: »eine Gesundungskur mit Zuckerbrot und Peitsche« und ein »intensiver Klassenkampf von oben«.[52] Bei einer derartigen Entwicklung dürften die grundlegenden Kategorien des liberalen Selbstverständnisses, wie Interesse, Kompromiß, Konflikt und öffentliche Diskussion sehr schnell ihre Bedeutung verlieren.

Indem die »progressiven« Autoren die Funktion ihrer Konzeptionen politischer Bildung nicht in diesem gesellschaftlichen Kontext reflektieren, gehen sie eine merkwürdige Koalition ein mit jenen Integrations- und Anpassungspädagogen. Diese legen den Nachdruck mehr auf die Propagierung von »Sittlichkeit«, »Harmonie« und »Gemeinschaft«, jene malen optimistisch das freundliche Bild einer liberalen, in Konflikten den Konsensus aushandelnden Gesellschaft und unterstellen affirmativ doch dasselbe: daß die Antagonismen auf dem Boden des Bestehenden versöhnt und harmonisiert werden können.

III

Politische Bildung hat innerhalb einer Pädagogik, die sich als Emanzipationswissenschaft versteht, d. h. als eine Theorie und Praxis, deren Aufgabe es ist, in der heranwachsenden Generation das Potential gesellschaftlicher Veränderungen hervorzubringen, einen besonderen Rang. Sie hat sich in spezifischer Weise an dem Ziel zu orientieren, die Menschen aus Bedingungen zu befreien, die ihrer Selbstfindung und Selbstbestimmung entgegenstehen, von Abhängigkeiten zu lösen, die die freie Entscheidung der Menschen über das, was mit ihnen geschieht, verhindern. Daraus ergibt sich als primäre Aufgabe der politischen Bildung, den Heranwachsenden die sie umgebende gesellschaftliche Realität zu erschließen. Das verlangt eine konsequente Ausbildung der intellektuellen Fähigkeiten und die Schaffung eines kritischen Bewußtseins, das es ihnen ermöglicht, Verschleierungen und Ideologien zu durchschauen, ihre objektiven Interessen zu erkennen und zu einem radikalen politischen Engagement zu gelangen.

Nach den Erkenntnissen der modernen Sozialwissenschaften ist kritisches Bewußtsein und politische Urteilsfähigkeit nur zu erreichen, wenn die Menschen politische Phänomene auf gesellschaftliche zu beziehen lernen, wenn sie gesellschaftliche Antagonismen nicht als interpersonelle Konflikte, sondern als strukturell bedingte Gegensätze zu sehen lernen, wenn sie soziale Prozesse als historisch bedingt und politisch gestaltbar ansehen, wenn sie gesellschaftliche Ordnungen und Institutionen als an gesellschaftliche Interessen orientierte, von Menschen geschaffene und deshalb durch politische Praxis veränderbare begreifen.

Um die Widersprüche der Gesellschaft zureichend und in ihrem ganzen Ausmaß erkennen zu können, bedarf es der Analyse der Gesellschaft in ihrer Totalität, denn jede Isolierung von Teilbereichen verhindert die Erkenntnis, daß das Einzelne durch das Ganze vermittelt ist. Die gesellschaftliche Totalität ist antagonistisch, das heißt, sie geht auf die Verfügung über die Produktionsmittel und den daraus resultierenden Klassengegensatz zurück. Dieser Totalitätsbegriff hat für die politische Bildung Bedeutung vor allem wegen der Entwicklung der Fähigkeit, die C. W. Mills als »soziologisches Denkvermögen« bezeichnet hat, womit er eine Fähigkeit meint, strukturelle Zusammenhänge zwischen individueller Lebensgeschichte, unmittelbaren Interessen, Wünschen, Konflikten und geschichtlichen Ereignissen zu erkennen, kurz, die Einsicht in die Verknüpfung von Individuum und Gesellschaft, in den Zusammenhang von privater Existenz und politischem Prozeß.[53]

Kritisches Bewußtsein wird am ehesten zu erreichen sein, wenn die in der Verfassung fomulierten Begriffe von Freiheit, Gleichheit, sozialer Gerechtigkeit und politischer Beteiligung konfrontiert werden mit den realen Formen von Unfreiheit und Ungleichheit, von sozialer Ungerechtigkeit und der faktischen Wirkungslosigkeit politischer Beteiligung. Politische Bildung hätte durch immanente Kritik zu zeigen, wie die Gesellschaft im Rahmen der Verfassung an dieser Unfreiheit und Ungleichheit festhält, die soziale Ungerechtigkeit verstärkt und die politische Beteiligung der Bürger faktisch ausschaltet. Zentrale Aufgabe der politischen Bildung wird die gesellschaftlich-politische Analyse, die die bestehenden Unfreiheiten und sozialen Ungerechtigkeiten auf ihre gesellschaftlichen Ursprünge hin untersucht und deutlich macht, wie überflüssige Herrschaft in Politik und Gesellschaft mit den kapitalistischen Produktionsverhältnissen einen komplizierten und widerspruchsvollen Zusammenhang bildet. Dazu muß sie Erkenntnisse der Soziologie und der Politikwissenschaft in den Mittelpunkt stellen; nur dann wird es ihr gelingen, die Zusammenhänge zwischen ökonomischer Struktur und politisch-gesellschaftlichen Machtverhältnissen, zwischen gesellschaftlichen Bedingungen und Bewußtseinsstruktur der Menschen zu verdeutlichen. Eine politische Bildung, die unter Hereinnahme politisch-ökonomischer Fragestellungen Einsichten in die konkreten gesellschaftlich-politischen Zusammenhänge zu vermitteln versucht, hätte die Frage nach der Legitimität und Rationalität des Systems, die Frage nach der Transparenz und Rechtmäßigkeit seiner Herrschaft zu stellen. Der entscheidende Grundzug der politischen Systeme kapitalistischer Länder scheint zu sein, daß ihre Legitimität nicht demokratisch begründet, sondern in der Sicherung der Massenloyalität durch wirtschaftliche Effektivität und Zuteilung von Entschädigungen, der Verkündigung von Ideologien und der gewaltsamen Unterdrückung unkontrollierter Motivbildungen und abweichender politischer Bedürfnisinterpretationen gesichert wird. Claus Offe hat den ideologischen Charakter der Legitimationsmuster (Postulate universeller Teilhabe am Willensbildungsprozeß und klassenneutraler Nutzungschancen der staatlichen Leistungen und regulativen Interpretationen) aufgezeigt, deren Aufrechterhaltung von äußerster Wichtigkeit für die Stabilität spätkapitalistischer Systeme zu sein scheint.[54]

Eine politische Bildung, die von der Vorstellung ausgeht, sie habe dazu beizutragen, die Heranwachsenden zu befähigen, ihre objektiven Interessen zu erkennen und die historisch bestimmte objektive Möglichkeit einer besseren Gesellschaft zu sehen, hat aus der Analyse der gesellschaftlichen Antagonismen die Perspektive einer besseren, weil dem Stand der Produktivkräfte adäquateren und die realen Interessen und Bedürfnisse der Menschen befriedigenderen Art der Organisation der Gesellschaft aufzuzeigen. Sie hätte die Frage zu stellen, ob es historisch gerechtfertigt ist, daß in einem Teil der Erde ungeheure Produktionsmöglichkeiten ungenutzt bleiben, daß Nahrungsmittel zwecks Marktstabilisierung vernichtet werden, während gleichzeitig Millionen Menschen an Hunger sterben, daß wegen des vorherrschenden Profitdenkens ein immer größeres Humanitätsdefizit entsteht? Solche Wertungen werden nicht von außen an die Gesellschaft herangetragen, sondern gewinnen ihren Maßstab aus der Einsicht in das Auseinanderklaffen des faktisch Gegebenen und des historisch Möglichen; diese Gesellschaft ist danach zu beurteilen, wie sie ihre eigenen Möglichkeiten verwirklicht.[55] Erst wenn die objektive Möglichkeit einer besseren Gesellschaft gesehen und die objektiven Interessen der Menschen, d. h. das Interesse an der

Befreiung von überflüssigen Versagungen und historisch überfälligen Disziplinierungen sowie das Interesse an Selbstverwirklichung, darauf bezogen werden, ergibt sich eine Bestimmungsmöglichkeit für die politische Bildung, die die Ursachen und Funktionen von tatsächlichen Vorstellungen und Handlungen aufzeigen kann und alle Intentionen auf kritisches Bewußtsein, alle politischen Handlungen auf ihren historischen Stellenwert hin zu verdeutlichen vermag.[56]

Unter den gegebenen technischen, wissenschaftlichen und organisatorischen Möglichkeiten der Industriegesellschaften kann nur ideologisch, d. h. von Partikularinteressen bestimmt, negiert werden, daß Wirtschaftsdemokratie, planmäßige Organisation der gesellschaftlichen Produktion im Dienste realer Bedürfnisse, Selbstbestimmung des Menschen in ökonomischer und politischer Hinsicht unrealisierbar sind. Apologeten des bestehenden Systems, für die nur vernünftig ist, was sich den ökonomisch-sozialen Sachzwängen einfügt und was »funktioniert«, pflegen als Argument gegen den Entwurf einer vernünftigeren Gesellschaft den Einwand vorzubringen, sie sei zwar wünschenswert, aber nicht realisierbar. Die bestehende Ordnung habe sich – so heißt es verschleiernd – als vernünftig erwiesen, da sie sich bewährt habe. Sie verteidigen die sozio-ökonomischen Machtpositionen, weil die soziale Ungleichheit auf einer natürlichen Ungleichheit basiere und weil bei größerer sozialer Gerechtigkeit die Gefahr eines Produktionsverlustes bestehe.

Politische Bildung wird die oben angedeutete Aufgabe nur erfüllen können, wenn sie bei der Analyse des spätkapitalistischen Gesellschaftssystems die Grundelemente der politischen Ökonomie berücksichtigt, denn unsere Gesellschaft ist in ihrem Wesen Wirtschaftsgesellschaft und die Stellung der Individuen und Gruppen ist bestimmt durch deren Funktion im Wirtschaftsprozeß. Eine Darstellung der ökonomischen Bewegungsgesetze und deren Bedeutung für die politische Herrschaftsorganisation, eine Analyse der Verbindung zwischen der ökonomischen Basis einer Gesellschaft und ihren politischen Institutionen und Prozessen liegt gemeinhin jenseits des Fragehorizontes politischer Bildung. In den einschlägigen Lehrbüchern gibt es kaum Ansätze einer Deskription der Interdependenz politischer, gesellschaftlicher und wirtschaftlicher Verhältnisse, selbst Hinweise auf den Strukturwandel und den Funktionswandel des Parlaments, der innerparteilichen Demokratie, der Herrschaft der Verbände, fehlen. Dafür wimmelt es von Allgemeinplätzen und offenkundigen Verschleierungen der tatsächlichen Zusammenhänge. »In der Wirtschaft ist der Kunde König«, und »die Nachfrage bestimmt das Angebot«, oder »die schleichende Inflation resultiert aus der Lohn-Preisspirale«.[57]

Eine politische Bildung, die es als ihre dominante Aufgabe ansieht, die gängigen Verschleierungen aufzudecken, hätte, um nur einiges anzudeuten, die Annahme, daß Wirtschaft und Politik sich zwar stellenweise berühren, im Prinzip aber getrennte gesellschaftliche Phänomene sind, abzulösen durch eine realistischere Sicht, wie sie sich zunehmend in der Nationalökonomie durchzusetzen beginnt.[58] Wirtschaftskonzentration, Automation und die Verschränkung von Wirtschafts- und Staatsbürokratie erlauben es immer weniger, von der traditionellen Trennung zwischen Politik und Wirtschaft auszugehen.

Die Gesellschaftsstruktur der Bundesrepublik ist dadurch charakterisiert, daß ihre ökonomisch-soziale Grundlage diejenige einer hochindustrialisierten spätkapitalistischen Gesellschaft mit einem sehr hohen Grad der Zentralisation und Konzentration des Kapitals ist, d. h. daß eine relativ kleine Gruppe der Gesellschaft kraft ihrer privaten Verfügungsmacht über den Produktionsapparat für die Gesamtgesellschaft wichtige Entscheidungen trifft. Jörg Huffschmid zeigt, wie industrielles Wachstum, Konzentration der Banken und Großbetriebe und Konsumwirtschaft zusammenhängen und worauf das Wechselspiel zwischen den Mächtigen des Geschäfts und den geschäftigen Verwaltern der Macht sich gründet.[59] Er hat über die Entwicklung und den Stand des wirtschaftlichen und finanziellen Konzentrationsprozesses eine Reihe exakter Zahlen geliefert: In der Bundesrepublik beschäftigen etwa 100 Unternehmen 40% der Arbeitnehmer und erzielen 46% des gesamten industriellen Umsatzes. In den USA wird bereits mehr als die Hälfte des gesamten Produktionspotentials von den 150

größten Unternehmen kontrolliert. In der Bundesrepublik war bereits 1960 jeder dritte Arbeiter in einem der einhundert größten Konzerne beschäftigt. Der anhaltende Konzentrationsprozeß hat bereits über die nationalen Grenzen hinausgegriffen und zur Bildung weltumspannender Konzerne und internationaler Kartelle geführt, die bisweilen Absprachen über Markt- und Produktionsteilung in weltwirtschaftlichen Dimensionen ermöglichen. In den kapitalistischen Ländern entstehen Unternehmensgiganten, deren Umsatzzahlen den Etat kleinerer Staaten überschreiten und von denen die Lebensgrundlage Hunderttausender von Arbeitern und das wirtschaftliche Schicksal vieler Mittel- und Kleinbetriebe abhängt.[60] Diese Konzentrationsvorgänge, die strukturell zur kapitalistischen Gesellschaft gehören, verhindern den Interessensausgleich, von dem die Verfechter der Pluralismustheorie immer sprechen, die gepriesene Pluralität von Interessen erweist sich vor diesem Hintergrund als Scheinpluralität, die Kritik jener, die die gesellschaftlichen Grundverhältnisse nicht in Frage stellen, statt ändern, bloß regenerieren wollen, gerinnt zur Scheinkritik.
Für die politische Bildung ergibt sich die Aufgabe, die aus diesen Konzentrationsprozessen resultierenden Widersprüche aufzuzeigen und ein objektives Interesse zu bestimmen. Indem die totale Unterordnung der realen Bedürfnisse der Menschen unter das Partialinteresse der privatwirtschaftlichen Profitmaximierung sichtbar wird, kann den Heranwachsenden deutlich werden, daß der vorhandene Gegensatz zwischen den subjektiven Interessen der Individuen (z. B. alle durch den Konsumentenstatus der Menschen bedingten kurzfristigen Interessen) und dem objektiven Interesse auf realen partikularen Interessen beruht. Politische Bildung hätte aufzuzeigen, daß Bedürfnisse in der spätkapitalistischen Gesellschaft als individuelle, vereinzelte definiert sind. Kollektive Bedürfnisse (wie nach Schulen, Krankenhäusern, Kindergärten und ähnlichen Einrichtungen) werden in den Ausnahmebereich der staatlichen Wirtschaftsaktivität verwiesen. Es gelingt immer weniger, dem Anspruch der gesamtgesellschaftlichen Bedürfnisbefriedigung gerecht zu werden, bzw. dessen Nichterfüllung zu verdecken; durch die Manipulation von Bedürfnissen

wird die Irrationalität des Systems in bezug auf die gesamtwirtschaftliche Versorgung und Bedürfnisbefriedigung immer größer. Zu den deutlichsten Erscheinungen dieser Irrationalität gehört, daß ein stetig wachsender Teil der Produktion auf Dinge verwandt wird, die nichts mehr mit der Qualität des Gutes zu tun haben und nur der Kaufdisposition beim Konsumenten dienen. Die Ausgaben, die von der westdeutschen Wirtschaft zu Reklamezwecken getätigt werden, liegen seit Jahren erheblich über den Summen, die in der Bundesrepublik von Bund, Ländern und Gemeinden für Schulen ausgegeben werden. Mit den subtilen Manipulationsmitteln einer differenzierten Bewußtseinsindustrie werden die Bedürfnisse der Konsumenten selbst in ihrer inhaltlichen Struktur geplant und geweckt. Marktstrategie tritt an die Stelle von Marktforschung.[61] Damit wird der von der Wettbewerbsideologie verdrängte Sachverhalt deutlich, daß die Produktionsverhältnisse die Bedürfnisse produzieren und nicht die Bedürfnisse ihre Produktionsverhältnisse schaffen, daß in der privatwirtschaftlich organisierten Gesellschaft die Nachfrage vom Angebot, nicht das Angebot von der Nachfrage bestimmt wird, wie es von der herkömmlichen politischen Bildung ständig verkündet wird. Das Märchen vom Verbraucher als dem wahren König der Wirtschaft versucht zu verschleiern, daß in einer vermachteten Wirtschaft der Verbraucher der konzentrierten Macht der großen Konzerne gegenübersteht und deren Produkte wohl oder übel hinnehmen muß und daß er als Objekt der Bewußtseinsmanipulation das Angebot »freiwillig« akzeptiert. Ein Gesellschaftssystem, das Produktivkräfte in massiver Form fehlleitet, Armut bei gleichzeitigem Überfluß zuläßt, Bedürfnisse, statt durch kollektive Diskussion festzustellen, durch Isolierungsmechanismen verzerrt signalisiert, enthält zumindest latent strukturelle Konflikte, zu deren Manifestwerden politische Bildung durch radikale Aufklärung beizutragen hätte. Die Einsicht in den Zusammenhang aller Phänomene, der privaten, der ökonomischen und kulturellen, der Zusammenhang zwischen individuellem Schicksal und gesellschaftlichen Strukturen kann es den Jugendlichen ermöglichen, die Analogie der Konflikte in verschiedener Dimension sowie deren gesellschaftliche Ursachen zu sehen, denn nur dann werden die auf Verwirklichung drängenden objektiven Interessen und das daraus resultierende politische Handeln sich auf Befreiung aus Abhängigkeiten richten, die die freie Entscheidung der Menschen über das, was mit ihnen geschieht, verhindern.

Politische Bildung hätte an den unsicheren Stellen und ungelösten Fragen des scheinbar vertrauten Lebenskreises der Heranwachsenden anzuknüpfen und anschaulich zu machen, daß das Alltagsleben selbst politischen Charakter trägt, z. B. daß die Ausbildung der Studenten und Schüler nicht der Selbstbestimmung und allseitigen Entfaltung der Individuen dient, zu der unter den gegebenen ökonomischen Bedingungen die materiellen Voraussetzungen schon vorhanden sind, sondern einem bloß im Zusammenhang des irrationalen Systems produktiven, gegenüber der Möglichkeit einer menschenwürdigen Gesellschaft aber geradezu destruktiven Individuum. Die Einsicht, daß die spätkapitalistische Gesellschaft, um funktionsfähige und willige Menschen für den gesellschaftlichen Reproduktionsprozeß heranzuziehen, alle natürlichen Wünsche nach Glück, Lust und Selbstverwirklichung disziplinieren und, wenn nötig, abtöten muß, um künftige Produzenten und Konsumenten zu systemfunktionalem Verhalten zu bringen, konstituiert für alle Heranwachsenden ebenso ein objektives Interesse wie der Wunsch nach Befreiung von überflüssigen Disziplinierungen, die dem einzelnen nach wie vor auferlegt werden und die nicht mehr die Knappheit der Mittel als Begründung haben, sich vielmehr gegen die Evidenz von Überfluß und potentiellem Reichtum behaupten müssen. Nachdem sich im prototypischen Bereich überflüssiger Unterdrückung der Sexualität bürgerliche Tugenden als ein System sinnloser Opfer, seelische und körperliche Schäden verursachender Verdrängung, aufzulösen beginnen, geraten die Werte possessiver Verdinglichung allgemein in den Verdacht, historisch überfällig und damit »repressiv« zu sein. Die Ethik des Leistungswettbewerbs und die Antriebe zu einer bornierten Statusaspiration werden immer fragwürdiger, zumal deren Legitimationsgrundlage immer undurchsichtiger wird.[62]

Politische Bildung hätte die Einsicht zu vermitteln, daß nur eine vom Profit- und autoritären Leistungsprinzip befreite Gesellschaft die Jugendlichen von den angedeuteten Disziplinierungen befreien kann, denn wo die Einsicht in die gesellschaftliche Situation fehlt, setzen sich die Wirkungen der systematischen Disziplinierungen drückender und bewußtloser in der Erzeugung psychopathologischer Erkrankungen durch. Sobald jedoch das private Unglück als allgemeines Leiden erkannt ist, sobald die Unsicherheit in der versprochenen Sicherheit, die Unordnung in der gegenwärtigen Ordnung und im Wohlstand jenes verborgene Elend gesehen wird, kann politische Aufklärung und politisches Engagement in politische Praxis übergehen, die die Chance zu einem langfristigen Transformationsprozeß enthält, der die vorhersehbaren Katastrophen noch verhindern könnte.

Daraus ergibt sich die Frage nach der in der Verfassung enthaltenen Möglichkeit einer grundlegenden gesellschaftlichen Veränderung. Artikel 20 des Grundgesetzes bezeichnet die Bundesrepublik als »demokratischen und sozialen Bundesstaat«. In Artikel 28 wird dieses Bekenntnis zur normativen Bestimmung erhoben und festgelegt, daß demokratische Struktur und Sozialstaatlichkeit zu den Grundgedanken des Grundgesetzes gehören, die jeder Verfassungsänderung entzogen sind. Die konkrete Inhaltsbestimmung des Sozialstaatmoments in Artikel 28 kann nur dahingehend verstanden werden, daß der demokratische Gedanke auf die Wirtschaft- und Sozialordnung übertragen werden soll.[62] Das entscheidende Moment des Gedankens der Sozialstaatlichkeit besteht darin, daß der Glaube an die immanente Gerechtigkeit der bestehenden Wirtschafts- und Gesellschaftsordnung aufgehoben ist und sich damit vom Grundgesetz her keine Einwände gegen den Versuch ableiten lassen, die Struktur des organisierten Kapitalismus in eine sozialistische zu transformieren, d. h. in eine Gesellschaftsordnung, in der in allen Bereichen des gesellschaftlichen Lebens, besonders aber in den ökonomischen, demokratische Selbstorganisation möglich und Solidarität autonomer Subjekte wirklich ist: »Erst wenn der wirkliche individuelle Mensch den abstrakten Staatsbürger in sich zurücknimmt und als individueller Mensch in seinem empirischen

Leben, in seiner individuellen Arbeit, in seinen individuellen Verhältnissen, Gattungswesen geworden ist, erst wenn der Mensch seine *forces propres* als gesellschaftliche Kräfte erkannt und organisiert hat und daher die gesellschaftliche Kraft nicht mehr in der Gestalt der politischen Kraft von sich trennt, erst dann ist die menschliche Emanzipation vollbracht« (Marx).

IV

Kritische Bewußtseinsbildung allein kann indessen kaum das Ganze der politischen Bildung ausmachen. Die gesellschaftliche Analyse erfolgt im Hinblick auf Änderbarkeit und damit auf die Motivierung zum Handeln. In der pädagogischen Diskussion hat sich zur Bezeichnung der hier angesprochenen Frage des Verhältnisses von Theorie und Praxis der Begriff der »politischen Beteiligung« durchgesetzt. Die Didaktiker der politischen Bildung sind sich darin einig, daß der junge Staatsbürger befähigt werden soll, aktiv an den Aufgaben des Staates mitzuwirken.
Die meisten Verfechter der politischen Beteiligung reflektieren jedoch zu wenig die Tatsache, daß in dieser Gesellschaft kritische und politisch aktive Bürger nicht erwünscht sind. So ist nach Gert Schäfer eine passive Wählerschaft ebenso eine vorzügliche Stabilitätsbedingung westlicher Demokratien wie der systemkonforme Verlauf der Wahlen, in denen die Basiskonflikte nach Filterung in Parteien und Verbänden neutralisiert werden.[63] Die Volksparteien, die die Wähler alle vier Jahre zur »kollektiven Akklamation« mobilisieren, verfügen über die subtilen Manipulationsmittel, den Willen des Volkes zu bilden; die Parteien sind Instrumente der Willensbildung, aber nicht in der Hand des Volkes, sondern derer, die den Parteiapparat beherrschen (Habermas). Der machtlose Bürger, der sich nicht für Politik interessiert, wird zur Rechtfertigung für die Machtausübung durch Funktionäre und Professionelle. Die innerparteiliche Meinungs- und Willensbildung ist entpolitisiert, die parteiinternen Entscheidungen werden bestenfalls nachträglich zur Akklamation gestellt. Vorliegende Untersuchungen zeigen,

daß in den Parteien und Verbänden politische Beteiligung der Mitglieder unerwünscht ist, die Funktionäre empfinden spontanes Handeln der einzelnen eher als störend und versuchen es zu begrenzen.[64] Das gesellschaftliche Selbstverständnis, daß die Demokratie ohne das handelnde Engagement des einzelnen nicht auszukommen vermag, ist längst zur Ideologie geworden. Der einzelne kann seine Spontaneität bestenfalls noch in unwichtigen und unergiebigen Bereichen entfalten, aus politisch relevanten Sektoren ist er weitgehend ausgeschlossen. Die tendenzielle Bedeutungslosigkeit individueller politischer Aktivitäten, die immer wieder zu erfahrende Ohnmacht gegenüber den wesentlichen Entscheidungen schwächt die Handlungsbereitschaft und vermittelt zunehmend das Gefühl der Inkompetenz und Machtlosigkeit und fördert die Tendenz zur politischen Indifferenz. Da das Grundgesetz die Formen der Mitbestimmung der Bürger im wesentlichen auf die von Parteien vermittelte Wahl beschränkt, fällt es der politischen Bildung schwer, den zukünftigen Staatsbürger, bei dem aufgezeigten Widerspruch zwischen der verfassungsmäßig institutionalisierten Idee der Demokratie und der tatsächlich praktizierten, zur politischen Beteiligung zu ermuntern.

Da ein politisches Verhalten, das in irgendeiner erkennbaren Weise wirksam ist, jenseits der Grenzen politischer Beteiligung liegt, wäre zu untersuchen, wieweit die politische Bildung die Erfahrungen der Protestbewegung von Studenten und Schülern miteinbeziehen sollte. Sie hätte die Frage zu untersuchen, ob und wieweit das von der jungen Generation geschaffene Terrain politischer Handlungs- und damit auch Bildungsmöglichkeiten von ihr genutzt werden könnte, wieweit die Ansätze, außerhalb der etablierten Institutionen Fragestellungen zu erarbeiten und damit in die Enklaven von Parteien, Verbänden etc. einzudringen, von ihr aufgenommen und weiterentwickelt werden könnte. Solidarischer Widerstand von Abhängigen, die auf Emanzipation drängten und sich für Demokratisierung, Abbau autoritärer Strukturen und Verwirklichung einer herrschaftsfreien Gesellschaft engagierten, hat in den bis dahin politisch abstinenten Arbeitsstätten und als »Untertanenfabriken« gekennzeichneten Universitäten in kürzester Zeit

dazu geführt, daß sich ein erheblicher Teil der Studenten-, Assistenten- und Dozentenschaft aus ihrer politischen Apathie gelöst haben und zu einem politisch bewußten und kritischen Potential dieser Gesellschaft wurden. Auch Habermas bescheinigt der Protestbewegung der Jugend, »die Politisierung der Studenten und einiger Teile der Bevölkerung« vorangebracht, »einen unvorhergesehenen politischen Spielraum« eröffnet und damit »Aufklärungschancen für Ziele eines radikalen Reformismus« geschaffen zu haben, und er wagt die optimistische historische Perspektive, in der Protestbewegung eine Chance zu einem langfristigen Transformationsprozeß zu sehen, der international die vorhersehbaren Katastrophen noch verhindern könnte.[65]
Dieser Emanzipationsprozeß kann sich jedoch nicht additiv vollziehen: Die Hoffnung, daß eine antiautoritäre Schule, ein herrschaftsfreies Seminar, durch die vorgelebte Kontrastierung mit der autoritär bestimmten Gegenwart Nachbilder erzeugen und so zuerst das Erziehungswesen und dann die Gesellschaft eine neue Form erhalten wird, ist idealistisch. An einem Ort, unter der Gunst besonderer Umstände ist temporär vieles möglich. Zu ihrem Bestand und zu ihrer Vervielfältigung aber ist eine gleichzeitige grundlegende Strukturveränderung der Gesellschaft nötig.[66]

W. Christian*, F. Heinisch, W. Markert

Arbeitslehre und polytechnische Bildung

I

Die gegebene Qualifikationsstruktur der arbeitenden Individuen in unserer Gesellschaft ist den technischen Anforderungen des organisierten Kapitalismus nicht mehr adäquat.[1] Die geforderten Fähigkeiten der arbeitsteilig produzierenden Arbeiter im Frühkapitalismus, weitgehend zentriert auf rigide körperliche Arbeit an selbsttätigen Maschinen bei geringer geistiger Qualifikation, genügen den Anforderungen moderner, technisch hochentwickelter Produktion kaum mehr. Nicht mehr alleine notwendigste Elementarbildung, die einzig disziplinierte Anpassung an die industrielle Maschinerie bedeutet, sondern bereits Steuerung der Berufsziele und frühes Erlernen beruflicher Techniken zu schnellerer Integration in den Arbeitsprozeß kennzeichnen die gesellschaftliche Funktion der heute postulierten *Arbeitslehre*.

Im sich entwickelnden kapitalistischen System genügten die Fähigkeiten zu disziplinierter körperlicher Tätigkeit allemal für die Anpassung der Proletarier an den industriellen Arbeitsprozeß. Deren Chance, ihr eigenes wie das Leben ihrer Familie zu reproduzieren, war gewährleistet durch den Verkauf des einzigen Äquivalents, das sie auf dem kapitalistischen Markt zu tauschen hatten, ihrer Arbeitskraft. In den Industrieschulen, den Arbeits- und Armenhäusern des 17. und 18. Jahrhunderts sollten jene Fähigkeiten und Tugenden vermittelt werden, die die Menschen für die kapitalistische Berufspraxis benötigten: Disziplin, körperliche »fitness«, Anpassungsfähigkeit, Autoritätsglaube, allenfalls noch einige Grundbegriffe des Lesens und Schreibens. In Lockes Konzeption zur »Arbeitsschule für

* Wolfgang Christian ist Pädagogischer Mitarbeiter am Seminar für Sozialkunde der Universität Frankfurt a. M.

die Kinder der arbeitenden Leute« liest sich das wie folgt: ». . . die Kinder der arbeitenden Leute sind meist eine Last für die Gemeinde und werden gewöhnlich in Müßiggang gehalten, so daß ihre Arbeitsleistung der Öffentlichkeit verlorengeht, bis sie zwölf oder vierzehn Jahre alt sind. Das wirksamste Mittel dagegen ist, . . . daß künftig dafür gesorgt wird, daß in jeder Gemeinde Arbeitsschulen errichtet werden, zu denen alle Kinder über drei und unter vierzehn Jahren gehen müssen, solange sie bei ihren Eltern wohnen und nicht anderwärts mit Genehmigung des Armenaufsehers ihren Lebensunterhalt verdienen . . . Auf diese Weise wird die Mutter eines großen Teils ihrer Mühe um die Kinder enthoben sein und daher mehr Zeit zur Arbeit erlangen; die Kinder werden in besserer Ordnung gehalten, besser versorgt und von Kindheit an zur Arbeit gewöhnt, was nicht unbedeutend ist, um sie besonnen und betriebsam (industrious) für ihr weiteres Leben zu machen; die Gemeinde erfährt damit zugleich eine Erleichterung ihrer Lasten . . . Was die Kinder zu Hause von ihren Eltern erhalten, ist selten mehr als Brot und Wasser, und viele von ihnen auch das nur in geringer Menge. Da in den Schulen dafür gesorgt wird, daß jedes täglich seinen Bauch voll Brot bekommt, sind sie nicht in Gefahr zu hungern und werden im Gegenteil gesünder und stärker sein als die, welche ihr Brot anderwärts essen . . . Durch diese Methode werden die Kinder zum Schulbesuch genötigt und sich selbst um Arbeit bemühen, weil sie sonst keine Lebensmittel erhalten werden. Damit wird der Wohlstand sowohl der Kinder als auch der Gemeinde täglich steigen. Eine Zusammenrechnung des Erwerbs der Kinder zwischen dem dritten und vierzehnten Lebensjahr ergibt, daß Verpflegung und Unterricht eines Kindes während dieser Zeit die Gemeinde nichts kosten. Ein weiterer Vorteil der Arbeitsschulen liegt darin, daß die Kinder auf diese Weise zum regelmäßigen Kirchenbesuch am Sonntag unter Aufsicht der Lehrkräfte verpflichtet werden können, damit können sie in die Bedeutung der Religion eingeführt werden, während sie jetzt gewöhnlich bei ihrer faulen und liederlichen Erziehung weder von Religion und Moral noch vom Fleiß (industry) etwas wissen.«[2]

In dieser Formulierung zeigt sich massiv der klassenspezifische Charakter der bürgerlichen Erziehungskonzeptionen: die Proletarier und ihre Kinder sollen ihre Arbeitskraft zu Markte tragen, um ihr Leben ohne öffentliche Hilfe reproduzieren zu können; Anspruch auf weitergehende Qualifizierung, die in den Grundprinzipien der bürgerlichen Gesellschaft, Freiheit, Gleichheit und Brüderlichkeit angelegt ist, wird ihnen verwehrt.[3] Die Gleichheit der Startchancen für alle Menschen kann im Kapitalismus niemals intendiert sein. Die Funktion der Arbeitshäuser, Armenschulen, ja der Schulen überhaupt ist im Kapitalismus stets die der kollektiven Anpassung der unteren Schichten an dessen Bedürfnisse: »Die Insassen dieser Häuser befriedigen sowohl die Unternehmernachfrage nach Arbeitskräften als auch damit das Interesse des merkantilistischen Staates an der Hebung der ökonomischen Leistungsfähigkeit . . . Die Unterrichtung der Kinder in den Arbeitsfertigkeiten und ihre vielenorts erfolgende Einbeziehung in den Prozeß der Zwangsrekrutierung von Arbeitskraft bezeugt den Primat des ökonomischen Motivs an den Wurzeln der Industrieschulbewegung.«[4]

II

Für Marx indessen, der in der expandierenden kapitalistischen Gesellschaft die elende Lage der Proletarier beschreibt, sie ableitet aus den immanenten Gesetzlichkeiten des kapitalistischen Systems, liegt in der Verbindung von Arbeit und Schule ein systemtranszendierendes Prinzip: im Rahmen der »polytechnischen Erziehung« erfahren die Arbeiter den Zusammenhang von bürgerlicher Gesellschaft und ihrer eigenen sozialen Situation, können sich den bestehenden strukturbedingten Klassenantagonismus bewußt machen, gewinnen aber zugleich die Fähigkeiten zu entspezialisierter Tätigkeit, zu »allseitiger Disponibilität« im zu realisierenden, rational gesteuerten, von Profitinteressen nicht mehr abhängigen Produktionsprozeß. »Die Verbindung von bezahlter produktiver Arbeit, geistiger Bildung, körperlicher Übung und polytechnischer Abrichtung (technological training) wird die Arbeiterklasse weit über die höheren und mittleren Klassen heben.«[5] Oberstes Prinzip ist also für Marx die Verbindung von produktiver Arbeit mit Unterricht, d. h., daß aller Unterricht in Verbindung mit produktiver Arbeit stattfindet – auch die »geistige Bildung« und auch die »körperliche Übung«, also nicht nur das »technological training«. Gesellschaftliche Produktion ist für Marx das Verbindungsmittel aller Aspekte der Erziehung. Marx spricht ganz deutlich nicht von Berufsausbildung, nicht von der Ausbildung für eine spezielle Fertigkeit im Produktionsprozeß. Vielmehr geht es ihm um eine theoretische und praktische Allgemeinbildung im Sinne von »Grundlagenbildung« für alle Seiten des Produktionsprozesses. »Polytechnische Erziehung, welche die allgemeinen wissenschaftlichen Grundsätze aller Produktionsprozesse mittheilt und die gleichzeitig das Kind und die junge Person einweiht in den praktischen Gebrauch und in die Handhabung der elementarischen Instrumente aller Geschäfte ... Das total entwickelte Individuum, das die absolute Disponibilität des Menschen für wechselnde Arbeitserfordernisse besitzt, hat das Teilindividuum, den bloßen Träger einer gesellschaftlichen Detailfunktion«, abgelöst.[6]

Für die Konzeption der Berufsausbildung in der heutigen Schule müßte die Marxsche Reflexion auf deren gesellschaftlichen Stellenwert geleistet werden; polytechnische Erziehung hätte die Bedingungen des heutigen Produktionsprozesses transparent zu machen, der langfristig noch immer den Interessen privater Profitmaximierung unterliegt, der Schule damit die Aufgabe stellt, die Heranwachsenden für die Funktionen des entfremdeten Arbeitsprozesses auszubilden. Den durch die Schule vermittelten Prozeß ohnmächtiger Anpassung der Schüler an von kapitalistischen Interessen definierten Berufsqualifikationen aufzudecken, müßte als wesentliches Lernziel einer polytechnischen Erziehung im heutigen Unterricht begriffen werden. Daß mit dem Begriff *Arbeitslehre* in der bürgerlichen Pädagogik die kollektive Anpassung der Heranwachsenden an bestehende Normen und Qualifikationsmuster gemeint war, entspricht adäquat der Funktion dieser Pädagogik im kapitalistischen System.

III

Die deutsche Schulreform der 20er Jahre gründete zum großen Teil auf dem Begriff *Arbeitsschule*, der bereits 1908 von Kerschensteiner in die Diskussion gebracht wurde: »Arbeitsschule heißt nicht: Wachsen lassen wie es eben wächst, sondern den Willen bedingungslos dem Gesetze der Sache unterwerfen«.[7] Man könnte annehmen, in dieser Definition käme der gleiche ökonomische Zielbezug wie im Stellenwert der Industrieschule zum Ausdruck. Kerschensteiner gründet indessen seine Konzeption auf eine spezifische Staatsphilosophie, die die Spannung zwischen Individuum und Staat aufgelöst wissen möchte im Sinne einer sittlich begründeten Einheit: »Ich mache die . . . Voraussetzung, daß der *gegebene* Staat um so eher in der Richtung zum idealen sittlichen Gemeinwesen sich bewegt, je mehr durch die öffentliche Erziehung die Erkenntnis sich verbreitet, daß das höchste innere sittliche Gut und das höchste äußere in wechselseitiger Bedingtheit stehen . . .«[8]

An die Stelle des Primats des Ökonomischen in der Industrieschule tritt hier also dem eigenen Anspruch nach eine politische Intention. Die didaktischen Details der Kerschensteinerschen Arbeitsschule müssen allerdings daraufhin befragt werden, ob dieser Austausch der Zielsetzung realiter durchgehalten wird. Methodischer Ausgangspunkt des Unterrichts in der Arbeitsschule soll in allen geeigneten Fällen das manuelle Tun sein, das jedoch weniger der Einführung in berufsspezifische Technologien als »der Gewöhnung an ehrliche Arbeitsmethoden, an immer größere Sorgfalt, Gründlichkeit und Umsicht und in der Erwerbung der rechten Arbeitsfreude« zu dienen habe.[9] Hieraus müsse unter der Bedingung eines an der Versittlichung orientierten Lehrerbewußtseins eine wertbezogene Charakterbildung erfolgen.[10]

Da sich die Arbeitsschulerziehung zwar nicht ausschließlich, aber doch überwiegend im Bereich der Volksschule verwirklichte und Kerschensteiner ausdrücklich die Erziehung von Arbeitern beabsichtigte, wird im Zusammenhang mit seinem didaktischen Entwurf offenbar, daß seine politische Erziehung sich im Sinne einer disziplinierten Arbeitshaltung der Lohnabhängigen versteht.[11] Auf dem gesellschaftlichen Hintergrund der damaligen Wirtschaftskrisen des Hochkapitalismus wird es auch verständlich, weshalb der Arbeitsschulgedanke einen überaus starken Anklang in den wirtschaftlich hoch entwickelten Ländern fand.

IV

In der Zeit der höchsten Entfaltung des Arbeitsschulgedankens im Deutschland der 20er Jahre wurde auch eine »Arbeitsschule« in der Sowjetunion konzipiert. Sie versuchte, die von Marx/Engels begründete »polytechnische Bildung und Erziehung« zu konkretisieren. Der sowjetische Ansatz einer Theorie der Arbeitsschule unterscheidet sich vom Arbeitsschulbegriff Kerschensteiners grundsätzlich. Zunächst versteht sich nach Blonskij die Arbeitsschule als Einheitsschule, die den Kindergarten einbegreift und nach achtjähriger Schulzeit eine allseitige Befähigung des Jugendlichen erzielen möchte.[12] Ihr Bildungsziel ist »die Erziehung eines starken Menschen, der im Besitze der Waffen der Herrschaft über die Natur ist und sie dem Nutzen und den Bedürfnissen der Menschheit unterwirft«.[13] Organisatorisch stellt sich diese Form der Arbeitsschule in zwei unterschiedlichen Einheiten dar: In der Hälfte ihrer wöchentlichen Schulzeit arbeiten die Schüler im Betrieb, in der übrigen Zeit lernen sie im *Hause der Jugend* bzw. im *Hause der Halbwüchsigen* im Sinne »wissenschaftlicher Beschäftigungen und literarisch-künstlerischer Studien«.[14] Für das schulische Lernen wurde von Blonskij ein Bildungsplan erarbeitet, der völlig neue Lernziele im Sinne der polytechnischen Bildung und Erziehung formuliert und sich weitgehend am angenommenen Interesse der Schüler orientiert. Hier liegt also nach eigenem Anspruch keine primäre Orientierung an ökonomischen oder staatlichen Interessen vor. Im Hinblick auf die damalige historische und ökonomische Situation weist allerdings der hohe Anteil der Schülerarbeit in den Betrieben auch auf wirtschaftliches Interesse hin. Ebenso bezeugt die außerordentliche Intensivierung des naturwissenschaftlich-technologischen Unterrichts das gesellschaftliche Bedürfnis

an einem qualifizierten Technikernachwuchs für den dringend notwendigen Aufbau der Industrie. Der elementare Unterschied dieser Konzeption im Vergleich zu den früheren Arbeitsschulentwürfen ist jedoch darin zu sehen, daß hier nicht das Interesse des besitzenden Bürgertums die Zielvorstellung der Schule direkt oder indirekt bestimmt, sondern die Bildungs- und Erziehungstheorie am gesamtgesellschaftlichen Interesse orientiert wird, wenn dieses auch noch von Partei und Bürokratie definiert ist.
Die polytechnische Bildung und Erziehung in der UdSSR hat sich seither im Sinne didaktischer und methodischer Verfeinerung weiterentwickelt, ohne Grundsätzliches des ursprünglichen Entwurfs aufzugeben. Unter den weiterführenden Überlegungen nimmt die Reflexion des Zusammenhangs zwischen Arbeit und Lernen eine hervorragende Stellung ein: »Die Arbeit bringt das Kind in unmittelbare effektive Berührung mit der Welt der realen Dinge. Dadurch regt sie es an, diese Dinge zu untersuchen, sich einzuprägen und zu verstehen. Es bereichert die Erkenntnis um konkrete Vorstellungen von den Eigenschaften der Gegenstände, führt zum Erkennen der wechselseitigen Verbindungen der Gegenstände und Erscheinungen, zum Verstehen ihres Prinzips.«[15]
In der Orientierung am sowjetischen Vorbild kam es 1959 in der DDR zu einer grundlegenden Veränderung des gesamten Bildungswesens nach dem Konzept der »polytechnischen Bildung und Erziehung«, deren Begriff und Funktion wie folgt bestimmt wird:
»Die polytechnische Bildung ist Berufsvorbereitung. In dieser Funktion ist sie auf die Ausbildung ›allseitiger Beweglichkeit der Arbeitskraft‹ gerichtet . . . Die polytechnische Bildung als Berufsvorbereitung überwindet den Gegensatz von Allseitigkeit und Brauchbarkeit in der Vorbereitung auf die Arbeit. Sie wendet als Erziehung zur nützlichen Tätigkeit für den Sozialismus den Grundgedanken des sozialistischen Humanismus an, daß sich Allseitigkeit nur in Zusammenhang mit der Befähigung zur Nützlichkeit für den gesellschaftlichen Fortschritt äußern kann. Insofern grenzt sich polytechnische Bildung sowohl gegen pragmatische Bildungskonzeptionen als auch gegen die Unterord-

nung der Allseitigkeit unter die Idee der Zweckfreiheit ab ... Die polytechnische Bildung ist wesentlicher Bereich der Allgemeinbildung. In dieser Funktion erschließt sie dem Schüler die geistigen Grundlagen fundamentaler Lebensbereiche: der modernen industriellen Produktion, der Arbeit und – in umfassenderem Sinne – der ›künstlichen Umwelt‹ oder der ›vergesellschafteten Natur‹ (Marx), die der Mensch in seiner Tätigkeit zwischen sich und die ursprüngliche Natur setzt.«[16]

V

Die Erfolge des sozialistischen Arbeitsschulsystems blieben im Zusammenhang mit der massiven antikommunistischen Propaganda lange ohne Beachtung. Andererseits konnte das bundesrepublikanische Schulsystem, insbesondere die Volksschule, schon lange nicht mehr den veränderten Bedürfnissen der expansiven Produktionsverhältnisse genügen. So kommt z. B. E.-W. Mommsen, Vorstandsmitglied der Phönix-Rheinrohr AG, nach einer ausführlichen Darlegung des sowjetischen Bildungswesens bereits 1961 zu dem Schluß: »Daß hierzu (Wichtigkeit des breiten Wissens) auch das Wissen um die unserer kommenden Generation gestellten Aufgaben im wirtschaftlich-technischen Raum gehört, ist unsere Bitte an die Schule.«[17]
Aus den gleichen Motiven (»die Bundesrepublik Deutschland darf nicht zurückbleiben!«[18]) wurden 1964 vom *Deutschen Ausschuß für das Erziehungs- und Bildungswesen* die »Empfehlungen zum Aufbau der Hauptschule« veröffentlicht. Nach einer eingehenden Kritik an der Rückständigkeit der Volksschuloberstufe wird das Konzept der »Hauptschule als Jugendschule« entwickelt. Ihm liegen drei Schwerpunkte zugrunde: Die Hauptschule soll als eine Oberschule mittels einer hochdifferenzierten Organisation eine erhebliche Leistungssteigerung bewirken; sie soll angesichts der veränderten sozialpsychologischen Situation der Jugend ihren Charakter im Sinne von »freieren Formen des Schulehaltens« modifizieren, denn »an solcher Entfaltung auch der einfachen Menschen ist im technischen Zeit-

alter ebensoviel gelegen wie an der Herausbildung einer Führungsschicht«. Drittens soll eine »bildungswirksame Hinführung zur modernen Arbeitswelt« (Arbeitslehre) geleistet werden mit dem Ziel einer »Bildung von ›Kopf, Herz und Hand‹, in der die moderne Technik und Wirtschaft mit dem, was ihren Zweigen an elementaren praktischen Anforderungen gemeinsam ist, in pädagogisch verantwortbarer Weise zur Wirkung gekommen sind«.[19] Somit steht wiederum die gezielte Anpassung der Jugendlichen an den gestiegenen Leistungsbedarf der modernen kapitalistischen Wirtschaft, die nunmehr auf eine hochqualifizierte Berufsvorbereitung auch der unteren Sozialschichten angewiesen ist, im Mittelpunkt dieser Konzeption. Zwangsläufig sind aber auch in ihr emanzipatorische Elemente enthalten (Verlängerung der Pflichtschulzeit, Integration von Haupt-, Real- und Berufsschule, Liberalisierung des Unterrichts, qualifizierte Lehrerausbildung, Einbeziehung realer Berufstätigkeit durch die Betriebspraktika und Arbeitstage usw.), die, ein entwickeltes Lehrerbewußtsein vorausgesetzt, Ansätze pädagogischer Subversion ermöglichen, denn diese Reformmaßnahmen verlangen das Hinausschieben von Spezialisierung und die Verstärkung von Allgemeinbildung und schaffen damit auch die Voraussetzungen einer reflektierten Distanzierung vom bestehenden System.[20]

VI

Der Mechanismus der Einflußnahme von Wirtschaftsinteressen auf die innere und äußere Gestaltung der Schule ist zweifellos komplizierter und mittelbarer, als er sich zunächst aus der Gegenüberstellung von pädagogischer Konzipierung und historisch-ökonomischer Situation ergibt. Massiv wirksam werden die Interessen der Wirtschaft bei der Verteidigung des bestehenden dualen Systems der Berufsausbildung (Ausbildung in Betrieben mit begleitender Berufsschule). Diese bedeutet eine Isolierung der Berufsausbildung im übrigen Bildungswesen, führt zu Fehlleitungen bei der Berufswahl und verhindert Mobilität. Versuche, diese Mängel durch die Konzeption einer polytechnischen Bildung

innerhalb einer integrierten Gesamtschule zu beheben, werden von den Vertretern der Wirtschaft und Industrie abgelehnt. Die dagegen vorgebrachten Bedenken sind jedoch von gesellschaftlichen Partikularinteressen bestimmt. Die vorgebrachte Sorge um den allgemeinbildenden Charakter der Gesamtschule und der Effektivität der Berufsausbildung sind allzu durchsichtig. Dahinter steht die Befürchtung, daß man durch Auflösung des dualen Ausbildungssystems der Möglichkeit beraubt wird, die Arbeitenden rechtzeitig in die vorgegebene Betriebshierarchie zu integrieren. Die gegenwärtigen Formen der Lehrlingsausbildung eignen sich dafür so gut, daß sie auch dort verteidigt werden, wo die fachspezifische Unzulänglichkeit eingesehen wird. Als weitere Verschleierung der wahren Motive (zu denen vor allem die Beibehaltung der Ausbeutung der Lehrlinge gehört) dient die leicht durchsichtige Argumentation mit den als unveränderlich dargestellten soziokulturellen Voraussetzungen: So wird auf die zu erwartenden Schwierigkeiten hingewiesen, die daraus entstehen würden, daß die »praktisch veranlagten Jugendlichen« durch eigene Arbeit Geld verdienen, nicht aber mehr die Schulbank drücken wollen.[21]
Durchbrochen könnten diese Verschleierungen nur werden durch die Reflexion des Verhältnisses von gesellschaftlichem Bewußtsein der Arbeitenden und ihrer Interessenslage. Bewußtsein und Interessenslage der Arbeitenden sind in der bestehenden Gesellschaft noch nicht homogen: dem dichotomischen Bewußtsein der Arbeiter steht ein hierarchisches Gesellschaftsbild der Angestellten gegenüber; individuelle Bildungsinteressen sind typisch vor allem für den kleinbürgerlichen Mittelstand, nicht aber für die Industriearbeiter, die sozialen Aufstieg sich nur als kollektiven Akt vorstellen können. Solche Phänomene müßten bei der Formulierung schulischer Lernziele und Bildungsreformpläne reflektiert werden.[22]

VII

Wird mit der Arbeitslehre der Versuch unternommen, die schulische Erziehung auf die Entwicklung eines unkritisch angepaßten Arbeiterbewußtseins zu verpflichten, so bleibt immerhin noch ein wichtiges Problem ungelöst: die dem Interesse der Wirtschaft entsprechende Verteilung der Schulentlassenen auf den Arbeitsmarkt; denn »auch weltweit berühmte Firmen mit alten Namen sehen sich heute kaum noch in der Lage, ihre Quote an einzustellenden Lehrlingen voll zu decken«.[23] Bevor Kupffer ein umfassendes, hochdifferenziertes und nahezu totalitäres Berufslenkungssystem entwickelt, bedarf es noch des Nachweises, daß der Lehrling keine autonome Berufsentscheidung treffen kann.[24] »Der Berufswunsch des Vierzehnjährigen entbehrt jeden Bezugs auf die Realität der Arbeitswelt.«[25] Im Lichte dieser Erkenntnis fällt die demokratische Legitimation für eine an der Bedarfsdeckung orientierte Außenlenkung nicht mehr schwer: ». . . um das zu erreichen, was allenthalben legitimerweise gefordert wird: nämlich dem Einzelnen eine sinnvolle Ausübung seines Rechtes auf Entfaltung der Persönlichkeit und freie Berufsausübung zu ermöglichen.«[26] Sollte nach den berufspädagogischen Vorstellungen einerseits die emotionale Disposition zur eingepaßten Arbeitsfreude und andererseits die bedarfsadäquate Berufswahllenkung gelingen, so dürfte die Schul- und Berufsbildung ihren Beitrag zur Sicherung gegenwärtiger Herrschaftstrukturen geleistet haben, oder – wie Abraham es ausdrückt: ». . . daß der soziale Friede in der Wirtschaft eines der großen Ziele ist, um deren Erreichung es in der gegenwärtigen Kulturepoche geht, und daß die Volksschule durch eine entsprechende Erziehung der Jugend dazu beitragen muß, die nachwachsende Generation auf diese Aufgabe vorzubereiten.«[27] Vor dem Hintergrund der pädagogischen Theorie zur Arbeitserziehung gilt es nun zu untersuchen, welche konkreten didaktischen Entwürfe zur *Arbeitslehre* bisher vorliegen.[28]

Das Hauptschulgutachten des *Deutschen Ausschusses* trug zur Entwicklung zahlreicher Veröffentlichungen zur Arbeitslehre bei, seien es Überlegungen zur schulischen Organisation (fachgebunden oder schulformübergreifend), Theorien über das didaktische Bezugsfeld, pragmatische Unterrichtsmodelle oder Entwürfe zur Kooperation zwischen Schule und Wirtschaft. Aus der nahezu unübersehbaren Literatur seien hier die konkreten Entwürfe zur unterrichtlichen Verwirklichung dargestellt und interpretiert.[29]
Zur Klassifikation soll ein Maßstab dienen, der die unterschiedliche Reichweite hinsichtlich ihrer ökonomisch-gesellschaftlichen Intentionen markiert. Von daher lassen sich drei Ansätze unterscheiden:

1. die technische Elementarbildung (werkpädagogisches Modell),
2. die technologisch-betriebswirtschaftliche Bildung und
3. die ökonomisch-gesellschaftlich-politische Bildung.

Im Interesse eines kurzen Überblicks wird je ein Beispiel erörtert.
Die werkpädagogischen Kongresse 1966 in Heidelberg und 1968 in Weinheim haben in der Fachdidaktik des Werkunterrichts eine Aufgabe des musischen Primats zugunsten einer Orientierung an der modernen Technik bewirkt. Sellin, einer der engagiertesten Fürsprecher des *technischen Werkens*, erarbeitete didaktische Modelle, die dem Schüler technische Funktionen begreiflich machen sollen, so z. B. die Bewegungsübertragung bei Maschinen und Motoren, die Funktionszusammenhänge von Kraftfahrzeugen und die unterschiedlichen Formen der Lenkung.[30] Die gesellschaftlich-politische Dimension dieses puristisch technikbezogenen Ansatzes wird von Sellin bewußt außer acht gelassen. In seiner Replik auf die Einwände von Schulz, »im Rückzug auf die Technik könnten die die Arbeits- und Wirtschaftswelt beherrschenden Prinzipien verdeckt, Machtverhältnisse verharmlost und verschleiert werden«, bezweifelt er, »daß diese Aufgabe (Arbeits- und Wirtschaftswelt mit allen Implikationen zu vermitteln) allein vom Werkunterricht geleistet werden könne, vor allem aber, daß gerade die

Interdependenz ökonomischer, gesellschaftlich-politischer, technischer und technologischer Bedingungen sich durch irgendeine Form von Werktätigkeit in der Schule vermitteln ließe«.[31] Positiv formuliert Sellin daraufhin: »Die Werkdidaktik hat vielmehr gegenüber den ersten Vorschlägen für praktische Tätigkeit innerhalb der Arbeitslehre eine Alternative angeboten, die verhindern könnte, daß die Arbeitslehre die Hauptschule zur ›Blaujacken-Schule‹ (Paul Heimann) werden läßt. Diese Alternative lautet: Werktätigkeit als Erziehung zum technischen Denken.«[32] Der Rückzug auf die wertneutrale Ebene der technischen Bildung wird somit zunächst mit der Inkompetenz des Werkunterrichts angesichts des komplizierten Sujets begründet. Die scheinbare Neutralität dieses Standpunkts entlarvt sich aber in der Distanzierung von einer Arbeiter- (Blaujacken-) bildung, welche die Hauptschule objektiv zu erfüllen hätte. Statt dessen wird pädagogisch das *technische Denken* intendiert, welches lediglich – ohne den Ansatz eines kritischen Bewußtseins – zur Fungibilität der wirtschaftlich benötigten Arbeitskraft beiträgt.
Ein Beispiel technologisch-betriebswirtschaftlicher Bildung ist die *Praxis der Arbeitslehre* die zwei Arbeitslehre-Projekte (»Das Fahrrad« und »Der Elektromotor«) enthält.[33] Das rein Technische tritt in diesem Entwurf hinter die Technologie des Produktionsverfahrens zurück. Darüber hinaus werden betriebswirtschaftliche und marktwirtschaftliche Faktoren berücksichtigt: Markterkundung, Kalkulation, Werbung und Absatz, Kaufvertrag, Finanzierung, Rentabilität, Formen des Unternehmens und Aufbau und Organisation des Betriebs. Die Beschränkung auf industrietechnische und betriebswirtschaftliche Aspekte wird bewußt vollzogen: ». . . großspuriges Reden über volkswirtschaftliche Probleme bleibt meist auf Stammtischniveau, erst recht, wenn nicht einmal einfachste Begriffe des Betriebsaufbaus, der Produktion usw. vorher eingeführt wurden: diese letzteren scheinen uns überhaupt für die Wirtschafts- und Arbeitslehre wichtiger als abstrakte Nationalökonomie.«[34] Unter Berufung auf Sartre und Marcuse, in Abgrenzung von nonkonformistischem Ressentiment und konformistischer Manipulation, formuliert man »das Bildungsziel – der Ar-

beiter.«[35] Wie sich dieses Bildungsziel zu realisieren habe, ergibt sich aus einigen konkreten Aussagen zu den oben genannten Themen: So erfährt der Lehrer, wie er dem Schüler seine künftige Rolle als *Arbeitnehmer* vermitteln könne:[36] »Für die Herstellung eines Produktes . . . werden mehrere Faktoren (5×M) benötigt (der Lehrer ordnet die von den Schülern aufgezählten Voraussetzungen in das folgende Schema ein:) . . . (Die Zentralstellung des Menschen kann besonders hervorgehoben werden.) Notieren:

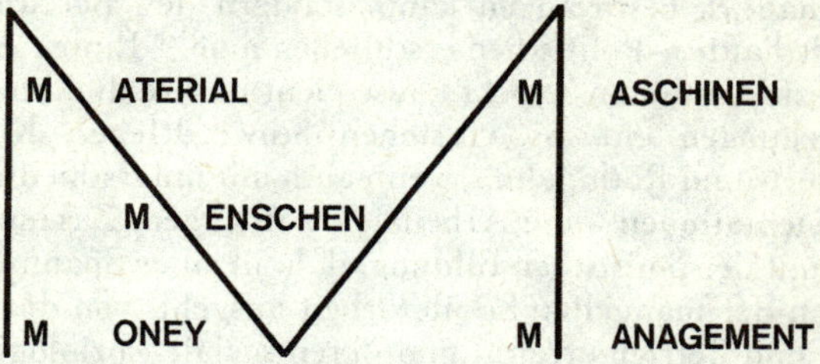

Zwischen Money, Maschinen, Material und Management wird dem Menschen eine *zentrale* Stellung eingeräumt; rein optisch trifft dies zwar zu, materiell zielt die Darstellung jedoch auf ein Bewußtsein, das den arbeitenden Menschen zu einem unter mehreren Produktionsfaktoren deklariert. Im übrigen ist die Unterscheidung zwischen Management und Menschen zu beachten; konsequent wird auch später ein Überblick über den *Führungsaufbau* gegeben, während die sozialen Probleme des Arbeiters (des Menschen) völlig ignoriert werden.[37]

Eine Didaktik der Arbeitslehre, die sich lediglich technologisch-betriebswirtschaftlich orientiert, greift bereits theoretisch zu kurz, denn ohne die Erschließung des wirtschaftlich-gesellschaftlichen Gesamtzusammenhangs mit seinen Implikationen des Interesses und der Herrschaft erfolgt zwangsläufig eine affirmative Bildung und Erziehung. Das Beispiel *Praxis der Arbeitslehre*, das durchaus nicht allein steht, gibt hierzu den praktischen Nachweis.[38]

Die dritte Kategorie der Arbeitslehre-Didaktiken, die ökonomisch-gesellschaftlich-politische Bildung, könnte – wenigstens vom theoretischen Ansatz her – angemessenere Perspektiven eröffnen. Als didaktisches Zentrum der Arbeitslehre wird im Hauptschulgutachten der Beruf bezeichnet; den *Beruf* versteht man begrifflich extensiv: »Der Beruf ist fast immer mehr als Erwerbstätigkeit, er strahlt dann als die zum Bewußtsein gekommene Lebensaufgabe in Familie, Gesellschaft und Staat aus.«[39] Aus dieser Formulierung und aus den entsprechenden Ausführungen des Gutachtens zur Frage der politischen Bildung ergibt sich zwingend ein didaktischer Ansatz für die Arbeitslehre, der sich nicht technisch, technologisch und auch nicht betriebswirtschaftlich beschränken kann, sondern den Bereich des Gesellschaftlich-Politischen erschließen muß.[40] Einige Autoren beziehen diesen Aspekt konsequent in ihre didaktischen Überlegungen ein. So verstehen Schwerdtfeger, Klafki, Blankertz und Roth/Jahn – wenn auch mit unterschiedlichen Argumentationen – die Arbeitslehre in engem Zasammenhang mit der politischen Bildung, d. h. in einer Spannweite, die von der manuellen Schülerarbeit ausgeht, von dort aus Beruf und Betrieb erreicht und deren soziale, soziologische, ökonomische und politische Konsequenzen der Reflexion im Unterricht aufgibt.[41] Unter den genannten Autoren bieten Roth/Jahn ein konkretes methodisches Modell an, das in der Erarbeitung von mehreren Unterrichtsprojekten für die Arbeitslehre seinen Niederschlag fand.[42] Am Beispiel des Projektes *Chemie* seien Struktur und Inhalt der Roth/Jahnschen Arbeitslehre-Konzeption dargestellt.[43] Die Schüler des 9. Schuljahres stellten im Rahmen einer fünfwöchigen Unterrichtseinheit, die die Fächer Chemie und Sozialkunde umfaßt, im Chemieunterricht einen Farbstoff her, dessen Anwendung an verschiedenen Textilien erforscht wird. Die industrielle Produktionsweise dieses Farbstoffs wird in einem großen Chemiewerk erkundet. Im Verlaufe dieser Betriebserkundung sollen darüber hinaus die sozialen Aspekte des Chemiearbeiterberufs und die organisatorische und personelle Struktur des Werkes beobachtet und erfragt werden. Diese vorbereitete Betriebserkundung dient als Einstieg in den Sozialkundeunterricht, der im wesentlichen folgende Inhalte aufweist: Berufsbilder der Chemiearbeiter, Betriebshierarchie, Automation, technische und kaufmännische Planung, Kapitalgesellschaften, Mitbestimmung, Konzentration, Sozialgeographie eines industriell gepräg-

ten Vororts, Sozialleistungen des Betriebs und Rolle bzw. Aufgaben von Personalrat und Gewerkschaft.
Der gesellschaftlich-politische Bereich steht somit thematisch im Vordergrund. Inhaltlich wird z. B. zum Problem der wirtschaftlichen Mitbestimmung ausgeführt: »Wird die Mitbestimmung im echten Sinne ihres Wortes durchgeführt, so sollte sie nicht nur Strukturveränderungen, sondern auch einen Machtwechsel von größter Relevanz mit sich bringen . . . Da die Gewerkschaften so auf der Mitbestimmung bestehen, müßte man sich die Frage stellen, wollen sie wirklich einen Machtwechsel oder wollen sie nur eine Machtverschiebung, d. h. einen Machtzuwachs für sie, die Gewerkschaften . . .«[44] Zum Thema *Betriebsrat* heißt es: »Immer wieder muß jedoch festgestellt werden, daß Arbeitnehmer, welche die Interessen ihrer Kollegen aktiv vertreten und sich fortbilden, mehr und mehr in die Unternehmensleitungen einrücken und dann dort Führungsaufgaben übernehmen, die einer ausschließlichen Interessenvertretung der Arbeitnehmer entgegenstehen.«[45] Im Widerspruch zu diesem systemkritischen Aussagen steht allerdings später das Statement, die Gewerkschaften müßten sich ebenso wie die Unternehmer ihrer hohen Verantwortung bewußt sein und von daher alle möglichen Ursachen zu schwerwiegenden sozialen Konflikten meiden. Im übrigen finden sich in diesem Projekt ausführliche wertneutrale Passagen zur Konzentration, zur Finanzierung, zu den Sozialleistungen usw., die einen kritischen Ansatz zwar nicht verhindern, ihn aber auch nicht konstituieren, so daß im ganzen – von wenigen Ausnahmen abgesehen (s. o.) – die Unverbindlichkeit dominiert und damit tendenziell das Eindringen unternehmerfreundlicher Ideologie ermöglicht. In der Roth/Jahnschen Formulierung: »Arbeitslehre, Hinführung zur Arbeits- und Sozialwelt sind also nicht in erster Linie eine Vorbildung für die Wirtschaft . . ., sondern notwendige Wege und Instrumente der hier möglichen Form der Allgemeinbildung«,[46] kommt zwar ein kritischer Anspruch zum Ausdruck; indem sich die Autoren jedoch dem Postulat der Wertneutralität unterordnen, verharrt ihre Konzeption der Arbeitslehre in einem ambivalenten Stadium, das den immanent kritischen Ansatz zur Pseudo-Kritik deformiert.[47]

IX

Eine Arbeitslehrekonzeption, die ihre Aufgabe darin sieht, einen Beitrag zur Transformation des Systems des organisierten Kapitalismus in eine emanzipierte Gesellschaft zu leisten, muß sich als politische Bildung verstehen (vergleiche Beitrag Heinisch). Das verlangt eine radikale Aufklärung über die ökonomisch bedingte gesellschaftliche Struktur der Bundesrepublik, ihre Herrschaftverhältnisse und deren politische Konsequenzen für die Jugendlichen als spätere Produzenten. Das bedeutet konkret die Darstellung der objektiven Lage der arbeitenden Bevölkerung. Diese ist in der kapitalistischen Gesellschaft bestimmt durch die unmittelbare Abhängigkeit von den wirtschaftlichen und industriellen Unternehmen. Die Produzenten besitzen auf Art und Inhalt der Produktion, auf die Arbeitsorganisation keinen Einfluß. Das macht die Selbstbestimmung von Arbeits- und Lebensprozeß der Produzenten unmöglich und unterwirft sie einer extremen Entfremdung. Dem Arbeiter ist weitgehend jede selbständige Verantwortung genommen, er wird immer mehr zum bloßen Instrument. Er steht als atomisiertes Individuum im Produktionsprozeß, er hat sich dem System der Arbeitsbewertung, des Leistungsanreizes und der Lohnabfindung zu unterwerfen, die er nur geringfügig bestimmen kann; er untersteht den Anordnungen direkter Vorgesetzter, die er blind auszuführen hat. »Noch immer herrscht die monarchische Betriebsverfassung. Merkmale dafür sind: die militärische Disziplin, die den Tagesablauf bestimmt und den Arbeitnehmer zum Objekt der betrieblichen Führung degradiert; die unübersehbare Pyramide der Vorgesetzten, die den Ton bestimmt und eine menschliche Entfaltung unmöglich macht.«[48]

Es gilt, diese mit dem kapitalistischen System notwendigerweise verbundenen Verhältnisse bewußt zu machen; es gilt, die private Unterdrückung des Einzelnen als politisch-ökonomisch bedingte begreifen zu lassen, damit die Aggressionen, die bisher in der privaten Sphäre abreagiert und damit domestiziert wurden, politisch gegen die Gesellschaft mobilisiert werden. Wenn es gelingt, den Jugendlichen die Zustände, unter denen sie leben, bewußt zu machen und entdecken zu lassen, daß diese in einem komplexen Zusammenhang mit der kapitalistischen Gesellschaftsorganisation stehen, kann sich aus einem radikalen politischen Engagement ein solidarisches politisches Handeln entwikkeln, das einen gesellschaftlichen Transformationsprozeß vollziehen hilft, der allein noch Hoffnung auf Rettung enthält.

Hermann Müller
Affirmative Erziehung:
Heimat- und Sachkunde

Es gilt als Grundsatz der Pädagogik, daß man vom Einfachen zum Schweren fortschreiten müsse, vom Naheliegenden zum Entfernten, vom Bekannten zum Unbekannten. Dabei handelt es sich nicht so sehr um ein methodisches Prinzip, sondern um Wahl und Strukturierung der Objekte. Die sich als pädagogisch verstehende These stellt den Ausdruck eines bestimmten Weltbildes und einer gesellschaftlichen Konzeption dar, was sich vor allem an der Heimatkunde zeigt. Wie das Weltbild charakterisiert ist durch Ordnung und Harmonie und statische Züge trägt, so fehlt im Bereich des Gesellschaftlichen die Kategorie der Vermittlung.

Das *Nacheinander* impliziert Unmittelbarkeit. Es setzt voraus, daß das Ganze, das Allgemeine vorgegeben ist und sich im Konkreten und Begrenzten ausdrückt. Gleichzeitig legt sich jede Entwicklung als Entfernung vom Ganzen, vom Wahren fest, d. h. sie bestimmt sich negativ, nicht als Fortschritt, sondern als Rückschritt. Wenn im Unmittelbaren die Wahrheit sich ausdrückt, dann ist jede Entwicklung Trübung und Gefährdung. Nachdem aber Hegel gezeigt hat, daß das scheinbar Unmittelbare das späteste Produkt der Vermittlung, das am stärksten Vermittelte ist, steht jedes Bemühen, am Anspruch einer Unmittelbarkeit festzuhalten, unter dem Verdacht der Ideologie. Dieser Ideologieverdacht bestätigt sich durch die erklärte Absicht, die ursprüngliche Unmittelbarkeit durchhalten oder wieder erreichen zu wollen. Von der Unmittelbarkeit des Naiven zur Unmittelbarkeit des Vernünftigen, von der Unmittelbarkeit des Details zur Unmittelbarkeit des Ganzen, von der Unmittelbarkeit des Einfachen zur Unmittelbarkeit des Komplexen hinzuführen, das ist die Aufgabe, die sich die

Heimatkunde stellt. Die Anstrengung, die Unmittelbarkeit zu rechtfertigen, um die es der Heimatkunde geht, ist der Versuch, das Syndrom zu rechtfertigen, das sich mit Heimat weithin verbindet und das im Bereich der *Kunde* keineswegs reflektiert wird.

Einer *Kunde* ist die Absicht der Aufklärung, der Durchdringung und differenzierenden Auseinandersetzung fremd. Kunde erheischt so etwas wie Ehrfurcht. Kunde wird anvertraut, ist zu bewahren und unverändert zu tradieren. Kunde ist empfindlich gegen Kritik und Fragen. Sie kommt von weither, aus dem Dunklen, Unbegehbaren. Wer sie in das grelle Licht des kritischen Geistes stellt, der löst die Beziehungen zu dem Urgrund, aus dem sie lebt. Kunde bezieht sich auf Eigentlichkeit. Sie prätendiert eine Sprache der Eigentlichkeit, die sich freilich als *Jargon der Eigentlichkeit* herausstellt. Dem aber, der darin das Unmittelbare zu hören vermeint, täuscht diese Sprache Geborgenheit vor und Gemeinschaft, die sich als *echte* Gemeinschaft noch besonderer Seinsverbundenheit vergewissern will. »Die Totalität des Scheins von Unmittelbarem, der in der zum bloßen Exemplar gewordenen Innerlichkeit gipfelt, erschwert es den vom Jargon Berieselten ungemein, ihn zu durchschauen. In seiner Ursprünglichkeit aus zweiter Hand finden sie tatsächlich etwas wie Kontakt, vergleichbar dem Gefühl, in der angedrehten nationalsozialistischen Volksgemeinschaft sei für alle Artgenossen gesorgt, keiner werde vergessen: metaphysische Winterhilfe in Permanenz.«[1]

Offenbar verbindet sich dergestalt *Kunde* leicht mit *Heimat* als etwas, das auf Kunde angewiesen ist, das von ihr lebt. Der Weg, auf den sich Heimatkunde macht, ist ein Weg in das Vergangene auf der Suche nach etwas Verlorenem. Heimat erscheint als etwas, das immer bedroht ist. »Angesichts der wesenhaften Heimatlosigkeit des Menschen zeigt sich dem seinsgeschichtlichen Denken das künftige Geschick des Menschen darin, daß er in die Wahrheit des Seins findet und sich zu diesem Finden auf den Weg macht.«[2] Heimat erscheint wie Einfachheit und eine Armut, die »ein großer Glanz von innen« (Rilke) ist. Was den Reichtum der Heimat ausmacht, ist ihre Nähe zum Wesentlichen, zum Wahren, zum Sein. In dieser Nähe scheint dem Menschen seine Wesensrolle gewährleistet zu sein, im Dienste des Seins. Wo sich ihm Sein »lichtet«, im Verzicht auf die Herrschaft über Seiendes, in gewollter Askese, ist Heimat. »Der Mensch ist nicht Herr des Seienden. Der Mensch ist Hirt des Seins. In diesem ›weniger‹ büßt der Mensch nichts ein, sondern er gewinnt, indem er in die Wahrheit des Seins gelangt. Er gewinnt die wesenhafte Armut des Hirten, dessen Würde darin beruht, vom Sein selbst . . . gerufen zu sein. . . . Der Mensch ist . . . das Seiende, dessen Sein . . . darin besteht, daß es in der Nähe des Seins wohnt. Der Mensch ist der Nachbar des Seins.«[3] Heimat ist also Nachbarschaft, Unmittelbarkeit, für die ein Preis zu zahlen ist: Armut; Geborgenheit, für die ein Verzicht zu leisten ist: der Verzicht auf Fortschritt. Das Nachhinken, die Verzögerung, das ist eine Charakterisierung von Heimat. »Heimat, das ist sicher der schönste Name für Zurückgebliebenheit.«[4] Ausgewanderte Gruppen zumal, die in der Gesellschaft, in der sie nun leben, Minderheiten bilden, neigen dazu, dogmatisch auf einer *Heimat* zu beharren, in der jede Entwicklung angehalten ist, die stereotype Züge gewinnt, der gegenüber ein Besuch oder die Rückkehr mit der Erfahrung der Realität wie ein Schock wirkt. Heimat hat den Charakter einer Beschwörung, die um so stärker ist, je mehr man selbst das Beschworene nicht einzulösen hat.

Ein verbreitetes Bewußtsein, das auch in der Pädagogik wirksam ist, nimmt die Kindheit aus dem gesellschaftlichen Raum heraus. Kindheit gilt als ›selig‹ und ›schicksallos‹ (Hölderlin), als ein Zustand, den man eigentlich nur zum Schlimmeren hin verändern kann und den man zumindest partiell und unter bestimmten Gesichtspunkten sich erhalten muß. Heimatkunde versteht sich selbst vielfach so, daß der ursprüngliche Zustand des »stimmigen Eingewobenseins ins Ganze und des Einsseins mit den Dingen« zu erhalten oder wieder herzustellen ist. In diesem Sinne ist Heimatkunde Propädeutik für eine Reihe von Fächern, vor allem die politische Bildung, und sie ist als Unterrichtsprinzip Erziehungsmodell überhaupt.

In der Heimatkunde geht es vor allem um eine eindeutige Identifikation mit dem Primärhorizont, um die Bejahung und Internalisation von Bindungen, die auch das Verhalten in den späteren *Lebenskreisen* festlegen. Diese Absicht ist als Grundtenor der Bildungspläne aller Länder erkennbar. Die Liebe zur Heimat, das *Verwurzeltsein* in der Umgebung, die Identifikation mit der Eigengruppe soll die Grundlage bieten für die erweiterte Orientierung in der größeren Umwelt. Kennzeichnen läßt sich dieses gesellschaftliche Bewußtsein durch folgende Aspekte:

1. In der Verbindung von Natur und Gesellschaft mit einer betonten Hinwendung zur Natur werden Ordnungskategorien der Natur auch für die menschliche Gesellschaft beschworen. In den Bildungsplänen von Schleswig-Holstein heißt es: »Heimatkundlicher Lebensraum als Zusammenhang von Natur und Kultur soll dem Kind ahnend nahegebracht werden.« »Pflanzen, Tiere, Wetter- und Himmelserscheinungen sind über einen längeren Zeitraum hinweg zu beobachten.«

Wenn in den Bildungsplänen von Nordrhein-Westfalen »Naturschutz, Landschaftspflege, sauberes Wasser« als Stichworte besonders hervorgehoben werden, so wäre dabei zu bedenken, daß diese Probleme sich ja nicht unmittelbar von der Natur her ergeben, sondern von der Gesellschaft her, und zwar in sehr komplexen Zusammenhängen, die nicht ausgespart werden können. Heimat ist weder etwas Einfach-Natürliches und vom Gemüt ahnend zu erfassen, noch primär von der Natur, sondern von der Gesellschaft her gegeben.

2. Vor dem Wissen steht die gefühlsmäßige Bindung. Das Kind wird sich seiner gesellschaftlichen Umwelt nicht reflektierend bewußt, es orientiert sich nicht sachlich vom Detail aus, sondern entwickelt wertende Einstellungen, die jede sachliche Erfahrung einfärben. Diese veräußerlichte emotionale Bindung verhindert eher die notwendige Verinnerlichung von Werten, als daß sie diese fördert. Wenn es in allen Bildungsplänen wörtlich oder sinngemäß heißt: Heimatliebe und Heimatgefühl sollen erlebt werden, so ist daran zu zweifeln, ob sich *Heimat* wirklich als Feld von Erfahrungen konturiert in emotionalen Appellen. Anscheinend traut man den Mädchen zu, daß sie diese gefühlsmäßigen Bindungen schneller erwerben können und das Ziel der Heimatkunde eher erreichen. So hieß es noch vor we-

nigen Jahren in den Bildungsplänen von Baden-Württemberg: »Mädchen können in den Schuljahren 1–4 je Woche eine Stunde weniger Heimatkunde haben.« Auch sonst wird Heimatkunde oft auf einen Refraincharakter hin angesprochen, in der Wiederholung des Grundmotivs gegenüber den Variationen der einzelnen Fächer. »Die ersten Ansätze zu einer echten Gemeinschaftserziehung werden sich bieten, wenn der Blick immer wieder auf die Heimat gerichtet bleibt. Sie ist Ausgangspunkt, Beziehungselement und gemütsbildender Wurzelboden für die gesamte Unterrichts- und Erziehungsarbeit.« Dem Inhalt nach lassen sich diese Thesen als eine Art Präambel in den meisten Bildungsplänen der Länder finden.

3. Die Umwelt des Kindes ist unter dem Begriff Gemeinschaft in emphatischem Sinne als eine einfache, undifferenzierte, in Liebe verbundene Kleingruppe gesehen, die primären Charakter hat, in der es durchgehende Beziehungen in der Art der *face-to-face relations* gibt, eindeutige Rollen. Gegeben erscheint die Möglichkeit unvermittelter und vollständiger Information bei begrenztem Informationsbereich. In dieser Gemeinschaft gibt es keinen Konflikt, keinen Unterschied zwischen dem Einzelnen und der Gemeinschaft selbst. Jedes Eigeninteresse, das im Widerspruch zum verkündeten Gesamtinteresse steht, ist schlecht, jeder Konflikt, jede Differenzierung erscheint zum mindesten als eine Panne, die eigentlich nicht passieren dürfte. Kennzeichnend ist die Betonung der *echten* Gemeinschaft und die Diffamierung dessen, was man im Unterschied dazu gern als Gesellschaft bezeichnet. »Der junge Mensch wurzelt in der Heimat und im geistigen Erbe des deutschen Volkes und der Menschheit ... Er lebt mit seinen Mitmenschen in echtem Frieden und wahrer Ordnung, hält seinen naturhaften Genuß- und Geltungstrieb in Schranken ...« So heißt es etwa in Bayern.

4. Heimatkunde wird in der Überzeugung praktiziert, daß man von der Familie, der Kleingemeinde, zur Heimat, zum Volk, zum Staat, zur Welt fortschreiten kann. Die Frage ist aber, ob eine Horizont- und Objekterweiterung von der Familie und engsten Heimat über das Land, Deutschland, Europa und die Welt möglich ist oder ob bei dieser Erwei-

terung das Objekt verlorengeht, und zwar dadurch, daß der Unterricht den weiteren Bereichen nicht mehr gerecht wird, sondern die ersten tief als Modelle eingeprägten Bereiche – etwa die Familie als Keimzelle des Staates – nach Problembewußtsein und Strukturverständnis einfach auf größere Bereiche projiziert werden und diese verdecken. »Volksschule ist Heimatschule. Sie hilft dem Kinde, sich vom Wurzelboden der Heimat aus die Welt zu erschließen, sich dem Fernen zu nähern und mit dem Fremden vertraut zu werden.« Diese These eines Bildungsplanes aus Nordrhein-Westfalen läßt schon sprachlich daran zweifeln, ob man sich dem Fernen nähern und mit dem Fremden vertraut werden kann. Wenn sich mit dem Begriff Heimat dauernd der der Verwurzelung verbindet, dann gerät eine Annäherung an das Ferne und Fremde unter die Vorstellung der Entwurzelung als gefährliche Bedrohung.

Heimatkunde als Propädeutik der politischen Bildung ist problematisch, weil sie sich nicht der heutigen gesellschaftlichen Wirklichkeit zuwendet, nachdem das Kind von ihr als der Öffentlichkeit nicht bewahrt bleibt und nicht im Windschatten einer vermeintlichen kindlichen heilen Welt aufwächst, mit einem weiten Sektor der Natur und einer agrarisch-handwerklichen Gesellschaft. In den Bildungsplänen ist die Aporie über die Heimatkunde nach der alten Konzeption schon zu spüren, aber die bisherigen Ansätze einer neuen Heimatkunde haben mehr den Charakter der Beschwichtigung. Entweder werden die auch für die Kinder der Unterstufe wichtigen gesamtgesellschaftlichen Bezüge in einer Art von Präambel allgemein genannt, ohne daß auf sie später näher eingegangen wird, oder einzelne Bereiche werden isoliert aus der gegenwärtigen Wirklichkeit vorgezogen in die Unterstufe aus einer Dimension von Sachobjekten, die erst in der Oberstufe ›dran‹ sind. Es handelt sich dabei in allen Bundesländern um die Verkehrserziehung, die etwa zwischen die heimischen Gräser und die Dorfschmiede gerät, und oft um für junge Schüler rätselhafte Geschehnisse im Zyklus der Schulfeiern, wie der 17. Juni oder 20. Juli.

Heimatkunde ist, wie alles Geschehen der ersten Schuljahre, schon politische Bildung. So sagt es bereits der Deutsche Ausschuß für das Erziehungs- und Bildungswesen.

»Die Schule als Stätte der Begegnung zwischen Kindern aus allen Schichten unseres Volkes und zwischen den Generationen bietet den Kindern die ersten anschaulichen Erfahrungen unseres gesellschaftlichen Daseins. Richtig gedeutet, sind sie eine Vorbereitung auf die eigentliche politische Erziehung. Diese elementare Arbeit muß schon mit dem ersten Schuljahr beginnen.«[5]
Heimatkunde als Einstimmung und Angleichung stellt eine Vorbereitung auf die Gesellschaft dar, und zwar in einer Dosierung, die »Verwirrung« verhindern soll, in einer gewünschten Strukturierung, Ordnung und Identifikation, die prolongiert werden kann, ohne daß sie differenziert oder revidiert werden muß. »Mit dieser Erkenntnis ist die Stellung der Heimatkunde im ganzen des Volksschulunterrichts und der Volksschulerziehung klar umrissen. Sie bildet als bewußt gewordene Heimatverbundenheit das natürliche Zwischenglied zwischen dem elementaren Heimaterlebnis und einem auch das Fremde einschließenden, aber immer noch mit dem persönlichen Wesenskern verwachsenen Weltbild . . . Zu dieser wichtigen Mittlerrolle ist die Heimatkunde befähigt wie kein anderes Unterrichtsgebiet.«[6]
Heimat, als dem Zugriff des Wandels entzogen, ist das Feld, auf dem sich Ideologie jedes aufklärenden Zugriffs sicher glaubt. Aus der vorgegebenen und nicht in Zweifel zu ziehenden Bindung können weitere abgeleitet werden. »Heimat ist erlebte und erlebbare Totalverbundenheit mit dem Boden. Und noch mehr: Heimat ist geistiges Wurzelgefühl.«[7] Das Interesse ist leicht erkennbar, das Heimatkunde in ihren Dienst stellt. Es ist das Interesse, Zustände zu erhalten, die vom Wandel bedroht sind. Unter Berufung auf den immer als bedroht genannten gemeinsamen *Urgrund* wird zur Erhaltung und Verteidigung aufgerufen. Daß auch noch der ärmste Sohn Unendliches zu verlieren habe, soll ihn alle Unterschiede und Benachteiligungen übersehen lassen. Der Ausruf eines Gedichtes zur Zeit des 1. Weltkrieges über das bedrohte Vaterland: »Und herrlich zeigt es sich in deiner größten Gefahr, daß dein ärmster Sohn dein getreuester war«, ist die Aufforderung zur Nachahmung. Heimatkunde tritt von Anfang an in den Dienst der Staatserhaltung, der Erhaltung der Machtord-

nung. Heimatkunde ist Appell zum Gehorsam, der auch den unteren Schichten noch eine Einheit und Gleichheit verspricht, an der alle Heimatlosen, alle Fremden nicht teilhaben. In der Heimatkunde geht es nicht um Wissen, sondern um Bindungen. So kann das Lexikon der Pädagogik schon 1913 sagen: »Wenn im Vaterland die Wurzeln unserer Kraft liegen, so muß das in erster Linie für den Teil des Vaterlandes Geltung haben, den wir erleben, von dem wir in gewissem Sinne ein Glied sind, also von der Heimat. Damit haben wir uns von jener Auffassung der Heimatkunde, die sich in der Bekanntmachung mit dürftigen Wissensbrocken aus der Geographie der Umgegend genugtut, weit entfernt; ja, wir stehen nicht an, die heutige Heimatkunde für ein Problem zu erklären, das seine Schwierigkeiten darin hat, daß nach einer die höchsten Ansprüche befriedigenden Methode gesucht werden muß, die Heimat als solche in der vollkommensten Weise im Gedankenkreis und im Gefühlsleben des Schülers zur Geltung zu bringen.«[8]
Was zur Geltung gebracht wird seit Beginn des heimatkundlichen Unterrichts, ist gesellschaftliche Stabilisierung und Bindung mit dem Anspruch an das Kind, sich widerspruchslos einzuordnen. Der Tenor der Kindererziehung, wie er sich etwa in Familienhausbüchern des 19. Jahrhunderts findet, setzt sich in Heimat- und Sozialkundebüchern des 20. Jahrhunderts fort. Wenn es in einem älteren Kindergedicht heißt:

»Wie gut doch alle Menschen sind,
wie freundlich allerwegen;
denk' einmal nach, mein liebes Kind,
was tust denn du dagegen?
Du kannst nicht viel, du bist noch klein,
doch kannst du immer dankbar sein,
und höflich und bescheiden –
das mag ein jeder leiden«,

so findet diese Aufforderung ihre Entsprechung innerhalb der Heimatkunde, wenn den Kindern der Bäcker dargestellt wird, der mitten in der Nacht aufsteht, nur damit sie ihre frischen Brötchen haben, der Metzger und der Kaufmann, die sich ähnlich mühen, so daß das Bild, das von

Vater und Mutter ausgeht, sich immer mehr ausweitet zum freundlichen Polizisten, zur hilfsbereiten Behörde, zum verständnisvollen Vorgesetzten. Die vielfältigen Abhängigkeiten, die die eigene Haltung von vornherein bestimmen, »... zeigen sich im wesentlichen als ein Eingebettetsein in das Wohlwollen der Mitmenschen, besonders der Familienmitglieder ... und in einer Übernahme der Gefühlsreaktionen und Stimmungen der Erwachsenen. Ein schlichtes Mitleben und ein schlichtes nachahmendes Erleben gemütsmäßiger Abläufe ist in emotionaler Hinsicht das Wesentliche in der Heimaterfassung des Unterstufenkindes.«[9]

Dieses schlichte Miterleben und das schlichte Nachahmen in einer harmonischen und heilen Welt und die Darlegung einer Schuld, die nie ganz abzulösen ist, stellen Heimatkunde in einen Rahmen, den die frühe Sozialkunde direkt übernahm, wie in Titeln älterer Sozialkundebücher zu erkennen ist: »Im Dienste der Gemeinschaft«, »Miteinander – Füreinander«, »Einer für alle – alle für einen«, »Du bist Glied einer Kette«. Auch hier wird dem Kind gezeigt, wie viele Menschen sich mühen müssen, daß es eine Wurst essen, seine Milch trinken kann, wie viele Menschen es vor Gefahr und Schaden bewahren, und daß die Gesellschaft, in der es einmal als Erwachsener leben wird, weitgehend vorgeplant und festgelegt ist. Die verkündigte Gesellschaft ist der Appell und die Drohung, an dem, was ist, nichts zu ändern. Heimatkunde zielt ab auf eine Resignation in die Zukunft. Gesellschaft und Öffentlichkeit sind im Primärbereich mitgegeben, die Zukunft ist ebenfalls eine Verlängerung. Utopie ist die Gegenwart.

Bezeichnend für die allgemeine Tendenz, die Wirklichkeit nach einem vorgängigen Modell auszuwählen und zu interpretieren, also von Leitbildern der Familie, des Dorfes, der Stadt usw. auszugehen, ist etwa die Methode von J. Wittmann und M. Koch, die eine mehr oder weniger unausgesprochene Praxis stärker bewußt macht. In eine »idealisierte« Familie, Dorf oder Stadt werden die »Erfahrungen« der Kinder eingebaut. »Wittmann legt für seinen Heimatkundeunterricht als Ganzheit für das zweite Schuljahr die Familie, als Ganzheit für das dritte Schuljahr den Wohnort des Kindes, also die Stadt oder das Dorf, fest. Dabei stellt er aber nicht den wirklichen Wohnort bzw. die wirklichen Familien der Kinder an den Anfang und in den Mittelpunkt des Unterrichts, sondern die ideale Familie und die ideale Stadt oder das ideale Dorf.«[10] Es ist interessant zu sehen, wie es hier mit der vorgeblichen Unmittelbarkeit der Heimatkunde bestellt ist. Das Ganze, der stimmige Urgrund, die Unmittelbarkeit ist nun verfügbar als *Ideal*, dessen ideologische Fixierbarkeit offenkundig ist.

Der ideologischen Fixierung gilt auch das Prinzip des Nacheinander. Dadurch kann das fortgelassen werden, was verwirrt und irritiert, was ablenkt vom *Eigentlichen*. Wenn dieses Eigentliche gesichert ist, dann erscheint alles andere als nebensächlich und bedeutungslos oder als feindlich und negativ. Das negative Urteil über Massenmedien, etwa das Fernsehen, ist allgemein, weil es angeblich »über die unvorbereitete, wehrlose Seele des Kindes hinweggeht« und seinen Geist verwirrt. Hingegen erscheint es wichtig, zunächst und vor allem zu erfahren, daß »die ganze Welt unter der Herrschaft eines großen einheitsstiftenden Ordnungsprinzips steht«. Dieses Ordungsprinzip ist in der Heimat zuerst und am eindrucksvollsten zu entdecken. Von der Basis der Heimatwelt aus, so scheint es, ist der Kosmos zu bewältigen.

Das Prinzip des Nacheinander ist ein Prinzip der Stereotypen und Vorurteile. In den Bereichen, welche die Heimatkunde auf Abruf freiläßt, verbreitet sich wuchernd ein Vorurteilsgeflecht, das nach allen Erfahrungen nur schwer und unvollständig wieder abzubauen ist. Andererseits besteht die Versuchung für die Heimatkunde, der sie nur zu leicht unterliegt, die für ein Nachher ausgesparten komplexen Bereiche mit entlastenden negativen Projektionen und Aggressionen zu belegen nach dem Mechanismus des *ingroup – outgroup – Verhältnisses* und damit einer von der Heimatkunde eher geförderten als verminderten Ich-Schwäche zu entsprechen.

Das Nacheinander mit stereotyper Konturierung setzt sich auch in der Sozialkunde fort. Dafür ist etwa das Buch *Der Gemeinde-, Staats- und Weltbürger* von Karl Nebelsiek ein Beispiel, das bereits 1966 in der 89. Auflage mit etwa

1 Million Exemplaren erschienen war. Offenbar spricht dieser Entwurf auf die Propädeutik der Heimatkunde an. Das Buch gibt zur Trennung gesellschaftlicher Bereiche ein Entweder-Oder. Im Vorwort wird von der Notwendigkeit gesprochen, die »ganze Verlogenheit, Skrupellosigkeit und Brutalität des kommunistischen Systems« aufzuzeigen.[11] Im Sperrdruck heißt es weiter, unser höchstes Gut sei in Gefahr. »In dem weltweiten Ringen zwischen der kommunistischen Ideologie und der westlichen Idee der Freiheit geht es jetzt um Sein oder Nichtsein.«[12]

Die Sozialkunde ist für den Kampf formiert. »Dieses Buch will zu seinem Teil dazu beitragen, daß der Sieg auf seiten der Freiheit ist!«[13] Die »Einfachheit und Schlichtheit« der Heimatkunde ist durchgehalten in der Dogmatisierung und Stereotypisierung der politischen Wirklichkeit. So gliedert sich der erste Hauptteil des genannten Buches unter folgende Thesen:

Unser Standort heute: Die Bundesrepublik Deutschland, ein Hort der Freiheit –
Unsere Freiheit haben wir schon einmal verloren: Der Nationalsozialismus –
Unsere Freiheit ist wiederum bedroht: Der Kommunismus –
Unsere Freiheit muß uns erhalten bleiben: Ein freies Volk in einer freien Welt –[14]

Der affirmativen Mächtigkeit des *Einfachen*, das sich nicht auf die Differenz, das Detail, die Einzelheit, den Wandel einläßt, das einen endgültigen und unverrückbaren Standort festlegt, das sich vorbehält, was Freiheit ist, und sich der Frage nach ihr nicht stellt, entspricht die affirmative Mächtigkeit des *Nacheinander*. Die Lebenskreise, in denen der Mensch gesehen wird, sind als Erweiterungen übereinandergelegt, so daß der erste Lebenskreis von Familie und engster Heimat die Strukturierung aller anderen bestimmt und durch diese der erste immer wieder bestätigt wird. Der zweite Hauptteil hypostasiert die unter dem Abschnitt »Gemeindebürger« praktizierte Einübung auf den Staatsbürger und schließlich auf den Weltbürger.[15] Wie Ringwälle legen

sich die Erweiterungen der Sozialkunde um den ersten Bereich. Das Blick- und Erfahrungsfeld wird weniger erweitert, als durch Schleusen und Staumauern abgeriegelt, die Kommunikation wird kanalisiert.
Nach einem verbreiteten Bewußtsein stecken heute politische Bildung und Heimatkunde in einem Wandel unter dem Bewußtsein eines Nachhinkens, das durch kritische Analysen hervorgerufen wurde.[16] Die Auswirkung ist freilich oft die eines Versuches zur Kompensation offenbar unhaltbar gewordener Inhalte und Methoden. Auch für ihre Verfechter ist die Heimatkunde in eine Krise geraten. Diese besteht in ihren Augen vor allem darin, daß die Beispiele antiquiert sind und daß die Technik zu wenig berücksichtigt wird. So gibt es zahllose Klagen darüber, daß gerade auch in verbreiteten Lehrerhand- und Schülerbüchern etwa »ausführliche Hammer- und Amboßkunde« betrieben wird. In einem weitverbreiteten Lehrerhandbuch heißt es: »Das Dorf ist bei weitem das ergiebigste Arbeitsfeld der Heimatkunde. Daß man dort auch auf handgeschriebene alte Chroniken stößt, daß man vom alten Pfarrer, von langansässigen Lehrern, von alten Bauern sich erzählen läßt, kann der Kunde nur dienlich sein.«[17] Festzustellen ist eine ganz eigenartige Insistenz von Heimatbildern, deren Überholtheit von niemandem bestritten wird, von denen man sich aber gleichwohl in der Praxis nicht lösen zu können scheint. Ein weitverbreitetes Schülerarbeitsbuch beginnt die Heimatkunde mit folgenden Versen über das Vaterhaus:

»Wo 's Dörflein dort zu Ende geht, wo 's Mühlenrad am Bach sich dreht,
da steht im duft'gen Blütenstrauß ein Hüttlein – es ist mein Vaterhaus.
Da schlagen mir zwei Herzen drin voll Liebe und von treuem Sinn:
Der Vater und die Mutter mein, das sind die Herzen treu und rein.«[18]

Das zitierte Gedicht schließt mit der Bekundung, das »liebe Hüttlein« auch nicht gegen das »schönste Schloß« tauschen zu wollen. Moderne Beispiele, die solche Erkenntnisse einschließen, sind anscheinend nicht zu finden, weder im sozialen noch im freien Wohnungsbau, noch nicht einmal bei der Eigentumswohnung oder im Reihenhaus. Und das Schloß ist nicht durch den Bungalow zu ersetzen. Auch das Bild des biederen Bürgermeisters etwa, der spät abends dem alten Mütterchen das Unterstützungsgesuch ausschreibt, trägt nicht mehr. Auch im Dorf ist die Verwaltung differenziert, werden vom Bürgermeister andere und mehr Qualitäten verlangt, und zwar gerade gegenüber den Personen und Gruppen, die sozial benachteiligt sind.

Nach dem Beispiel von Lesebüchern, die auf Kritik hin den Themenkanon erweiterten und z. B. neben der Frau als Magd auch die Frau als Kranführerin gelten ließen, werden auch in die Heimatkunde zunehmend Beispiele aus der Technik aufgenommen. Aber eigenartigerweise wird dieses defensive Verhalten auch in der Praxis geübt. Diese bevorzugt die alten Bücher, die über Jahrzehnte hinweg oft so gut wie unverändert eine Auflage nach der anderen erleben und die oft noch viele Jahre benutzt werden, auch wenn schon relativ bessere Bücher zugelassen sind.

Die abgepackten Brotschnitten aus den Brotfabriken haben zwar längst in den Selbstbedienungsläden ihren Einzug gehalten, aber kaum in der Heimatkunde. So wird in der *Neuzeitlichen Heimatkunde* von Friedel Gärtner, die 1963 in erster und 1969 in vierter Auflage erschien, als ein Musterbeispiel breit das Thema behandelt: Das liebe Brot. Es ist entnommen dem Buch Mareis: *Aus der Schulstube des Alltags*, Bamberg 1951. Gärtner sagt dazu: »Es trägt den Forderungen des Anschauungsunterrichts in erfreulicher Weise Rechnung.«[19] Zur Vorbereitung der Kinder werden diese gefragt: »Wer trägt der Mutter am Samstag den Kuchen zum Bäcker?« und es wird ihnen aufgetragen: »Schaut euch in der Backstube um!«[20] Ein Teilziel des Unterrichtsbeispiels ist das »Sinn- und Gemütserlebnis«: Mutter schneidet ein Brot an. Im Mittelpunkt steht das Gedicht von J. Trojan: »Das Brot«, in dem erzählt wird, wie die Mutter den Kindern, die um sie herumstehen, ein Brot verteilt. »Am Ende aber bleibt für sie ein Käntlein doch zurück.« Hier ist auch gleich das gängige Bild der Frau und Mutter hervorgehoben. In einem abschließenden Teilziel geht es um ein »Gemütserlebnis mit ethischer Auswertung . . .«[21]

Offenbar sind gewünschte Gemütserlebnisse auf Orte wie die Glockenstube, ein weiteres Beispiel des Buches, angewiesen.

Der Heimatkunde sind enge Grenzen der *Modernisierung*, der Anpassung und Kompensation gezogen. So scheitert sie völlig an der *sekundären* Gesellschaft, die sie eigentlich, wie alle Phänomene der Vermittlung, nur diffamieren kann. Damit aber ist die Aufgabe der Affirmation immer weniger zu leisten. Das Handicap der Heimatkunde, auf die alten Beispiele, auf die Rückständigkeit angewiesen zu sein, und das Selbstverständnis, daß sich im Grunde nichts ändert und es deshalb auch wenig Sinn habe, auf »äußerliche« Veränderungen einzugehen, macht sie immer ungeeigneter. Dafür bietet sich scheinbar um so überzeugender und wirkungsvoller ein anderer Unterricht an, und zwar auch als Prinzip und Propädeutik der politischen Bildung: die Sachkunde. Die Sachkunde scheint für sich zu haben, daß sie von keiner verborgenen Metaphysik ausgeht, sondern von der konkreten Realität. Sie scheint einen Spielraum zu bieten für die Bestimmung von Objekt und Methode.

Tatsächlich bietet Sachkunde heute viel wirksamer die Möglichkeit einer affirmativen Erziehung als die Heimatkunde. Sachkunde stellt zwar einen Rückzug dar, insofern als auf eine Emotionalisierung des Wissens verzichtet wird und auch der *Wurzelboden* primärer Bindungen aufgegeben ist. Dafür gewinnt Sachkunde den Sachzwang, der sich pädagogisch instrumentalisieren läßt. Insofern stellt Sachkunde eine weiterreichende Reform der Heimatkunde dar, als es durch eine Modernisierung der Heimatkunde möglich wäre. Die Aufgabe der geschichtlichen Bindung mit der emotionsbetonten Primärgruppe als Element der Heimatkunde tritt zurück gegenüber dem Sachzwang, der nach der Erfahrung und dem Beispiel von Natur und Technik auf die Gesellschaft übertragen wird. Der Effekt der Sozialkunde wird dadurch erreicht, daß Ohnmacht und Resignation vor dem Realen oder vermeintlich Faktischen eingeübt und damit im gesellschaftlichen Bereich die unkritische Anerkennung des Bestehenden erreicht wird.

Sachkunde neigt dazu, die Phänomene aufzusuchen, die mit

naturnotwendiger Folgerichtigkeit ablaufen, Kausalketten, die leicht einsichtig gemeint werden können. Solche zwangsmäßigen Abläufe können dann auch den Phänomenen angesonnen werden, die dem gesellschaftlichen Bewußtsein und Wandel unterliegen. Im Bereich der Natur und der Technik gibt es viele solcher Regelmäßigkeiten. Wenn man in gesellschaftlichen Bereichen die Phänomene aussucht, die vergleichbar sind, oder sie durch Reduktion auf Vergleichbarkeit bringt, dann bleibt eine *Restproblematik* von Konflikten, *Pannen,* Fehlerscheinungen, Ausnahmen, Randerscheinungen und Unberechenbarkeiten, die auf andere Bereiche abgeschoben, durch Vorurteile verdrängt wird, obwohl sie den wahren Gegenstand der politischen Bildung darstellt, aber freilich als *Restproblematik* so deformiert ist, daß sie ausfällt als Objekt der Auseinandersetzung.

Wenn in der Sachkunde die Wasserversorgung als technisches Problem kommunizierender Röhren behandelt wird, wobei die sozio-ökonomische Problematik völlig unbeachtet bleibt als etwas Unwesentliches, das man vielleicht später als Ergänzung bringen kann, so ist es gerade später schwer, auf andere Zusammenhänge zu kommen. Wenn Massenkommunikation und Massenmedien am Beispiel des technischen Entstehens einer Zeitung behandelt werden, von Reportern und Presseagenturen über Redaktion, Satz, Korrektur, Umbruch, Maternguß und Rotationsdruck zum Vertrieb und Verkauf, dann sind an diesem stereotypen Bild später zwar noch kritische Tupfer anzubringen in Fragen der Trennung von Nachricht und Kommentar, der individuellen Einfärbung von Informationen, der Gliederung von Redaktion und Zeitungssparten, aber Fragen der Meinungsbildung und -manipulation, der Pressekonzentration, des Sprachstils und der politischen Surrogate fallen so aus dem vorgegebenen Rahmen, daß sie unsachlich wirken. Wie der Versuch, wirtschaftliche Prozesse generell und apodiktisch nach dem Prinzip von Angebot und Nachfrage zu erklären, schon für Ausgangsbeispiele wie Wochenmarkt und Einzelhandelsgeschäfte zu Verfälschungen führt, so wird damit als Analogie zur Gesamtwirtschaft Entscheidendes verdeckt.

Im Geflecht des Sachzwanges bestimmt sich weit über die

propädeutische Sachkunde hinaus auch in der politischen Bildung, was eine Sache ist und was keine Sache ist. Gegenüber dem Sachzwang z. B. der wirtschaftlichen Produktivität und Effizienz erscheinen Phänomene der Auseinandersetzung von Arbeitnehmern und Arbeitgebern wie Streiks nur als unvernünftig und verantwortungslos, als zu vermeidende Pannen. So kommt es im Sozialkundeunterricht als einer erweiterten Sachkunde unter dem Thema Streik etwa zur Errechnung der ausgefallenen Arbeitsstunden eines Streiks, den verlorengegangenen Löhnen, der Produktionsminderung und der Benachteiligung der betroffenen Wirtschaft auf dem Auslandsmarkt. Alle anderen, wirtschaftlichen, gesellschaftlichen und politischen Komponenten bleiben unbedacht. Zu solchen natürlichen, allgemeinen und notwendigen Sachen können auch und gerade interessensbedingte und -bestimmte Phänomene deklariert werden mit einer vorgegebenen Harmonisierung oder Abwertung der Konflikte. Wenn überhaupt in der Sozialkunde auf die Werbung eingegangen wird, so erscheint sie etwa als das Mittel, auf Eigenschaften und Preise von Produkten aufmerksam zu machen, um dann durch höheren Absatz die Preise senken, dadurch noch höheren Absatz und damit höhere Produktion erzielen zu können. Für die Frage des Konsumzwanges ist dann so wenig Raum wie für die Manipulation der Wünsche und die Zusammenhänge von wirtschaftlichen und gesellschaftlichen Leitbildern.

So wird Sachkunde in der Tat als Information betrieben, aber als Information, die formiert, die den Menschen im Inneren so festlegt, wie das Außen festgelegt erscheint. Während Heimatkunde affirmativ ist als Appell zur Bewahrung und Pflege eines vorgegebenen Seinszusammenhanges von Natur und Mensch, als das Bemühen um Erhaltung einer Fundamentalkommunikation um den Preis einer Negation der gesellschaftlichen Entwicklung und einer Diffamierung des Fortschritts, das andererseits die Unfähigkeit einschließt, in das Phänomen Heimat die Entwicklung einzubringen und seine Reduktion und Verarmung zu verhindern, ist Sachkunde affirmativ als Information.

Wie Heimatkunde Gesellschaft auf konfliktlose, emotionsgebundene Primärräume begrenzt, wie sie auf Gesellschaft

als auf Gemeinschaft in emphatischen Sinne insistiert, so ist für die Sachkunde Gesellschaft eine Masse, die strukturiert werden muß, die zu Eruptionen, aber zu keiner Dynamik fähig ist. Die Ordnung, die Strukturierung, die Technik der *Sachen*, das ist die Sachkunde selbst. Mehr noch: In der *Sache* hat die Struktur die Oberhand über die Materie, die Statik über die Dynamik, die Faktizität über die Möglichkeit. Die Information der Sachkunde bezieht sich auf das, was ist. Die Macht der Kausalität ist die Macht des Faktischen, Kausalitätszwang ist Sachzwang.
Sachkunde ist die Information darüber, woran man ist, wonach man sich zu richten hat. Insofern ist Information ein Formieren dessen, an den sie sich richtet. Damit kommt es zu einer Angleichung. Auch die Gesellschaft nimmt den Charakter einer Sache an nach der Art einer *formierten* Gesellschaft. Aus der Masse wird eine Gesellschaft, der Sachkunde angemessen etwa in der Art einer Institutionenkunde und Verhaltenslehre: Wie ein Gesetz entsteht und wie man zu seiner Rente kommt, wie die Gerichte gegliedert sind, was man beim Abschluß eines Mietvertrages beachten muß.
Über die Informationen der Sachkunde gibt es eigentlich keine Reflexion. Man ist in der Haltung des Informationssammlers; man nimmt die Informationen und Signale auf und richtet sich nach ihnen. Dieses Verhalten, das dauernd auf *Empfang* gerichtet ist, hat Riesman schon in der *Einsamen Masse* als Außenlenkung bezeichnet. Dabei verdichten sich die Kommunikationssymbole und Kommunikationschiffren. Kennzeichnend ist eine Analogie der Kommunikationssymbole von der Macht in der Natur zur Macht in der Gesellschaft und zur Macht der Technik, die sich mehr oder weniger deutlich in moderneren Büchern der politischen Bildung – und nicht nur in Deutschland – nachweisen läßt. Eine solche Analogie der Kommunikation konjugiert sich etwa in folgenden Kommunikationssymbolen: Ein Baum biegt sich im Wind; der Bürger verbeugt sich vor dem König; Soldaten gehorchen Befehlen; der Verkehr wird durch Zeichen geregelt.
Im Unterschied zur Bundesrepublik, wo die Ablösung der Heimatkunde durch die Sachkunde oder die Durchflechtung

der Heimatkunde mit der Sachkunde nur zögernd geschieht und dabei manche Unvereinbarkeiten hervortreten, wobei auch die dialektische Erfahrung zu machen ist, daß gegenüber der Sachkunde die Heimatkunde durchaus auch positive Züge gewinnt, hat z. B. in den USA die Sachkunde schon frühzeitig ein stärkeres Gewicht bekommen. Denn bei der unterschiedlichen nationalen und kulturellen Herkunft der Bevölkerung kann man nicht in affirmativer Absicht auf Heimat zur Grundlegung politischer Bildung rekurrieren. Die *Heimat* eines Großteils der amerikanischen Kinder ist ja gar nicht in das Normen- und Wertesystem einzubringen, das als das amerikanische gilt und das wesentlich identisch ist mit dem einer bestimmten Einwanderungsgruppe, die abgekürzt als WASP bezeichnet werden: Weiße, Angel-Sachsen, Protestanten. Dieses sozio-kulturelle System erweist sich als immer weniger tragfähig. Die *Heimatkunde*, auf welche die Sachkunde in Amerika trifft, ist ein Bekenntnis zu einem doch recht vagen Begriff einer amerikanischen Kultur und Gesellschaft. Um so deutlicher tritt bei der Sachkunde die affirmative Tendenz hervor, die alle Gruppen der Gesellschaft damit anzusprechen sucht.
Dies soll an den Bänden eines verbreiteten und modernen amerikanischen Lehrbuchs für Sozialkunde an Elementarschulen exempliziert werden. Diese Reihe steht unter dem Titel *Der Mensch in Aktion* und hat folgende Stufen: 1. Menschen und ihre Aktionen. 2. Menschen und ihre sozialen Aktionen. 3. Menschen und ihre sozialen Rollen. 4. Menschliche Aktionen in vier Gesellschaften: Indien, Spanien, Brasilien, Ägypten. 5. Menschliche Aktionen in der amerikanischen Gesellschaft: Vergangenheit und Gegenwart. 6. Menschliche Aktionen in der europäischen Gesellschaft: Vergangenheit und Gegenwart.[22] Die Sachkunde geht vom Menschen aus und zielt ab auf eine Art Weltkunde.
Der erste Band ist in 12 Einheiten eingeteilt. Als unmittelbar gegeben erscheinen die Bedürfnisse und Wünsche der Menschen. Über die physikalische Aktivität und die dahinterstehende Kausalität werden die menschliche Aktivität und die Regeln, nach denen sie verläuft, geboten. Das Buch arbeitet wie die anderen Bände überwiegend mit Bildern. Die Einübung in Regeln geht beispielsweise über ein Bild

mit gesperrten Wegen, wobei nur ein einziger Weg zum Ziel offenbleibt, den man suchen muß, oder ein Bild mit einem Irrgarten, in dem es auch darauf ankommt, auf verschlungenen Wegen zum Ziel zu kommen.[23] Unter der Frage: Wer führt die Aktionen durch?, werden als Hauptbeispiele der Präsident der Vereinigten Staaten, der Polizist und der Lehrer abgebildet. Die Aktionen sind in keinem weiteren Zusammenhang gezeigt. Sie sind eingeführt mit der Abbildung zahlreicher Gegenstände, Werkzeuge, Fahrzeuge, Spielzeug, Kleider usw. und der Frage, was man damit machen kann. Diese Aktionen gehen dann über in Bilder von Aktion und Reaktion mit Beispielen wie Verkehrsregelung, Ordensverleihung und Schalterdienst an der Bank.[24] Einen breiten Rahmen nimmt die Explizierung der These ein, daß Aktionen Regeln folgen müssen. Sinn und Zusammenhang dieser Regeln wird nicht erklärt. Es sind offenbar Regeln, die eine feste Ordnung ausdrücken und sich nicht aus Aktionen ergeben. Die Aktionen sind vielmehr die Einhaltung oder die Nichteinhaltung der Regeln, wie Tischsitten, Verkehrsregeln, militärische Ehrenbezeigungen bzw. Geschwindigkeitsüberschreitung, Hinauflaufen einer herunterführenden Rolltreppe, Wegwerfen von Abfällen im Kino.[25] Der *Freiheitsspielraum* im Ändern von Aktionen ist gering. Wenn es regnet, kann man das Spiel vom Freien ins Haus verlagern, wenn die Sonne scheint, kann man die schweren Kleider ablegen. Auch die Änderungen der Aktionen sind weitgehend nicht als frei dargestellt. Das Kind, das eine Tür aufdrücken wollte, erreicht dieses Ziel auf die Anordnung »ziehen«; das Schild »Rasen nicht betreten« veranlaßt ein Kind, auf den Weg zu gehen; das Warnschild »Eislaufen gefährlich« veranlaßt ein Kind, seine Aktion zu ändern. Die Änderung der Aktionen werden dirigiert, wie das Beispiel eines Orchesters zeigt, sie werden ausgelöst (Wecker), sie werden gesteuert (Verkehrsregelung).[26] Die Aktionen sind reguliert; man braucht dazu Ausweise, Bescheinigungen, Lizenzen, wie Beispiele zeigen: Führerschein, Einlaßkarte, Benutzerschein. Die Aktionen müssen in einer sinnvollen Reihenfolge ablaufen und sie müssen zueinander passen.[27] Das Spiel mit dem Ordnen von Bildern, wonach die Feuerwehr erst zum Brandort hinfah-

ren muß, bevor sie löschen kann, man eine Ware erst bezahlen muß, bevor man sie mitnehmen darf, und eine Krankenschwester nichts mit der Reparatur von Fernsehapparaten zu tun hat, ist nicht so sehr eine Schulung des logischen Denkens als eine Schulung für Rollen, Riten und Regeln.
Die sozialen Interaktionen bieten sich unter den angezeigten Voraussetzungen als Kommunikationslehre dar. Die Prozesse der Kommunikation, nicht der Inhalt der Kommunikation sind der Gegenstand der Sachkunde von den sozialen Beziehungen. Die Kommunikationswege, die einzelnen Medien, die Zeichen und Symbole ergeben ein technisches Kommunikationssystem, das eine bekannte These stützt: Das Medium ist die Botschaft selbst. So stehen im zweiten Kurs analog zu den Objekten, die Werkzeuge des Handelns sind, die Objekte, die Distanzen überwinden helfen: Telefon, Brief, Radio, Fernsehen, aber auch Rolltreppe, Fahrstuhl, Schiff und Flugzeug.[28] Die Kommunikation hält die Gruppe zusammen, sie vermittelt das Gruppenziel, die Interaktion, die Rollen der einzelnen Mitglieder. Die Affirmation verdichtet sich zu einer Lehre von Signalen und Symbolen, die das Verhalten von Menschen regulieren und steuern. Als Beispiele werden vor allem technische Signale und Symbole abgebildet, das Wecken durch den Wecker und das militärische Wecken durch die Trompete, der Pfiff der Lokomotive und der Pfiff, der den Schwimmer warnt. Es häufen sich Signale und Symbole, die eine Warnung darstellen. Damit verstärkt sich der Appell, auf Signale zu hören und sich nach ihnen zu richten.[29]
Eine derartige Sachkunde läßt sich affirmativ auch zur Weltkunde ausweiten, wobei dann verschiedene Formen der Aktionen und Interaktionen, wie unterschiedliche Werkzeuge und Gegenstände, Zeichen und Symbole nebeneinandertreten. Das Geltenlassen anderer nationaler und sozio-kultureller Gruppen hat den Charakter einer repressiven Toleranz. Weltkunde läßt die einzelnen Bereiche unvermittelt bestehen; wie auch die Darstellung der Vergangenheit unvermittelt ist. Weltkunde wie Geschichte geraten in die Nähe einer Maskerade, die beliebig erweitert werden kann, ohne daß sich an dem Spielschema und der Regie etwas ändert.

Stärker als Chancen und Möglichkeiten sind bisher die Grenzen einer Weltkunde hervorgetreten. Von der Heimat- wie der Sachkunde her wird Weltkunde immer noch als Erweiterung und Abschluß behandelt, das heißt als Kompensation der Heimat- und Sachkunde. So stellt der Deutsche Ausschuß für das Erziehungs- und Bildungswesen in der 9. Folge einen Lehrgang Politische Weltkunde vor, der für die Oberstufe der Schule, vor allem des Gymnasiums, gedacht ist.[30] In dieser Weltkunde sollen die Fächer Geschichte, Erdkunde und Sozialkunde Beiträge liefern. Die Integration von Fächern hat den Effekt, daß jedes Fach zu einer affirmativen Weltkunde einen konstruktiven Beitrag in dem Sinne leistet, daß von der Weltkunde her die bisherige politische Bildung ihre Ergänzung und Bestätigung erfährt.
Der Geschichte wird eine zentrale Bedeutung zugemessen. »Der Geschichte fällt die Aufgabe zu, die Überlieferungen, die für unsere heutige politisch-rechtliche und gesellschaftliche Ordnung konstitutiv sind, sichtbar und das kulturelle Erbe, aus dem wir leben, bewußt zu machen.«[31] Wie die Geschichte die Bindungen an die Vergangenheit aufzeigt und das *Gewordene* begründet, so gibt die Erdkunde den Rahmen und den Spielraum für die jeweils sozio-ökonomische Entwicklung an. »Die Erdkunde zeigt am natur- und kulturgeprägten Gefüge der Landschaften, welch vielfältiges Wechselspiel von Lage, Naturausstattung, geschichtlichen, gesellschaftlichen und wirtschaftlichen Bedingungen und Kräften das menschliche Leben auf der Erde bestimmt. Sie gewährt Einblick in die Vielfalt und Verschiedenheit der Daseinsformen, die in der Auseinandersetzung des Menschen mit den jeweiligen Gegebenheiten der Natur entstanden sind.«[32] Von diesen Vorgegebenheiten aus kann die Sozialkunde eine Prolongation des Vergangenen und Gegenwärtigen in die Zukunft unternehmen als den ihr zufallenden Sektor der Weltkunde. »Sie bringt das Wirkungsfeld der Politik in den Blick, indem sie die sozialen und wirtschaftlichen, die kulturellen und die staatlich-rechtlichen Bezüge der gesellschftlichen Wirklichkeit der Gegenwart an Beispielen aufzeigt und eine Orientierung über die verschiedenen Gesellschaftssysteme der heutigen Welt ver-

mittelt. So werden die Primaner vertraut mit den Voraussetzungen und der Funktionsweise eines politischen Ordnungs- und Herrschaftssystems, z. B. des gewaltenteiligen demokratischen Rechtsstaats; mit der Funktionsweise von Wirtschaftssystemen in ihrer Zuordnung zu politischen Systemen . . .«[33] Wie komplementär die Weltkunde zur bisherigen Sozialkunde ist, läßt sich aus ihrer Einschränkung erkennen und aus der Warnung vor der Aktualität und dem Ungeordneten. »Zu warnen ist sowohl vor einem enzyklopädischen Schematismus wie vor der Verknüpfung disparater Gegenstände am Faden des historisch oder politisch Interessanten oder Aktuellen. Wer die schon aufgelockerte Chronologie, aber immer noch konventionelle Anordnung unserer Geschichtsbücher ganz verläßt, kann in die Gefahr geraten, die Bildungsprogramme von Funk und Fernsehen zum Vorbild zu nehmen. Diese sind aber für ein anderes Publikum entworfen.«[34]

Auch eine derart konzipierte Weltkunde entgeht nicht der Gefahr, daß, wie bei der Heimatkunde, sich Stereotypen bilden, durch die Aggressionen und negative Urteile auf Fremdgruppen und *Randbereiche* projiziert werden mit der Auswirkung der Ideologisierung und Verarmung des Erkennens und der Blockierung von Bildungsprozessen. Kategorien für die zukünftige Entfaltung einer freiheitlichen und menschenwürdigen Gesellschaft können sich nicht entwickeln. Der Ritualisierung und Reglementierung von Verhalten in der Heimat- und Sachkunde entspricht die Aussparung von Aggressionsräumen und die Gelegenheit zu *konfektionierten Fluchtwegen* in der Weltkunde. Dabei lassen sich z. B. für Versagen und Schuld der eigenen Gruppe zumindest Gegenrechnungen aufmachen, wenn nicht direkt Rechtfertigungen erfinden: die englischen Internierungslager im Burenkrieg gegen die deutschen KZ, Auschwitz gegen Dresden.[35]

Dagegen müßte eine nicht affirmative Weltkunde als Ziel einer zukünftigen politischen Bildung nicht nur das Prinzip eines Nacheinander von Heimat-, Sach- und Weltkunde aufgeben, sondern auch darauf verzichten, diese im vorhinein festzulegen und einer permanenten kritischen Reflexion zu entziehen.

Ernest Jouhy
Die antagonistische Rolle des Lehrers im Prozeß der Reform

»... ich liebe die große, schöne Anlage auch in verdorbenen Menschen. Ich liebe das Geschlecht der kommenden Jahrhunderte ... Die(se) Keime der Aufklärung, diese stillen Wünsche und Bestrebungen Einzelner zur Bildung des Menschengeschlechts werden sich ausbreiten und verstärken ... *Dies ist das heilige Ziel ..., daß ich in unserm Zeitalter die Keime wecke, die in einem künftigen reifen werden.«* *Hölderlin: Hyperion*

Der folgende Beitrag soll eher Problembewußtsein und Einstellung zur Rollenproblematik des Lehrers entwickeln helfen, als Probleme lösen und die eigene Einstellung rechtfertigen. Denn eine doppelte Gefahr droht der Entwicklung der Theorie, die die gesellschaftliche Praxis der Schule zum Gegenstand hat: einmal kann sie in der positivistischen Datensammlung und ihrer mikrosozialen Deutung[1] Lehrer und Schüler auf das Bewußtsein ihrer Fremdbestimmtheit zurückwerfen und damit – gewollt oder ungewollt – verhindern, daß die Betroffenen bewußt und aktiv an dem Prozeß der Umwälzung von Schule und Gesellschaft mitwirken; ein andermal kann der Prozeß der Erkenntnis, mit dem ihm eigenen Gefälle dialektischer Logik, durch eine anscheinend radikale Denunziation der »verderblichen« Faktenzusammenhänge zur selbstgenügsamen Absättigung des Bedürfnisses nach gesellschaftlich-politischer Veränderung führen. Die Radikalität der gedanklichen Verknüpfung aller dialektischen Zusammenhänge gesellschaftlicher Dynamik in der Totalität des *repressiven Systems* mündet dann in der ebenso totalen Ratlosigkeit, was die emanzipatorische Praxis angeht. Aber: »die Waffe der Kritik kann die Kritik der Waffen nicht ersetzen« (Marx), was heißt: kritische Theorie muß helfen, die Waffen zu schmieden, die die Realität effektiv verändern. Oder »zweckrationales Handeln verwirklicht definierte Ziele unter gegebenen Bedingungen«, denn: »das Verhalten rationaler Wahl richtet sich nach Strategien, die auf analytischem Wissen beruhen«.[2]

Die Praxis, auf die die Theorie angelegt ist und von der sie ihre Impulse und ihr Material empfängt, hat – was die Schule angeht – einen doppelten Aspekt: sie entwickelt sich innerhalb der Schulwirklichkeit, in der sich das berufliche Handeln des Lehrers als einer Teilfunktion der gesellschaftlichen Arbeitsteilung vollzieht[3]; diese Schulwirklichkeit ist aber ihrerseits in so besonderer Weise an die Dynamik und Struktur der Gesellschaft als System gebunden[4], daß die Praxis des Lehrers in ebenfalls ganz besonderer Weise eine gesamtgesellschftliche Komponente aufweist.[5]

Was den ersten Aspekt betrifft, also die »Mikrostruktur« der Schule im Vergleich zur Makrostruktur des gesellschftlichen Systems, so wäre zunächst darauf hinzuweisen, daß die Praxis des Lehrers gegenüber dem Schulanfänger sich radikal von seinem wie immer rationalisierten *Bildungsauftrag* abhebt: Mag dieser »intuitiv und persönlichkeitsspezifisch«[6] konzipiert, mag er vom »fragwürdigen Erzieherbild der deutschen Pädagogik«[7] geprägt sein, immer enthält er im Selbstverständnis des Lehrer das »Wohl des Kindes«, seine Entwicklung, Entfaltung, mit anderen Worten seine »kindliche Persönlichkeit«. Aber Adorno weist mit Recht darauf hin, daß der Lehrer Agent der Entfremdung«[8] des Kindes wird, weil er es aus der unentfalteten, verhältnismäßigen Einheit und Einmaligkeit seiner vorschulischen Existenz in die Ordnung und Leistungsanforderungen zwängt, die nicht seinen eigenen Bedürfnissen, sondern denen der genormten und institutionalisierten Erwartungen des gesellschaftlichen Systems entsprechen, die wir als Kultur bezeichnen.[9] Die Schule als Institution und der Lehrer als ihr Beauftragter wirken damit in jedem Gesellschaftssystem, von dem sie (bzw. er) ihren (bzw. der Lehrer seinen) Auftrag bezieht, dem Kind gegenüber als *Antinatur*. Gewiß kann man das auch von der ersten Phase des Sozialisationsprozesses im Säuglings- und Frühkindesalter mit Fug und Recht sagen, aber die eigentlichen Fähigkeiten zur Eingliederung in die industriell-arbeitsteilige Gesellschaft werden erst dem Schüler anerzogen.

Das Rousseausche Erzieherbild vom Gärtner, der die Natur des Kindes mit seinen *Anlagen* zur Entfaltung bringt, widerspricht unseren Einsichten über das Verhältnis von *nature and nurture*. Zwar ist nur *der* gesellschaftliche Leistungs- und Normenzwang erzieherisch wirkungsvoll, der auf die bio-psychischen Möglichkeiten der kindlichen Entwicklung Rücksicht nimmt, aber nicht die bio-psychische endogene Dynamik, sondern erst die Sozialisation und Enkulturation bewirken die Entfaltung der Bedürfnisse und ihre Selbstrepression (Inhibition). »Die Zivilisation die er (der Lehrer) ihnen antut, die Versagungen, die er ihnen zumutet . . .«[10], werden zum konstitutiven Element der psycho-sozialen Person der Schüler. Sie lernen, sich zu bewerten, wie sie von ihm bewertet werden. Sie können nicht durch den Erziehungsprozeß »zu sich selbst kommen« (Marx), weil dieses Selbst erst in der physisch-psychischen Kommunikation der Arbeit innerhalb der Gesellschaft entsteht. Darum muß der Lehrer »für sie wissen«, was ihr »Wohl« ist und es gegen sie, d. h. gegen ihre gegenwärtigen »egozentrischen« Interessen vertreten. Indem der Lehrer die Zukunft des Kindes, wenn nötig gegen seine beschränkte Gegenwart vertritt, vertritt er mit Notwendigkeit ein mehr oder weniger festgelegtes Bild der gesellschaftlichen Existenz des Individuums. Entweder empfängt er es passiv als *Kulturerbe*[11] und gibt es autoritär weiter. Dann »wiederholt sich (im Bild des Lehrers) wenn auch noch so abgeschwächt, etwas vom effektiv höchst besetzten Bild des Henkers«.[12] Oder aber er übernimmt es und entwirft es zugleich als Glied derjenigen Gruppen der Gesellschaft, die mit der Tradition auch die Verhältnisse der Herrschaft und die Hierarchie in Gesellschaft und Schule angreifen; dann sieht er im Kind ebenfalls nicht nur dessen augenblickliches Glück, sondern das »künftige Zeitalter«, das sie »im Keime«[13] in sich tragen.

Jedenfalls handelt es sich bei dem Verhältnis *Schüler-Lehrer* um eine Antinomie, denn lehren bedeutet, Motivationen, Verhaltensnormen und Techniken zu vertreten und zu übertragen, die als »gesellschaftliches Sein das Bewußtsein«[14] des Lehrer, aber eben noch nicht das seiner Schüler ausmachen. Die Verschiedenheit der Bewußtseinsinhalte

von Lehrern und Schülern ist nur vermeintlich eine Generationsfrage. In Wahrheit drückt sie die Antinomie des Enkulturationsprozesses selbst im antagonistischen Verhalten der beiden personalen Pole des Lernprozesses aus.[15]
Greift also die gesellschaftliche Existenz zutiefst in die Verhaltensstruktur des Lehrers im Rahmen der sozialen Mikrostruktur seiner Klasse ein, so ist seine soziale Funktion in der Dynamik der gesamtgesellschaftlichen Reproduktion, bzw. Umwälzung ein Problem seines effektiven Verhältnisses und bewußten Verhaltens zu den Erwartungen, die aus den Widersprüchen der gesellschaftlichen Produktivkräfte, Herrschaftsverhältnisse, Zielsetzungen und Hoffnungen sich ergeben und mit verschiedener Macht von ihm ihre Übertragung auf die junge Generation erheischen. Dabei fällt auf, daß alle Klassen und Gruppen der Gesellschaft in der Schule – und damit in der Position des Lehrers – nur mediatisiert aufeinanderstoßen, so daß der Lehrer zwar im Bewußtsein *objektiv* an ihnen teilhat, aber von keiner Gruppe als gesellschaftlich »in« angesehen wird und in seinem Selbstverständnis ebenfalls sich nicht als eigentlich *tätig* erscheint. Die Unterscheidung in *Schule* und *Leben*, in *Schonraum* und gesellschaftliche Konfliktwirklichkeit ist durch die anthropologische Konstante des langen psychosozialen Reifungsprozesses des Kindes ebenso gegeben wie durch die industrielle Arbeitsteilung vertieft und verlängert.[16]
Die Pädagogisierung aller Verhaltensformen, Gedanken, Informationen und Techniken, für die der Lehrer steht, bedeutet nicht nur jene »déformation professionelle«, von der Adorno spricht, sondern seine effektive Teilhabe an der sozialen Unmündigkeit seiner Schüler. »Er . . . ist eigentlich selber ein Kind.«[17] Pädagogisierung im Sinne eines rational darstellbaren und erlernbaren, arbeitsteiligen Berufes auf der einen Seite und Pädagogisierung als Verweis des Lehrers in die gesellschaftliche Uneigentlichkeit des Schonraumes Schule gehören zu den Antinomien der makrosozialen Determination seiner Funktion. »Theoretisch ist die geschilderte Situation vor allem durch die Ideologie einer pädagogischen Autonomie angegangen worden. Ihr entstammen die . . . Vorstellungen vom Lehrer als *Anwalt des*

Kindes, als Verwalter und Interpret von Bildungsgütern, als *Menschenbildner.* Bedenkt man das Irreale dieser Vorstellungen, dann versteht man, warum derartige Autonomieansprüche wiederum so häufig in tiefe Resignation umschlagen.«[18]

Die Pädagogisierung des Lehrerberufes in ihrem widersprüchlichen Doppelcharakter hat jedoch in gesamtgesellschaftlicher Sicht gerade auch die Wirkung gehabt, Schule und Lehrer als Problem der gesellschaftlichen Struktur und Entwicklung überhaupt zu sehen. Weil »die Theorie des Lehrerverhaltens« als Teil einer Theorie der Schule gesehen werden kann[19] und Schule als determinierter Determinant der gesellschaftlichen Dynamik[20], bedarf die kritische Erfassung der Problematik einer makrosoziologischen Analyse. Wir wollen sie am Beispiel des Schultyps vornehmen, an dem weniger die Problematik des archaischen Rückstandes der Schule im Verhältnis zur modernen Gesellschaft als eben die einer unserer gegenwärtigen Dynamik sich anpassenden Schulorganisation sichtbar wird: der *differenzierten und integrierten Gesamtschule.*

Bemühen wir zu ihrer soziologischen Erhellung die strukturell-funktionale Methode, so gehen wir so vor, daß wir das bestehende gesellschaftliche System als in dynamischem Gleichgewichtszustand vorstellen und untersuchen, warum das tradierte dreigliedrige Schulsystem (Volks-Mittel-Höhere Schule) in der gegenwärtigen Periode *disfunktional* wirkt, d. h. warum es in seiner Struktur den Anforderungen von Wirtschaft, Verwaltung, politischer und individueller Kommunikation nicht mehr genügt. Das besondere dieser Betrachtung ist, »daß sich die bestehenden Produktionsverhältnisse als die technisch notwendige Organisationsform einer rationalisierten Gesellschaft präsentieren«.[21] Die Irrationalität der tradierten Schulfunktion und Schulstruktur ergibt sich dabei aus der Unangemessenheit der durch die Schule vermittelten Normen und Techniken bzw. der Rekrutierung des qualifizierten Nachwuchses, bezogen auf die Technostruktur (Galbraith) der Produktivkräfte.[22] Daraus ergeben sich gesellschaftliche Zwänge[23], deren Konsequenzen für die Bildung etwa so zusammengefaßt werden können:

1. Der schnell steigende Grad der Technisierung der Produktion reduziert den Anteil physischer Arbeit am Produktionsprozeß auf ein Minimum und damit die Zahl der Arbeitskräfte. Das zeitliche Arbeitsquantum pro Jahr, aber auch pro aktiv-beruflicher Lebenszeit des Arbeitenden wird bedeutend herabgesetzt.[24] Es ist unnötig, ja nachteilig für den Arbeitsmarkt, weiterhin den größten Teil der jeweils 14–18jährigen als Anwärter auf Arbeitsplätze einbeziehen zu müssen.

2. Die Arbeitsplätze werden immer kapitalintensiver (18 000 bis 35 000 DM pro Arbeitsplatz in der Industrie), und somit muß die Arbeitskraft zur Nutzung des investierten Kapitals einen höheren bis hohen Grad von intellektueller Plastizität und Konzentration erreichen, wie er nur in einem längeren Lernprozeß schulischer Abstraktion geübt werden kann. – Gleichzeitig geht der Erneuerungs- und Umstellungsprozeß des technischen Produktionsapparates so beschleunigt vor sich, daß alle Arbeitskräfte im Durchschnitt dreimal im Laufe ihres Berufslebens sich auf veränderte Verfahren einstellen müssen.[25]

3. Ein hohes Maß von Kooperativität und sozialer Orientierungsfähigkeit ist vonnöten, wenn unter den Bedingungen des modernen Produktions- oder Dienstleistungsbetriebes und des weltweiten Austauschs gearbeitet und konsumiert werden soll. Betriebe, Staat, Forschung und Haushalte bedürfen solcher Menschen, die Probleme und Konflikte unemotional, »zweckentsprechend« rational zu lösen imstande sind. Nicht nur – ja nicht einmal vornehmlich – die berufliche, also Werte schaffende Tätigkeit, sondern gerade die administrative, prospektive und konsumative Struktur wirtschaftlicher Kommunikation erheischt von allen Individuen ein hohes Maß an differenzierten Einsichten und Planung (Umgang mit Bürokratie, Konsumangebot, Rücklagenverwendung, Partnerwahl, Aufzucht der eigenen Kinder, Nachbarschaften, Information und Kultur durch Massenmedien etc. etc.). Unterordnung unter vorgefertigte Arbeits- und Verhaltensnormen reicht für die Existenz der Abhängigen nicht mehr aus. »Traditionsleitung« muß der »Außenleitung«[26] weichen, die sich in fremdbestimmenden Positionen als »Innenleitung« versteht. Mit anderen Wor-

ten: gesellschaftliche Orientierung bedarf – um ihrer Anpassungsfähigkeit und Flexibilität willen – eines langen und differenzierten Trainings der geistigen Datenverarbeitung und Verhaltensprogammierung, der sprachlichen und praktischen Kooperation, der Verinnerlichung des Prinzips der »Sachzwänge« (zur Unterwerfung unter die Personalhierarchie, die sie verkörpert).

4. Mit der Verlagerung der materiellen Wertschöpfung von der physischen in die zerebrale Arbeit erhält die Gruppe der »intellektuellen Dienstleistungsbetriebe« (Information – Forschung – Verarbeitung wirtschaftlicher, sozialer, administrativer, politischer kultureller Daten) eine gewaltige Bedeutung. Sie gehört nicht mehr lediglich zum eingleisig abhängigen *Überbau*, sondern zum entscheidenden Faktor der Produktion und Reproduktion der gesellschaftlichen Existenz.[27]

Die Bedeutung der Schule als ökonomischen Faktor ersten Ranges geht aber auch daraus hervor, daß sie direkt das heute wertvollste Kapital der intellektuellen Infrastruktur der Gesellschaft erzeugt. Es ist in der Tat ökonomisch nicht mehr scharf auszumachen, welchen Anteil an der Erstellung eines neuen chemischen Produktes (als Beispiel) durch ein industriell finanziertes Forschungsteam Grundschule, Mittelbau, Oberstufe, Universität und gesellschaftlich finanzierte Grundlagenforschung haben. Damit gehört Bildung, vergleichbar mit dem öffentlichen Post- oder Verkehrs- und Gesundheitswesen in den Bereich der öffentlichen Produktion, die nach Galbraith[28] in gefährlicher Weise gegenüber der Warenproduktion vernachlässigt wird und in die gesamtgesellschaftliche Input-Outputrechnung hineingehört. So hat die Beachtung der Öffentlichkeit für die Schule und die Probleme der Lehrer und der Lehrberufe aller Art sehr tiefreichende ökonomische Wurzeln und ist nicht nur vordergründig auf die von Schelsky nicht weiter hinterfragte »Schaltposition« im Bereich »sozialer Mobilität«[29] zurückzuführen.

Die makrosoziale ökonomische Funktion setzt sich in der mikrosozialen Struktur der Schul- und Lernorganisation fort und verändert auf dieser Basis die Rolle und Funktion des Lehrers und damit selbstverständlich sein Verhalten.[30]

Die Lehrtechnologie und Lernorganisation vermindert die Entscheidungsbefugnisse des Lehrers und erhöht im Gegenteil seine Lehrwirksamkeit in dem Maße, in dem er bereit ist, den »autokratischen« zugunsten des »kooperativ-demokratischen Unterrichtsstils« aufzugeben.[31]
Schon aus diesen Tatsachen läßt sich ermessen, daß eine rein strukturell-funktionale Analyse des Funktions- und Verhaltenswandels des Lehrers (vom autokratischen Typ mit den fatalen Erinnerungen an physische Gewaltanwendung zum kooperativ-verständnisvollen »Berater«) noch nichts über die emanzipatorische Rolle im Lernprozeß aussagt, denn Demokratisierung des Unterrichts bedeutet hier nicht mehr als die funktionale Befriedigung des gesellschaftlichen Nachholbedarfes einer entwickelten Industriegesellschaft[32], mag diese auch autoritär, ja totalitär strukturiert sein (z. B. »fortschrittliche« Schulen in der BRD und der DDR haben sehr ähnliche »kooperative« Unterrichtsstile). Funktional und disfunktional als »objektive« Kriterien des Bildungsprozesses in Hinsicht auf die Gesellschaft einzuführen ist theoretisch nur vertretbar, wenn die gesellschaftlichen Bedürfnisse und der Trend ihrer Entwicklung ebenfalls »objektiv« gegeben wären. Nur unter dieser Voraussetzung wären die Lernziele, Lehrerrolle, Didaktik etc. der Gesamtschule aus den oben aufgeführten Existenzbedingungen der Industriegesellschaft »wissenschaftlich objektiv« ablesbar. Das Fortbestehen traditioneller Schulstrukturen und pädagogischer Standesziele wäre in dieser Sicht ein lediglich disfunktional wirkendes Element einer dynamisch-pluralistischen Gesellschaftsordnung, das zwar die Anpassung der Schule an die »objektiven Notwendigkeiten« wirtschaftlicher, sozialer und politischer Kommunikation retardieren könnte, aber im Kräftespiel der konfliktuellen Gruppen notwendig zugunsten der besser funktionierenden Struktur und der Gruppen, die diese vertreten, überwunden würde. Somit wäre die Durchsetzung der Gesamtschule als Organisationsprinzip des Schulwesens und entsprechender Lehrpläne und Didaktiken mit Einschluß des Lehrertyps, der sie durchführt, lediglich eine Frage der wissenschaftlich zulänglichen Übersetzung der »objektiven«, lies ökonomisch-sozialen Trends der Industriegesellschaft

bzw. der entsprechenden Einsicht der konfliktuellen Machtgruppen (Unternehmer, Gewerkschaften, Parteien, Kirchen), die Schulpolitik betreiben.

Nun sind derartige Trends und technisch-wirtschaftliche Gegebenheiten der gesellschaftlichen Dynamik in der Tat unleugbar, und die parallele Entwicklung der Schulsysteme in allen Industrienationen ist dafür ein Beweis; grundlegend fragwürdig aber bleibt der Begriff ihrer »Notwendigkeit«, d. h. der sogenannten Sachzwänge, die sich mechanisch-kausal in *Technostrukturen* (Galbraith) der Gesellschaft und ihres Bildungswesens, folglich auch in Technokratien und entsprechender Unmündigkeit der Produzenten, samt Lehrer und Schüler niederschlagen. Die Antwort auf diese Fragestellung entscheidet auch darüber, ob die Gesamtschule und ihre fachlich-pädagogisch ausgebildeten Stufenlehrer gleichsam »an sich« und »objektiv« auf Grund ihrer besseren gesellschaftlichen Angepaßtheit zu fördern sind (bzw. qua »Systemimmanenz« zu bekämpfen) oder ob an sie andere, rational-wissenschaftliche und praktisch-politische Maßstäbe angelegt werden sollen, die ihren Stellenwert gesellschaftlich ganz anders durchsichtig machen.

So einleuchtend die funktional-strukturelle Analyse anmutet, ihr fehlt, so scheint uns, das eigentliche Charakteristikum einer wissenschaftlichen Erforschung, nämlich die kausal-dialektische Verbindung des historisch konfliktuellen Entwicklungsprozesses der Gesellschaft und ihres Schulwesens. Die Entwicklung der Gesamtschule bleibt wissenschaftlich gesehen undeterminierbar, solange wir sie auf eine »objektiv vorgegebene« prästabilisierte gleichgewichtige Gesellschaft beziehen (selbst wenn man dieser Gesellschaft und mithin ihrer Schule noch die Vokabel «dynamisch« anhängt). Ein ökonomisch-kultureller Querschnitt funktional-interdependenter Beziehungen führt nicht einmal zu einer zulänglichen Bestandsaufnahme der Rolle des Schulwesens, weil die Absichten, die rationalen und nichtrationalen Intentionen der Menschen, die sich mit ihm befassen, von ausschlaggebender Bedeutung für seinen augenblicklichen Aspekt sind. Die Gesellschaft, die die Institutionen und Funktionen, die Erwartungen und Rollen ihrer Schulen produziert, tut dies unter den anthropologischen und histori-

schen Bedingungen gesellschaftlicher Produktion, die man klar umrissen haben muß, um in diesen Prozeß des Umwälzens eingreifen zu können.[33]
Die erste, quasi negative Abgrenzung besagt: es gibt keinen planenden »Weltgeist«, der sich in einer Klasse oder Gruppe verkörpert und sich, gleichsam unabhängig von ihren Absichten, ihrer materiellen Interessen bedient, um zu seinem Ziel zu gelangen. Mit anderen Worten: jede Art von Hypothese, die einer herrschenden Klasse die Rolle zuspricht, die effektive *Wirkung* der Schule gemäß ihrem rein ökonomischen Interesse zu bestimmen, entartet zur metaphysischen Theorie gesellschaftlicher Prädestination und damit zur schulpolitischen Praxis der *Verschwörung*. Sicher dagegen ist, daß alle formulierten Lernziele und Didaktiken konkrete erzieherische Wirkungen haben, die von den fixierten Zielen nicht nur weit entfernt sind, sondern ihnen widersprechen.[34] Es ist also zu fragen, ob es möglich ist vorauszusehen, welche diese effektiven Wirkungen sein werden.
Die zweite Bedingung gesellschaftlicher Produktion der Kultur ist die historisch vorgegebene Struktur, unter der die jeweils nächste Etappe der Entwicklung entworfen wird. Was die Schule angeht, so ist ihr Entwurf der jeweilig wichtigste Faktor ihrer gegenwärtigen Existenz. Das versteht sich aus der materiellen Tatsache, daß sie der Vorbereitung der jungen Generation auf eine Existenz gilt, die morgen effektiv werden soll, und daß diese Vorbereitung von *der* Generation organisiert wird, zu deren gegenwärtiger Existenz eben dieser Entwurf gehört. Jede der Gruppen, die an diesem gesellschaftlichen Prozeß teilhat, sucht in der Schule eine entwerfende Kompensation für diejenigen Aspekte ihrer Existenz, die ihrer unmittelbaren Machbarkeit entzogen sind. Die relative Unfertigkeit jeweiliger Kindheit und Jugend dient der Generation, die die Schulwirklichkeit produziert, als typisches Entwurfsfeld für die Machbarkeit der Existenzbedingungen, die sie selbst als unfertig und veränderungsbedürftig empfindet.
Selbstverständlich sind die Vorstellungen von Unfertigkeit und Machbarkeit direkter Ausfluß der Gruppenposition im Prozeß gesellschaftlicher Produktion der Güter und Ideen.

Für den bayrischen Klerus wird im Jahre 1970 ein sehr anderer Aspekt als Aufgabe angesehen als für den niederbayerischen Landwirt, für den Betriebskaufmann an der Ruhr ein anderer als für den Bergarbeiter. Das, was jede dieser Gruppen langfristig für machbar und wünschenswert hält, unterliegt aber nicht nur dem Druck und Gegendruck dieser Gruppen und ihrer Position in der Gesellschaft, sondern vor allem dem Anspruch derjenigen Gruppen, die die relativ höchste Freiheit der Gestaltung gesellschaftlicher Wirklichkeit als eines umfassenden politisch-sozialen Systems besitzen, die also direkt an Macht und Herrschaft beteiligt sind.
Diese Gruppen entwerfen Programme der Zukunft, die nicht nur ihre eigene Existenz und Macht aufrechterhalten sollen, sondern gleichzeitig eine Einschätzung der Existenzbedingungen aller anderen Gruppen einschließen, die von ihnen gegenwärtig abhängig sind.
Hier liegen bereits die wichtigsten Widersprüche verborgen, die der Programmierung und Operationalisierung der Gesamtschule ihren determinierenden Stempel aufdrücken. Je größer die Verfügungsgewalt einer Gruppe bzw. ihrer einzelnen Individuen über den gegenwärtigen Entwicklungsprozeß ist, desto umfassender und weitreichender sind ihre Informationen und ihre Pläne, aber desto mehr kollidieren diese auch mit den unmittelbaren Interessen der heutigen Herrschaft. Heute etwa ist unqualifizierte Arbeitskraft billiger zu reproduzieren und zu verwerten als qualifizierte (das traditionelle Schulwesen kostet weniger Steuern und der unqualifizierte Arbeiter weniger Lohn). Heute ist eine Arbeitskraft ohne Information, Kritikfähigkeit und gesellschaftlichem Orientierungsvermögen leichter zu verwenden und zu leiten als eine bessere gebildete. Morgen aber, so sehen eben diese herrschenden und informierten Gruppen es mit Recht, wird es weder Industrie noch Technik geben, d. h. beherrschbare Strukturen gesellschaftlicher Produktion, ohne höhere Berufsqualifikation, keine Einordnung und Kooperation der abhängigen Gruppen ohne einen weit höheren Grad ihrer jeweiligen Fähigkeit zur Artikulierung und Durchsetzung ihrer Interessen.[35]
Damit muß der Entwurf von Zielen, die das Schulwesen

erreichen sollen, sowohl der Reproduktion der heutigen Verhältnisse als der Produktion andersartiger Bedingungen genügen. Diejenigen, die im Augenblick Macht zur Gestaltung der Schulwirklichkeit besitzen, entwerfen somit mit Notwendigkeit die Voraussetzungen ihrer eigenen Ablösung, aber suchen – mit gleicher Notwendigkeit – diese Voraussetzungen selbst zu bestimmen. Zukunft zu gestalten, selbst wenn diese notwendigerweise (schon aus Gründen der Generationsablösung) die eigene gegenwärtige Verfügungsgewalt in Frage stellt, ist ein Kernstück eben dieser gegenwärtigen Macht über die Gesellschaft.[36]

Damit ergibt sich eine Art Nomenklatur der Gegensatzpaare, die in die heute aufgestellten Lernziele der Gesamtschule eingehen: Diese Nomenklatur gruppiert sich um die historische Polarität von Vergangenheit und Zukunft[37]:

Ihr erster Antagonismus erweist sich bei den Erziehungsträgern: die Familie und ihre öffentlichen Vertreter, die Elternverbände, repräsentieren insgesamt die konservativen Tendenzen der Beharrung in den traditionellen Wertvorstellungen; die Politiker und die Schulbürokratie dagegen die rationalen Entwürfe der Erfordernisse von morgen. Dieser Antagonismus aber stellt nur eine erste grobe Annäherung dar, denn die Wertvorstellungen der Familien, wie die der Politiko-Bürokraten, polarisieren sich ihrerseits nach ebendem gleichen Entwicklungsgesetz des Gegensatzes von Vergangenheit und Zukunft: je näher die Familien der heute ökonomisch und sozial bestimmenden Schicht stehen, desto weniger konservativ stehen sie dem Wandel der Schule gegenüber (Führungskräfte der Wirtschaft und Politik – wissenschaftliche und pädagogische Bürokratie – Freie Berufe etc.). Je mehr sie ökonomisch und sozial in den Strukturen der Vergangenheit verhaftet sind, desto verunsichernder erscheint ihnen jeder Wandel, insbesondere der der Zielsetzungen der Schule (Kleinbauern, Handwerker, ungelernte Arbeiter – insbesondere die weiblichen Arbeitskräfte etc.). Dazwischen steht die Mehrheit der Familien, die den qualifizierten Arbeiterschichten, den Angestellten und abhängigen Dienstleistungsberufen aller Art angehören. In ähnlicher Weise verkörpern Metropole – Großstadt – Kleinstadt – Dorf als Öffentlichkeitsmilieu die

Abstufungen zwischen den Polen der historischen Polarität.

Die Politiker und Bürokraten wiederum, die insgesamt wie gesagt den Familien gegenüber die rationale Planungsnotwendigkeit vertreten, erweisen sich als um so konservativer, je weiter sie von der eigentlichen Sphäre der Entscheidungsbefugnis entfernt sind. Die untere und mittlere Schulbürokratie, die Stadtverordneten der Dörfer und kleinen Gemeinden, die Masse der Abgeordneten ohne eigentliche Verbindung zu den Entscheidungsgremien ihrer Parteien und der Wirtschaftsmächte lassen sich weit stärker von den tradierten als von den zu entwerfenden Vorstellungen über Funktion und Ziel der Erziehung leiten. Sie stehen der Umwandlung des Bildungswesens verhältnismäßig am konservativsten gegenüber.

Die zweite große Polarität ist direkt an die erste gebunden: sie erweist sich in den Erwartungen, die die genannten Gruppen an Bildung im Rahmen aller anderen gesellschaftlichen Aktivitäten stellen. Je zukunftsorientierter die Gruppe, desto größer in ihren Augen das ökonomisch-gesellschaftliche Gewicht des Bildungswesens, je traditionsverhafteter, desto größer im Gegenteil das Bestreben, Bildung gegenüber unmittelbar rentabler Produktion und entsprechendem Konsum zurückzustellen. Für die erste Gruppe sind Investititionen an Kapital und geistiger Arbeitskraft von den Interessen der Öffentlichkeit und ihrer Zukunft her bestimmt, für die zweite im Gegenteil davon, einen möglichst geringen Anteil des materiellen Aufwandes der Öffentlichkeit und der Zukunft zukommen zu lassen, dagegen einen möglichst hohen der privaten Konsum- und Machtsphäre (Status – Geltung – heutige Herrschaft). Die erste Gruppe ist bereit, das materielle und sozialpsychologische Risiko strukturell-pädagogischer Experimente zu unternehmen, die zweite im Gegenteil weist auf die hohen »unproduktiven« Kosten solcher Experimente hin und auf die Gefahren, die für die Kinder und Jugendlichen durch die Erschütterung bestehender Normen der Auslese und Bewertung und durch die damit verbundene Statusverunsicherung entstehen müssen.

Entsprechend polar gruppieren sich die Vorstellungen von

Normen und Werten, die die Bildungsinstitutionen vermitteln sollen: die zukunftsorientierten Gruppen erwarten vor allem Leistungsbewertung, die an rationales und praktisches Können gebunden sein soll und zu deren Gunsten traditionelle Vorgegebenheiten der Geschlechtszugehörigkeit, der sozialen Herkunft, der regionalen, kirchlichen bzw. Sitten- und Gewohnheitszugehörigkeit zurücktreten sollen. Sie wollen Autorität an Leistung koppeln, Befriedigung an Konsumvermögen, das seinerseits leistungsgebunden sein soll. Sie erwarten die Entwicklung von Bereitschaft zu arbeitsteiliger Tätigkeit mit hoher Konzentrationsfähigkeit unter Aufgabe der Suche nach Originalität und Autonomie im Arbeitsprozeß.[38]

Die traditionsorientierten Gruppen dagegen wünschen die Aufrechterhaltung und Stabilisierung aller Werte und Normen, die den Charakter spezifischer Statussymbole tragen und die die Bildungsinstitutionen zur Verfestigung erworbener Gruppen- und Persönlichkeitsmerkmale benötigen und benutzen. Geschlecht, Alter, soziale Schicht, religiöse Zugehörigkeit, gruppenspezifische Sitten, Tugenden und Techniken sollen durch institutionelle Trennung der Kinder und Jugendlichen in Schulzweige und Klassenverbände verfestigt und vertieft werden. Nicht spezifisches Können, sondern spezifisches Sein bzw. Besitzen gilt ihnen als Bildungsziel. Autorität ist an vorgegebene Hierarchie gebunden, Befriedigung an Bescheidung und Geborgenheit.

Ganz entsprechend setzen sich diese Wert- und Normenvorstellungen in Kriterien der Organisation des Schulwesens, der Lehrpläne und Didaktiken, der Lehrerausbildung, der Autorität im Klassenverband, der Auslese etc. etc. um: die zukunfts- und leistungsorientierten Gruppen wünschen horizontale aufstockende, leistungsdifferenzierte Gesamtschulen auf Massenbasis, Leistungsgruppen und Leistungsauslese, Autorität der Sache, hochrentable Lernverfahren, die ein Maximum an Informationsgehalt mit einem Maximum an Plastizität und Technik im Umgang mit Information schlechthin verbinden. Die Traditionsorientierten wünschen vertikal durchgängige, voneinander getrennte Schulzweige mit schichtenspezifischen Bildungsinhalten. Dabei sollen soweit als möglich alle Schulzweige

nochmals nach Geschlecht, Religionszugehörigkeit, regionalen, ständischen Traditionen aufgefächert werden. Bestimmte, tradierte Verhaltensweisen und Denkergebnisse sollen passiv angeeignet zum unveränderlichen Bestand der Person werden (Sprachstil in der Muttersprache, Fremdwortsprachschatz, Autorenhierarchie, »Allseitigkeit« respektive »Latein gehabt haben«, »Klavierstunden gehabt haben«, »im Internat X gewesen sein« oder: »hat eine katholische Volksschule besucht, eine solide Lehre absolviert, gehörte zum örtlichen Knabenchor« etc. etc.).
Diese Nomenklaturanalyse der Polarität kann (und sollte) detailliert in den Lehrplänen und Didaktiken verfolgt werden (Fächerkanon, Spracherziehung, Denk- und Arbeitstraining, Autoritätserwartungen, Klassen und Gruppenorganisation), ebenso in den pädagogischen Programmen und Einstellungen (Elternhaus – Schule/Schule – Beruf/Schule – Person/Person und Geschlecht/Person und Öffentlichkeit, können und besitzen, riskieren und absichern, erneuern und bewahren etc. etc.).[39]
In diesem Rahmen wollen wir diesen Untersuchungswegen nicht weiter nachgehen, sondern zwei Probleme oder Antagonismen herausgreifen, die uns als besonders schwerwiegend erscheinen: Den ersten haben wir weiter oben bereits erwähnt. Er betrifft das Auseinanderklaffen der Zielvorstellungen im Bildungswesen und der Wirkung, die ihre reale Durchsetzung voraussichtlich haben wird. Nehmen wir die Gruppen, die heute die Gesamtschule befürworten und organisieren. Ihr Streben nach höchstmöglicher technischer Effizienz, Leistungsfähigkeit, Konsumfähigkeit, Fähigkeit zur Kooperation und rationaler, möglichst kostenarmer Konfliktlösung macht sie alle zusammen verdächtig, aus der jungen Generation von heute mit Hilfe der Gesamtschule möglichst perfekt angepaßte, unautonome Produzenten von Gütern und Leistungen zu machen, über die nicht sie selbst als Produzenten, sondern ebendie Gruppen verfügen, die heute die Macht und die Möglichkeit besitzen, die Gesamtschule zu organisieren.[40]
Dieser Verdacht ist nicht unbegründet, da selbstverständlich auch die weitblickendste Fraktion des wirtschaftlichen und politischen Managements gesellschaftliche Zustände

entwirft, in denen die eigene gegenwärtige Bedeutung, Geltung, Macht aufgehoben würde. Aber wir vermeinen, daß die Wirkung dieser Schulplanung nicht in diese Richtung gehen wird. So glaubt auch von Hentig, die emanzipatorische »Möglichkeit der Selbstbestimmung« durch die daraus sich ergebenden »didaktischen Forderungen aus den Merkmalen der Industriegesellschaft selbst abzuleiten«, (die) »ihrem eigenen Sachgesetz zufolge ein hohes Maß an Mitbestimmung (braucht), die nur auf Grund von Selbstbestimmung geleistet werden kann« (Systemzwang, S. 8). Unter den sehr zahlreichen Gründen, die mehr zu den allgemeinen ökonomischen, sozialen, politischen und kulturellen Entwicklungstrends der gegenwärtigen Gesellschaft als zu den spezifisch schulischen gehören und die auf schnellen Strukturwandel, auf Verbreiterung der Entscheidungsgruppen, Mobilität und erweitertes Gesellschaftsbewußtsein der Massen hindeuten, wollen wir nur einen herausgreifen, der die unmittelbare, explosive Wirkung der Bildungsziele der Gesamtschule direkt betrifft.

Zwar tendiert die ausschließliche Bewertung von Leistungen, die entsprechende Organisation von Auslese, Leistungsgruppen, Spezialisation, Verwissenschaftlichung unter anderem auch zur Entfremdung, Atomisierung, Rädchenhaftigkeit im geölten gesellschaftlichen Getriebe, aber sie bewirkt in noch viel stärkerem Maße ein gewaltiges Anschwellen der Bedürfnisse und Ansprüche der Generationen, die durch die Gesamtschule gegangen sein werden. Diese Ansprüche sind gerade die, die der erwähnten Gefahr ihrer Manipulierbarkeit zuwiderlaufen. Kinder und Jugendliche, die gelernt haben, zu sprechen, zu denken, Information zu wählen, Situationen zu verändern, Techniken des Umgangs sowohl mit der außermenschlichen Natur als mit der des Menschen und der Gesellschaft zu beherrschen, werden Ansprüche auf Strukturen, Institutionen, Normen des gesellschaftlichen Lebens stellen, nach einer kooperativen Bestimmung individueller Existenz suchen und nach Selbstverantwortung individueller Existenz im Rahmen sozial notwendiger Einordnung und Mitbestimmung, die alle bisher bekannten Erziehungs- und Schulsysteme nicht entwickelt haben.

Gerade diese Flut emanzipatorischer Ansprüche erschreckt diejenigen, die diese zukunftsorientierte Schule in Gang bringen. Es ist das Erschrecken, das uns bereits aus der Periode der bürgerlich-revolutionären Aufklärung bekannt ist, das Entsetzen der bürgerlichen Eliten, die soziale Kräfte auf den Plan riefen, für deren Steuerung ihre jeweiligen Methoden und Entwürfe unzulänglich waren und von denen sie deshalb fürchteten, überrannt zu werden. So versuchen auch die heutigen, etablierten Promotoren der Gesamtschule eine Reihe von Sicherungen und Vorbehalten gegen die ungewollten Folgen individueller und kollektiver Emanzipation einzubauen, die deren unübersehbare Konsequenzen abmindern sollen: »Begabtenauslese« z. B., als wüßte man nicht bereits, daß die Begabung selbst Funktion der Bildung und der Auslese ist und massenhaft nach allen Richtungen explosiv entwickelbar[41]; »Autorität der Sache«, des »Sachverstandes«, der »Spezialisation«, als wäre nicht bereits erwiesen, daß die Variationsmöglichkeiten der sachlichen Gestaltung mit der wissenschaftlich-technischen Entwicklung ununterbrochen und gewaltig steigen, daß also »Sachzwänge« nur für den Unwissenden bestehen, der nicht gelernt hat, Übersicht mit Spezialisation, theoretisches Durchspielen von Lösungsmöglichkeiten mit präziser, arbeitsteiliger Arbeitspraxis zu verbinden.[42] So brennen diese Sicherungen eben auf Grund der Spannung durch, die die Schöpfer der Gesamtschulbildung erzeugen. Und da sind wir beim zweiten Antagonismus, den wir hier noch andeuten wollen:

Die soziale Gruppe, die die Planung der differenzierten Gesamtschule entwirft, ist die an der Theorie und Praxis der vertikal strukturierten Klassenschule geformte und aus ihr hervorgegangene Schulbürokratie. (Der Ausdruck ist hier völlig wertfrei zu verstehen!) Innerhalb der gesamten Lehrerschaft ist diese Gruppe durch eine Reihe von Merkmalen gekennzeichnet, die ihre Rolle weitgehend definiert. Sie rekrutiert sich aus den Kreisen der mittelständischen Lehrer- und Professorenschaft, die den Wiederaufbau des bundesrepublikanischen Schulwesens nach 1945 in der Tradition der Weimarer Reformzeit mitgestaltet hat. Sie hat sich gegenüber dem politischen und pädagogischen Konservatismus nur durchsetzen können, indem sie sich der wissenschaftlichen Autorität und der Erfahrung der angelsächsischen Schulreform gegenüber aufgeschlossen erwies und sich politisch zu einer behutsamen, sozial liberalen Parteinahme gegen konservative Schulpolitik entschloß. Sie hat nur sehr zögernd und unter dem Druck der *Bildungskatastrophe* begonnen, die Konsequenzen einer Strukturreform aus den theoretischen Einsichten zu ziehen, die sich zunächst in unzähligen Teilreformen der Lernziele und Lehrpläne der vertikal gegliederten Ständeschule erschöpfte. Bei jedem Schritt, den sie in Richtung auf eine radikale und allgemeine Schulreform im Sinne der Demokratisierung und Entrümpelung machte, stieß sie auf den passiven Widerstand der Mehrheit der Lehrerschaft[43], insbesondere der höheren Schule, der Elternverbände sowie der konservativ-klerikalen Politiker und näherte sich damit zwangsweise der kleinen Gruppe kritischer Experimentalpädagogen, die bislang gleichsam am Rande des offiziellen Schulwesens die Theorie und Praxis der differenzierten Gesamtschule entwarfen. Gleichzeitig öffnete sie sich (wenn auch mit dem traditionellen Widerwillen der deutschen Bildungsträger überhaupt)[44], den Informationen, Einsichten und Entwürfen der Entscheidungsgremien in Wirtschaft, technischer Forschung, politischer, juristischer, soziologischer und psychologischer Praxis.

Ihre eigene Position und Rolle ergibt sich objektiv somit aus der Intersektion der Entwicklungslinien, längs derer sie sich theoretisch und praktisch bewegt. Diese Gruppe strukturiert und organisiert in der augenblicklichen Gesamtschulkonzeption den gewaltigen Nachholbedarf an Massenbildung der bundesrepublikanischen Gesellschaft[45], die auf dem Gebiet ihres Schulwesens gegenüber den USA, England, Frankreich und Skandinavien einen um so explosiver wirkenden Rückstand aufweist, als sie auf dem technisch-wirtschaftlichen und sozialen Sektor etwa England und Frankreich gegenüber voraus ist.

Damit verwandeln sich aber schnell und gründlich die bisherigen Fronten der Schulreform. Zwar stößt die Gruppe bei der praktischen Durchsetzung der Gesamtschulkonzeption auf den Widerstand der Konservativen, aber das Ma-

nagement, die Gewerkschaften und politischen Parteien, vor allem aber die Lehrer- und Elternverbände übernehmen die Grundforderungen, die strukturell und didaktisch aus dem pädagogischen Nachholbedarf des bundesrepublikanischen Schulwesens hervorgehen. Somit verlagert sich die Polarität *Tradition– Entwurf* – insbesondere in der Lehrerschaft und unter den Studenten, die sich auf das Lehramt vorbereiten – von der Frontenstellung für oder gegen die Gesamtschule in eine neue, vorläufig noch nicht abgesteckte, wenig artikulierte Auseinandersetzung *um die pädagogisch-gesellschaftliche Ausrichtung der Gesamtschule selbst.*
Da durch den Bruch mit der vertikal strukturierten Standesschule und durch die massenhafte Konfrontation der akademisch ausgebildeten Lehrer mit den Kindern der Arbeiter und des unteren Mittelstandes alle »Bildungsgüter« und Normen der Bewertung, Auslese, Schullaufbahn und Abschlüsse ins Wanken geraten bzw. hinfällig werden, erscheinen in Position und Rolle des Lehrers ganz neue Widersprüche sowohl in seiner täglichen Praxis als in seinem theoretischen Rollenverständnis.
Die Lehrerschaft in ihrer Gesamtheit entdeckt mit einem Gefühl relativer Ohnmacht und Angst, daß die Gesellschaft sie für die Zukunft ihrer Schüler verantwortlich macht, ohne ihr von Rolle und Funktion der zukünftigen Erwachsenen ein mehr als rein pragmatisches, inkohärentes Bild mitzuliefern. Statt wie bislang die Bildungs- und Lernziele von der Gesellschaft und ihren Entscheidungsgremien zu übernehmen[46] und sich damit begnügen zu können, diese in Didaktik und Methode umzusetzen, ist die Lehrerschaft mit einmal aufgefordert, am Entwurf der gesellschaftlichen Normen und Strukturen, also der *Bildungsgüter* selbst und fast allein zu arbeiten. Schuh[47] bemerkt dazu: »Die Heterogenität der Verhaltenserwartungen und die damit verbundene Kritik zwingt (den Lehrer) . . . heute zu einer Stellungnahme dieser Kritik gegenüber und veranlaßt ihn schließlich, aus pädagogischen Motiven heraus . . . an der Gestaltung des Erziehungswesens politisch mitzuwirken.« Durch den täglichen Kontakt mit den Schülern bekommt diese Erwartung im »Bündel der Erwartungen, die die soziale Rolle ausmachen«, den Charakter der größten Sank-

tion.[48] Die Schüler stellen praktisch und massiv die Frage nach dem Sinn dessen, was sie lernen und wie sie lernen: zwar nicht in abstrakt formulierten Fragen, wohl aber in der Form der Motivation ihrer Lernleistung. Der Lehrer der Gesamtschule sieht sich ohne Rückendeckung durch die Gruppen, die seine Position und seinen Status festlegen wollen, den Erwartungen ausgesetzt, die die persönliche und kollektive Zukunft in Gestalt der Schülergeneration an ihn stellt. Damit aber verwandelt sich die gesellschaftliche Rolle der Lehrerschaft und der wissenschaftlich-organisatorischen Entscheidungsgremien des Schulwesens. Diese auch zahlenmäßig immer gewichtiger werdende Gruppe der Lehrenden und ihrer wissenschaftlichen und verwaltenden Hilfkräfte ist genötigt, den Entscheidungsgremien der Wirtschaft, der Politik, des Rechtswesens, der Forschung und Technik von sich aus Fragen und Forderungen zu stellen, Entwürfe zu präsentieren, Macht und Entscheidungsgewalt zu fordern, wenn sie überhaupt ihre spezifische Aufgabe der Enkulturation der jungen Generation erfüllen soll.[49]

So muß sie, von den täglichen Erfahrungen im Schulzimmer ausgehend, die Frage nach Fremdbestimmung und Selbstbestimmung, nach Autorität und Autonomie, nach Notwendigkeit und Freiheit stellen, und zwar konkret. Die in der Gesamtschule theoretisch geforderte Motivation zur Leistung durch kooperative, rationale, experimentelle, verifizierbare Erfahrung, durch prinzipiell zunehmende Gestaltbarkeit der Situationen mittels größerer Einsicht in die kausalen Zusammenhänge ihres Zustandekommens, also durch steigende Mitbestimmung des Lernprozesses selbst, mit einem Wort die gesamte Grundlage, auf der allein sich eine massenhafte Bildung gegenwärtig erheben kann, ist überhaupt nur durchführbar, wenn sie sich sichtbar in der Gesellschaft fortsetzt, in die der Schüler hineinwächst, mit anderen Worten, wenn sie gesellschaftlich bewährungsmöglich ist.[50]

Wird Rationalität, Gestaltbarkeit der Situationen, Veränderbarkeit der Voraussetzungen für Leistung, Interessen, Motivationen, Verhalten in der Gesamtschule praktisch gelehrt, so kann eine Gesellschaft die so vorgebildete Generation nicht integrieren, solange sie sich selbst an irrationalen, unbefragten, als unwandelbar herausgestellten Normen orientiert. Eine Schule, in der die Gleichwertigkeit der Kulturen gelehrt wird (den Massen und nicht nur einer kleinen Minderheit), kann nicht auf die Dauer mit einer Gesellschaft koexistieren, die Überlegenheit mit den Mitteln brutaler Vernichtung und Unterdrückung der Schwächeren demonstriert. Eine Schule, die lehrt, die Frustration der Arbeit, der Arbeitsteiligkeit aus Einsicht in die Zusammenhänge und die Möglichkeit ihrer Veränderung auf sich zu nehmen, kann ihre Schüler nicht in eine Gesellschaft entlassen, deren Produktion ziellos, deren Methoden manipulativ, deren Strukturen absichtlich undurchsichtig und der Mitbestimmung ihrer Wandlungen unzugänglich ist. Eine Schule, die Autorität nicht institutionell etabliert, sondern von Situation zu Situation immer anderen zuerkennt, die sie sich durch ihr hilfreiches Können erwerben, muß dazu beitragen, die gesellschaftlichen Autoritäten zu erschüttern, die sich der Gesellschaft dank skrupellos genutzter Privilegien und Machtpositionen aufzwingen.

Kurz: Die Erzieher der Gesamtschule erleben durch die Sorge um die Zukunft ihrer Schüler die Polarität von Realität und Entwurf intensiver als die meisten anderen abhängigen Gruppen. Sie werden diesen Antagonismus nicht allein lösen, aber sie werden gezwungen, mit und für ihre Kinder, die unerhörte Potentialität realistischer Utopie gegen die verstümmelte Realität heute zu vertreten. Daß dieser Zwang durch die Strukturen, Lernziele, Didaktiken und Methoden der Gesamtschule ausgeübt wird, ist das größte Verdienst derer, die sich heute um ihre politisch-organisatorische Durchsetzung bemühen, unabhängig davon, ob ihre bewußte Zielsetzung die Auslösung dieses emanzipatorischen Antagonismus beinhaltet oder im Gegenteil befürchtet.

Thesen zur Lehrerausbildung

1. Lehrer sind als machtlose Vollzugsbeamte einer Verwaltungshierarchie zugleich die wirksamsten Agenten der Herrschenden.
2. Es kommt darauf an, daß die Lehrer Arbeitsbedingungen realisieren, die es ihnen ermöglichen, als selbstbestimmende Individuen in Kooperation mit allen am Bildungsprozeß Beteiligten Widerstand zu leisten gegen die Ansprüche der autoritären Institutionen: Staat, Industrie, Parteien, Kirchen und Verbände.
3. Die Mittelklasseninstitution Schule reproduziert im Interesse einer Minderheit durch die Lehrer die für die spätkapitalistische autoritäre Leistungsgesellschaft charakteristische Ungleichheit der Lebenschancen.
4. Die Schule hat im Interesse der unterprivilegierten Mehrheit mit Lehrern und Schülern auf die Gleichheit der Lebenschancen hinzuarbeiten, um damit die emanzipierte Gesellschaft vorzubereiten.
5. Die Schule ist ein obrigkeitlich strukturierter Betrieb – ohne dessen zumindest partikulare Rationalität – zur Produktion funktionsgehorsamer Absolventen.
6. Es kommt darauf an, daß die demokratische Schule durch einen politisierenden Lernprozeß in der heranwachsenden Generation das Potential demokratischer gesellschaftlicher Veränderung hervorbringt.
7. Das Bewußtsein der Lehrer entspricht den heute gegebenen Bedingungen: Es ist ständisch, harmonisierend, idealistisch-unpolitisch, autoritär-konformistisch.
8. Mit den veränderten institutionellen Bedingungen kann sich ein demokratisches Lehrerbewußtsein entwickeln.
9. Lehrerausbildung, die für eine demokratische Praxis der Erziehung vorbereiten soll, kann nicht in autoritär-

hierarchischen Institutionen geleistet werden. Die Erfahrung der Kooperation Gleichberechtigter im Studium ist die Voraussetzung für die Organisation eines demokratischen Lernprozesses in der Schule.

10. Grundlage der emanzipatorischen Lehrerausbildung ist die Vermittlung eines kritisch-sozialwissenschaftlichen Problembewußtseins für Lehrer aller Stufen.
11. Die aus der rigiden Arbeitsteilung von Theorie und Praxis der Erziehung resultierende Entfremdung sollte aufgehoben werden durch eine an den Ausbildungsstätten institutionalisierte Weiterbildung der Lehrer.
12. Lehrer vereinigt euch zum solidarischen Kampf für die Demokratisierung von Schule und Gesellschaft.

III. Exkurse und Materialien

Martin Rudolf Vogel*
Einführung in die Soziologie der Erziehung

Vorbemerkung: *Diese Gedanken können und wollen nicht mehr sein als eine Orientierungshilfe zu meiner Einführungsvorlesung. Sind dafür unentfaltete Überschriften, Thesen und Stichworte unbrauchbar, so konnte hier die sachlich nötige Entfaltung der Zusammenhänge nur im andeutenden Mindestmaß Raum finden. Ausführlichkeit und Literaturbezüge sind dabei als Bestandteile der Vorlesung selbst gedacht.*

Einführung in die Soziologie der Erziehung kann sinnvoll nur am konkreten Verhältnis von Gesellschaft und Erziehung vor sich gehen. Eine Reflexion dieses allgemeinen Verhältnisses ist theoretisch nicht zwingend auf den Ansatz an irgendeiner seiner besonderen Erscheinungsformen verwiesen. Didaktisch unerläßlich hingegen scheint die Entwicklung des Reflexionsprozesses aus den spezifischen Gesellschaftsbedingungen der studentischen Existenz heraus. Als besondere Erscheinungsform des gesellschaftlichen Bildungsverhältnisses drückt sie einerseits so, wie alle seine besonderen Erscheinungsformen, zugleich deren allgemeine Bedingungen aus. Diese im Fortgang der Reflexion aufzuhellen und diesen Aufhellungsprozeß zugleich zu einem methodisch bewußten zu machen gründet sich damit andererseits auf gemeinsame und aktuelle Erfahrungsgehalte der Studenten. Möglich wird darin über die bloß passive Rezeption von Informationsgehalten hinaus der kollektive Reflexionsprozeß als Diskussion und produktives Denken der Lernenden selbst.
Die von diesem Ansatz aus objektiv vorgezeichneten Reflexionsstufen, die im verfügbaren Rahmen der Vorlesung voraussichtlich zu erreichen sind, lassen sich als die folgenden Probleme thematisieren:

1. Soziologie als soziale Selbstreflexion.
2. Soziale Selbstreflexion als Element soziologischer Sachreflexion.
3. Soziologische Reflexion als methodenbewußte.
4. Soziologie und Pädagogik.

* M. R. Vogel ist Professor für Soziologie der Erziehung an der Universität Frankfurt am Main.

Zu 1.

Die typischen subjektiven Erfahrungen des Studenten in der Universität sind in der bildungs-soziologischen Analyse auf die objektiven Strukturen dieser besonderen Bildungsinstitution zu beziehen. Was bedingt die von subjektiven Unsicherheits- und Ungewißheitserlebnissen begleitete Einkanalisierung des einzelnen in komplexe Organisationslabyrinthe? Wer verhängt jene Zwänge, die sich als präformierte Studiengänge, Semesterzahlen, Teilnahmepflichten, Leistungsnachweise, Prüfungsbedingungen u. ä. dem einzelnen als permanenter psychischer Druck anverwandeln? Was verursacht die besonderen Gruppierungsmerkmale, Beziehungen und Beziehungsschwierigkeiten der Lehrenden und Lernenden innerhalb eines bestimmten Studienganges? Solche und ähnliche Fragen, die sich trotz naheliegender Verdrängungstendenzen jedem Studierenden aufnötigen, verweisen sowohl auf die besondere Struktur der Universität als auch – damit ineins – auf allgemeine Zusammenhänge von Bildung und Gesellschaft. Ihre Beantwortung ist auf jene zentralen Charakteristika zu konzentrieren, in denen sich die besondere Bildungsinstitution Universität als durchaus konformes Moment eines allgemeinen gesellschaftlichen Strukturverhältnisses von Erziehung und Bildung manifestiert. Als solche wesentlichen Züge des Studiums sind vor allem sein Organisationscharakter, Arbeitscharakter und Privilegiencharakter zu untersuchen.
Organisation als arbeitsteilige und hierarchische Zerlegung von nicht unmittelbar einsichtigen gesellschaftlichen Zielen und Zwekken in spezialisierte Einzelfunktionen und Rollen bewirkt rational kalkulierbare und steigerungsfähige Effektivität der Zweck-Realisierung, notwendigerweise aber zugleich eine Verhinderung spontaner und freier Kommunikationsprozesse. Die universitäre Lehrfunktion, ohnehin partikular im Zusammenhang anderer, tritt damit in einen strukturellen Rahmen von sowohl institutionell nach Lehrstühlen, Seminaren, Instituten und Fakultäten zersplitterten Sachpartikeln als auch hierarchisch nach unterschiedlich abgestuften und privilegierten Unter- und Überordnungsverhältnissen der verschiedenen Gruppen Lehrender und Lernender. Vorbestimmt ist dadurch bereits auch der Arbeitscharakter des Studiums. Der funktionalen Spezialisierung als Impuls aller Organisation entspricht die zwangsweise Beschränkung des Lernprozesses in der organisierten Bildungsinstitution durch Zulassungs- und Studienzeitschranken, Zwischenprüfungen, Scheinforderungen u. ä. Arbeit als die subjektive Seite organisierter gesellschaftlicher Zielstrategien gewährt, auch in Gestalt des Studiums, Subsistenzchancen des einzelnen im organisato-

risch vorgegebenen Lebensprozeß, beschränkt indessen notwendigerweise zugleich durch ihren gesellschaftlich präformierten Charakter, auch in Gestalt des Studiums, die allseitige Bedürftigkeit und Betätigungsmöglichkeit des einzelnen. Nicht so unmittelbar evident wie der Organisations- und Arbeitscharakter des Studiums ist sein Privilegiencharakter. Wie unterprivilegiert und untergeordnet immer die Lernenden innerhalb der Universitätsstruktur sind, stellen sie ihrerseits doch eine privilegierte Gruppe in der Gesamtheit ihrer Altersstufe dar. Über 90% aller Studierenden in der BRD gehen aus Beamten-, Angestellten- und Selbständigen-Familien hervor, während die Arbeiterschaft, die mehr als die Hälfte der Gesamtbevölkerung ausmacht, noch keine 10% der Studierenden stellt.
Bevor diese Befunde zur Studiensituation auf ihre gesamtgesellschaftliche Relevanz untersucht werden können, müssen vorerst zwei ihnen immanente Fragen beantwortet sein, deren Vernachlässigung zu weitreichenden wissenschafts-theoretischen Konsequenzen führt, wie im 3. Abschnitt zu erörtern sein wird. Hat jene spezifische Doppeldeutigkeit, wie sie am Organisations-, Arbeits- und Privilegiencharakter des Studiums als Effektivitätssteigerung einerseits und als Zwangsmechanismus andererseits erscheint, objektiv-gesellschaftliche Relevanz gleichermaßen nach ihren beiden Seiten hin, oder kommt dies nur der Effektivitätsseite zu, während die Zwangsmechanismen lediglich eine psychologische Relevanz im Sinne subjektiven Unbehagens haben? Objektiv-gesellschaftliche Relevanz kann nicht nur den Effektivitätszusammenhängen in einer Gesellschaft zugesprochen werden, die allen ihren Mitgliedern verfassungsmäßig ein gleiches Recht auf freie Entfaltung der Person garantiert. Der Widerspruch, der sich zwischen effektiver Verwertungstendenz in Organisation, Arbeit und Privilegierung einerseits sowie repressiver Zwangs-, Beschränkungs- und Unterwerfungstendenz im einzelnen Individuum andererseits auftut, ist durchaus und insgesamt gesellschaftlicher Natur und dem subjektiv willkürlichen Empfinden und Bewußtsein objektiv vorgegebeben. Das Individuum als einzelne Person gehört mit seinen allgemeinen und gleichen Freiheitsrechten ebenso objektiv und unerläßlich zum Gesellschaftsbegriff wie jene überindividuellen Strukturen und Funktionsabläufe. Unaufschiebbar wird damit die zweite Frage: Wie kann dieser objektive Widerspruch zwischen institutioneller Realität und historischem Begriff der Gesellschaft theoretisch adäquat erfaßt werden? Noch am konkreten Problem des Universitätsstudiums ist diese Frage vorläufig nur negativ zu beantworten: Der Widerspruch zwischen den strukturellen Bedingungen des Stu-

diums und seinen gesellschaftlich garantierten Verheißungen ist nicht durch Denken allein zu beseitigen. Harmonisierende Bewußtseinsprozesse, die das tendenziell bewirken wollen, heben sich von der Wirklichkeit der Lernprozesse ebenso ab wie vom strengen Begriffsprozeß und bilden damit jene spezifische Mischung aus Wahrheit und Unwahrheit, deren einzig reale Funktion als »Ideologie« die Rechtfertigung und Stabilisierung gegebener Gesellschaftsverhältnisse ausmacht. Herkömmliche pädagogische Begabungs-, Leistungs- und Autoritätsdogmen sind insofern notwendige ideologische Korrelate, die den objektiven Widerspruch zwischen den strukturellen Zwangsbedingungen und den rechtlichen Freiheitsgarantien des Bildungsprozesses verschleiern.

Zu 2:

In die Frage nach der gesamtgesellschaftlichen Relevanz von Befunden zur Studiensituation müssen, sofern deren vorgegebene Objektivität nach ihrem vollen Umfang begriffen werden soll, neben den realgesellschaftlichen Strukturen auch deren genuines gesellschaftsbegriffliches Selbstverständnis eingehen sowie jene ideologischen Funktionen, die bestimmte Bewußtseinsinhalte innerhalb ihnen widersprechender Strukturen ausüben. Soziale Selbstreflexion geht in soziologische Sachreflexion über mit der Frage: »Wem dienen die strukturellen Zwangsmechanismen des universitären Lernprozesses in ihrem Widerspruch zur verfassungsrechtlichen Freiheitsgarantie individueller Bildung und Entfaltung?« Im Organisations-, Arbeits- und Privilegiencharakter des Universitätsstudiums sind die objektivgesellschaftlichen Momente eines umfassenden Herrschaftszusammenhangs sichtbar zu machen.
Rationale Organisation ist insofern als eine spezifische Strukturierungsweise der »bürgerlichen Gesellschaft« zu begreifen. Deren herrschende Interessen werden nicht im Arbeits-, Konsum- und Erwerbscharakter des vergesellschafteten Lebensprozesses allein, vielmehr erst in deren vorausliegender Trennung von Kapital und Lohnarbeit ersichtlich. Kapital, vornehmlich in Form von privatem Eigentum an gesellschaftlich zentralen Produktionsmitteln, verleiht mit seiner ursprünglichen Aneignung und dauerhaften Aufhäufung durch einige wenige die Macht zu expansiver Wirtschaftsentfaltung und zur privaten Verfügung über Arbeitskraft und Lebensweise der großen Masse lohnabhängiger Nicht-Eigentümer zugleich. »Arbeit« tritt damit – im Studium wie in allen anderen Formen – als eine fremdbestimmte und verstümmelte Weise menschlicher Lebensbetätigung in Erscheinung, die durch fortschreitend arbeitsteilige Organisation des

Produktionsprozesses im herrschenden Profitinteresse der Kapitaleigentümer bedingt ist. Der Privilegiencharakter des Studiums ist insofern Ausdruck und Symptom des kapitalistischen Interesses an maximaler profitlicher Vernutzung der Arbeitskraft, das Erlernungskosten nur minimalistisch nach dem Verwertungsbedarf zuläßt und damit zunehmend in Widerspruch zur wachsenden Bedeutung von Wissenschaft und Technik als entscheidenden gesellschaftlichen Produktivkräften gerät. Die unterschiedliche Privilegierung einzelner Schichten von Lohnabhängigen nach dem differenzierten kapitalistischen Verwertungsinteresse kann jedoch nur als eine Seite der sozialen Struktur gesehen werden. Deren notwendiges Korrelat ist die einheitliche Eingeschlossenheit aller lohnabhängigen Arbeitskräfte in die »Klasse« derer, die von der Verfügung über Produktionsmittel ausgeschlossen und damit zur fremdbestimmten, abhängigen Existenz verurteilt sind.
»Herrschaft« kann weder, wie üblich, als eine spezifisch politische Kategorie noch als ein wertneutraler, naturnotwendiger Sachverhalt verstanden werden. Politische Institutionen und Prozesse sind so wenig wie pädagogische und allgemein kulturelle unabhängig vom fundamentalen Prozeß gesellschaftlicher Produktion und Reproduktion. Diejenigen Interessen und Klassen, die diesen durch Aneignung fremder Arbeitskraft beherrschen, schaffen sich in der Geschichte zugleich politische Formen, die ihrem ökonomischen Herrschaftsinteresse konform und nützlich sind. Die gegenwärtige politische Ohnmacht gegenüber sowohl wirtschaftlichen Krisenentwicklungen wie auch der sog. Bildungskatastrophe ist deutlicher Ausdruck der nur sekundären Funktion von Politik im bürgerlichen Gesellschaftszusammenhang. Dieser begründete sich indessen ursprünglich selbst als einen historischen Fortschritt zur gleichen Freiheit, Würde und Entfaltungsmöglichkeit aller vergesellschafteten Individuen. Mit der revolutionären Etablierung demokratischer Rechtsstaatlichkeit brach das Bürgertum praktisch zwar die traditionelle Allmacht politischer Institutionen, bereitete indessen gerade mit der damit abgesicherten privatkapitalistischen Wirtschaftsfreiheit einen neuartigen Herrschaftszusammenhang vor, der heute nicht mehr primär in speziellen Institutionen, vielmehr in den allseitigen Abhängigkeiten und Vermitteltheiten aller Lebenszusammenhänge vom universellen Tauschprozeß beschlossen liegt. Damit ist die Realität bürgerlicher Gesellschaft in radikalen Widerspruch zu ihrem eigenen historischen Begriff getreten. Sie als Verwirklichung individueller Freiheit und Entfaltungsmöglichkeit zu deklarieren ist ebenso ideologisch-unwahr wie pädagogische Konzepte der »Mündigkeit« und »Emanzipation« als im gegebenen kapitalistischen Herr-

schaftszusammenhang realisierbar zu suggerieren. »Theorie« als wahres Bewußtsein kann sich, auch pädagogisch, nur als negativkritische entfalten.

Zu 3.

Damit ist die Notwendigkeit methodologischen Selbstbewußtseins für eine als »Wissenschaft« verstandene Reflexion angezeigt. Der Begriffsprozeß, der in Gestalt von »Soziologie« notwendigerweise ebenso antagonistisch gespalten ist wie die von ihm reflektierte Gesellschaft, hat sich als ein bewußter primär nach seiner Angemessenheit an die von ihm vergegenständlichten Sachzusammenhänge auszuweisen. Insofern treten an der Gesellschaft drei Züge vor allem hervor, denen begriffsmethodisch durchaus eigentümlich zu entsprechen ist.

a) Gesellschaft ist nicht etwas naturwüchsig Vorfindliches und auf allgemeine Naturgesetzlichkeiten Reduzierbares; sie ist immer eine willentliche Veranstaltung, die über bloße Befriedigung von Naturabhängigkeiten hinausgeht und insofern ihren eigenen Begriff ebenso wie ihre Faktizität der wissenschaftlichen Betrachtung *vor*gibt. Insofern ist gegenständlich adäquate Gesellschaftstheorie an historisch konkrete Erscheinungsformen der Vergesellschaftung gebunden, die sie mittels der ihnen immanenten Kategorien zu reflektieren hat. Die aus dem Positivismus herrührenden wissenschaftstheoretischen Tendenzen zur Einheitsmethode aller Wissenschaft, zur ahistorisch-formalen Theorie eines »Socialsystem« und zur artifiziell-operationalen Begrifflichkeit sind zu negieren.

b) Gesellschaft ist im Erkenntnisprozeß zugleich Objekt und Subjekt, sie kann von keinem außer ihr gelegenen Standpunkt aus begriffen werden. Da sich in einer herrschaftlichen Gesellschaft, als welche alle historischen verfaßt sind, jegliche Erkenntnis bestimmten praktischen Interessen verdankt und verbindet, ist wertfreie Erkenntnis unmöglich. Sachangemessene Gesellschaftstheorie bezieht ihre Eingeschlossenheit in den herrschaftsbedingten Interessen-Antagonismus in ihre Reflexion ein und versteht sich einem emanzipatorischen Gesellschaftsinteresse zugeordnet, das auf einheitlich praktisch-theoretische Auflösung der Widersprüche zwischen gegebener Gesellschaftsrealität und begrifflichem Anspruch ebendieser Realität tendiert. Wissenschaftstheoretische Tendenzen zur »reinen« Theorie, zur »Widerspruchsfreiheit« und zur »Wertfreiheit« des Erkenntnisprozesses, wie sie heute der soziologische Empirismus und der kritische Rationalismus gleicherweise enthalten, sind zu negieren.

c) Gesellschaft besteht als eine interessenbedingte und willentlich veranstaltete wesentlich nicht in der bloßen Summe ihrer Mitglieder, vielmehr in den jenen vorgegebenen institutionellen Regelungen des Zusammenlebens. Die daraus resultierende Struktur als Widerspiegelung der alles beherrschenden Interessen macht Gesellschaft zum »System«, zur »Totalität«. Diese besteht nicht außerhalb der Einzelheiten, vielmehr in der Weise ihres je spezifischen Gesamtzusammenhangs. Gesellschaftliche Einzeltatsachen wie etwa die Erziehungsverhältnisse sind insofern nichts an sich Seiendes, das der wissenschaftlichen Erkenntnis zum Primären oder Fundamentalen werden könnte; ihre strukturelle Präformiertheit durch die Totalität und Systematik eines umfassenden Interessen-Zusammenhangs erst läßt sie nach ihrer wesentlichen Beschaffenheit aufscheinen. Gegenständlich adäquate Gesellschaftstheorie kann mithin nur als Gesamttheorie entfaltet werden. Wissenschaftstheoretische Tendenzen zum empirischen Fundamentalismus und zum einzelwissenschaftlichen Spezialismus sind kritisch zu negieren.

Kritische Theorie der Gesellschaft ist insofern »immanent kritisch«, als sie zum Kriterium der Kritik nichts subjektiv Willkürliches und nichts Transzendentes, aus Ontologie oder Offenbarung Gewonnenes, vielmehr das der konkret historischen Gesellschaft immanente begriffliche Selbstverständnis macht. Sie ist »negativ«, indem sie uneingelöstes begriffliches Selbstverständnis der Gesellschaft als Ideologie und dem Selbstbegriff widersprechende Realität als falschen Zustand durchschaubar macht. Sie ist »emanzipatorisch« interessiert, sofern sie die reale Uneingelöstheit jenes begrifflichen Selbstverständnisses für die große Masse als Widerspruch theoretisch und praktisch zugleich aufzuheben intendiert. Sie ist »dialektisch«, sofern sie solche Aufhebung nicht für beliebig möglich, vielmehr als an die historischen Bewegungsgesetze der gesellschaftlichen Widersprüche selbst gebunden reflektiert.

Zu 4.

Pädagogik hat als arbeitsteilig spezialisierte Praxis der bürgerlichen Gesellschaft auch ein einzelwissenschaftlich verselbständigtes Bewußtsein entwickelt. Kritische Theorie der Gesellschaft, die bürgerliche Arbeitsteilung und einzelwissenschaftliche Spezialisierung als fortschreitende Emanzipation von Gesellschaft und Individuen verhindernde Momente primär nach ihrer Negativität reflektiert, analysiert einerseits die institutionelle Bildungsstruktur der Gesellschaft als eine vom Interessenzusammenhang privatwirtschaftlicher Kapitalverwertung vermittelte und ande-

rerseits das arbeitsteilig-einzelwissenschaftlich verselbständigte Bewußtsein von Pädagogik als notwendigerweise ideologisches. Erziehung fand im bürgerlichen Gesellschaftskonzept als einem primär ökonomisch inspirierten von Anbeginn so wie Politik und noch weitergehend als diese einen nur nachrangigen strukturellen Stellenwert. Im frühbürgerlichen Stadium emanzipatorisch nur für das privilegierte Besitzbürgertum und repressiv, verwertungsorientiert und bewußtseinshemmend für die Unterklasse, gewann sie erst konstitutive Bedeutung, unter denselben Tendenzen, als allgemeiner Volksunterricht im Zuge der Industrialisierung privat-kapitalistischer Produktion: Einrichtung und Ausbau eines gesellschaftlich allgemeinen Schulwesens war neben der allmählichen Etablierung wirtschafts- und sozialpolitischer Sicherungsminima für alle wesentlicher Bestandteil jenes staatlichen Interventionismus, dessen Einsetzen gegen Ende des 19. Jahrhunderts den Übergang zum Spätkapitalismus charakterisiert. Dieser war freilich zugleich vom Aufsteigen von Technik und Wissenschaft zur ersten Produktivkraft bestimmt, deren neuartige Bildungsbedürfnisse das soeben minimalistisch-kostengünstig etablierte Schulsystem in zunehmende Funktionsrückstände drängte. Der doppelte Widerspruch, daß das gesellschaftliche Bildungssystem weder der ihm strukturell immanenten Tendenz zur Produktion kapitalistisch verwertbarer Arbeitskräfte und Untertanen, noch dem offiziell-bürgerlichen Bildungsbegriff freier Individualität genügen kann, manifestiert sich in den gegenwärtigen Prozessen der Schul- und Bildungsreform. In ihnen drückt sich sowohl der Widerspruch zwischen den kapitalistischen Prinzipien der Verwertungsmaximierung und Kostenminimalisierung als auch derjenigen zwischen bürgerlicher Emanzipationsverheißung und Menschenverwertung aus. Trotz zunehmender struktureller Bedeutung und Selbständigkeit von staatlicher Politik im Sinne technischer Administration sowie von Erziehung im Sinne differenzierter Verwertungsqualifikation kann die alte Nachrangigkeit von Bildung und Kultur nicht politisch aufgehoben werden, solange jene relative Selbständigkeit politischer Institutionen aus deren absoluter rechtlich garantierter Abhängigkeit von ökonomischer Herrschaft resultiert.
Pädagogisches Bewußtsein, das sich unter dem Zwang arbeitsteilig spezialisierter Wissenschafts-Disziplinierung und Ausbildung von den gesellschaftlichen Bedingungen der Möglichkeit und Unmöglichkeit erzieherischer Konzeptionen ablöst, wird zur Ideologie. Dabei ist unerheblich, ob es sich grundlegend auf Individualität, Gemeinschaft, Gesellschaft oder Emanzipation bezieht. Alle diese bisherigen Fundamentalbezüge pädagogischen Den-

kens abstrahierten unkritisch vom konkret vorgegebenen Strukturrahmen bürgerlicher Gesellschaft, der alle jene Bezugsgrößen nach bestimmten Gehalten und Grenzen präformiert, innerhalb deren Erziehung als vermitteltes und vermittelndes Moment fungiert. Was sich an Erziehung und Bildung konkret vollzieht, bestimmt sich primär durch deren institutionell-gesellschaftliches System. Dieses wirkt, von der Familie bis zur Universität, als ein arbeitsteiliger Mechanismus der Integration und Subordination mit rechtlich differenziert zugeteilten Machtbefugnissen und Zwangsmitteln. In deren ungleich dichtem Netz finden sich Spielräume, innerhalb deren sich die pädagogischen Spiele von »autonomer« Individualität, »wahrer« Gesellschaft, »echter« Gemeinschaft und »progressiver« Emanzipation partikular ansiedeln können, nicht aber mit dem Ernstfall der Wirklichkeit jener Kategorien verwechselt werden dürfen. Indem gerade dies aber traditionellerweise im pädagogischen Bewußtsein geschieht, wird die ganz anders beschaffene Wirklichkeit, die als bildungsinstitutioneller Zwangsmechanismus am Rande jener Spielräume bereits anhebt, fälschlich als eine mit ihrem begrifflichen Anspruch voll identische ausgegeben, gerechtfertigt und stabilisiert. Erst der in der Konsequenz jener Kategorien liegende Veränderungsakt an den Zwangsmechanismen und Machtbefugnissen der Struktur, der, nach seiner Möglichkeit und Notwendigkeit ins pädagogische Bewußtsein aufgenommen, seinerseits freilich vielseitiger Vermittlungsprozesse bedürfte, würde das pädagogische Bewußtsein nach seinen wesentlichen Kategorien verwirklichen, indem es sich in reflektierte politische Praxis aufhebt.

Literaturhinweise zum Wissenschaftsbegriff in der Soziologie:

Adorno, Th. W., u. a., Der Positivismusstreit in der deutschen Soziologie, Neuwied 1969.

Adorno, Th. W., Albert, H., u. a., Soziologie zwischen Theorie und Empirie, München 1970.

Aron, R., Die industrielle Gesellschaft, Ffm. 1964.

Clemenz, M., Soziologische Reflexion und sozialwissenschaftliche Methode, Ffm. 1970.

Coser, L. A., Theorie sozialer Konflikte, Neuwied 1966.

Dahrendorf, R., Pfade aus Utopia, München 1967.

Durkheim, E., Die Regeln der soziologischen Methode. Neuwied ^{2}1965.

Habermas, J., Theorie und Praxis, Neuwied ^{2}1967.

Habermas, J., Zur Logik der Sozialwissenschaften, Tübingen 1967.

Habermas, J., Erkenntnis und Interesse, Ffm. 1968.

Hahn, E., Soziale Wirklichkeit und soziologische Erkenntnis, Berlin 1965.

Heintz, P. R., Einführung in die soziologische Theorie, Stuttgart [2]1968.

Horkheimer, M., Kritische Theorie, 2 Bde., Ffm. 1968.

Kellermann, P., Kritik einer Soziologie der Ordnung, Freiburg 1967.

Logik der Sozialwissenschaften, hrsg. von E. Topitsch, Köln 1965.

Marcuse, H., Vernunft und Revolution, Neuwied 1962.

Marcuse, H., Der eindimensionale Mensch, Neuwied 1967.

Marcuse, H., Ideen zu einer kritischen Theorie der Gesellschaft, Ffm. 1969.

Mills, C. W., Kritik der soziologischen Denkweise, Neuwied 1963.

Parsons, T., Beiträge zur soziologischen Theorie, Neuwied [2]1968

Popper, K. R., Die offene Gesellschaft und ihre Feinde, 2 Bde., Bern 1958.

Popper, K. R., Das Elend des Historismus, Tübingen 1965.

Ritsert, J., Handlungstheorie und Freiheitsantinomie, Berlin 1966.

Sébag, L., Marxismus und Strukturalismus, Ffm. 1967.

Spätkapitalismus oder Industriegesellschaft, Verhandlungen des 16. Deutschen Soziologentages, hrsg. von Th. W. Adorno, Stuttgart 1969.

Weber, M., Gesammelte Aufsätze zur Wissenschaftslehre, Tübingen 1951.

Weber, M., Wirtschaft und Gesellschaft, Köln 1964.

Wellmer, A., Kritische Gesellschaftstheorie und Positivismus, Ffm. 1969.

Zur Einführung in die Soziologie (kritisch-dialektische Theorie, positivistischer Ansatz, Reflexion des sozialwissenschaftlichen Methodenstreits):

Fischer Lexikon *Soziologie*, hrsg. von R. König, Ffm. 1958; Soziologische Exkurse, Frankfurter Beiträge zur Soziologie, Bd. 4, Ffm. 1956; Thesen zur Kritik der Soziologie, hrsg. von B. Schäfers, Ffm. 1969.

Ludwig von Friedeburg
Demokratische Strukturen für die Schule

Entnommen aus: Hessischer Kultusminister (Hrsg.), Bildungspolitische Information, Nr. 3/1969, S. 1–2. (Gekürzter Text eines Vortrages des Hessischen Kultusministers, Professor L. v. Friedeburg, vor hessischen Lehrern am 15. November 1969 in Büdingen.)

[. . .]

Alle bisherigen Erfahrungen haben gezeigt, daß Innovationen auf bildungspolitischem Gebiet nicht allein durch Gesetze und Erlasse herbeizuführen sind. Damit solche Veränderungen auch Realität werden, ist es notwendig, daß Lehrergruppen sich deren Zielrichtung zu eigen machen und damit einen Prozeß der Bewußtseinsänderung in der Lehrerschaft initiieren.

Ich möchte aus der Reihe der Probleme, die gelöst werden müssen, wenn die hessische Schulreform gelingen soll, nur eines herausgreifen, das der Demokratisierung der Schule.

Es hat sich unser Bewußtsein dafür geschärft, daß ein Widerspruch besteht zwischen der tradierten, hierarchischen Schulstruktur mit ihren Herkunftsmalen einer autoritär verfaßten Gesellschaft und dem, was Schule in einer demokratischen Gesellschaft zu leisten hätte. Die Schulverwaltung ist dem sogenannten klassischen Typus der Verwaltungsbürokratie zuzuordnen, für den charakteristisch ist die starke Orientierung an vorwegentworfenen Regeln, den Verwaltungsvorschriften, und der Konzentration der Entscheidungsfunktion in den oberen Rängen. Diese Verwaltungsstruktur muß um so stärker in Widerspruch geraten zum pädagogischen Geschehen in der Schule, je weniger es sich als autoritäre Wissensvermittlung und je mehr es sich als die Einübung kooperativer Arbeitsformen begreift. Diesen Widerspruch gilt es aufzuheben, wenn die Schule nicht nur eine formaldemokratische, sondern auch eine materiell-demokratische Institution sein soll.

Die moderne Bürokratieforschung hat dem klassischen Typus der Bürokratie andere, dynamische Formen der Verwaltungsorganisation gegenübergestellt, deren Merkmale besser zu der Unterrichtsaufgabe der Schule zu passen scheinen.

Die Bürokratieforschung betrachtet die verschiedenen bürokratischen Organisationsmodelle vor allem unter dem Gesichtspunkt der Effizienz. Ihre Frage lautet: Welches Organisationsmodell ist welchen Aufgaben optimal angepaßt? Die Antwort lautet, daß das klassische Bürokratiemodell die effektivste Organisationsform nur unter der Voraussetzung ist, daß es sich um gleichförmige, wiederkehrende Arbeitsverrichtungen handelt, die mit einem sachbezogenen Fachwissen, mit Gesetzes- oder Verwaltungskenntnissen bewältigt werden können. Nur für solche Aufgaben gilt Max Webers Urteil, daß die bürokratische Verwaltung »nach allen Erfahrungen, die an Präzision, Stetigkeit, Disziplin, Straffheit und Verläßlichkeit, ... Intensität und Extensität der Leistung, ... rein technisch zum Höchstmaß der Leistung vervollkommenbare, in all' diesen Bedeutungen: formal rationalste Form der Herrschaftsausübung« sei.

Schule im modernen Sinne fügt sich in ein solches Modell kaum ein. Für die Schule sind gerade die Merkmale charakteristisch, die ein dynamisches Organisationsmodell fordern:

Sie erbringt eine »soziale Dienstleistung«, in der es in erster Linie auf soziale Fähigkeiten ankommt, und sie besitzt eine hohe Innovationsrate, d. h. die Arbeitsbedingungen sind ständigen Veränderungen unterworfen.

Wie müßte ein dynamisches Organisationsmodell der Schule aussehen?

Zunächst wäre notwendig die Verlagerung wesentlicher Teile der Entscheidungsfunktion von der höheren Ebene der Verwaltung auf die unteren. Dies hätte eine Veränderung der Funktion der Schulaufsicht zur Folge. Statt »Aufsicht« – die im gegenwärtigen System ohnehin nicht recht funktioniert – wäre es die verstärkte Aufgabe der höheren Verwaltungsebenen, konkrete Hilfe und Unterstützung für die Ausübung der Tätigkeit auf der unteren Ebene bereitzustellen.

Diese stärkere Horizontalisierung der Verwaltung, der Abbau hierarchischer Strukturen und die Verstärkung der Kooperation auf allen Ebenen machte zugleich eine Veränderung im Rollenbewußtsein des Lehrers und des Schulaufsichtsbeamten notwendig. Notwendig wäre vor allem eine stärkere »Professionalisierung« des Lehrers. Darunter wäre beim heutigen Gymnasiallehrer weniger eine Ausweitung des Fachwissens – etwa als »Germanist«, »Mathematiker« oder »Historiker« – gemeint, als vielmehr die spezielle Ausrichtung auf die Erziehungs- und Bildungsaufgabe des Lehrers. Ein großer Teil der Gymnasiallehrer leitet heute ihr Selbstverständnis von den Fachwissenschaften ab und nicht etwa von der didaktischen Aufgabe, die es in der Schule zu leisten gilt. Professionalisierung würde bedeuten, daß sich der Lehrer als »Fachmann für Erziehung« versteht. Weiter wären Eigenschaften wie Kooperationsfähigkeit und Kooperationsbereitschaft, also die Verstärkung der horizontalen Zusammenarbeit, notwendig. Diese für professionalisierte Berufsaus-

bildung charakteristischen Formen sind im deutschen Schulwesen noch unterentwickelt.
Für den heutigen Hauptschullehrer wäre eine Ergänzung von der Seite der Wissenschaft notwendig. Eine stärkere Angleichung der Lehrerausbildung beider Gruppen in der ersten und zweiten Phase wäre eine Voraussetzung für das notwendige neue Selbstverständnis des Lehrers.
Ansätze zu einer stärkeren Verlagerung der Verantwortung auf die untere Ebene sind durchaus vorhanden, wenn es beispielsweise in der Allgemeinen Konferenzordnung heißt, daß die gesamte Konferenz »über alle wesentlichen, den Unterricht und die Erziehung betreffenden Angelegenheiten der Schule« beschließt. Diese Möglichkeiten gilt es zu nutzen und zu erweitern. Aber ein Appell an den guten Willen der Lehrer – so wichtig die Funktion der Lehrer bei solchen Innovationsprozessen ist – genügt nicht, weil er dem Lehrer eine Aufgabe zuschieben würde, die er nicht allein leisten kann. Der personalisierenden Auffassung, »daß es nur auf den Lehrer ankomme«, wäre entgegenzusetzen, daß zugleich strukturelle Änderungen notwendig sind, die notwendige Bewußtseinsänderungsprozesse erst in Gang setzen und ermöglichen.
Die amerikanische Bürokratieforschung diskutiert die Frage der Verwaltungsorganisation vorweg unter den Gesichtspunkten der Effizienz. Sie plädiert für eine dynamische Organisationsstruktur des Organisationssystems Schule deshalb, weil diese Organisationsstruktur vom Organisationszweck her gesehen die optimale Form sei. Solchen technokratischen Überlegungen wäre entgegenzusetzen die Auffassung, daß es nicht darauf ankommt, die Schule für die Anforderungen der spätkapitalistischen Leistungsgesellschaft zuzurichten, sondern sie zu einer der Kräfte zu machen, die die Demokratisierung der Gesellschaft weitertreiben. Diese Überlegungen wären nun zu konkretisieren. Dabei muß man sich bewußt machen, daß es nicht genügt, demokratische Prozeduren, wie etwa die Wahl des Schulleiters, einzuführen, wenn nicht gleichzeitig weitgreifende Änderungen in der Schulstruktur und im Bewußtsein der Beteiligten initiiert werden, die die zunächst bloß formalen demokratischen Spielregeln substantiell werden lassen. Mit anderen Worten: der Akt der Wahl des Schulleiters bleibt formal, wenn der (gewählte) Schulleiter sich in gleicher Weise versteht, wie der durch die Schulbehörde eingesetzte.
Wie kann man solche Änderungen in der Struktur und im Bewußtsein einleiten? Ein Weg scheint mir zu sein, konkrete Modelle zu entwickeln, etwa der kollegialen Schulleitung, und diese

Modelle zunächst an einigen Schulen zu erproben. Vielleicht wäre es sinnvoll, verschieden strukturierte Modelle zu erproben. Diese Versuche müßten sehr präzise vorbereitet und wissenschaftlich kontrolliert werden.

Solche Versuche können nicht auf dem Erlaßwege angeordnet werden. Sie müßten selbst das Ergebnis eines demokratischen Prozesses sein, wenn sie nicht schon in ihrer Entstehung die Strukturen spiegeln sollen, die es zu überwinden gilt.

Ernest Jouhy

Diskussionsbeitrag: Zum Begriff des Spätkapitalismus

Die Verwendung des Begriffes »Spätkapitalismus« hat eine Reihe gewichtiger Vorteile:

1. Der Begriff ist all denen gemeinsam (APO – Frankfurter Schule – marxistischen Sozialisten, linken Sozialdemokraten, »Revolutionären der Theologie«), die die bestehenden Machtstrukturen in Wirtschaft und Gesellschaft nicht nur kritisch durchleuchten, sondern praktisch im Sinne radikaler Demokratisierung verändern wollen.
2. Er stellt einen unmittelbaren kritischen Zusammenhang zwischen den Zielen der revolutionären Arbeiterbewegung bis zur Machtübernahme Hitlers und der heutigen Linken dar.
3. Er bezeichnet eindeutig im Sinne des historischen Materialismus, daß
   a) die bestehende Gesellschaftsordnung eine Klassenordnung verkörpert, in der diejenigen die Macht ausüben, die effektiv über die Produktionsmittel und die ökonomisch-kulturelle Infrastruktur verfügen,
   b) diese Gesellschaftsordnung dem dialektischen Gesetz unterliegt, ihre eigene Negation, d. h. ihre Aufhebung, zu produzieren,
   c) die neue Gesellschaftsordnung, mit »der die alte schwanger geht«, sich qualitativ von der bestehenden unterscheiden muß, um nicht nur als eine funktionell angepaßtere Variante der ökonomisch-politischen Herrschaftsform zu gelten.

Aber die Einwände gegen den Begriff selbst überwiegen sowohl wissenschaftlich-analytisch als politisch-praktisch: »Spät«-kapitalismus kann das bestehende System nur genannt werden, falls es ökonomisch-politisch eine späte Phase des von Marx analysierten Kapitalismus verkörpert. Folgende Kriterien müßten das System charakterisieren:

1. Das Bürgertum verfügt über das Kapital.
2. Das Kapital, als mehrwert- und profitabwerfende, universelle Form der angeeigneten Werte, die aus der Arbeit stammt, ist der beherrschende Faktor der Wirtschaft und der Gesellschaft.

3. Der Wertaustausch, das Kapital selbst und die Arbeitskraft unterliegen erstrangig den kapitalistischen Marktgesetzen.
4. Die Profitrate sinkt, Kapital konzentriert sich auf der einen Seite der Gesellschaft, und dieser immer kleiner werdenden Zahl von Ausbeutern steht eine immer größere Anzahl zumindest relativ (im Verhältnis zum gesellschaftlichen Wertprodukt) verelendender Arbeiter gegenüber. Die Arbeiterklasse ist definiert als diejenige Klasse, die nur ihre Arbeitskraft zu verkaufen hat und nur so viel Wert aus der von *ihr* erstellten Produktion zurückerhält, als sie zur Reproduktion ihrer Arbeitskraft benötigt.
5. Die Produktionsverhältnisse sind zu Fesseln der Produktivkräfte geworden.

Nimmt man Lenins Analyse des Imperialismus als *»letztes und höchstes Stadium des Kapitalismus«* zur Definition hinzu, so müßte sich ergeben:

a) Der Imperialismus ist Finanzkapitalismus, parasitär-kolonialer Kapitalismus und, was die Produktivkräfte angeht, faulender Kapitalismus.
b) Die einzige Alternative zum Absinken in die Barbarei des faulenden, imperialistischen Kapitalismus stellt die Machteroberung durch die Arbeiterklasse im Bündnis mit der Bauernschaft und den Kolonialvölkern dar. Der Sozialismus in seiner politischen Form der Diktatur des Proletariats und seiner wirtschaftlichen plangesteuerten Entfaltung der Produktivkräfte führt weit über den Stand der technisch-wissenschaftlichen Entwicklung des Kapitalismus hinaus.

Sowohl die Charakteristika 1.–5. wie a) und b) halten einer ökonomisch-soziologischen Analyse auf der Basis marxistischer Rationalität nicht stand. Die Umwälzungen der Gesellschaft, denen wir beiwohnen, erstrecken sich auf die Systeme aller Industrienationen in Ost und West. Sie bedürfen einer gründlichen Analyse, deren Ergebnis nicht mit dem Begriff »Kapitalismus« zu decken sein werden:

1. Weil die herrschende Klasse entweder nicht mehr das Bürgertum ist (SU) oder in absehbarer Zeit es nicht mehr sein wird (BRD, Frankreich z. B.),
2. weil die Technostrukturen (Galbraith) andere Motivationen der ökonomisch-politischen Herrschaft ermöglichen und benötigen als die Profitmaximierung,
3. weil nicht mehr die objektiven Gesetze des Marktes vorherrschend sind, sondern die Steuerung der Wirtschaft durch gemanagte Oligopole, Staat und Experten (SU – USA), erfolgt, die Produktion und Austausch regeln.

4. weil sich zwar Macht in Oligopolen konzentriert, aber gleichzeitig bei den wirtschaftlich-politischen Instanzen des Staates, der öffentlichen Hand, der Forschung, der Lehre, den politischen Parteien, den Gewerkschaften, und weil diese Macht einer tiefgreifenden sozialen Umstrukturierung von den Klassen der physischen Produktionsleistung übergeht zu denen der wissenschaftlich-technischen, administrativen und lehrenden Dienstleistungen. Der Verkauf der Arbeitskraft wird zum Zeichen der überwiegenden Mehrheit der arbeitenden Bevölkerung, aber diese Arbeitskraft selbst und ihr Lohn erfahren tiefgreifende Veränderungen.
5. Die Produktivkräfte, aus Kapital und Arbeit geboren, zerbrechen effektiv die Produktionsverhältnisse, nicht aber im Sinne einer sozialistischen Umwälzung. Es entsteht in Ost und West ein System höchster Entfaltung der Produktivkräfte bei gleichzeitiger und neuartiger Form von Herrschaft und Macht, Handhabung der Gewalt, Manipulation von neuen herrschenden, politischen und wirtschaftlichen Institutionen mit der Herausbildung einer neuen herrschenden Klasse. Die Alternative zur oligopolen und staatsmonopolen Macht, zu Krieg, Elend der dritten Welt. Entfremdung etc. ist nicht *ein* aus einem revolutionären Akt der »Expropriation der Expropriateure« hervorgehendes »System«, das den »Spätkapitalismus« ablöst, sondern die radikale Nutzung der sich entfaltenden Produktivkräfte durch die Produzenten im Prozeß der von ihnen umzuwälzenden Strukturen und Institutionen von Politik, Wirtschaft und Bildungswesen, der Formen der Initiative und Kontrolle auf Massenbasis, der Einflußnahme auf die wirtschaftlichen und politischen Optionen. Nur ein Prozeß, in dem die Praxis aufklärt und die bildende Aufklärung Praxis verändert, kann die gegenwärtige Entwicklung zu größerer Humanität führen. Das Hantieren mit der Abstraktion des »Spätkapitalismus« kann die kritische Bewußtseinsbildung und die politische Praxis gleichzeitig weit mehr hemmen als fördern.

Anmerkungen

Zu: Dialektik des bürgerlichen Bildungsbegriffes

1 Vgl. hierzu bes. die Arbeit von R. Vogel, Erziehung im Gesellschaftssystem, München 1970.
1a Vgl. Macpherson, C. B. Die politische Theorie des Besitzindividualismus, Frankfurt 1967.
2 Zit. nach Marcpherson, ebd., S. 254.
3 Locke, J., Gedanken über Erziehung, in: Bildungsphilosophie I, hrsg. von H. Röhrs, Frankfurt 1967, S. 186.
4 Locke, ebd., S. 199.
5 Locke, J., Gedanken über Erziehung, Bad Heilbrunn ²1966, S. 165.
6 Vgl. Röhrs, H., Einleitung zur Bildungsphilosophie I, ebd.
7 Rousseau, J. J., Der Gesellschaftsvertrag, in: Über die Erziehung, Berlin 1958, S. 14.
8 Rousseau, Emil oder über die Erziehung, in: ebd., S. 130.
9 Rousseau, Die Neue Héloise, in: ebd., S. 130.
10 Rousseau, Emil . . ., in: ebd., S. 112.
11 Rousseau, Abhandlung über den Ursprung der Ungleichheit unter den Menschen, in: Preisschriften und Erziehungsplan, Bad Heilbrunn 1967, S. 96.
12 Rousseau, Abhandlung . . ., in: Preisschriften . . ., S. 105.
13 Vgl. die Einleitung von M. Wothge, in: Rousseau, Über die Erziehung, ebd.
14 Vgl. Die Lehre Saint-Simons, eingel. und hrsg. von G. Salomon-Delatour, Neuwied 1962.
15 Die radikalen Vertreter des Sozialismus im nachrevolutionären Frankreich sind vor allem zu finden in den *cercle social*, der organisierten Verbindung von bürgerlichen Intellektuellen und Vertretern des Proletariats, den Clubs der *Sansculotten* oder den Vertretern eines konsequenten Gleichheits-Kommunismus wie Babeuf oder Marat.
16 Vgl. hierzu den Beitrag von J. Beck in diesem Band.
17 Auf Condorcets Erziehungsplan kann hier nur kurz eingegangen werden. Es sollen die allgemeinen Prinzipien seines Pla-

nes dargestellt und diskutiert werden, eine genuine Darstellung seiner Konzeption kann nicht erfolgen.
Zu seinem Fortschrittsbegriff vgl.: Condorcet, Entwurf einer historischen Darstellung der Fortschritte des menschlichen Geistes, Frankfurt 1963.

18 Condorcet, Bericht über die allgemeine Organisation des öffentlichen Unterrichtswesens, in: Erziehungsprogramme der französischen Revolution, eingel. und erläutert von R. Alt, Berlin 1949, S. 7.

19 Condorcet, ebd., S. 72.

20 Condorcet, ebd., S. 91.

21 Condorcet, ebd., S. 76.

22 Condorcet, ebd., S. 114.

23 Condorcet, ebd., S. 117.

24 Vgl. Marx, K., Das Kapital I, Berlin 1961, Kap. 11–13.

25 Vgl. Engels, Fr., Die Lage der arbeitenden Klasse in England, Berlin 1959.
Marx, K., Das Kapital I, ebd., bes. Kap. 8.

26 Zur Situation des Bildungswesens im frühkapitalistischen England: Owen, R., Pädagogische Schriften, Berlin 1955.

27 »Dieselben Bedingungen, derselbe Gegensatz, dieselben Interessen müßten im Ganzen und Großen auch überall gleiche Sitten hervorrufen. Die Bourgeoisie entwickelt sich erst in ihren Bedingungen allmählich, spaltet sich nach der Teilung der Arbeit wieder in verschiedene Fraktionen und absorbiert endlich alle vorgefundenen besitzenden Klassen in sich . . ., in dem Maße, als alles vorgefundene Eigentum in industrielles oder kommerzielles Kapital umgewandelt wird.«
Marx, Die deutsche Ideologie (1845/46), in: Karl Marx, Bildung und Erziehung, besorgt von H. E. Wittig, Paderborn 1968, S. 108.

28 Marx, Die deutsche Ideologie, ebd. S. 109.

29 Marx, Die Heilige Familie, ebd., S. 83.

30 Marx, Grundrisse der politischen Ökonomie (1857/58), in: ebd., S. 194.

31 Marx, Die deutsche Ideologie, ebd., S. 110.

32 Marx, Nationalökonomie und Philosophie, ebd., S. 69.

33 Marx, Grundrisse . . ., ebd., S. 193.

34 Marx, Grundrisse . . ., ebd., S. 192.

35 Marx, Grundrisse . . ., ebd., S. 193.

36 Marx, Das Kapital I, ebd., S. 240. Zum Begriff der »polytechnischen Bildung« vgl. den besonderen Beitrag in diesem Buch.

37 Vgl. hierzu: Koneffke, G., Integration und Subversion, Zur Funktion des Bildungswesens in der spätkapitalistischen Gesellschaft, in: Das Argument 54, 1969.

38 Marx, Manifest der Kommunistischen Partei, in: ebd., S. 137.

39 Vgl. Rang, A., Der politische Pestalozzi, Frankfurt 1967.
Barth, H., Pestalozzis Philosophie der Politik, Zürich und Stuttgart 1964.

40 Pestalozzi, J. H., Geist und Herz in der Methode, in: Grundlehren über Mensch, Staat, Erziehung, hrsg. von H. Barth, Stuttgart 1956, S. 356.

41 Pestalozzi, Geist und Herz . . ., ebd., S. 357.

42 Pestalozzi, An die Unschuld, den Ernst und den Edelmut meines Vaterlandes, in: ebd., S. 390.

43 Rang, Der politische Pestalozzi, ebd., S. 179.

44 Vgl. Adorno, T. W., Der Jargon der Eigentlichkeit, Frankfurt 1964.
Dahrendorf, R., Gesellschaft und Demokratie in Deutschland, München 1965, S. 327 ff.

45 Nohl, H., Die Autonomie der Pädagogik, in: Der Erziehungs- und Bildungsbegriff im 20. Jahrhundert, hrsg. von E. Weber, Bad Heilbrunn 1969, S. 37.

46 Zur Struktur der gegenwärtigen Gesellschaft: Agnoli, J., Brückner, P., Die Transformation der Demokratie, Frankfurt 1968.
Adorno, T. W., Einleitungsvortrag zum 16. Deutschen Soziologentag, in: Spätkapitalismus oder Industriegesellschaft, Stuttgart 1969.
Jaeggi, U., Macht und Herrschaft in der BRD, Frankfurt 1969.
Huffschmid, J., Die Politik des Kapitals, Frankfurt 1969.

47 Vgl. Lukács, Die Zerstörung der Vernunft, Neuwied 1962.
Marcuse, H., Kultur und Gesellschaft I, Frankfurt 1965.
Adorno, T. W., Kulturkritik und Gesellschaft, in: Prismen, München 1963.

48 Flitner, W., Allgemeine Pädagogik, Stuttgart o. J. (Reihe Theoretische Pädagogik), S. 114.

49 Vgl. Spranger, E., Kultur und Erziehung, Leipzig 1919. Petersen, P., Allgemeine Erziehungswissenschaft, Berlin 1924.

50 Zur kritischen Schleiermacher Interpretation: Schuffenhauer, H., Der fortschrittliche Gehalt der Pädagogik Schleiermachers, Berlin 1956.

51 Vgl. den Beitrag von A. Pressel in diesem Band und die dort angegebene Literatur.

52 Bohnsack, F., Die Autonomie der Pädagogik – Zur Systematik des pädagogischen Prinzips, in: Bohnsack/Rückriem, Päd-

agogische Autonomie und gesellschaftlicher Fortschritt, Weinheim 1969, S. 70.

53 Bohnsack, ebd., S. 72.

54 Bohnsack, ebd., S. 85.

55 Bohnsack, ebd., S. 86.

56 Vgl. die Beiträge von M. Clemenz und J. Beck in diesem Band.

57 Rückriem, G., Die »pädagogische Autonomie« und die »gesellschaftlichen Mächte«, in: Pädagogische Autonomie ..., ebd., S. 116.

58 Rückriem, ebd., S. 119.

59 Mollenhauer, K., Pädagogik und Rationalität, in: Erziehung und Emanzipation, München 1968, S. 67.

60 Vgl. Gamm, H.-J., Kritische Schule, München 1970.

Zu: Technik, Wissenschaft und Bildung im organisierten Kapitalismus

1 Radnitzky, G., Andersson, G., Einleitung zu Weinberg, A. M., Probleme der Großforschung, Ffm. 1970, S. 9.

1a Schumpeter, J. A., Kapitalismus, Sozialismus, Demokratie, Bern [2]1950, S. 218.

2 Schelsky, H., Der Mensch in der wissenschaftlichen Zivilisation, Köln, Opladen 1961.

2a Aron, R., Die industrielle Gesellschaft, Ffm. 1964, S. 186.

3 ebd.

3a ebd., S. 202 ff.

4 Perroux, F., Feindliche Koexistenz?, Stuttgart 1961, S. 84 ff.

4a Gleitze, B., Sozialkapital und Sozialfonds als Mittel der Vermögensbildung, Köln [2]1969, S. 7.

5 Bombach, G., Quantitative und monetäre Aspekte des Wirtschaftswachstums, in: Hoffmann, W. G., Finanz- und währungspolitische Bedingungen stetigen Wirtschaftswachstums, Berlin 1959, S. 184 f.

5a Zur methodischen und systematischen Bedeutung von Axiomen im Rahmen sozialwissenschaftlicher Theoriebildung vgl. Clemenz, M., Soziologische Reflexion und sozialwissenschaftliche Methode, Ffm. 1970.

6 Vgl. Habermas, J., Zwischen Philosophie und Wissenschaft: Marxismus als Kritik, in: ders., Theorie und Praxis, Neuwied, Berlin 1963; Folgen einer Theorie, Essays über »Das

Kapital« von Karl Marx, edition suhrkamp, Bd. 226, 3. Aufl. 1969; Baran, P. A., Sweezy, P. M., Monopolkapital, Ffm. 1967; Staatsmonopolistische Wirtschaftsregulierung, Marxismus-Digest, Heft 1, Ffm. 1970

7 Baran/Sweezy, ebd. S. 24 ff.; auch die Kritik an Baran/Sweezy, von V. M. Bader, H. Ganssmann, W. Goldschmidt und B. Hoffmann, in: Das Argument, Heft 51, 1969, S. 95 ff., weist weniger die behauptete Gültigkeit als vielmehr das Gegenteil nach.

8 Unter Verwendung der Marxschen Termini c (Kapital), v (Arbeitslohn), m (Mehrwert) und w (Gesamtwert der produzierten Waren) und der Formel für die beiden Abteilungen $c_1+v_1+m_1$ bzw. $c_2+v_2+m_2$ lautet die Gleichgewichtsbedingung $c_2=v_1+m_1$.

9 Für eine systematische Darstellung dieser Faktoren vgl. Sweezy, P. M., Theorie der kapitalistischen Entwicklung, Köln 1959.

10 Abramowitz, M., Resource and Output Trends in the United States since 1870, National Bureau of Economic Research, Occasional Paper No. 52, New York 1956.

11 Aukrust, O., Factors of Economic Development: A Review of Recent Research, in: Weltwirtschaftliches Archiv, Bd. 39, 1964.

12 Vgl. Harrod, R. F., Towards a Dynamic Economic, London 1948; dt. Dynamische Wirtschaft, Wien, Stuttgart 1949.

13 Vgl. Domar, E. D., Capital Expansion, Rate of Growth, and Employment, in: Econometrica, vol. 14, 1946.

14 Der »Gleichgewichtspfad« wirtschaftlichen Wachstums wird Domar zufolge dann erreicht, wenn das Realeinkommen mit der Rate $\frac{s}{\beta}$ wächst. Dabei ist s die marginale Sparquote, β das Verhältnis von Kapitalkoeffizient zur »normalen« Kapazitätsauslastung.

15 Stavenhagen, G., Geschichte der Wirtschaftstheorie, Göttingen 1957, S. 484.

16 Vgl. Berle jr., A. A., Means, G. C., The Modern Corporation and Private Property, New York [18]1956.

17 Vgl. Huffschmid, J., Die Politik des Kapitals – Konzentration und Wirtschaftspolitik in der Bundesrepublik, edition suhrkamp Bd. 313, 1969, S. 44.

18 Perroux, ebd. S. 108.

19 Baran/Sweezy, ebd. S. 66.

20 D. h. am Schnittpunkt von Grenzertrags- und Grenzkostenkurve.

21 Vgl. Schumpeter, J. A., Kapitalismus, Sozialismus, Demokratie, Bern [2]1950.

22 Zu den Begriffen der indikativen Rahmen- und Prozeßplanung vgl. Bönisch, A., Wesen, Möglichkeiten und Grenzen der staatlichen Programmierung, in: Marxismus-Digest, Heft 1, Ffm. 1970, S. 16 ff.
23 Shonfield, A., Geplanter Kapitalismus, Wirtschaftspolitik in Westeuropa und USA, Köln, Berlin 1968, S. 162.
24 Hinz, H., Konjunktur und Herrschaft, in: Konjunkturpolitik, Jg. 13, 1967 und Mandel, E., Die Deutsche Wirtschaftskrise, Lehren der Rezession 1966/67, Frankfurt/M. 1969.
25 Huffschmid, ebd. S. 167.
26 Vgl. hierzu Schäfer, G., Nedelmann, C., (Hrsg.), Der CDU-Staat, Analysen zur Verfassungswirklichkeit in der Bundesrepublik. edition suhrkamp, Bd. 370, 1969, S. 32
27 Gleitze, B., ebd. S. 6.
28 Vgl. Mühlbradt, W., Lutz, E., Der Zwang zur Sozialpartnerschaft, Neuwied, Berlin 1969.
29 Vgl. Dahrendorf, R., Für eine Erneuerung der Demokratie in der Bundesrepublik, München 1968, S. 74.
30 Zum Funktionswandel des Parlamentes vgl. Habermas, J., Strukturwandel der Öffentlichkeit, Neuwied, Berlin 1962 und Agnoli, J., Brückner, P., Die Transformation der Demokratie, Frankfurt/M. 1968.
31 Vgl. Schelsky, H., Der Mensch in der wissenschaftlichen Zivilisation, Köln, Opladen 1961.
32 Daten über die amerikanischen Auslandsinvestitionen finden sich bei Baran/Sweezy, ebd. S. 108.
33 Baran/Sweezy, ebd.
34 Vgl. hierzu Nurkse, R., Problems of Capital Formations in Underdeveloped Countries, Oxford 1953; Baran, P. A., The Political Economy of Growth, New York 1957.
35 Zur Problematik des relativ geringen »Verbreitungseffektes« dieser Investitionen vgl. Myrdal, G., Economic Theory and Underdeveloped Regions, London 1957.
36 Vgl. Mandel, E., Die Marxsche Theorie der ursprünglichen Akkumulation und die Industrialisierung der Dritten Welt, in: Folgen einer Theorie, ebd., S. 85.
37 Zit. in Baran/Zweezy, ebd., S. 209. Vgl. auch Senghaas, D., Abschreckung und Frieden, Studien zur Kritik organisierter Friedenslosigkeit, Ffm. 1969.
38 Vgl. hierzu Horlemann, J., Modelle der kolonialen Konterrevolution, edition suhrkamp Bd. 255, 2. Aufl. 1968, bes. S. 104 ff. Der amerikanische »Entwicklungsspezialist« Walt W. Rostow dürfte die Richtung dieser Forschung angeben, wenn er sagt: »Und wir sind entschlossen, daß diese interna-

tionale Krankheit ausgerottet wird, die Guerillakrieg heißt ...« ebd., S. 166.

39 Eine Angabe von 15% bei einem Gesamtbetrag von 500 Mill. (1964) findet sich bei Leibfried, S., Die angepaßte Universität, edition suhrkamp Bd. 265, 1968, S. 26. Rilling gibt dagegen für 1967 nur ca. 7% an; vgl. Rilling, R., Kriegsforschung und Wissenschaftspolitik in der BRD (I), in: Blätter für deutsche und internationale Politik, Heft 12, 1969, S. 1273.

40 Vgl. Mit dem Latein am Ende, Spiegelserie über Krise und Zukunft der deutschen Universitäten, 1970, S. 166.

41 Gegenteiliger Ansicht sind Baran und Sweezy, die allerdings bei ihrer Argumentation nicht zwischen einzel- und gesamtwirtschaftlichem Interesse differenzieren, ebd., S. 105.

42 Rahmenplanung heißt aber nicht die Setzung von ökonomischen Parametern schlechthin, sondern von Parametern zur Durchsetzung gesamtwirtschaftlicher Planziele.

43 Clemenz, M., Protestbewegung und Klassenkampf, in: Neue Politische Literatur, Heft 3, 1969.

44 Ökonomische Planung im Rahmen des kapitalistischen Systems funktioniert also gerade in der entscheidenden Phase des konjunkturellen Aufschwungs, die über den Umfang der Neuinvestitionen entscheidet, am schlechtesten.

45 Vgl. Bergmann, J., u. a., Herrschaft, Klassenverhältnis und Schichtung, in: Spätkapitalismus oder Industriegesellschaft? Verhandlungen des 16. deutschen Soziologentages, hrsg. v. Th. W. Adorno, Stuttgart 1969.

46 Vgl. Early, J. S., Marginal policies of ›Excellently Managed‹ Companies, American Economic Review, März 1956.

47 Pross, Helge, Manager und Aktionäre in Deutschland, Ffm. 1965, S. 173.

48 Die Termini *interne* und *externe* Konsistenz wurden von Altvater übernommen. Vgl. Altvater, E., Krise und Kritik – Zum Verhältnis von ökonomischer Entwicklung und Bildungs- und Wissenschaftspolitik, in: Leibfried, S., (Hrsg.), Wider die Untertanenfabrik, Köln 1967.

49 Dahrendorf, R., Gesellschaft und Demokratie in Deutschland, München 1965, S. 466 f.

50 Whyte jr., W. H., The Organization Man, New York 1956.

51 Vgl. Michael, D. N., The Prospects Ahead for the Youth of Today and Tomorrow, New York 1965.

52 Vgl. zu diesen Plänen Leibfried, S., Die angepaßte Universität, ebd., S. 56–98.

53 Vgl. Koneffke, G., Intergration und Subversion. Zur Funk-

tion des Bildungswesens in der spätkapitalistischen Gesellschaft, in: Das Argument, 11. Jg., Heft 5/6, 1969.

54 Scherer, Fr., Ökonomische Beiträge zur wissenschaftlichen Begründung der Bildungspolitik, Studien und Berichte des Instituts für Bildungsforschung in der Max-Planck-Gesellschaft, Bd. 16, Berlin 1969.

55 Parnes, H. S., Forecasting Educational Needs for Economic and Social Development, OECD, Paris 1962; vgl. hierzu auch Scherer, ebd., S. 48 ff.

56 So hat etwa R. M. Solow den Anteil des technologischen Fortschritts am wirtschaftlichen Wachstum auf 87,5% geschätzt. Das wäre nach der Formulierung von Abramowitz 87,5prozentige »Ignoranz« über die genauen Ursachen wirtschaftlichen Wachstums.

57 Vgl. hierzu u. a. Becker, G. S., Investment in Human Capital. A Theoretical Analysis, in: Journal of Political Economy, Bd. 70, Heft 5, 1962 und Blaug, M., An Economic Interpretation of Private Demand for Education, in: Economica, Bd. 33, Heft 130, 1966.

58 Scherer, ebd. S. 108.

59 Deutscher Bildungsrat, Strukturplan für das Bildungswesen, Manuskript vom 13. 2. 1970, S. 392 ff.

Zu: Demokratische Schulreform in der Klassengesellschaft?

1 Den soziologischen Egalisierungstheorien (z. B. der Theorie von der ›nivellierten Mittelstandsgesellschaft‹ H. Schelskys oder der ›Formierten Gesellschaft‹ L. Erhards und R. Altmanns) samt ihrem auf Systemstabilisierung gerichteten Interesse kann hier nicht weiter nachgegangen werden.

Zu der Frage, ob die gegenwärtige Gesellschaft überhaupt noch eine Klassengesellschaft ist, wie hier gesagt wird, und ob man von »den Herrschenden« reden kann, sei auf die unmittelbare Erfahrung der Repression und auf folgende Literatur verwiesen: Galbraith, J. K., Die moderne Industriegesellschaft, München 1970; Baran/Sweezy, Monopolkapitalismus, Frankfurt 1967; Huffschmid, J., Politik des Kapitals, Frankfurt 1969; Jaeggi, U., Macht und Herrschaft in der Bundesrepublik, Frankfurt 1969; sowie die Beiträge von M. Clemenz und A. Pressel in diesem Band.

Nur einige Befunde, auf die sich die heutige Klassentheorie u. a. stützt, seien genannt:

a) Die zunehmende Kapital- und Vermögenskonzentration bei den Produktionsmittelbesitzern. (3/4 des gesamten Betriebs- und Kapitalvermögens befinden sich in der Hand von nur 1,7% aller Haushalte, d. h. 98,3% verfügen über nur 1/4. Nur ein Promille aller Haushalte [ca. 14 000] verfügt sogar über 43% des Betriebs- und Kapitalvermögens. Vgl. Huffschmid, J., Politik des Kapitals, S. 33.)

b) Die Vermögenskonzentration ist zugleich eine Machtkonzentration; sie bedeutet den faktischen Ausschluß der Massen von politisch-ökonomischen Entscheidungen. Man geht daher nicht von einer Verschwörungstheorie aus, wenn man die kleine Minderheit mit ihren politischen und betrieblichen Sachwaltern als Oberklasse, als Herrschende oder Mächtige bezeichnet.

c) Eine diskriminierende Profit- und Lohnpolitik gegenüber den lohnabhängigen Massen: z. B. das Ergebnis der ›Konzertierten Aktion‹: »Während 1968 die Nettoeinkommen der Unternehmer um 17% stiegen, stieg das Masseneinkommen nur um 5%«. Vgl. Jaeggi, U., Macht und Herrschaft, S. 139.

(1) Was sind 17% von 1 Million
(2) Was sind 5% von 10 000 DM?

d) Ein privilegierendes Steuersystem: Wer viel hat, bekommt noch mehr.

e) Der wachsende Abstand zwischen den Industrieländern und der ›Dritten Welt‹: Entwicklungshilfe als Hilfe für die Industrieländer.

f) Die Ungleichheit der Bildungs- und Berufschancen.

g) Ein dichotomisches Gesellschaftsbild bei den Arbeitern. (Vgl. Popitz, H., u. a., Das Gesellschaftsbild des Arbeiters, Tübingen 1957.)

2 Vgl. Bernfeld, S., Sisyphos oder die Grenzen der Erziehung, (1925), Frankfurt 1967, S. 7 und 94 ff.

3 Galbraith, Industriegesellschaft, S. 355 ff.

4 Meyer, J. B., (Hrsg.), Friedrich d. Gr. pädagogische Schriften und Äußerungen, Langensalza 1885, S. 170.

5 Deutscher Ausschuß für das Erziehungs- und Bildungswesen, Empfehlungen zum Aufbau der Hauptschule, Stuttgart 1965, S. 36.

6 Zit. nach König, H., Geschichte der Nationalerziehung in Deutschland, Berlin 1960, S. 279.

7 Meyer (Hrsg.), Friedrich d. Gr. ..., S. 199.

8 Hentig, H. v., Systemzwang und Selbstbestimung, Stuttgart 1968, S. 64.

9 Deutscher Bildungsrat – Empfehlungen der Bildungskommis-

sion –, Strukturplan für das Bildungswesen, Bonn 1970, bes. Kap. I (Grundsätze).

10 Liebknecht, W., Wissen ist Macht – Macht ist Wissen. Festrede, gehalten zum Stiftungsfest des Dresdner Bildungsvereins am 5. Februar 1872, Berlin 1891, S. 12 ff., zit. nach H.-G. Rolff, Die Demokratie der Unmündigen?, in: Kritik 1, Köln 1969, S. 97 f.

11 ebd., S. 98.

12 Empirisch abgesicherte Befunde liegen vor:
a) Zur Frage des autoritären Unterrichtsverlaufs, vgl. z. B. Tausch, R., Tausch, A.-M., Erziehungspsychologie, Göttingen ^{5}1970 (Neubearbeitung). Da heißt es u. a. (^{2}1965, S. 102), daß bei »durchschnittlich 30 Schülern je Klasse und 5 Unterrichtsstunden täglich . . . ein Schüler durchschnittlich jeden dritten Tag eine Frage an den Lehrer (stellt), während der Lehrer innerhalb von drei Schultagen über 800 Fragen an alle Schüler der Klasse richtet.«
b) Zur Anpassungs- und Verdummungsfunktion der Schule vgl. z. B. Becker, E., Herkommer, G., Bergmann, J., Erziehung zur Anpassung?, Schwalbach 1967; Teschner, M., Politik und Gesellschaft im Unterricht, Frankfurt/M. 1968. Beide empirischen Studien befassen sich mit der Wirksamkeit politischer Bildung in der Schule.
c) Zur klassenspezifischen Auslesefunktion der Schule liegen inzwischen zahlreiche Untersuchungen vor. Die ermittelten Fakten sind weitgehend bekannt: »Mehr als die Hälfte aller Deutschen leben in Arbeiterfamilien. Das sind Familien von unselbständigen Handwerkern oder Facharbeitern, angelernten oder Spezialarbeitern, Hilfsarbeitern oder Landarbeitern. Unter allen Studenten wissenschaftlicher Hochschulen (BRD, J. B.) sind nach wie vor kaum mehr als 5% Kinder von Vätern aus diesen Berufen. Die Hälfte der Bevölkerung liefert nicht mehr als ein Zwanzigstel der Studentenschaft. ... Aus den nach Einkommen, Prestige, Einfluß und Ausbildung oberen 1% rekrutieren sich nicht viel weniger als ein Viertel aller Universitätsstudenten. ... Es gibt in der Bundesrepublik etwa 1 Million Landarbeiter; aus deren Familien rekrutierten sich im Wintersemester 1958/59 genau 80 Universitätsstudenten. Es gibt in der Bundesrepublik auch etwa 1 Million Beamte; aus deren Familien rekrutierten sich im gleichen Semester 52 199 Studenten an deutschen wissenschaftlichen Hochschulen.« Dahrendorf, R., Arbeiterkinder an deutschen Universitäten, Tübingen 1965, S. 5–7.
Die besondere Benachteiligung der Mädchen hat Helge Pross

untersucht; sie faßt zusammen: »In der Situation der Arbeitertöchter kumulieren sich also alle Widerstände gegen die theoretische Bildung, die in der Bundesrepublik überhaupt bestehen. Wohnt das Mädchen überdies noch auf dem Land, gar in Bayern oder Rheinland-Pfalz, und gehört es einer katholischen Familie an, so grenzt es ans Wunderbare, wenn es zum Abitur gelangt. Völlig unabhängig von der Begabung ist sein Bildungsweg von vornherein durch die Geschlechts- und Schichtzugehörigkeit determiniert.« Pross, H., Über die Bildungschancen von Mädchen in der Bundesrepublik, Frankfurt 1969, S. 65.
Eine Zusammenfassung dieser Problematik und ausführliche Literaturhinweise finden sich bei Rolff, H.-G., Sozialisation und Auslese durch die Schule, Heidelberg ²1969.

13 Hahn, W., Bildung für die Welt von Morgen, in: Bildung in neuer Sicht, Schriftenreihe des Kultusministeriums Baden-Württemberg, Reihe A. Nr. 1, S. 7.

14 Friedeburg, L. v., Demokratische Strukturen für die Schule, abgedruckt in diesem Band, S. 260 ff.

15 Das Problem ist ausführlicher in dem Beitrag von M. Clemenz in diesem Band abgehandelt.
Vgl. auch Habermas, J., Technik und Wissenschaft als ›Ideologie‹, Frankfurt/M. 1968; Hüfner, K., (Hrsg.), Bildungsinvestitionen und Wirtschaftswachstum, Stuttgart 1970.

16 Evers, C.-H., Modelle moderner Bildungspolitik, Frankfurt/M. 1969, S. 77.

17 Heydorn, H.-J., Ungleichheit für alle, in: Das Argument Nr. 54/1969, S. 385.

18 Dazu: Habermas, J., Erkenntnis und Interesse, Frankfurt 1968; ders., Erkenntnis und Interesse, in: Habermas, Technik und Wissenschaft, S. 146–168; Mollenhauer, K., Erziehung und Emanzipation, München 1968.

19 Vgl. Kap. IX dieses Beitrages sowie den Beitrag von E. Jouhy über die Lehrerrolle in diesem Band; ferner den Aufsatz von Koneffke, G., Integration und Subversion – Zur Funktion des Bildungswesens in der spätkapitalistischen Gesellschaft, in: Das Argument Nr. 54/1969, S. 389–430.

20 Entsprechend § 4, (3) des sog. Hamburger Abkommens vom 28. 10. 1964.

21 Deutscher Ausschuß für das Erziehungs- und Bildungswesen, Empfehlungen und Gutachten, Folge 7/8, ›Empfehlungen zum Aufbau der Hauptschule‹, Stuttgart 1965, S. 20.

22 Dazu: Beck, J., Zur ideologischen Funktion der Pädagogik, in:

Kippert, K. (Hrsg.), Einführung in die Soziologie der Erziehung, Freiburg 1970.

23 Siehe ebd. sowie Heydorn, Ungleichheit für alle.

24 Deutscher Ausschuß, Hauptschulempfehlung (s. Anmk. 21). Diese Zusammenstellung ist auch in dem Buch *Kritische Schule* von Gamm, H.-J., erschienen (München 1970, S. 234–237).

25 Die Gesamtschulempfehlung ist in dem Sammelband, Deutscher Bildungsrat – Empfehlungen der Bildungskommission – 1967–1969, Stuttgart 1970, S. 281–439 enthalten. Der Strukturplan lag bei Abschluß des Manuskripts nur in der vom Bildungsrat am 27. 4. 1970 veröffentlichten hektographierten Form vor, deshalb wird nach Kapiteln, nicht nach Seiten zitiert.

26 Ebd., Kap. I, 2. 1.

27 Für eine Einführung: Hentig, H. v., Systemzwang und Selbstbestimmung; Lohmann, J. (Hrsg), Gesamtschule – Diskussion und Planung, Weinheim 1968; Mastmann, H., Gesamtschule – Ein Handbuch, Schwalbach 1968; Rang, A., und Schulz W. (Hrsg.), Die differenzierte Gesamtschule, München 1969; (alle Bücher mit Literaturverzeichnis; außerdem Rang, A., Historische und gesellschaftliche Aspekte der Gesamtschule, in: Zeitschrift für Pädagogik, Weinheim 1965 (14. Jg.); Deutscher Bildungsrat – Gutachten und Studien der Bildungskommission –, Lernziele der Gesamtschule, Stuttgart 1969; Beck, J. und Schmidt, L. (Hrsg.), Schulreform oder der sogenannte Fortschritt, Frankfurt/M. 1970.

28 Nach welchen Kriterien die Zivilbevölkerung zu ihrer Verwertung in der Produktion eingeteilt werden soll, zeigt z. B. eine siebenstufige »Skala zur Messung der Allgemeinbildung« die R. S. Eckaus zitiert, in: Hüfner, K. (Hrsg.), Bildungsinvestitionen und Wirtschaftswachstum, Stuttgart 1970, S. 86/87.

29 Friedeburg, L. v., Demokratische Strukturen für die Schule.

30 Nachzulesen in der unter Anmerkung 27 angegebenen Literatur und den Empfehlungen des Bildungsrates.

31 Zur Funktion dieser Zielangaben vgl. Kulke, Ch. und Beck, J., Technokratische Schulreform – Chancengleichheit als Alibi, in: Beck, J., Schmidt, L. (Hrsg.), Schulreform ...

32 Galbraith, Industriegesellschaft, S. 355.

33 Basisgruppe der Abteilung für Erziehungswissenschaften der Universität Frankfurt/M., ›Zur technokratischen Schulreform‹, in: IBW-Journal 1970/Nr. 2, Frankfurt/M., S. 5.

34 Heydorn, H.-J., Ungleichheit für alle, S. 381.

35 Vgl. auch den Beitrag von A. Pressel in diesem Band. Literatur zur kompensatorischen Erziehung findet sich in: Berliner

Studienkollektiv (Goldschmidt-Seminar), Sozialisation und kompensatorische Erziehung, Berlin 1969.

36 Berg, M., Sewig, N. J., Soziale Schichten, Sprachbarrieren, Schulerfolg, in: Beck, J., Schmidt, L., Schulreform.

37 Bildungsrat, Strukturplan, Kap. I, 1.

38 Evers, C.-H., Bildungspolitik, S. 77.

39 Bildungsrat, Strukturplan, Kap. I, 4. 5.; vgl. auch Deutscher Ausschuß, Hauptschulempfehlung.

40 Bildungsrat, Strukturplan, Kap. II, 5. 6.
Im Rahmen einer Kritik der Gesamtschule und des in ihr herrschenden Leistungsprinzips hat H.-J. Gamm den Gesamtschulplanern gegenüber darauf hingewiesen, daß es besser wäre, »sich zunächst darüber klarzuwerden, daß es mit den *Waldorfschulen* Gesamtschulen bereits gibt, die keinen prätentiösen Anspruch erheben, jedoch verwirklichen, was die jetzigen Planer des neuen Schultyps in ihrem Programm noch keineswegs anbieten: Die Waldorfpädagogik arbeitet ohne das Leistungsprinzip, verzichtet auf das traditionelle Zensurensystem, lehnt autoritäre Lehrer ab, kennt keine Sitzenbleiber und nimmt auch die behinderten Kinder in ihren Kreis auf. Wenn es derzeit irgendwo in deutschen Schulen Lehrgänge gibt, die relativ frei vom Bewährungsdruck sind, dann wären sie in den Waldorfschulen zu suchen, wiewohl das nicht aus einer politischen, sondern aus einer anthropologischen Vorentscheidung rührt. Derzeit gibt es 28 private Waldorfschulen in der Bundesrepublik. Ihr aus der Anthroposophie Rudolf Steiners abgeleitetes pädagogisches Konzept bietet die einzige respektable Alternative zum öden staatlichen Schulmonopol. Es gehört übrigens zur Kampfpraxis gegen Häretiker, daß weder die Kathederpädagogik noch die Kulturpolitik von diesen erstaunlichen Modellen einer erzieherisch organisierten Humanität nachhaltig Kenntnis nimmt. Ignorieren erweist sich als probates Mittel, um für das eigene Selbstverständnis bedrohliche Aufweichungsmöglichkeiten abzuwehren.« Gamm, H.-J., Kritische Schule, München 1970, S. 129.

41 Bernstein, B., Soziokulturelle Determinanten des Lernens, in: Kölner Zeitschrift für Soziologie und Sozialpsychologie, Sonderheft 4 (Soziologie der Schule) Köln 1959. Oevermann, U., Schichtenspezifische Formen des Sprachverhaltens und ihr Einfluß auf die kognitiven Prozesse, in: Roth, H. (Hrsg.), Begabung und Lernen, Stuttgart 1969. Roeder, P. M., u. a., Sozialstatus und Schulerfolg, Heidelberg 1965. Berg, M., Sewig, N. J., Soziale Schichten, Sprachbarrieren, Schulerfolg, in: Beck, J./Schmidt L., Schulreform . . .

42 Bildungsrat, Strukturplan, Kap. II, 5. 5.
43 Zum organisationssoziologischen Aspekt der Schulreform vgl. Gesamtschulliteratur (Anmerkung 27); Friedeburg. L. v., Demokratische Strukturen für die Schule; und vor allem: Fürstenau, P., Neuere Entwicklungen der Bürokratieforschung und das Schulwesen, in: Fürstenau, P., u. a., Zur Theorie der Schule, Weinheim 1969, S. 47–66 (mit Lit.); außerdem im gleichen Band (sowie in Argument Nr. 29/1964) Fürstenau, P., Zur Psychoanalyse der Schule als Institution.
44 Bildungsrat, Gesamtschulempfehlung, S. 21.
45 Bildungsrat, Strukturplan, Kap. I 4. 7.
46 Piaget, J., Das moralische Urteil beim Kind, Zürich 1954.
47 Koneffke, G., Subversion und Integration, S. 418.
48 Heydorn, H.-J., Ungleichheit für alle, S. 381.
49 Vgl. dazu den Beitrag von E. Jouhy in diesem Band sowie Koneffke, G., Subversion und Integration, S. 430.
50 Die am weitesten gehenden Analysen zeigen vor allem das Anpassungs- und Integrationspotential der Gesamtschule und der Wissenschafts- und Bildungspolitik im organisierten Kapitalismus auf. (Vgl. z. B. die Arbeiten von Koneffke, Heydorn, der Basisgruppe A. f. E. und zur Wissenschaftspolitik den Beitrag von M. Clemenz in diesem Band.)
51 H. v. Hentig, Systemzwang und Selbstbestimmung.
52 Vgl. dazu die Gesamtschulliteratur (Anmerkung 27) und besonders die Literatur zur Schulentwicklung in den USA, der DDR und in Schweden.
53 Vgl. den Beitrag von E. Jouhy in diesem Band.
Eine kurze Zusammenfassung dieser Problematik findet sich auch bei Combe, A./Berg, M., Die Lehrerrolle in der Schulreform, in: Beck, J./Schmidt, L., Schulreform.
Außerdem: Krockow, Ch. Graf v., Sozialwissenschaften, Lehrerbildung und Schule, Opladen 1969; Beck, J., Zur ideologischen Funktion der Pädagogik; Becker, E., u. a., Erziehung zur Anpassung?; Teschner, M., Politik und Gesellschaft im Unterricht; Schefer, G., Das Gesellschaftsbild des Gymnasiallehrers, Frankfurt/M. 1969.
54 Vgl. Liebel, M./Wellendorf, F., Schülerselbstbefreiung, Frankfurt/M. 1969, S. 92 ff.; Haug. H.-J., Maessen, H., Was wollen die Schüler, Frankfurt/M. 1969; Koneffke, G., Integration und Subversion, S. 428 ff.; Gamm, H.-J., Kritische Schule.
55 Rolff, H.-G., Die Demokratie der Unmündigen?, S. 122 f.
56 Vgl. Thesen zu emanzipatorischer Erziehung, in diesem Band.
57 Friedeburg, L. v., Demokratische Strukturen für die Schule.

58 Gamm, H.-J., Kritische Schule, S. 223 ff.
59 Vgl. Horn, K., Dressur oder Erziehung – Schlagrituale und ihre gesellschaftliche Funktion, Frankfurt/M. 1967.
60 Gamm, H.-J., Kritische Schule – Eine Streitschrift für die Emanzipation von Lehrern und Schülern.

Zu: Sozialisation

1 Zur historischen Entwicklung des Verhältnisses von Pädagogik und Soziologie vgl.: Goldschmidt, D., u. Händle, Ch., Der Wandel der Pädagogik in der Auseinandersetzung mit der Soziologie, in: Goldschmidt, D., u. a., Erziehungswissenschaft als Gesellschaftswissenschaft, Heidelberg 1969, S. 9–41; sowie: Psychologie und Soziologie in ihrer Bedeutung für das erziehungswissenschaftliche Studium, Zeitschrift für Pädagogik, 6. Beiheft Weinheim 1966.
2 Vgl. hierzu: Goldschmidt und Händle, Der Wandel der Pädagogik; sowie: Wellendorf, F., Ansätze zur erziehungswissenschaftlichen Theoriebildung in der BRD, in: Goldschmidt u. a., Erziehungswissenschaft, S. 68–110; Mollenhauer, K., Pädagogik und Rationalität, in: ders., Erziehung und Emanzipation, München 1968, S. 55–74; Brezinka, W., Von der Pädagogik zur Erziehungswissenschaft, in: Zeitschrift für Pädagogik, 14. Jg. 1968, S. 317–334 u. S. 435–475.
3 Vgl. die unter 2 genannten Arbeiten dieser Autoren sowie die Einleitung von Mollenhauer, K., in: ders., Erziehung und Emanzipation.
4 Brezinka, W., Erziehung als Lebenshilfe, Stuttgart o. J. (Wien ^{2}1961), S. 48 ff.
5 Ebd., S. 52 ff.
6 Ebd., S. 59.
7 Ebd., S. 60.
8 Ebd., S. 243.
9 Ebd., S. 250 ff.
10 Wilhelm, Th., Sozialisation und soziale Erziehung. Pädagogische Überlegungen zu einer soziologischen Leitvorstellung, in: Wurzbacher, G. (Hrsg.), Der Mensch als soziales und personales Wesen, Bd. 1, Stuttgart 1963, S. 120–163.
11 Vgl. ebd., S. 120 ff.
12 Vgl. ebd., S. 142 f., S. 149 ff.
13 Fürstenau, P., Soziologie der Kindheit, Heidelberg ^{2}1969, S. 134 f.
14 Fend, H., Sozialisierung und Erziehung, Weinheim 1969.

15 Vgl. ebd., S. 33 ff., S. 38 f.
16 Ebd., S. 50 f.
17 Vgl. ebd., S. 49 ff.
18 Vgl. ebd., S. 9 f., S. 238
19 Mollenhauer, K., Sozialisation und Schulerfolg, in: Roth, H. (Hrsg.), Begabung und Lernen, Stuttgart [2]1969, S. 269–296
20 Zur weiteren Orientierung vgl.: Adorno, Th. W., u. a., Der Positivismusstreit in der deutschen Soziologie, Neuwied 1969; Adorno, Th. W., Albert, H., u. a., Soziologie zwischen Theorie und Empirie, München 1970; Topitsch, E. (Hrsg.), Logik der Sozialwissenschaften, Köln [5]1968, Tjaden, K. H., Konservative Gehalte soziologischer Theorien, in: Das Argument, Nr. 50 1. Teil, Berlin 1969; Hahn, E., Soziale Wirklichkeit und soziologische Erkenntnis, Berlin 1965; ders., Historischer Materialismus und marxistische Soziologie, Berlin 1968
21 Vgl. hierzu: Dahrendorf, R., Homo Sociologicus, Köln [8]1969, S. 32 f. u. passim; zur Kritik einer ahistorischen Verdinglichung der Rollentheorie vgl.: Habermas, J., Zwischen Philosophie und Wissenschaft: Marxismus als Kritik, in: ders., Theorie und Praxis, Neuwied 1963, S. 162–214 (bes. 173 ff.).
22 Dahrendorf, R., Homo, S. 33
23 Vgl. hierzu: Dreitzel, H. P., Die gesellschaftlichen Leiden und das Leiden an der Gesellschaft, Stuttgart 1968; Habermas, J., Technik und Wissenschaft als »Ideologie«, Frankfurt 1968, S. 98 f.
24 Vgl. hierzu: Dahrendorf, R., Homo; zur Kritik: Ritsert, J., Institution, in: Evangelisches Staatslexikon, Stuttgart 1966, S. 791–797
25 Vgl. hierzu: Parsons, T., Systematische Theorie in der Soziologie, in: ders., Beiträge zur soziologischen Theorie, Neuwied 1964, S. 31–64; ders., The Social System, Glencoe/Ill. 1951; ders., An Outline of the Social System, in: ders. u. a. (Eds.), Theories of Society, Glencoe/Ill. 1961, S. 30–79; zur Kritik: Bergmann, J. E., Die Theorie des sozialen Systems von Talcott Parsons, Frankfurt 1967; Kellermann, P., Kritik einer Soziologie der Ordnung, Freiburg 1967; sowie die angegebene Literatur in: Parsons, T., Beiträge, S. 293 ff.
26 Stendenbach, F. J., Soziale Interaktion und Lernprozesse, Köln 1963, S. 329 (Fußnote 157)
27 Vgl. Wurzbacher, G., Sozialisation – Enkulturation – Personalisation, in: ders. (Hrsg.), Der Mensch als soziales und personales Wesen, Bd. 1 Stuttgart 1963, S. 1–34.
28 Vgl. Claessens, D., Familie und Wertsystem, Berlin [2]1967
29 Vgl. Fend, H., Sozialisierung und Erziehung

30 Vgl. hierzu die Definitionen der Begriffe Sozialisation und Enkulturation bei Wurzbacher, G., Sozialisation ..., S. 12 und 14

31 Bergmann, J. E., Die Theorie des sozialen Systems, S. 142

32 Ebd.

33 Zur Situation der Arbeitenden in Industrie und Bürokratie vgl. Friedmann, G., Der Mensch in der mechanisierten Produktion, Köln 1952; ders., Zukunft der Arbeit, Köln 1953; ders., Grenzen der Arbeitsteilung, Frankfurt 1959; Wallraff, G., Industriereprotagen, Reinbek 1970; Bahrdt, H. P., Industriebürokratie, Stuttgart 1958; Mayntz, R. (Hrsg.), Bürokratische Organisation, Köln 1958; Fijalkowski, J., Demokraten als Bürokraten. Statussorgen und Funktionsgehorsam gegen politisches Bewußtsein, in: Hartfiel, G. (Hrsg.), Die autoritäre Gesellschaft, Köln 1969, S, 155–167; Offe, C., Leistungsprinzip und industrielle Arbeit, Frankfurt 1970

34 Vgl. hierzu: Popitz, H., Bahrdt, H. P., u. a., Das Gesellschaftsbild des Arbeiters, Tübingen 1957, S. 184 ff.

35 Vgl. hierzu: Bahrdt, H. P., Industriebürokratie, S. 106 ff.

36 Vgl. zum folgenden: Jaeggi, U., Wiedemann, H., Der Angestellte in der Industriegesellschaft, Stuttgart 1966, S. 145 ff.

37 Zur Frage, ob der Begriff Klassengesellschaft noch gerechtfertigt ist, vgl.: Adorno, Th. W., Jaerisch, U., Anmerkungen zum sozialen Konflikt heute, in: Maus, H., u. a. (Hrsg.), Gesellschaft, Recht und Politik. Wolfgang Abendroth zum 60. Geburtstag, Neuwied 1968, S. 1–19; Abendroth, W., Ist der Marxismus »überholt«?, in: ders., Antagonistische Gesellschaft und politische Demokratie, Neuwied 1967, S. 347 bis 363; Bottomore, T. B., Die sozialen Klassen in der modernen Gesellschaft, München 1967; Offe, C., Politische Herrschaft und Klassenstrukturen, in: Kress, Senghaas (Hrsg.), Politikwissenschaft, Frankfurt 1969, S. 155–189

38 Vgl. hierzu: Huffschmid, J., Die Politik des Kapitals. Konzentration und Wirtschaftspolitik in der Bundesrepublik, Frankfurt 1969

39 Achinger, H., Sozialpolitik als Gesellschaftspolitik, Hamburg 1958

40 Habermas, J., Technik und Wissenschaft, S. 84

41 Vgl. hierzu: ebd.; sowie: ders., Praktische Folgen des wissenschaftlich-technischen Fortschritts, in: Maus, H. (Hrsg.), Gesellschaft, Recht und Politik, S. 121–146

42 Zur Problematik der empirischen Einlösung verschiedener Schichtbegriffe vgl. Baumert, G., Kritische Bemerkungen über

empirische Ansätze zur Bestimmung der sozialen Schichtung, in: Glass, D. V., König, R. (Hrsg.), Soziale Schichtung und soziale Mobilität, Köln 1961, S. 316–328

43 Vgl. hierzu: Parsons, T., Das Inzesttabu und seine Beziehung zur Sozialstruktur und Sozialisation des Kindes, in: ders., Sozialstruktur und Persönlichkeit, Frankfurt 1968, S. 73–98; sowie: Claessens, D., Familie und Wertsystem

44 Ein Vergleich der eben genannten Arbeit Claessens' mit seinem Aufsatz *Die Anpassungskrise der Familie* in: Nachrichtendienst des Deutschen Vereins für öffentliche und private Fürsorge, 49. Jg. 1969, Nr. 8, S. 209–212, dürfte dies deutlich werden lassen.

45 Vgl. hierzu den informativen Literaturbericht: Fürstenau, P., Soziologie der Kindheit, Heidelberg [2]1969

46 Zum ersteren vgl.: Peisert, H., Soziale Lage und Bildungschancen in Deutschland, München 1967; zum letzteren vgl.: Wössner, J., Kirche – Familie – Sozialisation, in: Wurzbacher, G. (Hrsg.), Die Familie als Sozialisationsfaktor, Stuttgart 1968, S. 308–352; Rolff, H. G., Sozialisation und Auslese durch die Schule, Heidelberg [2]1969, S. 43 f.

47 Vgl. zum folgenden: Rolff, H. G., Sozialisation und Auslese; ferner: Sozialisation und kompensatorische Erziehung, Berlin 1969 (als Manuskript vervielfältigt); Oevermann, U., Soziale Schichtung und Begabung, in: Zeitschrift für Pädagogik, 6. Beiheft 1966, S. 166–186, ders., Schichtenspezifische Formen des Sprachverhaltens und ihr Einfluß auf die kognitiven Prozesse, in: H. Roth (Hrsg.), Begabung und Lernen, S. 297–355; Mollenhauer, K., Sozialisation

48 Oevermann, Soziale Schichtung, S. 171

49 Vgl. hierzu: Fürstenau, P., Soziologie der Kindheit, S. 120 f.

50 Vgl. hierzu: Oevermann, U., Schichtenspezifische Formen, S. 304 ff.; Mollenhauer, K., Sozialisation, S. 284 ff.

51 Rolff, H. G., Sozialisation und Auslese, S. 49

52 Zur weiteren Orientierung siehe die Literaturangaben bei Oevermann, U., Schichtenspezifische Formen

53 Vgl. Bernstein, B., Sozio-kulturelle Determinanten des Lernens, in: Heintz, P. (Hrsg.), Soziologie der Schule, Köln [6]1969, S. 52–79; sowie die Aufstellung weiterer Arbeiten Bernsteins bei Oevermann, U., Schichtenspezifische Formen

54 Oevermann, U., Schichtenspezifische Formen, S. 333

55 Ebd., S. 338

56 Die Frage der Sozialisation durch *peer groups* soll hier zumindest erwähnt werden. Die Bedeutung der *peer groups*, hier besonders der Gruppen gleichaltriger Kinder und Ju-

gendlicher, für den Sozialisationsprozeß hat sicher im Zeitverlauf zugenommen. Ihren Mitgliedern erleichtern sie die Lösung von der Familie; gesellschaftlich gesehen scheinen ihre Funktionen dabei jedoch weitgehend denen der Familie zu entsprechen: sie leisten, schichtenhomogen zusammengesetzt, vorwiegend eine schichtenspezifische Anpassung an die gegebenen Verhältnisse in Formen, die vom Spiel bis zur Leistungskonkurrenz reichen. Andererseits läßt die vielfältig variierte Suche nach repressionsfreien Räumen, die charakteristisch für Gruppen Jugendlicher zu sein scheint, erkennen, daß die Konfrontation mit »dem Ernst des Lebens« einer autoritären Gesellschaft Kompensationsbedürfnisse auslöst, die gemäß dem Primärgruppen-Modell Familie nun in altershomogenen Gruppen befriedigt werden. Vgl. hierzu: Riesman, D., Die einsame Masse, Hamburg 1969; Eisenstadt, S. N., Von Generation zu Generation, München 1966; v. Friedeburg, L. (Hrsg.), Jugend in der modernen Gesellschaft, Köln 1965.

57 Vgl. hierzu: Offe, C., Leistungsprinzip

58 Vgl. hierzu: Sozialisation und kompensatorische Erziehung, S. 142 ff.; Rolff, H. G., Sozialisation, S. 64 ff.; Oevermann, U., Schichtenspezifische Formen, S. 318 ff.; Hess, F., Latscha, F., Schneider, W., Die Ungleichheit der Bildungschancen, Olten 1966

59 Sozialisation und kompensatorische Erziehung, S. 154.

60 Vgl. hierzu: Rolff, H. G., Sozialisation, S. 18 f.

61 Vgl. hierzu und zum folgenden: Mollenhauer, K., Sozialisation, S. 292 ff.; Rolff, H. G., Sozialisation, S. 105 ff.; Sozialisation und kompensatorische Erziehung, S. 157 ff.; Oevermann, U., Schichtenspezifische Formen, S. 339 ff.

Zu: Politische Bildung – Integration oder Emanzipation?

1 Oetinger, F., Wendepunkt der politischen Bildung, Stuttgart 1951, S. 2 und 159

2 Habermas, J., Student und Politik, Neuwied 1961, S. 33 f., hier findet sich auch die beste kritische Zusammenfassung der Oetinger-Thesen wie der anschließenden Diskussion, S. 239 ff.

3 Vgl. hierzu den kurzen Abriß der Geschichte politischer Bildung in: Becker u. a., Erziehung zur Anpassung? Frankfurt [2]1968, S. 9 ff.

4 Spranger, E., Gedanken zur staatsbürgerlichen Erziehung, Bonn 1957, S. 38 ff.

5 Ebd. S. 13
6 Ebd. S. 39
7 Ebd. S. 46
8 Beckert, H., Staatsbürger von morgen, Bd. Homburg [13]1964, S. 92
9 Ebd. S. 61
10 Breuer, H., Du und die Gemeinschaft, Ratingen 1960, S. 15
11 Ebd. S. 71, weitere Belege dazu in der Schulbuchanalyse von Nitschke, V., Zur Wirksamkeit politischer Bildung, Ffm. 1966
12 Hentig, H. v., Allgemeine Lernziele der Gesamtschule, in: Dtsch. Bildungsrat, Bd. 12. Stuttgart 1969, S. 33; ebenso Minssen, F., Zur Bilanz der politischen Bildung, in: Offene Welt, Nr. 95/96, 1967, S. 123
13 Minssen, F., War alles falsch? in: Gesellschaft – Staat – Erziehung, 12. Jg. 1967, S. 215
14 Lemberg, E., Nationalismus, Bd. I und II, Reinbek 1964
15 Lemberg, E., Nationalismus als Problem der politischen Erziehung, in: Beilage zur Wochenzeitung *Das Parlament*, B 10/65, 1965, S. 10
16 Hornung, K., Zum Ideologieproblem in der politischen Erziehung, in: Aus Politik und Zeitgeschichte Nr. 35–36/67
17 Ebd. u. Hornung, K., Pol. u. Zeitgesch. i. d. Schule, Vill. 1966
18 Minssen, F., 14 Thesen zu Nation und Vaterland in der politischen Bildung, in: Gesellschaft – Staat – Erziehung, 12. Jg. 1967, S. 97
19 Ebd., S. 97, vergleiche auch die Kritik Rolf Schmiederers an den Versuchen, einem neuen Nationalismus in der politischen Bildung zum Leben zu verhelfen, Schmiederer, R., Politische Bildung zwischen Gemeinschaftsideologie und Nationalismus, in: Das Argument 54, Jg. 11, 1968, S. 431–465 (461 ff.)
20 Andrae, H., Zur Didaktik der Gemeinschaftskunde, Weinheim, 1968
21 Ebd. S. 112 ff.
22 Ebd. S. 113
23 Ebd. S. 121
24 Ebd. S. 120
25 Schefer, G., Das Gesellschaftsbild des Gymnasiallehrers, Ffm. 1969, S. 68; Teschner, M., Politik und Gesellschaft im Unterricht, Ffm. [2]1969; die Ergebnisse der zu Beginn der 60er Jahre vom Frankfurter Institut für Sozialforschung in den höheren Schulen, Volks-, Mittel- und Berufsschulen durchgeführten Untersuchungen sind von Schefer für die Gymnasien auch für 1968 in der Hauptsache noch als zutreffend festge-

stellt worden. Eine differenzierte Darstellung (etwa nach Schularten) ist im Rahmen dieses Beitrages nicht erforderlich.
26 Schefer, G., Gesellschaftsbild, S. 1 und 182
27 Herkommer, S., Welchen Erfolg hatte die politische Bildung bisher? in: Gesellschaft – Staat – Erziehung, 12. Jg. 1967, S. 230
28 Ebd. S. 230
29 Friedeburg, L. v., Zum Verhältnis von Jugend und Gesellschaft, Köln 1965, S. 184
30 Blücher, V. v., Die Generation der Unbefangenen, Düsseldorf 1966, S. 377 und 403
31 Giesecke, H., Didaktik der politischen Bildung, München [3]1968
Die Hauptthesen dieser Konzeption vertritt Giesecke auch in dem Gutachten des Deutschen Bildungsrates, Bd. 12, Stuttgart 1969. Giesecke, H., Unterrichtsziele im Sozialkundenunterricht in der differenzierten Gesamtschule, S. 55–59
32 Giesecke, Didaktik, S. 20 ff.
33 Ebd. S. 115 ff.
34 Ebd. S. 120 ff.
35 Roth, F., Sozialkunde, Düsseldorf 1968, S. 23
36 Ebd. S. 66
37 Engelhardt, R., Politisch bilden – aber wie? Essen 1964, S. 11; Urteilsbildung im politischen Unterricht, Essen 1968, S. 27
38 Engelhardt schreibt selbst, die Einsichten sind, »zugespitzt ausgedrückt, ›reinster Dahrendorf‹«, ebd. S. 38
39 Zur Kritik an der Pluralismustheorie vergl. Bergmann, J., Konsensus und Konflikt, in: Das Argument 42, 9, Jg. 1967, S. 41–59; ferner Pross, H., Zum Begriff der pluralistischen Gesellschaft, in: Zeugnisse, Festschrift für Adorno, Th. W., Ffm. 1963, S. 439 ff.; Offe, C., Politische Herrschaft und Klassenstrukturen, in: Politikwissenschaft, Hrsg. Kress, G., u. a., Ffm. 1969, S. 155–189; Habermas, J., Strukturwandel der Öffentlichkeit, Politika Bd. 4, Neuwied [3]1968
40 Vgl. dazu Becker, Erziehung, S. 19
41 Vgl. Habermas, Student, S. 246
42 Vgl. Teschner, Politik, S. 146
43 Habermas, J., Technik und Wissenschaft als Ideologie, Ffm. 1968, S. 84
44 Giesecke, Didaktik, S. 19
45 Ebd. S. 110
46 Ebd. S. 229 f.; ebenso Giesecke, H., Politische Bildung – Re-

chenschaft und Ausblick, in: Gesellschaft – Staat – Erziehung, 13. J. 1968, S. 277–268 (281)

47 Giesecke, Didaktik, S. 213

48 Ebd. S. 13

49 Engelhardt, Urteilsbildung, S. 42

50 Daß Dahrendorfs Thesen und die an ihnen orientierten Konzeptionen politischer Bildung als Provokationen empfunden werden, zeigt den Modernitätsrückstand der Demokratie in der Bundesrepublik. (Engelhardts Konzeption wird von zahlreichen Kritikern als »links« und »revolutionär« bezeichnet.) Vgl. Engelhardt, R., Urteilsbildung, S. 39

51 Negt, O., Gesellschaftsbild und Geschichtsbewußtsein der wirtschaftlichen und militärischen Führungsschichten, in: Der CDU-Staat 2, Hrsg. Schäfer, G., u. a., Ffm. 1969, S. 365

52 Zit. nach Schäfer, G., Leitlinien stabilitätskonformen Verhaltens, ebd., S. 455 (aus *Industriekurier* und aus *Der Arbeitgeber*)

53 Mills, C. W., Kritik der soziologischen Denkweise, Neuwied 1963, S. 44

54 Offe, C., Politische Herrschaft und Klassenstrukturen, in: Politikwissenschaft, Hrsg. Kress, G., u. a., Ffm. 1969, S. 163

55 Vergleiche dazu Hofmann, W., Grundelemente einer Wirtschaftsgesellschaft, Reinbek 1969, S. 19

56 Oskar Negt zeigt auf, wie die Kategorien des objektiven Interesses und der objektiven Möglichkeit Bestandteile einer Theorie sind, deren Inhalt die praktische Emanzipation ist. Negt, O., Soziologische Phantasie und exemplarisches Lernen, Ffm. 1968, S. 68 ff.

57 Vgl. die verschiedenen Sozialkundebücher und die Stoffpläne der Bildungspläne einzelner Länder

58 So etwa bei Galbraith, Hacker, Dobb, Baran, Sweezy; vgl. dazu auch Hirsch, J., Zur politischen Ökonomie des politischen Systems, in: Politikwissenschaft, Ffm. 1969, S. 190 ff. und die dort angegebene Literatur

59 Huffschmid, J., Die Politik des Kapitals, Ffm. 1969

60 Neben Huffschmid vgl. zum Problem der Wirtschaftskonzentration auch Arndt, H., Die Konzentration in der westdeutschen Wirtschaft, Pfullingen 1966 und Pritzkoleit, K., Wirtschaftsmachtgespenst oder Wirklichkeit? Stuttgart 1962

61 Vgl. Huffschmid, J., S. 100 ff.

62 Vgl. Abendroth, W., Zum Begriff des demokratischen und sozialen Rechtsstaates im Grundgesetz der BRD, in: Antagonistische Gesellschaft und politische Demokratie, Soziale Texte Bd. 47, Neuwied 1967, S. 109–138

63 Schäfer, G., Demokratie und Totalitarismus, in: Politikwissenschaft, S. 115
Zum Begriff der politischen Beteiligung vgl. auch Habermas, J., Student, S. 13 ff.
Ebenso Abendroth, W., Demokratie als Institution und Aufgabe, in: Sultan, H., Abendroth, W., Bürokratischer Verwaltungsstaat und soziale Demokratie, Hannover 1955, S. 111 ff.
64 Schäfer, G., Demokratie, S. 116
65 Habermas, J., Protestbewegung, S. 48 f.
66 Vgl. dazu auch Bernfeld, S., Sisyphos oder die Grenzen der Erziehung, Ffm. 1967, S. 123

Zu: Arbeitslehre und polytechnische Bildung

1 Zum Begriff des *organisierten Kapitalismus* vergleiche den Beitrag von Manfred Clemenz in diesem Band.
2 Locke, J., On working school, in: Geschichte der Erziehung, Berlin 1969, Quellenband S. 105
3 Vgl. zum Zusammenhang von Gesellschaftstruktur und Bildungstheorien den Beitrag von Werner Markert.
4 Koneffke, G., in der Einleitung zu: H. P. Sextro, Über die Bildung der Jugend zur Industrie, Ffm. 1968, S. VII
5 Zit. nach der Beckerschen Übersetzung der von Marx verfaßten »Instruktionen für die Delegierten des Generalrats« aus dem Englischen; »Denkschrift der deutschen Abteilung (Genf) der Internationalen Arbeiterassoziation«, in: Der Vorbote, 1. Jg. 1866, Nr. 10, S. 195
6 Ebd. S. 151
7 Kerschensteiner, G., Begriff der Arbeitsschule, München [15]1964, S. XIII
8 Ebd., S. 10
9 Ebd., S. 19 und S. 24 f.
10 Ebd., S. 63 f., 44 f. und S. 98 f.
11 Ebd., S. 89
12 Blonskij, P. P., Die Arbeitsschule, Berlin 1921, S. 17
13 Ebd., S. 10
14 Ebd., S. 183
15 Skatkin. M. N., Zur Verbindung des Unterrichts mit der Arbeit. Berlin 1962, S. 61
16 Frankiewicz, H., Technik und Bildung, Berlin 1968, S. 33
17 Mommsen, E.-W., Die Schule in der industriellen Gesellschaft, Bad Harzburg 1961
18 Empfehlungen und Gutachten des Deutschen Ausschusses für

das Erziehungs- und Bildungswesen, Folge 7/8: Empfehlungen zum Aufbau der Hauptschule, Stuttgart 1964, S. 12

19 Ebd., S. 25, 19, 20 und 41

20 Vgl. dazu Koneffke, G., Integration und Subversion, in: Das Argument, H. 54, S. 423

21 Vgl. dazu Blankertz, H., Theorie und Modelle der Didaktik, München 1969, S. 175 f.

22 Vgl. dazu den Beitrag von Alfred Pressel und die dort angegebene Literatur

23 Kupffer, H., Berufserziehung als Lenkungsproblem, Ratingen 1965, S. 9

24 Ebd., S. 62 f.

25 Ebd., S. 11

26 Ebd., S. 7

27 Abraham, K., Erziehung und Industrialismus, Freiburg 1970, S. 47

28 Der Begriff *Arbeitslehre* wurde vom Deutschen Ausschuß (s. o.) eingeführt. Er steht für unterschiedliche Inhalte:
a) als neues Schulfach in (vorerst) der Hauptschule,
b) als Unterrichtsprinzip, d. h. Arbeitsweltbezüge sollen in allen in Frage kommenden Fächern hergestellt werden,
c) als neuer Inhalt des Faches *Werken*.
Hier wird er im Sinne der ersten Formulierung gebraucht und zwar synonym mit den zwar zutreffenderen, aber im Sprachgebrauch etwas aufwendigen Begriffen »Hinführung zur Arbeitswelt«, »Hinführung zur Arbeits- und Wirtschaftswelt«, und »Hinführung zur Arbeits- und Sozialwelt«.

29 Eine Loseblattsammlung, die die meisten Veröffentlichungen in kurzer Inhaltsangabe widergibt, ist vom Verlag für Wissenschaft, Wirtschaft und Technik herausgegeben worden: Schule und Arbeitswelt, Bad Harzburg

30 Sellin, H., Erziehung zum technischen Denken im Werkprozeß, in: Werkunterricht als technische Bildung. Weinheim 1969, S. 85 f.
Anmerkung: Bemerkungswert ist Sellins Auseinandersetzung mit dem Stand der polytechnischen Bildung und Erziehung in der DDR

31 Ebd., S. 85

32 Ebd., S. 85 f.

33 Schöneberg, H., Zimmermann, W., Praxis der Arbeitslehre, Wuppertal 1968

34 Ebd., S. 8

35 Ebd., S. 11

36 Ebd., S. 78 f.

37 Ebd., S. 83
38 Vgl. Gattermann, H., Arbeitslehre in der Praxis des Unterrichts, Hannover 1969
39 Empfehlungen und Gutachten, S. 21
40 Ebd., S. 37 f.
41 Vgl. Schwerdtfeger, J., Zur Entwicklung des Verhältnisses vom pädagogischen und gesellschaftlichen Arbeitsbegriff, in: Klafki-Kiel-Schwerdtfeger, Die Arbeits- und Wirtschaftswelt im Unterricht der Volksschule und des Gymnasiums, Heidelberg 1964
Vgl. Klafki, Arbeitslehre in der Gesamtschule, in: Klafki/Schulz/Kaufmann, Arbeitslehre in der Gesamtschule, Weinheim 1968
Vgl. Blankertz, arbeitslehre in der hauptschule, Essen ²1968
Roth, F./Jahn, K., Hauptschule und Arbeitswelt, in: Das Rundgespräch Heft 2/67
42 Vgl. Jahn-Caspers-Nowozimski, Modellprojekte I, Ffm. ²1970 und Christian-Salg-Schad-Jung, Modellprojekte II, Ffm. 1970
43 Geis, H., und J., Arbeitslehreprojekt *Chemie*, Ffm. 1969 (unveröffentlicht, erscheint wahrscheinlich als »Modellprojekte III« im Diesterweg Verlag Ffm.)
44 Ebd., ohne Seitenzahl
45 Ebd.
46 Roth/Jahn, Hauptschule, S. 97
47 Vgl. dazu auch den Beitrag von Franz Heinisch über politische Bildung
48 Brenner, O., Fortschrittliche Betriebsverfassung. – Prüfstein der Demokratie, S. 11

Zu: Affirmative Erziehung: Heimat- und Sachkunde

1 Adorno, Th. W., Jargon der Eigentlichkeit, Ffm. ⁴1968, S. 65
2 Heidegger, M., Über den Humanismus, Frankfurt 1949, S. 28
3 Ebd., S. 29
4 Walser, M., Heimatkunde, Frankfurt 1968, S. 40
5 Gutachten zur Politischen Bildung und Erziehung, in: Empfehlungen und Gutachten des Deutschen Ausschusses für das Erziehungs- und Bildungswesen, Folge 1, Stuttgart 1955, S. 43
6 Reichart, W., Heimatkunde – ein antiquierter Begriff?, zitiert nach Mayer, M.: Heimatkunde – ein unterentwickelter Begriff, in: Lebendige Schule, 4/1965, S. 155

7 Spranger, E., Der Bildungswert der Heimatkunde, Berlin 1943, S. 12.
8 Clemenz, B., in: Lexikon der Pädagogik, Freiburg 1913, S. 692.
9 Gärtner, F., Neuzeitliche Heimatkunde, München ^{4}1969, S. 13.
10 Ebd., S. 212.
11 Nebelsiek, K., Der Gemeinde-, Staats- und Weltbürger, Köln ^{89}1966, S. 3.
12 Ebd., S. 3.
13 Ebd., S. 4.
14 Ebd., S. 5.
15 Ebd., S. 6 f.
16 Zum Beispiel die Schulbuchanalyse v. Nitzschke: Zur Wirksamkeit politischer Bildung, Ffm. 1966; dazu auch die Untersuchungen von Becker, Herkomer und Teschner.
17 Mayer, M., Heimatkunde – ein unterentwickelter Begriff, in: Lebendige Schule 4/1965, S. 164.
19 Gärtner, ebd., S. 105.
20 Ebd.
21 Abschließend sagt der Verfasser der *Neuzeitlichen Heimatkunde* zu diesem Unterrichtsmodell: »Insgesamt zeigt das Beispiel hinsichtlich der Themenwahl . . . der Begriffsbildung, der Beobachtungs- und Denkschulung . . . einen äußerst erfreulichen Hochstand.« Gärtner, F., S. 111.
22 Man in Action Series, 6 Bde.: Level A bis F, dazu Lehrerbände, Englewood Cliffs, N. J. 1967.
23 People and their Actions, in: Man in Action Series, ebd., S. 48 und 49.
24 Ebd., S. 66.
25 Ebd., S. 69 und 70.
26 Ebd., S. 76 und 77.
27 Ebd., S. 80 bis 84.
28 People and their Social Actions, ebd., S. 19 und 20.
29 Ebd., S. 71 bis 73.
30 Politische Weltkunde, in: Deutscher Ausschuß für das Erziehungs- und Bildungswesen, Folge 9, Stuttgart 1965.
31 Ebd.
32 Ebd.
33 Ebd.
34 Ebd.
35 Beispiele aus Schüleraufsätzen zum Auschwitz-Prozeß, in: Hans Anden: Konfektionierte Fluchtwege, Frankfurter Hefte 10/1965, S. 700–705.

Zu: Die antagonistische Rolle des Lehrers im Prozeß der Reform

1 Vgl. Zapf, W., Theorien des sozialen Wandels, Köln 1969, insbes. S. 18 ff.

2 Vgl. Habermas, J., Technik und Wissenschaft als Ideologie, Ffm. [2]1969, S. 62 (ed. suhrkamp).

3 Kob, J., Die Rollenproblematik des Lehrerberufes, in: Soziologie der Schule, Köln [4]1966, S. 92: »Da die Spezialisierung der Erziehung, als ein wesentlicher Aspekt einer allgemeinen Pädagogisierung der Gesellschaft, als arbeitsteiliger Prozeß beschreibbar ist, gehört zu ihr als ebenso typisch moderne Erscheinung die Entwicklung eines modernen Erzieherberufes, eines Standes von Spezialisten für Erziehung. Auch für den Beruf des Lehrers ist also die Spezialisierung auf Erziehung der wesentliche Aspekt, ungeachtet des pädagogischen Strebens nach Allgemeinheit und Universalität der Bildung und der berufsspezifischen Antispezialisierungskampagnen; die Tätigkeit als Lehrer und Erzieher hört auf, bloße Nebenfunktionen einzelner Primärberufe zu sein, und konstituiert einen allein auf sich bezogenen Beruf.«

4 Dazu Hentig, H. v., Universität und höhere Schule, Gütersloh 1967, S. 9: »... Die Universität hat den Auftrag, unsere s. v. v. Lebenswirklichkeit zu erforschen, und zwar – als Einrichtung der Gesellschaft – im besonderen Maße die Voraussetzungen, Tatbestände, Möglichkeiten, Wandlungen der gesellschaftlichen Existenz. Dazu gehört u. a. die Frage: welche Auffassung von sich selbst und von ihrer Bestimmung diese Gesellschaft an die nächste Generation vermitteln will – in welchen Formen, durch welche Institutionen und was für Personen, mit welchem wie zu erbringenden Aufwand. Ja dazu gehört die Erforschung der Prioritäten, die in der Gesellschaft tatsächlich herrschen, damit sie redlich mit den erklärten oder noch zu beschließenden konfrontiert werden können: Die Universität – ob sie will oder nicht – liefert (oder bleibt schuldig) die Daten und Modelle für die gesellschaftliche Planung, und dieser wiederum werden wir nur gewachsen sein, wenn wir die entsprechende Mentalität entwickeln. Die individualistische und idealistische Schulmentalität des 19. Jahrhunderts *kann* uns nicht dazu befähigen.«

5 Dazu Döring, K. W., Lehrerverhalten und Lehrerberuf, Weinheim 1970, S. 18: »Die moderne Industriegesellschaft braucht zwar den hochqualifizierten Spezialisten, bei der vorliegenden Fragestellung also den ›professionalisierten‹ Erziehungsspezialisten, aber eine praxisorientierte Berufsausbildung muß

heute mehr als je ergänzt werden durch die kritische Reflexion eben dieser Ausbildung und des gewählten Berufes, damit ein verantwortliches gesellschaftliches Verhalten überhaupt möglich wird.«

6 Vgl. Döring, ebd., S. 9.

7 Kupffer, H., Das fragwürdige Erziehungsbild der deutschen Pädagogik, in: Die dt. Schule, 61. Jg. 1969, H. 4, S. 201.

8 Adorno, Th., Tabus über dem Lehrerberuf, in: Stichworte, Kritische Modelle 2, Ffm. 1969, S. 80 (ed. suhrkamp 347).

9 Dazu Kluckhohn, C., und Kelly, in: Fischerlexikon Soziologie, 1967, S. 163: Enkulturation erfolgt in einem Lernprozeß, der ein sozialer Prozeß ist. »Eine Kultur ist ein historisch abgeleitetes System von expliziten oder impliziten Leitvorstellungen für das Leben, das zumeist von allen oder von besonders berufenen Mitgliedern einer Gruppe geteilt wird.«

10 Adorno, ebd., S. 80.

11 Wallas, G., in: Fischerlexikon S. 162.

12 Adorno, ebd., S. 76.

13 Hölderlin, Hyperion, in: Sämtl. Werke, Große Stutt. Ausg. 1946, VI, S. 92.

14 Vgl. Marx, K., Vorwort zur Kritik der politischen Ökonomie, M. E. G. Dietz, Berlin 1961, Bd. 13.

15 Dazu Jouhy, E., Demokratisierung der Schule, ein widerspruchsvoller Prozeß, in: Gesellschaft, Staat, Erziehung, 15. Jg., Heft 2, April 1970, S. 92: »Selbst wenn eine Demokratisierung der Autorität des Lehrerberufes erreicht wäre – und wir sind davon sehr weit entfernt – bliebe die Tatsache bestehen, daß die sachliche Überlegenheit des Lehrenden für junge Menschen frustrierend und revolutionierend bleiben wird. *Auf der Ebene der Schule und Universität entspricht die Verfügung über Wissen und Können dem, was in der wirtschaftenden Gesellschaft die Verfügung über Produktionsmittel und Sachverstand bedeutet*, nämlich die Möglichkeit, die Fremdbestimmung des Jugendlichen (bzw. des Arbeiters oder Angestellten) ihm selbst als sachliche Notwendigkeit erscheinen zu lassen. Gegen diese Fremdbestimmung wird sich in zunehmendem Maße der Schüler wehren, weil seine schulbedingte, sachlich-gesellschaftliche Unmündigkeit im krassen Widerspruch zu seiner psychologischen Reife steht, insbesondere aber auch, weil seine Schülerexistenz ihn geradezu herausfordert, Tradition, Realität und Utopie in immer stärkerem Maße kritisch zu assimilieren, woraus der Jugendliche seine Auflehnung gegen jede Art der Autorität, deren er kompensatorisch bedarf, auch rational begründet.

Je mehr also Lehrerautorität und wissenschaftlicher Anspruch sich demokratisieren, um so mehr wird die Schule zum Schauplatz grundlegender Konflikte, die nur vordergründig den Charakter antiautoritärer Auflehnung annehmen. Die Frage nach der Möglichkeit einer autoritätsfreien Gesellschaftsstruktur stellt sich in der Schule schärfer als in der Produktion, weil die materiellen Konsequenzen tastender Versuche, nicht ausgefüllter Verantwortung, mangelnder oder sporadisch geminderter Leistung, also die gesellschaftlichen Konsequenzen größeren individuellen Spielraums in der Schule noch weit weniger unmittelbar gravierend sind als in der Produktion, im Gerichtssaal, am Operationstisch oder im Ministerium. Was Bildung selbst an sachlichen Zwängen einschließt, wird somit von den Gruppen, die über das Bildungswesen bestimmen, immer anders interpretiert werden als von der gesellschaftlichen Gruppe der Jugend, auf die diese Bildung gemünzt ist. Damit ist auch sachliche Autorität noch an gesellschaftliche Gruppen, an ihre Interpretation der Sache und an ihre Macht gebunden. Daran wird selbst der demokratische, kooperative Führungsstil der Pädagogen nichts ändern, und sie werden sich immer wieder von den aufgeweckteren Schülern sagen lassen müssen, daß sie ›ihre Sachautorität zur Manipulation mißbrauchen‹, weil sie mit der ›scheindemokratischen Mitverantwortung der Schüler› nur die Durchsetzung der von ihnen selbst bestimmten Ziele erreichen wollen.«

16 Jouhy, E., Schülerexistenz zwischen rezeptivem Konformismus und rebellierender Produktivität, in: Schüler, Lehrer, Eltern, Hrsgb. K. Seidelmann, Hannover 1970, S. 39 ff. (Schroedel 27). »Der Schüler von heute gehört zu der Menschengruppe, die am stärksten mit dem Gegensatz von Anpassung einerseits und Selbstbehauptung andererseits zu tun hat. Zum Verständnis dieser Behauptung gehört die Erinnerung an einige banale Gegebenheiten:

1. Der Schüler wächst physisch und psychisch.
2. Er wächst schneller physisch und psychisch als sozial.
3. Während sein physisches und psychisches Wachstum markante Grenzen erreicht: Volle Funktionsfähigkeit seines Verstandes, Geschlechtsreife, Wachstumsende, erscheint ihm soziales Wachstum dagegen unbegrenzt. Er erwartet einen fortlaufenden Aufstieg seiner Existenz, und es wird ihm gesagt, die Bewährung in der Schule würde über diesen Aufstieg entscheiden.«

17 Adorno, ebd., S. 77.

18 Robinsohn, S. B., Der Lehrer zwischen gestern und morgen, in: Schüler, Lehrer, Eltern, ebd., S. 86 ff.

19 Döring, ebd., S. 88.

20 Dazu Hentig, H. v., Die Schule im Regelkreis, Stuttgart 1965, S. 13: »Die Schule erfüllt innerhalb des sozialen Organismus einerseits dessen Anforderungen und korrigiert sie zugleich. Sie bringt den von der Gesellschaft benötigten Nachwuchs in den Berufen und öffentlichen Tätigkeiten hervor, aber sie sorgt auch dafür, daß man die Funktionen dieses Nachwuchses richtiger versteht . . . Es schlägt auf die Schule selbst und ihre jeweils andere Funktion zurück, wenn sie auch nur eine von ihnen nicht erfüllt!«

21 Habermas, a. a. O., S. 51.

22 Dazu Winkler, H. J., Der Einfluß der Automation und des technischen Fortschritts auf einige soziale Bereiche, in: Die Wirtschaftsgesellschaft, Hess. Landeszentrale für polit. Bildung, Wiesbaden, S. 75/76: »Wenn heute über die sozialen Auswirkungen der Automation und des technischen Fortschrittes gesprochen wird, so lassen sich unter Berücksichtigung der vorliegenden Forschungsberichte und verschiedener Diskussionsbeiträge einzelne Komplexe erkennen, in denen sich gesellschaftliche und soziale Auswirkungen im Zusammenhang mit den technologischen und ökonomischen Veränderungen durch die Automation bemerkbar gemacht haben:

1. Der Einfluß ökonomischer Veränderungen auf bestehende Herrschafts- und Machtverhältnisse – die Auswirkungen dieser Veränderungen auf die verschiedenen Gruppen innerhalb der Gesellschaft.
2. Der Einfluß der Automation und des technischen Fortschrittes auf die weitere Verteilung der Arbeitskräfte – Probleme der Umsetzung von Arbeitskräften im Verlauf der weiteren Automatisierung – Probleme der Eingliederung freiwerdender Arbeitsplätze in vorhandene bzw. neuentstehende Produktionsbereiche.
3. Probleme einer umfassenden Bildungsreform, die den zukünftigen Formen der Anforderungen im Beruf und in der Gesellschaft Rechnung trägt. Dazu gehören Veränderungen der Grundschulausbildung (beispielsweise Erlernen einer Fremdsprache, Verbesserung des mathematisch-naturwissenschaftlichen Unterrichtes, Vermittlung von Grundkenntnissen verschiedener Produktionszweige u. ä.), Vergrößerung der Zahl der Absolventen an weiterführenden Schulen, stärkere Berücksichtigung der im Zusammenhang mit der Automation und dem technischen Fortschritt stehenden

Probleme in der Forschungs- und Lehrertätigkeit aller akademischer Disziplinen an den Hoch- und Fachschulen.
4. Probleme der Berufsfindung, der Berufsausbildung und der Weiterbildung unter Berücksichtigung neuentstehender bzw. sich verändernder beruflicher Anforderungen, Berücksichtigung neuentstehender Berufe innerhalb der Berufsausbildung.
5. Analyse der sich verändernden betrieblichen Hierarchieformen – Entwicklung neuer Formen der Mitbestimmung und der kooperativen Leitung.
6. Der Einfluß der ökonomischen und technologischen Veränderungen auf die Entwicklung sozialer Strukturen und Gruppen sowie Analysen der verschiedenartigen sozialen Kontakte am Arbeitsplatz ...«

23 Dazu Marcuse, H., Kultur und Gesellschaft II, Ffm. 1965: »Nicht erst ihre Verwendung, sondern schon die Technik ist Herrschaft (über die Natur und über den Menschen), methodische, wissenschaftliche, berechnete und berechnende Herrschaft. Bestimmte Zwecke und Interessen der Herrschaft sind nicht erst nachträglich und von außen der Technik oktroyiert – sie gehen schon in die Konstruktion des technischen Apparates selbst ein; die Technik ist jeweils ein geschichtlich-gesellschaftliches Projekt; in ihr ist projektiert, was eine Gesellschaft und die sie beherrschenden Interessen mit den Menschen und mit den Dingen zu machen gedenken. Ein solcher Zweck der Herrschaft ist ›materiell‹ und gehört insofern zur Form selbst der technischen Vernunft.«

24 Dazu Winkler, S. 72: »Brenner (1965) konnte anhand eines umfassenden Materials Angaben über die Veränderung von Produktion, Arbeitszeit, Produktionsmenge je geleistete Arbeitsstunde und Beschäftigung in 21 ausgewählten Industriezweigen nachweisen. Eindrucksvoll wird die Auswirkung der Automation ... an einem Zitat erkennbar, wenn er schreibt, (s. S. 18): Die Industrie der Bundesrepublik benötigte im Jahre 1950 noch 203 Arbeiterstunden, um Waren im Werte von DM 1000,– zu produzieren. 14 Jahre später, im Jahre 1964 genügte weniger als die Hälfte dieser Zeit, nämlich 85 Stunden, zur Erreichung der gleichen Menge.«

25 Dazu Bonn, R. M., Frankfurter Rundschau, 29. 4. 1970, S. 7: »Bis 1980 muß damit gerechnet werden, daß rund 10,5 Millionen Erwerbstätige in der gesamten Wirtschaft der Bundesrepublik freigesetzt werden. Das bedeutet nicht, daß eine Arbeitslosigkeit in diesem Umfang eintritt, sondern es handelt sich vielmehr darum, daß 10,5 Millionen Angestellte und Ar-

beiter neue Arbeitsplätze erhalten werden ... Im Dienstleistungsbereich führte die Teilautomatisierung zur Polarisierung der Belegschaften: einer Höherqualifizierung der Arbeit, verbunden mit verbesserten Arbeitsbedingungen und höherem Grad persönlicher Autonomie, steht eine Tendenz zur Beibehaltung oder gar Vermehrung unqualifizierter und monotoner Hilfstätigkeit gegenüber, die Funktionen von *Lückenbüßern der Automation* übernehmen müssen.«
Im soziologischen Untersuchungsteil wird betont, daß die Höhe der Qualifikation, die ein Arbeiter für anspruchsvollere Automationsarbeit haben müsse, nicht überschätzt werden dürfe. Die qualifizierten Automationsarbeiten seien vor allem durch sogenannte prozeßunabhängige Fähigkeiten charakterisiert, wie technische Intelligenz, Flexibilität oder Verantwortung, »im Regelfall können sie in einer Anlernzeit von einigen Monaten ohne größere Schwierigkeiten erworben werden«, heißt es. Es wird betont, die Ausbildung der Arbeitnehmer müsse vor allem der technischen Weiterentwicklung Rechnung tragen, und dabei müsse das Interesse an beruflicher Weiterentwicklung geweckt werden.

26 Vgl. Riesmann, Die einsame Masse, Frankfurt/M. 1956.

27 Denison, E. F. (The sources of economic growth in the U. S. Zit. in: *Fortune* Nov. 1964), schätzt, daß zwischen 1929 und 1957 21% der Zuwachsrate des Bruttosozialproduktes auf Ansteigen von Bildung, Kenntnis und Forschung entfällt. In der gleichen Richtung: Machlup (The Production and Distribution of Knowledge in the U. S., N. Y. 1963): 1963 wurden 30% des US Bruttosozialproduktes in Produktion und Verbreitung von Wissen investiert, und 1980 werden schätzungsweise 50% der Bevölkerung der US Schüler, Studenten, Sich-Fortbildende, Lehrer, Wissenschaftler und Produzenten bzw. technische Agenten des Buch-Informations- und Massenkommunikationswesens sein.
Schon Lorenz v. Stein schreibt 1876 im Handbuch der Verwaltungslehre (zitiert bei Edding a. a. O., S. 100): »Bildung ... hat nicht bloß ihre idealen Folgen, sondern wird in der freien gesellschaftlichen Bewegung zur mächtigsten kapitalbildenden Kraft für die einzelnen wie für das Ganze.« Dazu auch: Fürstenau »Neuere Entwicklung der Bürokratieforschung und des Schulwesens« in: Neue Sammlung 7., Jg. 1967, H. 6, S. 513, Döring a. a. O., S. 15: »Das strukturierende Moment von all dem ist die Verlagerung wesentlicher Anteile der Entscheidungsfunktion in die untere Ebene des hierarchischen Rollensystems. Diese Veränderung gegenüber dem

klassischen Modell setzt voraus, daß das Personal der untersten Ebene zu selbständiger Berufsausübung fähig ist . . .« Vgl. auch: Jaccard, P., Sociologie de l'éducation, Paris 1962, ch. IV, u. V.

28 Galbraith, J. K., Gesellschaft im Überfluß, Knaur-Droemer, Taschenbuch Nr. 23, und Die moderne Gesellschaft, München 1968, Kap. XXV u. XXXIII. Dazu auch: Edding, F., Ökonomie d. Bildungswesens, Freiburg 1963, S. 77: »Oft wird die Bedeutung der Ausgaben für Bildungswesen und Forschung sehr eng als Chance höherer Produktivität und damit besseren Lebensstandards gesehen. Diese Ausgaben ermöglichen aber viel umfassendere Wirkungen. Sie dienen zweifellos der Entwicklung von Produktion und Verbrauch, aber auch dem Selbstverständnis, der inneren Selbstbehauptung und dem Wohlstand von Individuen und Gesellschaft im weitesten Sinn. Sie sind einerseits zweckbestimmt, auf konkrete Ziele gerichtet, andererseits ermöglichen sie die zwecklose Blüte aller Werte des Seins, das Glück der absichtslosen Erkenntnis, die religiöse Gemeinschaft. All dies setzt wirtschaftliche Vorgänge voraus.«

29 Vgl. Schelsky, H., Schule und Erziehung in der modernen Gesellschaft, Würzburg 1957.

30 Dazu Furck, C. L., Innere und äußere Schulreform, in: Zeitschrift für Pädagogik, 13. Jg. 1967, S. 112: »Den neufestgesetzten Lehraufgaben korrespondiert eine veränderte Unterrichtsorganisation. Damit wird die in der pädagogischen Theorie befestigte Abwertung der Organisation, die ebenfalls in der schulpolitischen Diskussion bis in die Gegenwart hinein aufgezeigt wurde, modifiziert. Verschiedene Untersuchungen lassen einen Zusammenhang von Organisation und Verhalten erkennen, so daß mit dem Absehen von dem Faktor Organisation eine wichtige Komponente der Verhaltenssteuerung unberücksichtigt bleibt.«

31 Dazu Hopkins, zitiert bei Döring a. a. O., S. 45: »Für Hopkins geht es dabei in der Erziehung weniger um Quantitäten als vielmehr um Qualitäten. Als entscheidend für eine ökonomische Lehrer-Schüler-Erziehung sieht er an, auf welche Weise die folgenden 4 Fragen der Lernorganisation gelöst werden: 1. Die Festlegung der jeweiligen Lernziele; 2. die Planung der einzelnen Unterrichtsschritte auf diese jeweiligen Ziele hin; 3. die Wahl der Arbeitsverfahren zur Verwirklichung der Ziele; 4. die Art der Beurteilung und Kritik an den jeweiligen Arbeitsergebnissen.

32 v. Hentig (Systemzwang . . ., S. 35) weist darauf hin, daß

gleiche technisch-wirtschaftliche Strukturen nicht gleiche kulturelle Folgen haben: »In den westlichen Industriedemokratien erzwingt das ›industrielle‹ Sachgesetz z. B. den Abbau von irrationalen Autoritätsverhältnissen und historischen Hierarchien in Armee und Industriebürokratie, während sich die Herrschaftsstrukturen in den entsprechenden Einrichtungen der Volksdemokratien eher zu festigen scheinen. Eine automatische Koppelung von Industrialisierung und Demokratisierung gibt es also nicht . . .«
Vgl. auch E. Jouhy: Demokratisierung der Schule . . .

33 Dazu Strzelewicz, W., Herrschaft ohne Zwang – Systeme und Interpretationen der Autorität heute, in: Kritik I Köln, 1969: »Man darf die Verschiedenheiten in der industriellen Entwicklung in den verschiedenen Ländern, Kulturen und Stadien nicht vergessen, vor allem auch wenn man die Zusammenhänge mit dem Herrschafts- und Autoritätsproblem begreifen will. In der sogenannten westlichen Welt geschah die Industrialisierung meistens unter privatkapitalistischen Bedingungen im Auflösungsprozeß der ständisch-agrarischen Welt, in der sogenannten östlichen Region vor allem auf dem Boden der Staatswirtschaft. Das wiederum hängt mit der Verschiedenheit der Geschichte dieser Regionen und mit der in dieser Geschichte verankerten soziokulturellen Erbschaft zusammen. In England kam die Industrialisierung in Verbindung mit der Nutzung der Dampfkraft und der darin liegenden Möglichkeiten einer territorial-dezentralisierten Anwendung auf. In Rußland wurde die industrielle Technik in größerem Umfang erst im Stadium der Elektrifizierung mit ihren zentralisierenden Organisationsformen eingeführt. In Deutschland dagegen entwickelte sich die Industrialisierung nicht nur später als etwa in England, sondern auch unter längerem und zäherem Fortbestand ständisch-feudaler Privilegien und Traditionen und in obrigkeitsstaatlichen Formen, die der Geschichte auch der Demokratisierung in Deutschland andere Züge gab als etwa in vielen west- und nordeuropäischen Ländern.
Wenn man die gesellschaftliche Ordnung in dieser Perspektive der geschichtlichen Genesis und des historischen Wandels betrachtet, so empfiehlt es sich, auch ihre vielfachen historischen und soziokulturellen Strukturelemente zu berücksichtigen und sie als eine Interferenz zwischen verschiedenen historischen und sozialen Strukturen anzusehen. Auch die industrialisierte Gesellschaftsformation vor allem in unserer westlichen Welt ist also alles andere als ein geschlossenes,

einsinnig funktionierendes System, vielmehr eine von vielen Einflüssen geprägte und vielen gegenläufigen Tendenzen durchzogene Struktur.«

34 Dazu Habermas, a. a. O., S. 68: »Der Kapitalismus ist weltgeschichtlich die erste Produktionsweise, die selbstgeregeltes wirtschaftliches Wachstum institutionalisiert hat: er hat einen Industrialismus erst hervorgebracht, der dann von dem institutionellen Rahmen des Kapitalismus gelöst und an anderen Mechanismen als den der Kapitalverwertung in privater Form festgemacht werden konnte.
Die Schwelle zwischen der traditionalen und der in den Modernisierungsprozeß eintretenden Gesellschaft ist *nicht* dadurch charakterisiert, daß unter dem Druck relativ entfalteter Produktivkräfte eine strukturelle Wandlung des institutionellen Rahmens erzwungen wird – das ist der Mechanismus der Entwicklungsgeschichte der Gattung von Anbeginn. Neu ist vielmehr ein Entwicklungsstand der Produktivkräfte, der die Ausdehnung der Sub-Systeme zweckrationalen Handelns permanent macht und dadurch die hochkulturelle Form der Legitimation von Herrschaft durch kosmologische Weltinterpretation in Frage stellt.«

35 Dazu Hochheimer, W., Die permanente Reproduktion der autoritären Persönlichkeit in: Kritik I, a. a. O. S. 86/87. W. H. zeigt unter anderem die Verzahnung zwischen dem Managerentwurf gesellschaftlichen Verhaltens und den Methoden des Lernens und Lehrens: »Dazu kommt weiter, daß nicht unwesentliche Anteile der lernenden Population auf ›soziale Bestätigungen‹ angewiesen sind, wenn sie gern und erfolgreich lernen sollen. Innerhalb unserer und verwandter Sozialklimate ist es also fragwürdig und für Lernerfolg nicht durchweg optimal, sich rein ›adressierend‹ an *Adressaten* zu wenden, um diese unter Ansehung von ihrer sozialen Rolle und Person zu versachlichen. Gerade, wenn man sich ausdrücklich an das kybernetische Modell von input, output und dazwischen liegendem ›schwarzen Kasten‹ gleich seelischem Infeld des adressierten Lernens hält, kann der Lerner als lernendes und stoffbedenkendes Subjekt zu kurz kommen. Es liegt auf der Hand, daß eine Haltung zu passiver, nicht bedenknotwendiger Aufnahme von Stoff dazu angetan sein kann, Eigenständigkeit und Kritik zu beschränken. Die Gefahr absolutistischer Manipulationen besteht im Lehr- und Lernbetrieb sowieso sehr ernsthaft. Die bei uns vorherrschende Art und Weise, Lerner verschiedenster Alterstufen und Lernplateaus mit einer Fülle von oft recht fragwürdigem Stoff zu bombardieren, den sie

bedingungslos zu schlucken haben, hat zu der ›großen Weigerung‹ beigetragen, die man bei unserer Jugend so gern beklagt. Sollte man nicht nachhaltigst begrüßen, daß hier endlich massive Abwehrhaltungen und Widerstände gegen den Lernuntertanen in repressiver Gesellschaft zum Durchbruch kommen? Die repressiv lehrende Vätergeneration war in der Tat ›fachidiotisch‹ genug, eine Fülle von Lernstoff vorzuschreiben, deren Gehalt und Notwendigkeit eindeutig überflüssig genannt werden kann. Jedenfalls stand man traditionellem Lerngehorsam in Vollstreckung eigener Untertanenpflichten nicht kritisch gegenüber. Um bei dieser Lage zu erkennen, daß aggressive und sadistische Züge in der Hierarchie des Lehr- und Lernsystems dazu beitrugen, ein humanes Klima zwischen den Generationen zu verstören, braucht man nicht Tiefenpsychologe zu sein. Vornehmlich drei Kategorien von Ansprüchen, die in unserer *Lerngesellschaft* autoritär vertreten werden, scheinen mir herausstellenswert: der Anspruch der unbezweifelbaren, sachlichen ›Richtigkeit‹ des Lernstoffes; der Anspruch der ›Gerechtigkeit‹, mit der der Stoff, selbstherrlich wie etabliert verordnet, repressiv zur Lernaufgabe gemacht wird; der Anspruch der ›Notwendigkeit‹, der gegenüber zu schulenden ›Lehrlingen‹ unserer Leistungsgesellschaft unabweisbar erhoben wird. Diese Haltungen haben wesentlich dazu beigetragen, eine permanente Reproduktion autoritärer Lehr- und Erziehungsherrschaft zu garantieren. Daß sie keineswegs überholt sind, wird zur Zeit in empirischen Untersuchungen aus dem Erziehungsbereich Berufsbildung, Schule und Kindergarten aufgeklärt.«

36 Strzelewicz, W., in: Kritik I, a. a. O. S. 40f. unterstreicht u. a. die Komplexität der Machtausübung, die sich aus der Verfügungsgewalt ergibt: »Zur gesicherten Herrschaft gehört die Monopolisierung sowohl ›ökonomischer‹ wie ›politischer‹ Positionen, und der Aufbau der Herrschaft kann von beiden ›Enden‹ her in Angriff genommen werden. Daher ist auch der Abbau von Herrschaft im Sinne der Demokratisierung auf beide Gebiete bezogen. Demokratisierung muß daher so lange als ›unfertig‹ betrachtet werden, wie sie nicht alle Sektoren der Gesellschaft in der Umwandlung der Autoritätsstruktur ergriffen hat, und umgekehrt kann die Demokratisierung auf jedem dieser Sektoren zuerst am deutlichsten in Erscheinung treten und insofern ›beginnen‹.«

37 So sieht es auch G. Michaud, einer der fortschrittlichsten und klarsichtigsten Professoren der Pariser Universität Nanterre, der in seiner Analyse der Maiereignisse 1968 (révolution dans

l'université, Paris 1968) schreibt: ». . . Für die Kultur als Ganzes betrachtet ist die Revolution seit einem halben Jahrhundert im Gange . . . Unter diesem Gesichtswinkel erscheint die Krise unserer Kultur in doppeltem Licht, positiv und negativ: sie schließt gleichzeitig ein Phänomen der Entstrukturierung und ein solches der Restrukturierung ein; in ihr überlagern sich untrennbar eine Welt, die untergeht und eine, die entsteht.« (S. 17 f.)

38 Edding, F., a. a. O. S. 92 zeigt, wie das ökonomische Interesse dieser Gruppe mit dem gesamtkulturellen Interesse an erweiterter und veränderter Bildung zusammenfällt: »Würde man eine Gesellschaft zwingen, nur noch zweckgerichtet zu leben, so würde ihre Leistung schnell schrumpfen. Bewußtes und unbewußtes Leben, nützliches Tun und Spiel, Zweckhandeln und Kunst um der Kunst willen, Arbeit und Freizeit müssen sich ergänzen. Lebenskraft, Arbeitsfreude, schöpferische Fähigkeiten würden durch eine zu früh und zu ausschließlich auf nützliche Fertigkeiten und Kenntnisse ausgerichtete Bildung Schaden nehmen. Das Wachsen des Sozialprodukts ist von den Bildungsbemühungen insgesamt abhängig, nicht nur von den für die Erwerbstätigkeit umittelbar nützlichen Teilen des Unterrichts und der Ausbildung.«

39 Hier müssen Hinweise genügen, da Anmerkungen den Rahmen dieses Essays sprengen würden:
Bernstein, B., Socio-kulturelle Determinanten des Lernens, in: Soziologie der Schule, Köln 1966.
Hentig, v., Systemzwang und Selbstbestimmung, Stuttgart 1968, insbes. Kap. I und II.
Mollenhauer, Erziehung und Emanzipation, München 1969.
Begabung und Lernen, H. Roth, Hsgb., Stuttgart 1969, insbes. Roth: Einleitung, Oevermann: Sprachverhalten; Mollenhauer: Sozialisation.

40 Vgl. insbes. die sehr kritischen Studien von J. F. Heydorn und Koneffke in: Das Argument 54, Dez. 1969.

41 Vgl. insbes. Aebli, H., Die geistige Entwicklung als Funktion von Anlage, Reifung, Umwelt und Erziehungsbedingungen, in: Begabung und Lernen, a. a. O. insbes.: 5. 2. 8 und 5. 3, sowie Roth: Die Problematik der Begabungsauslese (Teil 1. 2. 3. aus Einleitung und Überblick, ebd.)

42 Vgl. Hentig, v., Systemzwang, S. 12: »Wenn dagegen die gesellschaftliche Analyse ergibt,
– daß jedem zu jeder Zeit in jedem Beruf – ein beträchtliches und immer zunehmendes Maß an Abstraktion und Kommunikation zugemutet wird

– daß das Wissen aus einem Gut zu einem Instrument, gleichsam zu einer (prinzipiell und aktuell) unabgeschlossenen ›Sprache‹ geworden ist
– daß die zu diesem Prozeß notwendigen Einstellungen und Fertigkeiten (Mobilität, Rationalität, Kooperation und Kompetenz) im wesentlichen in der Kindheit und Jugend erworben werden
– daß in ihnen dabei aber die Denk- und Lebensweise ihrer historisch-sozialen Umgebung im Weg ist
– daß diese Umgebung sich mitsamt dem System der Gesellschaft ununterbrochen und zwangsläufig reproduziert
– daß die Interdependenz in dieser Industriegesellschaft entweder zu totaler Herrschaft der Technokraten oder (was zu wünschen und worauf systematisch vorzubereiten wäre) zu mehr Politik führen muß
– daß hierzu eine andere, fast schon Thoreausche Selbsterfahrung und -einschätzung notwendig ist, die in der komplexen und verwalteten Welt immer schwerer zu gewinnen ist, dann wird die Notwendigkeit neuer Inhalte im neuen Organisationsgefüge so überwältigend deutlich, daß kaum ein Modell für sie zu kühn sein kann.«

43 Die deutsche Lehrerschaft, insbesondere der Nachkriegszeit, leidet – nach F. Minssen (Die psychosoziale Dimension des Lehrerberufes, in: Gruppendynamik, Heft 1, Februar 1970, Stuttgart) unter starken politischen und bildungspolitischen Kommunikationsschwierigkeiten. »Man könnte demgemäß ein ›hypoallomatisches Syndrom‹ diagnostizieren, das in enger Beziehung zu dem von Adorno und anderen aufgefundenen ›autoritären Syndrom‹ stünde. In autoritären Ordnungen, die die unbefangene Äußerung in der Öffentlichkeit nicht zulassen, zieht sich das Interesse vom Öffentlichen zurück und konzentriert sich auf das Private: den Schoß der Familie, den engsten Freundeskreis, ›wo man noch ein Wort riskieren kann‹, die eigene Innerlichkeit. Während die seelische Temperatur innerhalb der Intimgruppen hohe und nicht immer angenehme Wärmegrade erreichen kann, wird die Atmosphäre außerhalb der Intimgruppen vom Frost des Mißtrauens und der Feindseligkeit beherrscht. Die Beziehungen zwischen den Intimgruppen veröden und verschärfen sich gleichzeitig. Der Austausch zwischen ihnen wird schwierig, die ›soziale Kathexis‹ beginnt zu stocken. Das ›hypoallomatische Syndrom‹ stellt sich ein: jene Kontakt-, Kommunikations- und Kooperationsschwierigkeiten mit Gruppen, die der eigenen unmittelbaren Lebenssphäre nicht angehören: Mißtrauen und Feindseligkeit

zwischen ihnen, die Weigerung und dann das Unvermögen, sich gegenseitig zu verstehen, der Verlust der Fähigkeit zum Umgang, die Zurückbildung der sozialen Empathie.«

44 »Es gehört zur Typologie des autoritär bedingten ›hypoallomatischen Syndroms‹, daß die gesellschaftliche Diagnose bei uns floriert, die Therapie der Festhaltungen der deutschen Gesellschaft jedoch verkümmert ist« (F. Minssen, S. 55).

45 Vgl. Jouhy, E., Demokratisierung der Schule etc.

46 »Wie bislang« gilt für die Lehrerschaft als Ganzem, nicht für die großen Pädagogen, insbesondere die der Aufklärung und des Neu-Humanismus. Dazu Schelsky, S. 77: »Humboldt und seine an der Bildungs-, Hochschul- und Schulreform mitwirkenden Zeitgenossen waren geradezu revolutionär gegen das tradierte Schul- und Hochschulwesen eingestellt; . . . das Zurückgehen auf die Wurzeln unserer geistigen Tradition wurde als gegenwärtiger Akt vollzogen, man fing sozusagen selbst von vorne an und lehnte deshalb gerade die pure historische Gegenständlichkeit und das nur Gewordene ab, das auch damals die ›konservativen‹ Schulhäupter bewahren wollten. Wie heute stand das Hochschul- und Schulwesen jener Zeit unter dem Druck und den Anforderungen nach nützlicher Berufsausbildung . . .«

47 Schuh, E., und Belser, Der Volksschullehrer, Hannover 1962, zit. bei Mollenhauer a. a. O., S. 85.

48 Vgl. Dahrendorf, R., Homo Sociologicus, in: Pfade aus Utopia, München 1967, insbes. IV, S. 146 ff. und VIII, S. 174 ff.

49 Mollenhauer (S. 87) faßt diese neue Rolle – im Anschluß an Hartleys Begriff der »Selbstrolle« (ebd. S. 84) folgendermaßen zusammen: »Es lassen sich also, um den Begriff zu differenzieren, mindestens zwei Ebenen der pädagogischen Selbstrolle unterscheiden; zunächst die soziale Tatsache, daß in einer bestimmten gesellschaftlichen Lage der Lehrer sich in einer Konstellation von Erwartungen gegenübersieht, denen er nicht mehr konfliktlos entsprechen kann; er tritt zu ihnen in eine kritische Distanz und bildet einen eigenen Motivationszusammenhang für sein beruflich-pädagogisches Verhalten aus. Parallel dazu entsteht eine Theorie, von eben denselben Erfahrungen ausgehend, die in geisteswissenschaftlichen Interpretationen den neuen Motivationszusammenhang stützt und sanktioniert: eine theoretische Rollenkonzeption als Entsprechung der realen Veränderung des Rollenfeldes. Beides, pädagogische Selbstrolle und theoretische Rollenkonzeption, verhalten sich ihrer Intention nach kritisch gegenüber der

Gesellschaft, das heißt gegenüber den Erwartungen der an der Erziehung beteiligten Bezugsgruppen.«

50 Für die Lehrerbildung zieht W. Zifreund (zit. bei Döring, S. 17) aus ähnlichen Überlegungen folgende Schlußfolgerung: »Die Ausbildung sowohl der ersten wie der zweiten Phase wird vor allem dann erfolgreich sein,

1. wenn sie in ihren Ausbildungsveranstaltungen gleichsinnige Anforderungen stellt im Hinblick auf den Beruf, auf den sie vorbereitet;
2. wenn sie ein experimentierendes Variieren des professionellen Verhaltens der angehenden Lehrer begünstigt und geeignete Techniken zur Realisierung professioneller Verhaltensänderungen aufbaut;
3. wenn die Ausbildungsinstanzen dem angehenden Lehrer Verhaltensreversibilität zugestehen und ihn dazu befähigen und ermutigen, auch Schulkindern reversibles Verhalten zuzugestehen;
4. wenn dafür gesorgt wird, daß die im ersten Ausbildungsabschnitt aufgebauten Handlungsmöglichkeiten im zweiten Ausbildungsabschnitt und in der Weiterbildung eine gleichsinnige Fortsetzung bzw. Unterstützung finden« (Zifreund, 1968, S. 125).

Bibliographie

Zu: Dialektik des bürgerlichen Bildungsbegriffes

Adorno, T. W., Der Jargon der Eigentlichkeit, Frankfurt 1964.
Adorno/Horkheimer, Dialektik der Aufklärung, Frankfurt 1969.
Bohnsack/Rückriem, Pädagogische Autonomie und gesellschaftlicher Fortschritt, Weinheim 1969.
Erziehungsprogramme der französischen Revolution, eingel. und erläutert von R. Alt, Berlin 1949.
Erziehungswissenschaftliches Handbuch, Bd. 1, Berlin 1969.
Goldschmidt, D. u. a., Erziehungswissenschaft als Gesellschaftswissenschaft, Heidelberg 1969.
Heydorn u. a., Zum Bildungsbegriff der Gegenwart, Frankfurt 1967.
Koneffke, G., Integration und Subversion, in: Das Argument 54, 1969.
Locke, J., Gedanken über Erziehung, Bad Heilbrunn 1966.
Lukacs, G., Die Zerstörung der Vernunft, Neuwied 1962.
Macpherson, C. B., Die politische Theorie des Besitzindividualismus, Frankfurt 1967.
Marx, K., Das Kapital I, Berlin 1961.
Marx, K., Bildung und Erziehung, Studientexte zur Marxschen Bildungskonzeption, bes. von H. E. Wittig, Paderborn 1968.
Mollenhauer, K., Erziehung und Emanzipation, München 1968.
Pestalozzi, J. H., Grundlehren über Mensch, Staat, Erziehung, hrsg. von H. Barth, Stuttgart 1956.
Rang, A., Der politische Pestalozzi, Frankfurt 1967.
Röder, P., Erziehung und Gesellschaft, Weinheim 1968.
Rousseau, J. J., Über die Erziehung, Berlin 1958.
Rousseau, J. J., Preisschriften und Erziehungsplan, Bad Heilbrunn 1967.
Vogel, M.-R., Erziehung im Gesellschaftssystem, München 1970.

Zu: Technik, Wissenschaft und Bildung im organisierten Kapitalismus

Abramowitz, M., Resource and Output Trends in the United States since 1870, New York, National Bureau of Economic Research, 1956.

Aukrust, O., Investment and Economic Growth, in: Productivity Measurement Review, Bd. 16, Heft 1, 1959.

Becker, G. S., Investment in Human Capital: A Theoretical Analysis, in: Journal of Political Economy, Bd. 70, Heft 5, 1962.

Berg, H., Ökonomische Grundlagen der Bildungsplanung, Berlin 1965.

Blaug, M., The Rate of Return on Investment in Education in Great Britan, in: Manchester School of Economic and Social Studies, Bd. 33, Heft 3, 1965.

An Economic Interpretation of the Private Demand for Education, in: Economica, Bd. 33, Heft 130, 1966.

Bombach, G., Forecasting Requirements for Highly Qualified Manpower as a Basis of Educational Policy, in: Manpower Forecasting in Educational Planning, OECD, Paris 1967.

Denison, E. F., The Sources of Economic Growth in the United States and the Alternatives before Us, New York 1962.

Ders., Measuring the Contribution of Education (and the Residual) to Economic Growth, in: The Residual Factor and Economic Growth, OECD, Paris 1964.

Edding, F., Ökonomie des Bildungswesens, Freiburg 1963.

Hüfner, K. (Hrsg.), Bildungsinvestitionen und Wirtschaftswachstum – Ausgewählte Arbeiten zur Bildungsökonomie, Stuttgart 1969.

Koneffke, G., Integration und Subversion. Zur Funktion des Bildungswesens in der spätkapitalistischen Gesellschaft, in: Das Argument, 11. Jg., Heft 5/6, 1969.

Parnes, H. S., Forecasting Educational Needs for Economic Social Development, OECD, Paris 1962.

Riese, H., Die Entwicklung des Bedarfs an Hochschulabsolventen in der Bundesrepublik Deutschland, Wiesbaden 1967.

Rilling, R., Kriegsforschung und Wissenschaftspolitik in der BRD I, II, in: Blätter für deutsche und internationale Politik, Heft 12, 1969 und Heft 1, 1970.

Scherer, F., Ökonomische Beiträge zur wissenschaftlichen Begründung der Bildungspolitik, in: Studien und Berichte des Instituts für Bildungsforschung der Max-Planck-Gesellschaft, Bd. 16, Berlin 1969.

Schultz, T. W., Capital Formation by Education, in: Journal of Political Economy, Bd. 68, Heft 6, 1960.

Solow, R., Technical Change and the Aggregate Production Function, in: Review of Economics and Statistics, Bd. 39, 1957.

Widmair, H., und Mitarbeiter, Bildung und Wirtschaftswachstum – Modellstudie und Bildungsplanung, Villingen 1966.

Zu: Demokratische Schulreform in der Klassengesellschaft?

Adorno, Th. W., Erziehung zur Mündigkeit, Frankfurt 1970.

Altvater, E., Krise und Kritik – Zum Verhältnis von ökonomischer Entwicklung und Bildungs- und Wirtschaftspolitik, in: Stephan Leibfried (Hrsg.): Wider die Untertanenfabrik, Köln [5]1967.

Baethge, M., Ausbildung und Herrschaft, Frankfurt/M. 1970.

Basisgruppe der Abteilung für Erziehungswissenschaften der Universität Frankfurt/M., Zur technokratischen Schulreform, in: IBW-Journal, Nr. 2/1970, Frankfurt/M.

Beck, J. und Schmidt, L. (Hrsg.), Schulreform oder Der sogenannte Fortschritt, Frankfurt 1970.

Bernfeld, S., Sisyphos oder die Grenzen der Erziehung, ([1]1925), Frankfurt 1967.

Brim, O. G., Soziologie des Erziehungswesens, Heidelberg 1963.

Deutscher Bildungsrat – Empfehlungen der Bildungskommission 1967–1969, Sammelausgabe, Stuttgart 1970.

Ders., Strukturplan für das Bildungswesen, veröffentlicht im April 1970 (Bonn).

Ders., Gutachten und Studien der Bildungskommission, Lernziele der Gesamtschule, Stuttgart 1969.

Ellwein, Th., Die verwaltete Schule, in: Das Argument Nr. 31/1964, S. 209–219.

Froese, L. (Hrsg.), Bildungspolitik und Bildungsreform (Dokumente), München 1969.

Führ, Chr. (Hrsg.), Zur Bildungsreform in der Bundesrepublik, Weinheim 1969.
Fürstenau, P. u. a., Zur Theorie der Schule, Weinheim 1969, darin bes. die beiden Aufsätze von Fürstenau (vgl. Anmerkung Nr. 43).
Gamm, H.-J., Kritische Schule, München 1970.
Habermas, J., Pädagogischer ›Optimismus‹ vor Gericht einer pessimistischen Anthropologie, in: Neue Sammlung, 1961, S. 251–278.
Heintz, P. (Hrsg.), Soziologie der Schule, Sonderheft 4 der KZfSuS., Köln 1959, darin bes. die Beiträge von: W. Schultze, Ch. Lütkens, J. Floud und B. Bernstein.
Hentig, H. v., Systemzwang und Selbstbestimmung, Stuttgart 1968.
Heydorn, H.-J., Ungleichheit für alle, in: Das Argument Nr. 54/1969, S. 361–388.
Hirsch, J., Wissenschaftspolitik im Spätkapitalismus, in: Das Argument Nr. 50/1969, S. 34–42.
Koneffke, G., Schulreform in entfremdeter Welt, in: Kritische Beiträge zur Bildungstheorie, Frankf./M. 1967.
Ders., Integration und Subversion – Zur Funktion des Bildungswesens in der spätkapitalistischen Gesellschaft, in: Das Argument Nr. 54/1969, S. 389 bis 430.
Krockow, Chr. Graf von, Klassenbegriff und Bildungssystem, in: Festschrift für Otto Brenner, Frankfurt 1967.
Lengert, R., Politik der Schulreform im Teufelskreis der Kompromisse, Neuwied 1969.
Liebel, M., und Wellendorf, Fr., Schülerselbstbefreiung, Frankfurt 1969.
Liebknecht, W., Wissen ist Macht – Macht ist Wissen und andere bildungspolitisch-pädagogische Äußerungen, ausgewählt v. Hans Brumme, Berlin (DDR) 1968.
Lohmann, J., (Hrsg.), Gesamtschule – Diskussion und Planung, Weinheim ²1969.
Marx/Engels, Über Erziehung und Bildung, zusammengestellt von P. N. Grusdew, Berlin (Ost) 1968.
Mastmann, H., (Hrsg.), Gesamtschule – Ein Handbuch, Schwalbach 1968.
Mollenhauer, K., Erziehung und Emanzipation, München 1968.
Nyssen, Fr., Schule im Kapitalismus, Köln 1969.
Rang, A., Historische und gesellschaftliche Aspekte der

Gesamtschule, in: Zeitschrift für Pädagogik, Weinheim 1968.
Ders. und Schulz, W., (Hrsg.), Die differenzierte Gesamtschule, München 1969.
Rolff, H.-G., Sozialisation und Auslese durch die Schule, Heidelberg [2]1969.
Schelsky, H., Anpassung oder Widerstand? Soziologische Bedenken zur Schulreform, Heidelberg 1961.
Schultze, W. (Hrsg.), Schulen in Europa, 3. Bd., Weinheim 1968.
Schultze, W., und Führ, Chr., Das Schulwesen in der Bundesrepublik Deutschland, Weinheim 1966.

Zu: Sozialisation

Adorno, Th. W., und Jaerisch, U., Anmerkungen zum sozialen Konflikt heute, in: H. Maus u. a. (Hrsg.), Gesellschaft, Recht und Politik, Neuwied 1968, S. 1–19.
Bahrdt, H. P., Industriebürokratie, Stuttgart 1958.
Bergmann, J. E., Die Theorie des sozialen Systems von Talcott Parsons, Frankfurt 1967.
Bernstein, B., Sozio-kulturelle Determinanten des Lernens, in: Heintz, P. (Hrsg.), Soziologie der Schule, Köln [6]1969, S. 52–79.
Claessens, D., Die Anpassungskrise der Familie, in: Nachrichtendienst des Deutschen Vereins für öffentliche und private Fürsorge, 49. Jg. 1969, Nr. 8, S. 209 bis 212.
Dahrendorf, R., Homo Sociologicus, Köln [8]1969.
Dreitzel, H. P., Die gesellschaftlichen Leiden und das Leiden an der Gesellschaft, Stuttgart 1968.
Eisenstadt, S. N., Von Generation zu Generation, München 1966.
Erikson, E. H., Kindheit und Gesellschaft, Stuttgart 1961.
Fend, H., Sozialisierung und Erziehung, Weinheim 1969.
Friedeburg, L. v. (Hrsg.), Jugend in der modernen Gesellschaft, Köln 1965.
Friedmann, G., Grenzen der Arbeitsteilung, Frankfurt 1959.
Friedmann, G., Der Mensch in der mechanisierten Produktion, Köln 1952.
Friedmann, G., Zukunft der Arbeit, Köln 1953.
Fürstenau, P., Soziologie der Kindheit, Heidelberg [2]1969.
Goldschmidt, D., Händle, Ch., Lepsius, M. R., Roeder, P. M., Wellendorf, F., Erziehungswissenschaft als Gesellschaftswissenschaft, Heidelberg 1969.

Habermas, J., Technik und Wissenschaft als »Ideologie«, Frankfurt [4]1970.

Hess, F., Latscha, F., Schneider, W., Die Ungleichheit der Bildungschancen, Olten 1966.

Horkheimer, M., Autorität und Familie heute, in: ders., Kritik der instrumentellen Vernunft, Frankfurt 1967.

Horkheimer, M., Adorno, Th. W., Dialektik der Aufklärung, Amsterdam 1947.

Huffschmid, J., Die Politik des Kapitals. Konzentration und Wirtschaftspolitik in der Bundesrepublik, Frankfurt 1969.

Jaeggi, U., Macht und Herrschaft in der Bundesrepublik, Frankfurt 1969.

Jaeggi, U., Wiedemann, H., Der Angestellte in der Industriegesellschaft, Stuttgart 1966.

Kern, H., Schumann, M., Industriearbeit und Arbeiterbewußtsein, Frankfurt 1970.

Mollenhauer, K., Erziehung und Emanzipation, München 1968.

Mollenhauer, K., Sozialisation und Schulerfolg, in: H. Roth (Hrsg.), Begabung und Lernen, Stuttgart [2]1969, S. 269–296.

Oevermann, U., Schichtenspezifische Formen des Sprachverhaltens und ihr Einfluß auf die kognitiven Prozesse, in: Roth, H. (Hrsg.), Begabung und Lernen, Stuttgart [2]1969, S. 297–355.

Oevermann, U., Soziale Schichtung und Begabung, in: Zeitschrift für Pädagogik, 6. Beiheft 1966, S. 166–186.

Offe, C., Leistungsprinzip und industrielle Arbeit, Frankfurt 1970.

Parsons, T., Das Inzesttabu in seiner Beziehung zur Sozialstruktur und zur Sozialisierung des Kindes, in: ders., Beiträge zur soziologischen Theorie, Neuwied 1964, S. 109–135.

Parsons, T., Systematische Theorie in der Soziologie, in: ders., Beiträge zur soziologischen Theorie, Neuwied 1964, S. 31–64.

Parsons, T., Parsons, T., Über den Zusammenhang von Charakter und Gesellschaft, in: ders., Sozialstruktur und Persönlichkeit, Frankfurt 1968, S. 230 –296.

Peisert, H., Soziale Lage und Bildungschancen in Deutschland, München 1967.

Popitz, H., Bahrdt, H. P., Jüres, E. A., Kesting, H., Das Gesellschaftsbild des Arbeiters, Tübingen 1957.

Riesman, D., Die einsame Masse, Hamburg 1960.
Roeder, P. M., Pasdzierny, A., Wolf, W., Sozialstatus und Schulerfolg, Heidelberg 1965.
Rolff, H. G., Sozialisation und Auslese durch die Schule, Heidelberg [2]1969.
Roth, H., (Hrsg.), Begabung und Lernen, Stuttgart [2]1969.
Sozialisation und kompensatorische Erziehung, Berlin 1969 (als Manuskript vervielfältigt).
Strzelewicz, W., Raapke, H.-D., Schulenberg, W., Bildung und gesellschaftliches Bewußtsein, Stuttgart 1966.

Zu: Politische Bildung – Integration oder Emanzipation?

Abendroth, W., Antagonistische Gesellschaft und politische Demokratie, Neuwied 1967.
Adorno, Th. W., Was bedeutet: Aufarbeitung der Vergangenheit? In: Gesellschaft – Staat – Erziehung, Heft 1, 1960.
Adorno, Th. W., u. a., Erziehung wozu? In Neue Sammlung, Heft 1, 1967.
Becker, E. u. a., Erziehung zur Anpassung? Eine soziologische Untersuchung der politischen Bildung in den Schulen, Schwalbach [2]1968.
Deutscher Ausschuß für das Erziehungs- und Bildungswesen: Gutachten zur politischen Bildung und Erziehung, in: Empfehlungen und Gutachten des Deutschen Ausschusses, Folge 1, Stuttgart 1955.
Ellwein, Th., Politische Verhaltenslehre, Stuttgart 1964.
Engelhardt, R., Politisch bilden – aber wie? Essen 1964.
Ders., Urteilsbildung im politischen Unterricht. Einübung kontroversen Denkens als Aufgabe politischer Bildung. Neue Pädagogische Bemühungen, Bd. 38, Essen 1968.
Fischer, K. G., Politische Bildung – eine Chance für Demokratie? Linz 1965.
Friedeburg, Ludwig v., u. a., Das Geschichtsbild der Jugend, München 1964.
Friedeburg, Ludwig v., Zum Verhältnis von Jugend und Gesellschaft, in: Jugend in der modernen Gesellschaft. Hrsg. von Friedeburg, Berlin 1965.
Giesecke, H., Didaktik der politischen Bildung, München [3]1968.

Giesecke, H., Politische Bildung – Rechenschaft und Ausblick, Gesellschaft – Staat – Erziehung, Heft 5, 1968.
Giesecke, H., Unterrichtsziele im Sozialkundeunterricht in der differenzierten Gesamtschule, in: Deutscher Bildungsrat, Gutachten und Studien der Bildungskommission, Bd. 12, Stuttgart 1969.
Gottschalch, W., Soziales Lernen und politische Bildung, Ffm. 1969.
Habermas, J., u. a., Student und Politik. Eine soziologische Untersuchung zum politischen Bewußtsein Frankfurter Studenten, Neuwied 1961.
Habermas, J., Theorie und Praxis. Sozialphilosophische Studien, Neuwied 1963.
Habermas, J., Technik und Wissenschaft als »Ideologie«, Ffm. 1968.
Hofmann, W., Grundelemente einer Wirtschaftsgesellschaft, Reinbek 1969.
Mollenhauer, K., Erziehung und Emanzipation, München 1968.
Negt, Oskar, Soziologische Phantasie und exemplarisches Lernen, Ffm. 1968.
Roth, Fr., Sozialkunde, Düsseldorf 1968.
Schmiederer, R., Zur Problematik politischer Bildung in der Schule, in: Argument 40, 8. Jg. 1966.
Schmiederer, R., Zur Theorie der politischen Bildung, in: Argument 43, 9. Jg., 1967.
Teschner, M., Politik und Gesellschaft im Unterricht – Eine soziologische Analyse der politischen Bildung an Hessischen Gymnasien, Frankfurter Beiträge zur Soziologie, Bd. 21, Ffm. 1968.
Tjaden, K. H., Politische Bildung als Affirmation und Kritik, in: Argument 40, 8. Jg., 1966.
Zur Wirksamkeit politischer Bildung, Teil I: Eine soziologische Analyse des Sozialkundeunterrichts an Volks-, Mittel- und Berufsschulen. Teil II: Volker Nitschke: Schulbuchanalyse. Hrsgg. von der Max-Traeger-Stiftung, Ffm. 1966.

Zu: Arbeitslehre und polytechnische Bildung

Abel, H., Das Berufsproblem, Braunschweig 1963.
Abraham, K., Erziehung und Industrialismus, Freiburg 1970.
Blankertz, H., arbeitslehre in der hauptschule, Essen [2]1968.

Blonskij, P. P., Die Arbeitsschule, Berlin 1921 (Nachdruck).
Christian-Salg-Schad-Jung, Modellprojekte II, Ffm. 1970.
Empfehlungen und Gutachten des Deutschen Ausschusses für das Erziehungs- und Bildungswesen, Folge 7/8: Empfehlungen zum Aufbau der Hauptschule, Stuttgart 1964.
Gattermann, H., Arbeitslehre in der Praxis des Unterrichts. Hannover 1969.
Geis-Geis, Arbeitslehreprojekt »Chemie«. Ffm. (unveröff. 2. A.).
Jahn-Caspers-Nowozimski, Modellprojekte I, Ffm. 1970.
Keilhacker, M., Erziehung und Bildung in der Industriegesellschaft, Stuttgart 1967.
Kerschensteiner, G., Begriff der Arbeitsschule, München-Düsseldorf [15]1964.
Klafki-Kiel-Schwerdtfeger, Die Arbeits- und Wirtschaftswelt im Unterricht der Volksschule und des Gymnasiums, Heidelberg 1964.
Klafki-Schulz-Kaufmann, Arbeitslehre in der Gesamtschule, Weinheim 1968.
Knopff/Selzer, Praktische Arbeitslehre – 9. Schuljahr, Donauwörth 1969.
Koneffke, G., Einleitung zu H. P. Sextro, Über die Bildung der Jugend zur Industrie. Ffm. 1968.
Kupffer, H., Berufserziehung als Lenkungsproblem, Ratingen 1965.
Mommsen, E.-W., Die Schule in der industriellen Gesellschaft, Bad Harzburg 1961.
Roth, F./Jahn, K., Hauptschule und Arbeitswelt, in: Das Rundgespräch Heft 2/67, S. 88 ff.
Schöneberg, H./Zimmermann, W., Praxis der Arbeitslehre, Wuppertal 1968.
Sellin, H., Erziehung zum technischen Denken im Werkprozeß, in: Werkunterricht als technische Bildung. Weinheim 1969.
Skatkin, M. N., Zur Verbindung des Unterrichts mit der Arbeit, Berlin 1962.
Wirtschaftsakademie für Lehrer (Hrsg.), Schule und Arbeitswelt (Loseblattsammlung). Bad Harzburg 1969.

Zu: Affirmative Erziehung: Heimat- und Sachkunde

Vorbemerkung: Die Literatur über Heimatkunde und Sachkunde ist sehr unterschiedlich. In eine zureichende Übersicht müßten auch zahlreiche verstreut erschienene Aufsätze aufgenommen werden. Die folgenden Hinweise akzentuieren bewußt die angesprochene Problematik. Das bedeutet, daß viele der Publikationen kritisch genannt sind.

Adorno, Th. W., Jargon der Eigentlichkeit, Ffm. [4]1968 (ed. suhrk. 91).

Anden, H., Konfektionierte Fluchtwege, in: Frankfurter Hefte 10/1965, S. 700–705.

Birnbaum, M., Whose Values Should be Taught? in Saturday Review, 20. 6. 1964.

Fikenscher-Rüger-Weigand: Die weiterführende Heimatkunde im 4. Schuljahr, Ansbach 1951.

Gärtner, F., Neuzeitliche Heimatkunde, München [4]1969.

Galgon, G., Du bist Glied einer Kette, Bochum o. J.

Gutachten zur Politischen Bildung und Erziehung, in: Empfehlungen und Gutachten des Deutschen Ausschusses f. d. Erziehungs- und Bildungswesen, Stuttgart 1955.

Hansen, W., Kind und Heimat, München 1968.

Hauptmann, E., Heimatkunde, Leipzig 1920.

Heidegger, M., Über den Humanismus, Ffm. 1949.

Koch, M., Fröhliche Arbeit in der Grundschule, Bochum [2]1948.

Kopp, F., Heimatkunde, München 1952.

Kopp, F., Die Krise der Heimaterziehung und die Aufgabe der Schule, Donauwörth 1949.

Lehrgang Politische Weltkunde, in: Empfehlungen und Gutachten des Deutschen Ausschusses f. d. Erziehungs- und Bildungswesen, Stuttgart 1965.

Mayer, M., Heimatkunde – ein unterentwickelter Begriff, in: Lebendige Schule 4/1965, S. 154–169.

Müller, H., Der Reihe nach? – Zur Kritik des heimatkundlichen Prinzips, in: Gesellschaft, Staat, Erziehung 1/1963, S. 4–6.

Müller, H., Politische Bildung an Volksschulen (Grund- und Hauptschulen und Realschulen), in: Gesellschaft, Staat, Erziehung 4/1967, S. 242–250.

Müller, H., Unterprivilegierte Kinder als erziehungssoziologisches Problem in den USA, in: Die pädagogische Provinz 7/8/1968, S. 411/423.

Nebelsiek, K., Der Gemeinde-, Staats- und Weltbürger, Köln [89]1966.
Presno V. and C., Man in Action Series – An interdisciplinary social science programm for the elementary school, 6 Bände, dazu Lehrerbücher, Englewood Cliffs, N. J., USA, 1967.
Rateike, F., Vom Vaterhaus zum Heimatkreis, Bonn [4]1956.
Rückriem, W., Heimat formt Menschen, Düsseldorf 1949.
Sauter, K., Der Heimatkundeunterricht, Stuttgart [6]1954.
Scherzer, H., Bodengebundene Heimatkunde, Nürnberg o. J
Spranger, E., Der Bildungswert der Heimatkunde, Berlin 1943.
Stieglitz, H., Der Lehrer auf der Heimatscholle, München 1913.
Sünkel, R., Heimatkunde als Unterrichtsfach und Unterrichtsprinzip, Donauwörth 1951.
Walser, M., Heimatkunde, Ffm. 1968 (ed. suhrk. 269).
Wittmann, A., Sozialkunde in der Volksschule, München 1950.

Zu: Die antagonistische Rolle des Lehrers im Prozeß der Reform

Adorno, Th., Tabus über dem Lehrerberuf, in: Kritische Modelle 2, Ffm. 1969.
Aebli, H., Die geistige Entwicklung als Funktion von Anlage, Umwelt und Erziehungsbedingungen, in: Begabung und Lernen, Stuttgart 1969.
Dahrendorf, R., Homo Sociologicus, in: Pfade aus Utopia, München 1967.
Ders., Gesellschaft und Freiheit, München 1961.
Denison, E. F., The sources of economic growth in the US, in: Fortune, New York, Nov. 1964.
Döring, K. W., Lehrerverhalten und Lehrerberuf, Weinheim 1970.
Edding, F., Ökonomie des Bildungswesens, Freiburg 1963.
Furck, C. L., Innere und äußere Schulreform, in: Ztschr. für Pädagogik, 13. Jg., 1967.
Galbraith, J. K., Gesellschaft im Überfluß, Knaur-Droemer (Taschenbuch).
Die moderne Industriegesellschaft, München 1968.
Habermas, J., Technik und Wissenschaft als Ideologie, Ffm. 1969.
Hentig, H. v., Universität und höhere Schule, Gütersloh 1967.
Ders., Die Schule im Regelkreis, Stuttgart 1965.

Ders., Systemzwang und Selbstbestimmung, Stuttgart 1968.
Heydorn, H. J., Ungleichheit für alle, in: Das Argument 54, Dez. 1969.
Hochheimer, W., Die permanente Reproduktion der autoritären Persönlichkeit, in: Kritik 1, Köln 1969.
Jaccard, P., Sociologie et l'Education, Paris 1962.
Jouhy, E., Schülerexistenz zwischen rezeptivem Konformismus und rebellierender Produktivität, in: Schüler – Lehrer – Eltern, Hannover 1970.
Ders., Demokratisierung der Schule ..., in: Gesellschaft – Staat – Erziehung, 15. Jg., April 1970.
Kniffler, C., Die Position des Lehrers in der Gesellschaft und seine bildungspolitische Verantwortung, in: Schüler – Lehrer – Eltern, Hannover 1970.
Kob, J., Die Rollenproblematik des Lehrerberufes, in: Soziologie der Schule, Köln 1966.
Koneffke, Integration und Subversion – zur Funktion des Bildungswesens in der spätkapitalistischen Gesellschaft, in: Das Argument, 54, Dez. 1969.
Kratsch/Vahtke/Bertlein, Studien zur Soziologie des Volksschullehrers, Weinheim 1967.
Krockow, Ch. v., Sozialwissenschaften, Lehrerbildung und Schule, Opladen 1969.
Kupffer, H., Das fragwürdige Erzieherbild der deutschen Pädagogik, in: Die deutsche Schule 61. Jg., 1969, H. 4.
Lütkens, Ch., Die Schule als Mittelklassen-Institution, in: Soziologie der Schule, Köln, 1966.
Machlup, The Production and Distribution of Knowledge in the U. S., New York 1963.
Marcuse, H., Kultur und Gesellschaft 2, Ffm. 1965.
Marx, K., Vorwort zur Kritik der politischen Oekonomie, M. E. W. Gesamtausgabe, Bd. 13, Berlin 1961.
Michaud, G., Révolution dans l'Université, Paris 1968.
Minssen, F., Die psychosoziale Dimension des Lehrerberufes, in: Gruppendynamik, H. 1, Ffm., Feb. 1969.
Mollenhauer, K., Die Rollenproblematik des Lehrerberufs und die Bildung, in: Erziehung und Emanzipation, München 1969.
Nipkow, K. E., Zur Person des Lehrers, in: Pädagogische Analysen und Reflexionen, Weinheim 1967.
Oevermann, K., Schichtenspezifische Formen des Sprachverhaltens, in: Begabung und Lernen, Stuttgart 1969.

Recum, H. v., Volksschullehrerberuf und soziale Mobilität, in: Soziologie der Schule, Köln 1966.

Riesmann, D., Die einsame Masse, 1956.

Robinson, S. B., Der Lehrer zwischen gestern und morgen, in: Schüler – Lehrer – Eltern, Hannover 1970.

Roth, H. (Hrsg.), Begabung und Lernen, Stuttgart 1969.

Schefer, G., Das Gesellschaftsbild des Gymnasiallehrers, eine Bewußtseinsanalyse, Ffm. 1969.

Schelsky, H., Schule und Erziehung in der modernen Gesellschaft, Würzburg 1957.

Seidelmann, K., Dritte Phase – Die Fort- und Weiterbildung der Lehrer, in: Pädagogische Analysen und Reflexionen, Weinheim 1967.

Siemon, H., Der Lehrer und die Schüler, in: Schüler – Lehrer – Eltern, Hannover 1970.

Strzelewicz, W. Herrschaft ohne Zwang – Systeme und Interpretationen der Autorität heute, in: Kritik 1, Köln 1969.

Schuh & Belser, Der Volksschullehrer, Hannover 1962.

Winkler, H. J., Der Einfluß der Automation und des technischen Fortschritts auf einzelne soziale Bereiche, in: Die Wirtschaftsgesellschaft Bd. 1, Herausgeber: Hess. Landeszentrale f. pol. Bildung, Wiesbaden.

Zapf, W. (Hrsg.), Theorien des sozialen Wandels, Köln 1969.